언어 상대성 원리는 있는가?

Gibt es ein sprachliches Relativitätsprinzip?
Untersuchungen zur Sapir-Whorf-Hypothese
by Helmut Gipper

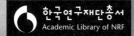
한국연구재단총서
Academic Library of NRF

학술명저번역   586

언어 상대성 원리는 있는가?

사피어-워프 가설 연구

Gibt es ein sprachliches Relativitätsprinzip?
Untersuchungen zur Sapir-Whorf-Hypothese

헬무트 기퍼 지음 | **곽병휴** 옮김

아카넷

■ 원주는 1), 2), 3), ⋯⋯으로, 역주는 ①, ②, ③, ⋯⋯으로 표기하였다.

본서에 대하여

"우리는 하나의 새로운 상대성 원리에 이르게 된다. 이 말은 동일한 물리적 사태를 갖는다 하더라도 언어학적 배경이 유사하지 않다면 모든 관찰자가 동일한 세계상(Weltbild)에 이르게 되는 것이 아님을 말한다." 이것은 1940년대에 미국의 민족 언어학자 벤저민 리 워프(Benjamin Lee Whorf)의 가설을 요약하는 핵심적인 말로서 사람들의 이목을 끌었다. 그는 이 말로써 인간의 사고는 보편적 구속력을 지닌 논리학의 법칙을 따르는 것이 아니라, 각 언어의 어휘, 문법, 그리고 통사론에 의하여 각기 특수한 궤도로 조종된다고 주장하였다. 자연 언어의 경우 언어가 서로 다르면 그 진술 가능성도 서로 다르며, 인식은 그 언어에 상대적이다. 즉 서로 다른 언어 공동체의 구성원들은 서로 다른 방법으로 현실을 보고 또한 해석한다.

워프는 그의 스승 에드워드 사피어(Edward Sapir)로부터 자극을 받고 그런 연구를 하게 되었다. 사피어는 워프에게 민족 언어학 분야에서 언어와 사고의 관계를 푸에블로 인디언의 한 작은 부족으로서 애리조나에 살고 있는 호피 인디언(Hopi-Indianer)의 언어라는 구체적 언어에서 검토해 보도록 했다. 여기서 워프는, 인도유럽 어의 언어학적 구조와 현격히 다른 호피 어는 그 언어 사용자로 하여금 시간과 공간을 완전히 다르게 파악하게끔 한다는 확신을 갖게 되었다.

이른바 '사피어-워프 가설'이라고도 불리는 '언어 상대성 원리'는 뜨겁고 지속적일 뿐만 아니라, 또한 국제적인 논쟁을 불러일으켰다. 이러한 논쟁에는 마르크스주의자, 행동주의자, 구조주의자 등 서로 다른 사조의 언어학자들만 참가한 것이 아니라, 다른 학문 분야의 대표자, 즉 문화 인류학자, 철학자, 발달 심리학자, 언어 사회학자, 뇌 연구가와 행동 연구가들도 가담했다.

이러한 토론에 수년 전부터 깊이 관여해 온 본(Bonn)의 권위 있는 언어학자 헬무트 기퍼는 본서에서 그간의 논의를 결산하고 있다. 그는 오늘날의 연구 상태는 물론, 사피어-워프 가설의 지지자들의 논거와 아울러 반대자들의 논거에 대해서도 분명하고 포괄적으로, 그리고 누구나 이해하기 쉽게 개관하고 있다.

그의 서술에서 두드러진 특징은 세 가지이다. 첫째, 이러한 가설의 배경에는 인식 과정과 지각 과정에서 언어가 어떤 역할을 하는가 하는 오래전부터 해 왔던 질문, 즉 언어와 사회, 의식과 현실과의 관계에 대한 질문이 제기되고 있음을 기퍼가 보여 준다. 그래서 그는 오랫동안 차폐되어 왔던 전통적 사상과의 연결을 분명히 보여 준다. 특히 독일 관념주의에서 훔볼트가 생각하는 언어관과 그것을 계승하고 있는 현대 독일 언어학과의 연결을 분명히 보여 준다. 둘째, 저자는 사피어-워프 가설에 대한 마르크스주의 지지자들의 비평에 큰 의미를 부여한다. 예를 들면 폴란드 철학자 아담 샤프(Adam Schaff)의 입장에서 그는, 만일 우리가 그 이성적인(rational) 핵심을 밝혀내고 지나치게 단순화하지 않는다면, '유물론적' 언어관과 '관념론적' 언어관의 적대적 입장을 서로 화해시키는 것이 가능하다는 것을 보여 준다. 셋째, 다수의 그의 동료들과 달리 기퍼는 이론적인 논증에 만족하지 않는다. 그는 호피 인디언 보호 구역으로 연구 여행을 떠나 현장에서 워프의 증거 자료를 검토한다. 낯선 데다가 쇠퇴 직전에 있는 문화와 만나서 얻은 환상적 결과를 그는 우선 이 책에서 제시하고, 마지막으로 "언어 상대성 원리는 있는가?"라는 질문에 사려 깊고 설득력 있게 대답한다.

토마스 루크만은 그의 서문에서 인간에 대해 연구하고 있는 현대 학문이 인간 조건(Conditio humana)을 새로이 정의해 보려고 시도하는 현 시점에서 왜 (기퍼의) 이 질문에 전략적 의미를 부여할 수 있는지를 밝히고 있다.

차례

제3장 국제적 논쟁 속에서 워프의 논제에 대한 제 견해들

부록

서문

에델트라우트 뷜로

확실히 헬무트 기퍼의 주저로 간주됨에 틀림이 없는 이 책이 이제 한국어로 출간되게 되어 저는 매우 기쁩니다. 그와 더불어 본과 뮌스터에 있는 일반언어학연구소에서 함께한, 한국에서 온 유학생들과 동료 학자들이 애써 온 장기간의 공동 연구가 다시 한 번 자료로 남게 되어 매우 기쁩니다.

사피어-워프 가설을 둘러싼 논쟁은 지난 1960년대와 1970년대에 언어학에서만 국한한 것이 아니라, 토마스 루크만이 당시 벌써 그의 서문에서 강조한 바와 같이 학제적인 테마였습니다. 이것은 신경학적 맥락과 문화학적 맥락이라는, 비록 다른 맥락에서이긴 하지만 오늘날에도 여전히 학제적 관심을 끌고 있습니다. 그 당시에나 오늘에나 언어와 사고, 언어와 문화의 관계에 대한 문제와 개인과 한 민족의 문화 정체성에 대한 문제는 인지 언어학과 신경 언어학, 민족 언어학과 문화 인류학의 중심적 테마입니다.

비록 '환원주의'[1]라는 철학적 입장이 일반적으로 수용되는 것은 아니라 할 지라도, 인지 언어학의 맥락 속에서 사고, 즉 인지 과정과 그 '해당' 기관 으로서의 뇌, 그리고 따라서 또한 언어는 신경 생리학적 절차로 '환원'됩 니다. 헬무트 기퍼는 이런 쟁점을 빌헬름 폰 훔볼트의 사상을 바탕으로 하여 전적으로 자연 과학적 토대를 고려하는 가운데 수행하였습니다. 하 지만 사고를 신경 생리학적 절차와 동일시한다는 의미에서나 환원주의의 의미에서 수행하였다는 것은 아닙니다. 동시대의 철학자들 중에서 사피 어-워프 가설을 고려하여 기퍼가 다룬 학자는 특히 폴란드의 철학자 아담 샤프[2]입니다. 시간(경험)을 언어화하는 것을 언어사적으로 조망하려는 것 도 이런 문제 제기(91쪽 이하)를 하게 된 중요한 맥락입니다. 철학적 맥락 에서 "시간이란 무엇인가?"라는 질문을 기퍼는 빌헬름 페르페트(Wilhelm Perpeet, 1955)[3]의 논문을 통하여 제기하였습니다. 하랄트 바인리히(Harald Weinrich)는 이런 주제를 "시제는 시간과 아무런 관련이 없다"라고 요점을 지적하였습니다. 그 사이에 이 주제와 관련한 문헌들이 개관할 수 없을 정 도로 많이 나오게 되었습니다.

(인지) 언어학의 오늘날의 입장은 상대성 가설을 고려할 때 통일적이지 않습니다. 케이와 켐프턴(Kay und Kempten, 1983)의 견해를 따른다면 인지 언어학은 언어 결정론의 방향으로 아주 과장을 하고 있습니다. 그래서 볼 프강 빌트겐(Wolfgang Wildgen)은 이런 입장을 로저 브라운(Roger Brown)

1) Vgl. John Searle: *Geist*. Frankfurt: Suhrkamp 2006.
2) Adam Schaff: *Sprache und Erkenntnis*. Wien/Frankfurt/Zürich 1964.
3) Perpeet, Wilhelm, Was ist Zeit? In: *Studium Generale* 8, 1955, S. 531-545; Harald Weinrich, *Tempus, Besprochene und erzählte Welt*. Stuttgart: Kohlhammer 1964.

을 참조하여 다음과 같이 인용하고 있습니다. "어떤 사람의 모국어의 구조는 그가 그 언어를 배움으로써 그가 얻고자 하는 세계상에 강하게 영향을 미치거나 그것을 완전히 결정합니다(2008, 13)."[4] 다른 한편으로 그는 이렇게 강조합니다. "사피어–워프 가설과 타당성 문제와 더불어 '세계상'과 '비언어적 인지 차이'가 도대체 무엇을 의미하는지는 여전히 미해결인 채로 있습니다. 즉 인지 언어학의 범주 내에서 이런 주제에 대한 연구는 본질적으로 더욱 수행되어야 합니다(Wildgen 2008, 14)."

여기에서 사피어–워프 가설에 대한 논의의 상태와 헬무트 기퍼의 이 저서의 위치가(位置價) 사이를 구별할 필요가 있다는 것이 분명해집니다.

본서의 고유한 업적은 특히 사피어–워프 가설을 호피 어 원전 언어 자료에 의거하여 구체적으로 검토한 그 점에 있습니다. 1967년과 1969년 애리조나 주에 있는 호피 인디언 보호 구역으로 그가 두 번이나 여행함으로써, 그는 필요한 어휘 자료를 현장에서 수집할 수 있었을 뿐만 아니라, 호피 인디언들의 문화와 생활 방식에 대한 인상을 얻어 낼 수 있었습니다. 그가 호피 인디언들의 신화와 제의에서 구체적으로 체험한 호피 인디언들의 순환적 세계상을 그가 서술한 것은 훔볼트의 의미에서 언어적 세계상의 배경을 이룹니다. 그에게 정보를 제공한 제임스 쿠총시와 같은 원어민 화자와의 개인적 만남으로 이미 문헌에 존재하는 자료를 검토할 수 있었을 뿐만 아니라, 또한 이 논의를 불러일으킨 호피 어의 특히 공간·시간 표현

---

4) Wolfgang Wildgen : *Kognitive Grammatik*, Berlin / New York : Walter de Gruyter 2008, S. 13.

과 시제 체계를 포괄하는 자신의 어휘 목록을 작성할 수 있었습니다. 안드레아 슈탈슈미트(Andrea Stahlschmidt)는 「호피 어 동사에서의 시제(1983)」[5]라는 박사 학위 논문을 통하여 자료 기반을 본질적으로 확대하였으며, 이 논의를 계속적으로 확고히 하게 되었습니다. 유감스럽게도 이 자료와 또한 연구의 결과들이 연구에서 계속 무시되어 온 것이 사실입니다. 사피어-워프 가설과 '언어 상대성 원리'에 대한 최근의 연구에서는 기퍼의 연구에 대해서는 있다손 치더라도 단지 주변적으로 언급되고 있는 실정입니다 (예를 들어 인지 문법과 관련하여 W. Wildgen을 참고하라).[6] 이것은 해당 인터넷 등록 자료에서도 마찬가지입니다. 호피 어 자체에 대한 연구가 마찬가지로 계승되지 않고 있습니다. 호피 어가 사멸해 가는 언어임을 고려할 때 이것은 당연한 일일지도 모릅니다. 그 외에도 바로 공간·시간 표현은 공간·시간 경험의 인지적 작업과 민족 언어학이 연구하는 언어와 문화 간의 관계에 대하여 개관해 볼 수 있는 좋은 자료를 제공합니다.

  (개별) 언어는 우리가 사고를 할 때에 뛰어넘을 수 없는 경계선을 설정해 주기 때문에 번역도 불가능하다는 의미에서 결정론적 논쟁이 사실을 본질적으로 왜곡하는 동안에, 제기된 질문에 대하여 기퍼는 그의 연구를 토대로 아주 조심스럽게 대답하고 있습니다. 바로 번역의 문제도 그가 다룬 하

---

5) Ekkehard Malotki: *Hopi Time. A Linguistic Analysis of the Temporal Concepts in the Hopi Language*. Berlin/New York: Mouton Publ. 1983; Andrea Stahlschmidt: *Das Verbalsystem des Hopi. Eine semantische Strukturanalyse der Hopi-Grammatik unter besonderer Berücksichtigung von B. L. Whorfs Thesen zur Zeitauffassung der Hopi-Indianer*; SAIS Arbeitsberichte aus dem Seminar für Allgemeine und Indogermanische Sprachwissenschaft der Christian-Albrechts-Universität Kiel, Heft 7, Okt. 1983.
6) Wildgen, 2008.

나의 주제였습니다. 이를 그는 특별한 방법으로 호피 인디언 부족의 '태양 추장'인 돈 탈라예스바의 자서전의 평가에서 보여 주고 있습니다. 그 자서 전은 영어로 작성되었는데, 기퍼는 영어가 어느 정도로 호피 인의 세계상을 재현할 수 있는지, 어떤 점에서 저자의 모국어의 특성이 반영되어 있는지를 세심하게 검토하였습니다(191). 돈의 원고에 나오는 개정판 원전 텍스트를 포함하고 있는 미국판의 이른바 '부록 D'에서 돈이 특별히 미국인의 시제 사용 규칙을 위반하고 있다는 것이 드러납니다. 그는 일반적으로 과거 시제를 잘 구사하지 못하고 있습니다(본 역서 310). 거기에는 당연히 인구어 (印歐語)의 삼분(三分) 시제에 반하여 이분(二分) 시제에서 출발하는 호피 인의 시간 파악과 시제 체계의 특성이 반영되어 있습니다. 그래서 호피 어에는 과거 시제와 현재 시제가 함께 합쳐진 것입니다. 반면 미래는 미래적인 것 내지는 가능한 것을 포함하고 있습니다(Stahlsmchmidt, 478쪽 참고).

이런 관계 속에서 기퍼는 또한 널리 퍼져 있는 개념적 오류를 설명하려고 합니다.[7] '상대성(Relativität)'은 '상대주의(Relativismus)'와는 아무런 관련이 없는 것입니다. '상대성'이란 그러므로 '특정한 관계 속에' 놓여 있는 것 그 이상도, 그 이하도 아닌 것입니다. '상대성'과 '상대적(relativ)'은 여기서 가치 중립적 관계 개념입니다. 이들이 부정적 함축 의미를 가져서는 안 될 것입니다. 그에 반해서 '상대주의'라는 말은 부정적 의미를 지닐지도 모릅니다(248). '상대성'은 '결정론(Determinismus)'을 의미하지 않습니다. 인간

7) 그래서 빌트겐은 여전히 '언어적 상대주의(sprachlicher Relativismus)' 혹은 '언어 상대주의(Sprachrelativismus)'라고 말한다(11, 12 u. ö.). 트라반트(J. Trabant) 역시 그의 책 (*Weltansichten, Wilhelm von Humboldts Sprachprojekt*, München: C.H.Beck 2012)에서도 마찬가지이다.

의 정신은 이용 가능한 유한한 언어 수단을 무한히 사용하는 자유를 갖고 있습니다(382). 그러나 현재의 훔볼트 연구에서도 상대주의의 개념이 여전히 발견되고 있습니다(Trabant 참고).

오늘날 다문화적·다언어적 소통 사회의 맥락 속에서 사피어-워프 가설은 새로운 의미를 가질 수 있습니다. 만일 우리가 터키에서 온 시민이나 아시아에서 온 시민과의 만남에서 그들이 문화적 정체성을 유지하고 아울러 문화 적응(Enkulturation)을 하려는 모습을 관찰할 때면, 그리고 국가가 정책을 통하여 문화 적응을 장려하려고 할 때면, 이들 화자가 두 개의 언어 혹은 다언어를 사용하는 가운데 서로 다른 언어적 세계상을 새로이 서로 관련시킵니다. 즉 한편으로는 '상대성' 속에서 서로 다른 언어적 세계상을 인식하고, 다른 한편으로는 언어 사용에서 경계를 넘어가는 가능성 속에서 실현합니다. 헬무트 기퍼의 이 책은 이런 통찰을 위하여 오늘날에도 기여할 수 있습니다. 그것은 호피 어와 같이 우리에게 아주 생소한 언어에서조차 그렇습니다.

그래서 저는 제가 존경하는 은사님이 쓰신 본서에 대하여 충분히 그 공로를 인정할 만하다고 생각합니다. 아울러 한국어로 번역된 것에 즈음하여, 이 책이 새로이 그 영향력을 마음껏 펼쳐서, 전 지구적 소통 사회에서 소통 의식을 형성하는 데 기여할 수 있기를 기원하는 바입니다.

2013년 5월 뮌스터에서
에델트라우트 뷜로(Edeltraud Bülow)

서문

토마스 루크만

지난 몇십 년간 인문학에서는 세계 내에서 인간의 지위 문제가 새로이 문제시되었다. 우선은 이것이 놀랄 만한 일로 여겨질지도 모른다. 결국 그것은 근대의 학문 발전 과정 속에서 본다면 인간의 그 모든 특성과 성능을 엄밀 과학주의적으로 평준화시켜 가는 이른바 환원주의(Reduktionismus)적[1] 방법에 머문 짧은 시기였다. 왜냐하면 아주 오랫동안 인간은 순진한 일상 경험으로 봐서는 우주 내에서 다른 종(種)과 비교해 볼 때 특별한 위치를 점하고 있다는 생각을 해 왔기 때문이다. 그런데 흰개미가 '사회 조직' 내지는 더욱이 '국가'를 가지고 있고, 벌이 '언어'를 가지고 있으며, 쥐가 '지

---

[1] 환원주의는 복잡한 현상의 원인을 좀 더 단순한 현상에서 구하는 것으로서 복잡한 구조와 속성이 부분을 통해서 설명될 수 있다는 신념이다. 특히 과학 철학에서 환원주의란 관찰 불가능한 이론적 개념 및 법칙을 직접적으로 관찰 가능한 경험 명제의 집합으로 치환하려는 실증주의적 경향을 말한다.

성'을 가지고 있으며, 침팬지가 '모성애'를 가지고 있다는 사실에 직면하여 우리 인간만의 고유한 속성으로 간주되던 그 탁월한 수식어들은 이제 빛을 잃고, 설득력을 잃게 되었다. 그에 병행하여, 그러나 오히려 그 역으로 동물적 속성이, 특히 동물적 충동 구조가 인간 내에서 발견되었으며, 사회는 유기체로서 내지는 조금 더 현대적 용어로 말하자면 자동 조절된 (selbstgesteuert) 규칙 체계로 이해되었다.

사실 이러한 모든 것은 과학이라는 이름으로 시작하나 신앙심 있는, 통속적 과학주의 차원에서 끝나고 있다. 그런데 바로 이것은 '아마도 그런 어떤 면이 다른 편에서도 있을지도 모른다'라는 교활하고 재보험에 가입하려는 유보적 태도를 완전히 포기하지 않은 채, 세속화된 시대의 건강한 인간 지성이 불가사의한 경외심 속에서 취하는 태도이다. 그러나 인간이 예외적 위치를 점하고 있다는 주장을 펴면서 그 반대의 입장을 변호하는 신학적·형이상학적 전제 위에 세워진 노선은 돌이킬 수 없을 정도로 상처를 입었다. 그런데 교회적·학술적·신학적, 그리고 철학적 영역의 보호성 내에서만 인간이 여느 창조물과는 달리 하나님과 유사한 위치를 차지하고 있다. 왜냐하면 그 보호성에서는 커뮤니케이션의 내적 구조가 외부 영향력을 차단하여 내부 주민을 보호해 줄 수 있도록 되어 있었기 때문이다. 하지만 이러한 영지 외부에서는 인간은 사실 모든 종이 그렇듯이 그 특별한 자질을 증명해 보이고 있으나, 원자적 합성에서부터 문제 해결 태도에 이르기까지 그 기본 구조에서는 다른 존재자들과 양적으로나 상대적 복잡성에서 다른 것으로 구별이 되지 않는다는 확신이 퍼져 나갔다.

최근에 이런 문제가 다시 논의되고 있다. 예전에 인간이 특별한 위치를 점한다는 논거가 불신을 받은 이후에 이제는 또한 엄밀 과학주의적 평준화가 불신을 받게 되었다. 우리가 세 개의 의미 없는 누더기를 손에 가지려고 하지 않는 한, 학문적 사실을 학문적 이론과 연결하고, 학문적 이론을 철학적 기본 입장(즉 메타 이론적 패러다임)과 연결시킨 솔기를 궁극적으로 절단해서는 안 되며, 연결된 부분이 어디인지를 분명히 알기 위하여 오히려 조심스럽게, 그리고 일시적으로 그 솔기를 풀어야 한다는 견해가 아주 다양한 지식 이론적 사조와 학문 이론적 사조에서부터 나왔다. 그래서 세계 내에서의 인간의 지위를 하나의 새로운 전망에서 다루어 보려는 가장 중요한 동인도 그러한 솔기를, 즉 경험적 인문학과 철학 사이의 솔기를 꿰매 보려고 하는 지적(知的) 분야에서 나왔다. 근대의 철학적 인류학자, 즉 플레스너(Plessner), 셸러(Scheler), 카시러(Cassirer), 겔렌(Gehlen) 등등에게는 인간이 특별한 위치를 점한다는 옛날의 논거를 새로이 주입시키는 것이 문제가 아니었다. 즉 인문학의 결과를 뛰어넘는 신학적·형이상학적 도약이 문제가 아니었다. 오히려 인간에 대해서 다루는 여러 학문, 특히 생물학, 심리학, 사회학, 인종학의 결과를 철학적·사회 과학적으로 문제 제기하는 것이 문제였으며, 이들 학문의 문제 제기를 인류학적 기본 문제로까지 첨예화시키는 것이 문제였다. 인간 행동을 계통 발생사적이고 개체 발생사적으로 고찰해 보는 것이 문제였으며, 그리고 인간 행동을 드물게 역사적으로 재형성하여 사회적 행위로 보는 것이 문제이다. 특히 또한 종적(種的) 행동과 그 행동이 언어와 문화 속에, 더욱 자세히 말한다면 문화와 언어 다양성 속에 역사적으로 객관화(Objektivation)되는 것 사이의 조건 관계가 문제였다. 여기서 다시 이러한 객관화의 일반적 기본 구조, 즉 상징 형식의 보편적 방법(mathesis universalis)을 읽어 낼 수 있는지 어떤지가 문제가 된다. 그러나 또한 역사적 행위의 이러한 객관화가 행동의 생물학적 토대에 도로 영향을 미칠 수 있는지가 문제였다.

모든 인문학과 특별히 관련이 있는 생물학의 한 분야인 행동 연구가 엄밀한 자연 과학적 원리라는 고유의 방법으로 인하여 생겨난 그 진술력의 첫 한계에 이르게 될 때에 일반적으로 비슷한 문제가 제기된다. 많은 행동 생물학자들은 그 사고 모형을 시험적으로 확대해 보는 가운데 또한 이러한 경계선을 뛰어넘으려고 시도하였다. 그들이 이러한 모험의 은유적 성격을 의식하지 못하는 한에서는 질문에 대해 주려 한 대답은 철학적·사회학적으로 볼 때 순진한 것처럼 보였다. 이것이 그러나 행동 생물학자들로 하여금 구체적 연구 결과와 분명한 관계 속에서, 처음부터 철학적 인류학의 중심적 문제로 간주된 문제를 제기할 수밖에 없도록 하였다.

이러한 전개 속에서 언어 문제가 전략적으로 중요한 역할을 한다. 많은 철학자들은 언어를 인간 세계 일반의 선험적 조건으로서, 현실 파악의 전제로서, 학문적 인식의 전제로서 이해한다. 그에 반하여 인문학에서 언어는 한편으로는 직립 보행, 손 사용, 뇌 분화(Zerebralisierung), 후두 쇠퇴와 더불어 진화의 산물로서 간주되고, 다른 한편으로는 복잡한 사회적·역사적 과정의 결과로서 간주한다. 이 결과가 인간의 다른 성능, 특히 고등 사고 형식의 진화의 요인이며, 아울러 사회적 행위와 역사적 사건의 결정 요소를 이룬다. 철학적 인류학과 마찬가지로 생물학은, 바로 언어의 예에서 가장 철두철미하게 나타나듯이, 양자에 이론적으로 아주 중요하지만, 다른 학문 분야의 연구 대상인 조건 관계에까지 미치는 문제 제기를 전개해 간다. 특히나 오늘날 발달 심리학, 사회 심리학, 사회학, 인종학, 언어학에서 활발한 언어에 대한 관심은, 무엇보다도 언어와 사고의 관계에 대한 관심은 그 합법적인 근원을 방금 기술된 지적 상황에 두고 있다. 그 외에도 오늘날 언어가 얼치기 학문적인 문화 활동의 커다란 유행으로 되었다는 것은 좀 더 우연한 다른 이유를 가지고 있다.

왜냐하면 사고가 발화와 어떤 관계에 있느냐의 문제는 보편적인 것과는 아주 다른 문제이기 때문이다. 습관적으로 진행되는 일상생활에서 만연한 입장에서는 사실 가끔은 언어에 대해서, 가끔은 사고에 대해서, 그리고 사고 결과에 대해서 숙고하게 된다. 통상의 발화가 습관적으로 이해되지 않고, 익숙한 문제 해결이 실패한다면 바로 그때에는 말이다. 그런 경우에 우리는 체계적 숙고의 근원 중의 하나, 따라서 이론의 근원 중의 하나가 ─그러나 또한 단지 하나의 근원이─ 있다고 보아도 된다. 어쨌든 생산관계가 종교적·기술적·정치적 목적을 위하여 체계적인 사고를 할 수 있도록 제도적으로 뒷받침하는 것을 허용하는 곳에서는 어디에서든 위대한 문명에서는 또한 논리학, 즉 수사학이 발달하고, 몇몇 문명에서는 더욱이 문법이 발달했다. 그러나 사고와 언어에 대한 이들 전자의 학문, 즉 논리학과 수사학에서는 사고와 언어의 관계에 대해서 아직은 문제를 제기하는 것을 자동적으로 하지 않았다. 그것을 위해서는 ─우리가 복잡한 사회적 관념사적 관계 일반을 심리학적 표현으로 명명해도 된다면─ 그것은 특수하게 인식론적인 '성향'을 필요로 했다. 그것이 어떻게 그렇게 되게 되었으며, 그리스 문화가 그 안에서 어떤 역할을 했는지는 벌써 많이 기술된 문제이며, 이 책에서도 그 몇 가지가 또한 언급된다. 나는 여기서 사고와 언어를 문제시하는 그러한 인식론 성향을 일상의 입장에서 직접 유도하는 것은 불가능하다는 점과, 나아가서 그러한 유도는 또한 고전 문명 일반이 사회 구조적인 기초를 이루고 있다는 사실의 단순한 결과가 아니라는 것만을 언급해 두고자 한다.

사고와 언어의 관계, 그와 더불어 또한 인간 의식과 현실의 관계에 대한 상세한 연구가 어쨌든 단지 서양 정신사에서만 중요한 위치를 차지했다. 언어 상대주의(Sprachrelativimus), 내지는 (사고의) 언어 상대성(Sprachrelativität)의 문제는, 그런데 근대 서양 정신사에서 아주 중요한 언어학적·인식론적 문제 제기의 최신판이다. 여기에서는 그러나 문제 제기가 지나쳐서, 적어도 그 함축의 몇 가지에서는 경험적으로 검토해 보아야 할 정도이다. 인지적 성능과 언어 구조 간의 얽히고설킨 관계가 뷜러(Bühler), 피아제(Piaget), 골드스타인(Goldstein), 뷔고츠키(Wygotski)*와 같은 심리학자에 의하여, 문화 인류학자, 사회학자에 의하여, 그리고 이전의 나쁜 경험 때문에 아주 망설이면서 말하자면 또한 언어학에 의하여 문제로 받아들여졌다. 현대 언어학 이론에 정통하나 훔볼트의 전통을 잇는 헬무트 기퍼와 같은 언어학자가, 이 책에서 구조주의가 아주 엄밀하게 그어 놓은 언어학적 관심의 경계선을 허물고, 주로 (미국) 문화 인류학자들이 행한 논의에 끼어든 것은 우연한 일이 아니다. 그것은 바로 언어와 '세계관(Weltanschauung)'의 관계에 대한 훔볼트의 질문이었다. 이것이 약 100년 뒤에 다시 미국 문화 인류학에서 나타난 것이었다. 그런데 과격한 블룸필드식의 언어 연구가 거기에서 고개를 돌려 미국의 구조주의를 지배하고 있었던 때에 이러한 문제에 관심을 일깨워 준 자는 특히 사피어였다. 사피어와 다른 사람들은 이 문제와 이 문제의 해결 시도를 아주 조심스럽게 말했으며, 비로소 사피어의 제자 워프가 단편적이긴 했지만 결정적으로 언급했다. 워프의 논제에 의하여 야기된 논쟁은 어느 정도 언어학이 심리학, 문화 인류학, 더욱이 인식론의 중심적 과제와 접목하는 문제로 돌아가는 데 기여했다. 기퍼의 본서가 아주 감명 깊게 그것을 증명하고 있다.

이른바 사피어-워프 논제와 그와 연관된 논쟁을 간결하게 서술한 끝에, 언어 사회학[1]의 입장과 문제에 대해서 폭넓게 개관하면서 나는 몇 년 전

---

* '인간의 조건(Conditio humana)' 시리즈에서 L. S. Wygotski: *Denken und Sprechen*, Frankfurt am Main ¹1969, ³1971을 참고하라.

에 "우리가 사피어-워프 사상의 타당 영역을 구분하기 이전에 언어 구조 자체와 문화에 의해 조종된 언어 사용, 문화적 객관화와 그것의 주관적 실현, 지각 능력과 습관적 경험 사이를 [⋯]** 구별하는 것이 필요하다"라고 쓴 적이 있다. 재치 있는 실험적 도구주의의 발전 과정 속에서 문화와 언어의 관계에 대한 이론에 사실 결코 중요한 것은 아니나 부차적으로 중요성을 가지는 문제 제기의 차원, 즉 지각(특히 색채 지각)과 직접 관련되어 있는 경험의 차원에서 이러한 방향의 아주 커다란 진전이 있었다. [⋯] 이러한 차원에서는 언어의 역할과 습관적 경험을 조종하는 특정 언어의 역할이 증명될 수 있다. 예를 들어 인과 판단이나 문화적 형상, 분류(Taxonomie), 우주론적 관념 등과 같은 복잡한 사고 과정에 미치는 언어 구조의 영향 분석을 전개하기란 방법론적으로나 연구 기법상으로 큰 어려움이 있다. 사피어-워프 입장에 대한 '증명'이나 '반증'의 타당성을 평가하는 것은 아주 어렵다⋯. 그러나 벌써 논의의 지금 상태가 [⋯] 언어 사회학에 중요한 이러한 연구의 어려움이 극복될 수 없는 것은 아니라는 것을 희망하게 한다. 이러한 '증명'과 '반증'을 고려한 가운데 기퍼의 본서가 큰 진전을 보이고 있다. 그는 미혹되어 너무 성급한 판단을 내리는 것도 아니고, 논거들을 세심하게 검토하고 논쟁에 가담한 부속 인물들도 언급한다. 그는 극도로 단순화된 입장들의 시각적 유혹, 즉 이러한 논쟁에서 단지 소수만이 견뎌 낼 수 있는 그 유혹을 피했다. 이 책은 그러므로 단지 이들 논점과 학문사적 관계에서 논점의 위치 설정에 대한 탁월한 설명서인 것만이 아니다.

---

1) Soziologie der Sprache, in: *Handbuch der empirischen Sozialforschung*, hrsg. v. René König, II. Band, Stuttgart 1969, S. 1059.

** 점으로 생략 표시하는 대신에 원전에서는 참고 문헌 제시가 있다.

이것은 또한 논점을 극도로 분명하게 해 주고 그 해결을 제안한 성공적 시도이다. 벌써 이러한 문제 영역에 친숙한 전문가에게는, 그러나 이 책은 더욱이 맛있는 과자 역할을 한다. 기퍼는, 워프가 그의 논제의 근거를 삼은 호피 어 원자료를 독자적으로 연구하여 검토하고 있다. 내가 아는 한 그는 이러한 착상을 하고 실행한 최초의 사람이다. 우리가 워프 논제에 대하여 헛되이 소모한 잉크가 얼마였던가를 생각한다면, 이러한 문제에서 호피 어 자체로 나아간 자가 미국 학자가 아니었다는 것은 놀랄 만한 일이다. 기퍼가 연구한 결과를 독자에게 벌써 여기 서문에서 전달하려는 것은 아주 적절하지 못할지도 모른다. 그것은 독자로 하여금 우리가 수수께끼를 풀어 나가야 하는 탐정 소설을 읽을 때에 느끼는 기쁨과도 유사한 즐거움을 빼앗는 것일지도 모르기 때문이다.

서문

    이 책은 여러 해 동안의 힘든 작업 끝에 완성되었다. 이 책이 완성되기까지 필자는 여러분들에게 감사해야 한다. 무엇보다도 친절하게 그들 자신의 정보를 제공해 줌으로써 내가 호피 어에서 시간과 공간 파악에 대한 워프의 정보를 검토할 수 있도록 해 준 필자의 호피 인디언 친구들에게 감사한다. 특히 1971년 여름, 바트고데스베르크 출신의 부참사관 말로키 박사의 중재로 본을 방문하였던 애리조나 주의 호테빌라 출신인 제임스 쿠총시가 언어 자료를 검열하고 보완하는 데 나에게 중요한 도움을 주었다.

    필자가 인디언 보호 구역으로 여행 준비를 했을 때 1967년 보스턴의 독일 문화원에 근무하던 힐만 폰 할렘이 필자를 위해 가치 있는 중재 임무를 떠맡아 해 주었다. 플래그스태프 출신의 조지 울리치 박사는 1967년 8월에 필자를 인디언 보호 구역으로 데리고 갔으며, 1969년에는 또한 실제적인 도움을 주었다.

독일어연구학회(Die Deutsche Forschungsgemeinschaft)는 1969년 여름에 호피 인디언 구역으로 필자가 두 번째 여행을 할 때에 재정 지원을 하였을 뿐만 아니라 호피 인디언들이 본에 방문하였을 때에 체재비를 부담하였다. 북애리조나 플래그스태프 박물관의 에드워드 댄슨 박사는 필자가 박물관 도서를 이용하도록 허용해 주었다. 블루밍턴의 인디애나 대학교의 찰스 보절린 박사와 캘리포니아 주립대학교의 로버트 블랙 교수는 자신의 연구를 넘겨주며 또한 귀중한 안내를 함으로써 나를 도왔다.

권터 노이만 교수는 인도게르만 어에 대한 필자의 연구를 검토하고 필자에게 중요한 힌트를 주었다. 안드레아 슈탈슈미트 여사는 필자의 녹음테이프 기록물을 타자로 쳐 주었다. 호피 어에는 정서법이 없기 때문에 이것은 결코 쉬운 일이 아니었다. 그녀는 텍스트 자료를 작업할 때도 필자를 도왔고 「호피 어 동사에서의 시제」라는 자신의 논문을 기고하였다. 북애리조나의 보충교육센터는 친절하게도 모든 유용한 호피 어 텍스트(늑대 이야기)를 필자에게 넘겨주었다. 노르만의 오클라호마 대학교 출판부는 케인스(W. C. O'Kanes)의 호피 어 책 『하늘의 태양』에 나오는 세 개의 지도 인쇄를 허용했고, 컬럼비아 대학교 출판부는 스티븐(A. M. Stephen)의 호피 어 저널에 나오는 그림을 사용할 수 있도록 허용했다. 헬가 쿠르트 양은 원고의 일부를 타자로 쳐 주었고, 페터 슈미터 박사와 그의 부인은 교정본을 함께 읽어 주었다. 피셔 출판사의 일제 그루브리히-지미티스 여사는 힘든 출판을 인내와 배려를 다하여 보살펴 주었다. 그런데 필자는 아내에게 특히 감사한다. 그녀는 1969년 여름 호피 인디언 보호 구역으로 필자와 함께 가서 필자와 함께 여독을 나누었다. 그녀는 모든 연관된 작업을 할 때에 필자에게 또한 옆에서 조언과 보조를 하였으며 색인을 만들었다.

그녀와 모든 도움을 주신 분들께 진심으로 감사를 드린다.

1972년 봄

헬무트 기퍼

서론

    상대성 원리라는 개념은 오늘날 알베르트 아인슈타인이라는 이름과 연관되어 있다. 이 위대한 물리학자가 바로 1905년에 특수 상대성 이론을, 1916년에 일반 상대성 이론을 전개한 자이다. 그런데 이 이론에서 무엇이 문제가 되는 것인지를 아는 자는 단지 소수이다. 일반적으로 주로 모호한 상상들을 한다. 기껏해야 다음과 같은 정도로 알려져 있다. 지금까지 절대적인 것으로 간주되어 온 물리학의 기준점이 종속적인 것으로 증명되었다. 즉 절대적 기준점들이 상대화되었다. 그러나 어떤 기준점들이 문제가 되는가? 그리고 그것들이 무엇과 연관되어 있는가? 특히 아이작 뉴턴의 고전 물리학에서 확고한 기본 단위인 시간과 공간이 특히 문제이다. 뉴턴은 절대적인 공간, 절대적인 시간, 마찬가지로 절대적인 질량(Masse)을 고려하였다. 이러한 가정은 더 높은 우주를 관찰하는 차원에서는 유지될 수 없다는 것이 드러났다. 인상적인 실험을 통하여 공간, 시간, 질량이 단지 상대적으로, 즉 관계 체계와 관계 체계의 고유 속도와 관계하여 결정될 수 있다는 것이 나타났다. 이때 관찰자의 위치와 측량점의 거리를 고려하여 결정될 수 있는 동시성의 개념이 결정적이라는 사실이 드러났다. 마지막 정항(상수)으로서 초속 30만 km인 광속이 남게 되었다. 우리에게 친숙한 3차원의 경험 공간은 시간의 차원을 고려하여 4차원의 공간-시간 연속체로 확대되었다. 여기서는 이 정도의 개략적인 설명만 하겠다. 왜냐하면 우리는 여기서 물리학에 대해서 논하려고 하는 것이 아니며, 또한 그 밖의 세부적인 사항들은 전문가에게 맡길 수 있을 것이기 때문이다.[1]

본서의 주제를 위해서 중요한 것은 이러한 상대성 원리가 어중간하게 이해되었든지, 아니면 온전히 이해되지 않음으로 말미암아 널리 오해가 있게 되었다는 것이다. 사람들은 상대성(Relativität)을 상대주의(Relativismus)와 혼동한다. 즉 우리는 이제는 옛날의 물리 법칙이 타당성을 잃게 되었다든지, 확고한 규정은 더 이상 없다고 하는 잘못된 생각을 하기에 이르렀다. 이러한 오류는 "만사는 상대적이다"라는 대중적 유행어에서도 나타난다. 그러나 실은 정확히 그 반대이다. 아인슈타인의 상대성 이론과 더불어 결코 지금까지의 물리학적 인식이 그 토대를 빼앗겨 버린 것이 아니다. 오히려 지금까지의 물리학적 인식이 이제야 비로소 굳건한 토대 위에 서게 된 것이다. 왜냐하면 지금까지의 관계 단위가 그들 각기의 상태와 특정한 관찰 조건에 종속적이라는 견해와 함께 우주적 관계 범주 내에서 물리적 측정과 계산을 할 때에 지금까지 나타났던 모순점들을 비로소 극복할 수가

---

1) 이런 문제 영역에서 비전문가도 읽을 수 있는 입문서에는 다음과 같은 책들이 있다. A. Einstein, *Mein Weltbild*(1955); A. Einstein und L. Infield, *Die Evolution dere Physik*(1956); L. Barnett, *Einstein und das Universum*(1952). 자세한 참고 문헌 정보를 알기 위해서는 본서의 부록에 있는 참고 문헌을 참고하라.

있게 되었기 때문이다. 그러므로 비로소 이제야 지탱할 수 있는 인식이 가능하게 된 것이다. 뉴턴이 세웠던 것을 아인슈타인이 무너뜨린 것이 아니다. 오히려 더욱 발전시켜 고전 물리학을 우주 차원이라는 더 광범한 관계 체계 내에 들어설 수 있게 하고, 나타나는 모순점을 설명할 수 있게 하였다. 아인슈타인의 계획을 수정할 필요가 생겼다면 이것은 물리학적 인식의 축소를 의미하는 것이 아니라, 그것을 더욱 강화하는 것이다. 이러한 정립이 본서의 이해를 위하여 결정적으로 중요하다. 그 때문에 이러한 정립을 원래의 주제에 선행하여 언급하는 바이다.

물리학적 상대성 원리가 벌써 소수의 사람이 아는 그런 문제라면, '언어 상대성 원리'라는 것도 있느냐 하는 문제를 이제 제기한다면 더욱 혼란이 야기될 것임에 틀림이 없다. 우리가 그것을 무엇이라 생각해야 할까? 유추를 해 보자면 언어 고찰에서도 지금까지는 불변적이고 절대적인 것으로 간주되어 왔으나, 이제는 조건적이고 종속적인 것으로 간주될 수 있는 기준점이 있음에 틀림없다.

이때에 어떤 기준점이 문제가 될까? 우리는 모든 자연 언어는 인간 집단의 의사소통의 수단이라고 하는, 널리 퍼져 있고 논란의 여지가 없는 견해에서 출발해야 한다. 이 수단은 생각을 표현하고 의사소통하는 데에 기여한다. 이때에 모든 인간은 원칙적으로 동일하다는 것을 전제로 하게 된다. 인간의 생각은 보편타당한 사고 법칙을 따른다. 인간은 같은 세상에 살며, 서로 다른 수단을 가지고 있다 할지라도 서로 다른 언어로써 동일한 것을 표현하고 생각한다. 언어의 다양성은 논란의 여지가 없는 사실이다. 그러나 방금 말한 관점에서 보자면 이것은 외적인 것이다. 인간 존재의 환경과 조건이 같다는 것은 세계가 원칙적으로 동일하게 경험되고, 우리는 그 세계에 대하여 비록 서로 다른 언어 형태로 전달한다 할지라도 진술을 동일하게 할 수 있다는 것을 보증한다.

그러므로 인간과 세계라는 기준점은 고정된 것이다. 나아가서 자연 언어가 순전히 도구적 성격을 지니고 있다는 사실과 그 자연 언어가 보편적으로 구속력 있는 인간의 사고 능력과 인식 능력의 지배를 받고 있다는 것은 확고하다. 이제 설명해야 할 반대 입장을 분명히 드러낼 수 있기 위하여 나는 여기서 언급된 어려운 관계를 의식적으로 간략하게 요점만 요약하겠다. 우선 의도적으로 단순화시킨 이러한 그림에서 출발하며, 계속되는 설명에서 수정하도록 하겠다.

언급한 내용과는 달리 몇몇 언어학자들은 언어의 상이성이 결코 외적인 것으로 간주되어서는 안 된다고 생각한다. 오히려 그들의 주장에 따르면 모든 자연 언어는 그 어휘적 수단이나 통사적 수단의 잠재성에서 독자적인 세계관을 갖고 있어서 개개 언어 공동체의 구성원들은 세계를 서로 다르게 보고 판단한다는 것이다. 동시에 그들의 사고도 그들의 언어로 인하여 서로 다른 궤도를 따라 나아간다는 것이다. 한 언어에서 다른 언어로 전이해 간다는 것은, 그렇다면 단지 전달의 외적 도구가 변화한 것이 아니라, 세계관과 사고 형식의 변화를 의미한다. 언어들이란 서로 다른 수단을 가지고 같은 것을 표현하는 것이 아니라, 말하여진 것 자체가 정신적·내용적으로 서로 다른 것이다. 그것이 옳다고 한다면 결코 보편타당한 인식이 있는 것이 아니라, 인식이 지향하고 있는 것에 대해서 단지 언어 체계에 의하여 조건 지어진 견해가 있을 수 있다는 결론이 가능할지도 모른다. 달리 말한다면 인간의 인식은 자연 언어의 진술 능력에 상대적일지도 모른다. 언어 상대성 원리가 있을지도 모른다. 실제로 이러한 논제의 결과는, 그것이 증명될 수 있다면 인류에 대하여 아인슈타인의 이론보다 결코 덜 획기적인 것이 아닐 것이다.

그러므로 언어 상대성 원리가 있다는 주장으로 말미암아 격렬한 학문적 논쟁이 야기되었다는 것은 놀랄 만한 일이 아니다. 여러 학문 분야의 대표자들이 이 논의에 동참하였으며, 이것은 오늘날에도 여전히 종결되지 않았다. 일부는 격렬하게 논쟁이 붙어서 객관성이 없는 논거와 감정적인 인신공격이 없지도 않았다. 이 주제에 대하여 다양한 책과 논문이 출간되었다. 논쟁의 전선은 오늘날 동서양에 걸쳐 학제 간 논쟁으로 번졌다.

지금은 결산서를 작성하고 여러 견해들의 이러한 찬성과 반대 속에서 비판을 견뎌 내고 인정될 수 있는 것이 무엇인지를 편견 없이 검토할 때이다. 결론은 이러한 분석 뒤에 이루어져야 한다. 진실이 어디에 있으며, 그 진실은 어느 방향에서 찾을 수 있을까? 이것을 보여 주는 것이 이 책의 목적이다.

빌헬름 폰 훔볼트(Wilhelm von Humboldt, 1767~1835),[2] 레오 바이스게르버(Leo Weisgerber, 1899~1985),[3] 벤저민 리 워프와 같은 언어학자들이 언어적 세계상('sprachliche Weltansicht' 내지는 'sprachliches Weltbild', 영어로는 'linguistic view of the world')이라는 기저 사상을 기안했을 때, 그들이 무엇을 염두에 두었는지를 분명하고 보편적으로 이해할 수 있게 밝혀 보도

---

[2] 프로이센의 학자, 정치가, 언어학자. 베를린 대학교(현 훔볼트 대학교)의 공동 창건자이다. 알렉산더 폰 훔볼트의 형으로 독일의 교육 발전에 크게 이바지했을 뿐만 아니라 언어 철학 연구에도 큰 업적을 남겼다. 「인간의 언어 구조의 차이 및 그 차이가 인간의 정신 발달에 끼치는 영향에 대하여」에서 그는 '언어 자체는 작품(Ergon)이 아니라, 활동(Energeia)'이라고 본다. 이는 언어의 본질을 '작용하는 힘', '정신적 형성력'으로 보고, 이러한 언어력에 의하여 '세계가 정신재로 개변된다'고 주장하였다. 이러한 사상이 레오 바이스게르버 등 이른바 네오 훔볼트주의자들에게 영향을 미쳤다.

[3] 훔볼트의 언어 사상을 그대로 이어받은 독일의 언어학자. 내용 관계 문법(Inhaltbezogene Grammatik), 즉 언어 내용 연구의 창시자. 언어 내용 연구의 목표는 개개 언어마다 특수한 언어적 중간 세계(sprachliche Zwischenwelt)를 찾는 것이다. 그리고 그에 따르면 언어 내용 연구에는 4단계가 있다. 형태 고찰, 내용 고찰, 성능 고찰, 작용적 고찰이 그것이다.

록 시도해 보겠다. 이러한 언어관의 장점과 약점이 어디에 있는지를 밝혀 낼 필요가 있다. 그리고 이 논지를 검증하기 위하여 무엇을 해 왔으며, 지탱할 수 있는 결과를 달성하기 위해서는 무엇을 더 해야 하는지를 검토해야 한다. 그 다음에 비평이 있어야 한다. 어떤 반론이 있었는지를 보여 주어야 한다. 반대 논거는 그 타당성을 검토해야 한다. 폴란드 철학자 아담 샤프의 저서 『언어와 인식』을 논구해 보는 것은 특히 중요하다. 여기에서는 마르크스주의 관점에서 언어 상대성 원리라는 가설에 대해서 지금까지 가장 사려 깊게 비평하고 있다. 필자는 필자의 입장에서 샤프의 철학적 설명에 대한 필요한 언어학적 보충을 해 보고 싶다.

우리들의 질문 제기는 확실히 그 밖의 공인을 필요로 하지 않는다. 아마도 저자가 이 테마를 취급할 능력이 있는지 어떤지, 저자가 이른바 신훔볼트주의 학파 출신, 즉 빌헬름 폰 훔볼트의 기본 견해를 좇는 언어 연구 사조 출신이라는 사실을 감안할 때 그가 편견이 없을 수 있느냐의 문제를 물어볼 수 있을 것이다. 우선 그것에 대해서는 필자가 거의 20년 전부터 이러한 문제 영역을 연구해 왔으므로 견해의 논쟁 속에 있는 여러 입장을 잘 알고 있다는 것만 말해 둘 수 있다. 자신의 견해를 항상 새로이 숙고하고 의문을 제기할 각오가 되어 있다는 것에 대하여 필자와 함께 이러한 문제를 무수한 강의와 세미나에서 논의한 필자의 제자들이 증인이 되어 줄 것이다. 이 자리에서 필자는 단지 학문적 성실성에 대한 필자의 의지가 있음을 표명할 수 있다. 그렇다면 독자가 직접, 필자가 이러한 결심을 따르는지 어떤지를 판단해야 한다.

모든 언어가 화자의 사고에 영향을 미치는 특정한 세계관을 갖고 있다는 사상은 대부분의 위대한 사상처럼 새로운 것이 아니다. 이러한 방향에서 다소간에 분명히 숙고한 것으로 알려진 많은 사상가 중에서 특히나 니콜라우스 폰 쿠에스(Nikolaus von Kues), 쿠사누스(Cusanus, 1401~1464), 프랜시스 베이컨(Francis Bacon, 1561~1626), 존 로크(John Lokce, 1632~1704), 지암바티스타 비코(Giambattista Vico, 1668~1744), 요한 게오르크 하만(Johann Georg Hamann, 1730~1788), 그리고 요한 고트프리트 헤르더(Johann Gottfried Herder, 1744~1803)가 일컬어질 수 있다. 빌헬름 폰 훔볼트(Wilhelm von Humboldt, 1767~1835)를 통하여 세계상 사상은 결정적으로 말해지게 되었으며, 언어학 속으로 들어오게 되었다. 본의 언어학자 레오 바이스게르버가 이를 새로이 받아들여 언어적 세계상이라는 학설로 발전시키기까지 훔볼트는 거의 주목을 받지 못했다.[2] 그러나 바이스게르버의 언어적 세계상도 거의 국제적 주목을 받을 수 없었다. 이 문제를 언어 상대성 원리라는 논제로 첨예화시킨 것은 미국인 워프로 거슬러 올라간다. 그가 독일 문헌에 의하여 직접 영향을 받았는지, 받았다면 어느 정도로 받았는지는 오늘날까지 의심할 바 없이 설명되지는 않고 있다. 그 자신은 자기의 연구를 고무시킨 독일인을 언급하지 않고 있다. 현대 언어학에서는 이와 관련한 문제가 '사피어-워프 가설'이라는 표제어로 알려지게 되었다. 워프와 더불어 원래 세계적인 논의가 야기되었으므로 그의 견해를 서두에서 또한 언급할 것이다.

중요한 미국의 언어학자 에드워드 사피어는 평생 동안 개인적 학자로 머물러 있었고, 본업은 화재 보험 대리점 업자였던 그의 제자 워프가 북아메리카 인디언 어를 연구하도록 고무시켰다.

이름 있는 학자들이 이미 인디언 어의 고유한 구조에 관심을 가졌다. 워

---

2) 언어적 세계상 사상의 역사에 대해서는 아펠(K. O. Apel, 1955; 1959; 1963)의 연구와 폴리처(R. L. Politzer, 1963)를 참고하라.

프는 특별히 힘들여서 호피 인디언 언어에 몰두하였다. 호피 인디언은 북동애리조나 주 인디언 보호 구역에 살고 있는 이른바 푸에블로 인디언의 작은 부족이다. 그 다음에 또한 워프로 하여금 획기적 사상을 말하도록 고무시킨 것은 호피 어였다. 많은 논문 속에서 그는 그의 대담한 견해를 남겼다. 그 견해들은 나중에 여러 학회의 논의 대상이 되었다. 여러 학문 분야 사조의 학자들이 워프의 논지를 논의했으며, 그것에 찬성 또는 반대의 의견을 피력하였다. 가장 중요한 그 논거들을 우리도 여기서 다루겠다. 하지만 먼저 우리는 워프의 연구 자체에 대하여 보고하겠다.

제1장

기본 언어관, 개념 규정과 설명

1. 벤저민 리 워프의 언어관

벤저민 리 워프(1897~1941)는 국외자로서 언어학을 하게 되었다. 미국의 언어학자인 그의 친구 존 캐롤(John B. Carrol)은 워프가 쓴 『언어, 사고, 그리고 실재(*Language, Thought and Reality*)』[4]라는 책의 서문에 워프의 특별한 인생 경로를 기술했다. 그것에 대해서는 필자의 저서 『언어 내용 연구의 구성 요소(*Bausteine zur Sprachinhaltsforschung*)』의 제5장에 상세히 언급했다. 워프가 평생 화재 보험 회사원으로 종사했으며 부업으로 그가 방대한 언어 연구를 하게 되었다는 것은 이미 말한 바 있다.

국외자로서 그는 전문 학자도 놀랄 정도의 대담한 가설을 말하는 용기

---

[4] 신현정 교수의 번역으로 2010년에 한국어로 출간됨.

를 지녔다. 더군다나 그가 다룬 문제에 대해서 깊이 들어가면 갈수록 더욱 놀라게 된다. 그때까지 거의 주목받지 못했던 호피 어에 대해 워프로 하여금 관심을 갖게 한 사람은 독일 태생으로서 탁월하게 많은 인디언 어를 알고 있었던 에드워드 사피어였다. 오늘날도 여전히 약 6000명의 인디언들이 이 언어를 말하고 있다. 이들 인디언은 북동애리조나 주의 황야 지형에 세 개의 바위 언덕, 이른바 탁상형 지형 메사(Mesa) 위에 있는 작은 푸에블로 마을 가운데 약 12개 마을에 살고 있다. 호피 어는 유토 아즈텍 어족에 속한다. 문자가 없고 여러 방언으로 갈라진 언어로서, 그 구조는 모든 다른 인디언 어처럼 인구어의 구조와는 현격히 다르다. 그런데 호피 어는 일련의 특성을 통하여 북아메리카 인디언 어와도 구별되는 것처럼 보인다. 워프는 이러한 특성에 강한 인상을 받았다. 그는 성향상 특히 언어의 정신적 측면에 관심이 있었기 때문에 그는 인구어 언어 습관과 비교되는 특성이 있음을 깨달았다. 이러한 대비 결과를 워프는 언어 철학적이고 인식 이론적인 범주 내에서 계속 고찰하려 했다. 그러나 워프로 하여금 자극적인 주장을 말하도록 한 것은 특히 호피 어의 고유한 공간 개념과 시간 개념이었다. 이것에 대해서는 나중에 말할 것이다.

　우선 우리들의 주제와 관련하여 가장 중요한 테마를 한번 살펴보자. 우선 여러 논문집에서 출판된 다음 논문들이 문제가 된다. 「습관적 사고와 행동의 언어에 대한 관계」(1939); 「과학과 언어학」(1940); 「엄밀 과학으로서의 언어학」(1940); 「언어와 논리학」(1941); 「언어, 정신, 실재」(1941); 「미국 인디언의 우주에 대한 모형」(1936). 호피 어에 대해서는 특히 다음의 논문이 문제가 된다. 「호피 어 동사의 시점적 양상과 분절적 양상」; 「문법 범주」(1937); 「호피 어 언어학에 대한 논의」(1937); 「호피 어의 몇 가지 동사 범주」(1937). 나아가서 워프가 『호피 어, 토레바 방언(The Hopi language, Toreva *dialect)*』이라는 제목으로 해리 호이저(Harry Hoijer)가 출판한 『토착 아메리카의 언어학적 구조(*Linguistic structures of native America*)』(1946)에 실은 호피 어 문법 요약이 중요하다. 이들 논문은 1963년에 『언어, 사고, 현실. 메타언어학에 대한 논문들』이라는 제목으로 페터 크라우서(Peter Krausser)가 번역하여 독일 독자들도 읽을 수 있게 되었다. 유감스럽게도 그 자체로서는 환영받을 만하지만, 이 번역본이 번역 오류가 심하고 생략된 부분이 있어서 이 문제를 더 자세히 다루려는 자는 반드시 원전을 읽도록 권하고 싶다. 워프의 텍스트는 군데군데 언어상으로 아주 어렵다. 그래서 나는 『언어 내용 연구의 구성 요소』에서 설명할 때에 중요한 부분에는 항상 원전 텍스트를 인용했다.

워프의 설명에서는 호피 어와 다른 몇몇 인디언 언어가 다른 속성을 가지고 있다는 것을 강조하고 구체적 예를 통하여 인상 깊게 제시하려는 의도가 분명히 있다. 워프는 지치지 않고 언어와 사고의 밀접한 관계를 강조하며, 친숙한 인구어 언어 습관에 사로잡혀 졸고 있는 독자들의 잠을 깨우려고 부단히 애쓴다. 독창적인 그림도 여기에 기여한다. 그 그림들은 특정한 사실들을 개념 분석하여 그 상이성(相異性)을 눈앞에 제시하고 있다.

호피 어가 다른 종류의 세계상(Weltbild)을 가지고 있다는 확신은 특히 「습관적 사고와 행동의 언어에 대한 관계」, 「미국 인디언의 우주에 대한 모형」이라는 논문에서 언급되고 있다. 「과학과 언어학」, 「엄밀 과학으로서의 언어학」이라는 논문에서는 그의 논지를 언어 상대성 원리를 말하는 것으로까지 과장시킨다. 제목에서 느껴지듯이, 워프는 결코 언어학적 인식의 가능성을 문제시하려고 하지 않는다는 것을 보여 준다. 오히려 그에게는 근대의 형식적 구조주의 언어학의 대표자들에게처럼 자연 과학의 전례에 요구되는 그 정도의 과학성을 언어학에 부여하는 것이 문제이다. 그러므로 사변적 이야기가 아니라 경험적으로 획득된 사실에서 특정한 결론을 도출하려고 한다.

워프는 「과학과 언어학」에서 사고가 모든 인간에게 원칙적으로 동일하게 진행된다는 널리 퍼져 있는 견해에 반대한다. 즉 그는 사고가 보편적인 논리학의 법칙을 따른다는 견해에 반대한다. 개별 언어들이 서로 달라도 사고한 것을 표현하는 데에는 동일하게 기여할 뿐이라는 견해에 반대하고 있다. 그 반대로 그는 언어의 문법이 사고를 함께 형성하며, 모든 언어는 오관을 통해 전해지는, 그의 표현으로 "만화경적인(kaleidoskopartig)" 자연 현상의 흐름을 서로 다른 방식으로 조직화한다고 확신하고 있다. 그러나 모든 인간은 대개 단지 하나의 언어만 구사할 수 있기 때문에 인간은 다소간에 자신의 언어의 시각 방식에 내맡겨져 있고, 그 결과로 자연 현상을 완전히 편견과 선입견 없이 판단할 수 있도록 자유롭지 못하다는 것이다. 여러 개의 언어를 구사하므로 여러 개의 가능성을 구사할 수 있는 자만이 선택할 수 있고 비교할 수 있으며, 이러한 방법으로 특정 언어의 시각 방식에서 비교적 독립적일 수 있다.

이러한 설명을 근거로 워프는 그 다음에 우리의 관심을 끄는 다음의 논지에 이르게 된다.

따라서 우리는 새로운 상대성 원리에 이르게 된다. 이것은 관찰자들의 언어학적 배경이 유사하거나 어떤 방식으로 공통분모를 가질 수 없다면 모든 관찰자가 같은 물리적 사실을 통하여 같은 세계상(Weltbild)에 이르게 되지는 않는다는 것을 의미한다.[3]

---

3) B. L. Whorf, 1963, S. 12.

「엄밀 과학으로서의 언어학」이라는 논문에서 이 원리는 다음과 같이 더욱 일반화된다.

　내가 '언어 상대성 원리'라고 부르는 것은 바로 언어 구조의 상이성이라는 사실에서 기인한다. 언어 상대성 원리를 대충 말하자면 "서로 매우 상이한 문법을 사용하는 인간들은, 외적으로 비슷한 관찰에 대해서 이들 문법으로 인하여 전형적으로 상이하게 관찰하고, 상이하게 평가하게 된다. 따라서 그들은 관찰자로서 서로 등가적이지 못하며 어떻게든 세계에 대하여 상이한 견해에 이르게 된다"[4]는 것이다.

워프는 그의 사상을 상세히 설명한다. 그러나 우리는 여기서 그것을 세세하게 되풀이할 필요 없이 오히려 호피 어의 공간 개념과 시간 개념이라는 중심적 문제에 관심을 기울일까 한다. 이 호피 어는 워프의 논증 방식에서 볼 때에는 모범적인 예로 간주될 수 있기 때문이다. 따라서 동시에 보편적 관심사인 오래전부터 내려오는 철학적 문제를 논의하겠다.

워프는 호피 어에 대한 여러 논문에서 이러한 문제에 대하여 언급하였다. 그가 여러 연구에서 같은 용어를 사용하지 않았을 뿐만 아니라 단지 소수의 언어 예만을 제시했기 때문에 그의 연구를 분석하는 일이 아주 어렵다는 것을 먼저 말하지 않을 수 없다. 나는 이것을 개별적으로『언어 내용 연구의 구성 요소』에서 증명하였다.

우리들의 언어에서는 시상(zeitliche Perspektive)의 표현이 특히 동사 체계와 연관되어 있기 때문에 워프는 특히 호피 어 동사가 우리들이 잘 아는

---

4) Ibid., S. 20

범주와는 현저히 다른 특징을 보여 준다는 것을 아주 특이한 것으로 생각하여야만 했다. 거기서는 행위의 진행을 나타내는 데에 시간 단계 내지는 그 밖의 시간 관계가 원래의 의미에서 역할을 하지 않고, 여러 관점에서 언어상으로 뉘앙스를 통하여 나타내고 있는 것 같다. 아무튼 워프는 연구된 많은 동사 형태를 상세히 분석하여 이러한 결론에 도달하였다. 그는 이러한 형태를 서로 다른 용어를 사용하여 구분해 보려고 시도했다. 이때에 통용되는 명칭과 아울러 새로운 많은 용어를 사용하고 있다. 하지만 이들 용어가 항상 분명한 것은 아니다.

그 밖의 이용할 수 있는 자료가 부족한 상태에서 이 문제에 특별히 관심이 있는 독자들에게 이러한 정보를 올바르게 판단한다는 것이 얼마나 어려운 것인가를 보여 주기 위하여 나는 호피 어 동사에 대한 워프의 설명을 간단히 요약해 주고 싶다. 우리들의 논제에 좀 더 일반적으로 관심 있는 자들은 이 요약 설명을 그냥 뛰어넘어 갈 수도 있다.

워프는 「호피 어 동사의 시점적 양상과 분절적 양상」이라는 논문에서 서로 다른 여덟 개의 태[자동태(intransitive), 타동태(transitive), 재귀태(reflexive), 수동태(passive), 반수동태(semipassive), 결과태(resultative), 확장수동태(extended passive), 정지태(cessative)]와 아홉 개의 양상[시점적 양상(punctual), 지속적 양상(durative), 분절적 양상(segmentative), 시점 분절적 양상(punctual-segmentative), 기동적 양상(inceptive), 진행적 양상(progressional), 공간적 양상(spatial), 투영적 양상(projective), 계속적 양상(continuative)]을 구별한다. 이들 양상을 슬라브 어에서 구분하고 있는 동사 양상과는 비교할 수 없다. 그 다음에 그는 세 개의 시제를 말하는데, 그러나 분명히 영어 문법의 의미에서의 시제를 말하는 것은 아니다. 그 세 가지 시제는 '사실적 시제(factual)' 혹은 '과거-현재 시제(past-present)', '미래 시제(future)', '일반화 시제(generalized)' 혹은 '보편적 시제(usitive)'이다.

그에 반하여 그의 호피 어 문법에서 그는 동사의 범주를 1. 태(voice), 2. 양상(aspect), 3. 수(number), 4. 단언(assertion), 5. 양식(mode), 나아가서 많은 경우에 6. 상태(status), 7. 명령(injunction), 8. 화법(modality)으로 구분하고 있다.

'단언'은 앞에서 언급한 서술에서 '시제'와 같은 것이다. '양식'은 서로서로 의존적인 문장들의 통사적 관계와 관련이 있다.

워프는 동사의 부류를 '타동사'와 '자동사'라는 두 범주로 요약한다. 그는 이제 태로서는 재귀태(reflexive), 포합태(incorporative), 사역태(causative), 소유태(possessive)를 일컫는다. 영어의 능동사에 해당하는 형태를 그는 단순태(simple voice)라 일컫는다. 특정한 동사류의 특별한 범주를 '사건태(eventative)'로 소개한다. 전자의 논문에서 '수동태(passive)'라 일컬어진 것이 이제는 '동적 사건태(dynamic eventative)', 즉 능동적 의미를 가진 이태적 수동 형식으로 나타난다. 논문에서 '결과태(resultative)'라고 부른 것이 문법에서는 '태격태(essive)'라 일컫는 것 같다. 즉 '~로부터 결과하는 상태'로 설명되는 지속상(durative) 형식이다. 언급한 '확장 수동태'는 여기서는 '확장 동적태(extended dynamic voice)'로 언급된다. '소유태(possesive)'와 '정지태(cessative)'는 변함없이 나타난다.

문법에서는 '시점적 양상', '지속적 양상', '분절적 양상', '진행적 양상', '공간적 양상', '투영적 양상', '계속적 양상'은 변함없이 다시금 나타난다. '시점–분절적 양상'은 빠진다. 호피 우주를 설명할 때에 역할을 하는 중요한 기동 동사는 '시작하는(inceptive)'이라는 용어 대신에 '들어가는(ingressive)'이라는 용어로 일컬어진다. '시제(tense)'라는 용어 아래에서 워프는 문법에서는 '실제적 시제(reportative)', '기대적 시제(expective)', '보편적 시제

(nomic)'가 소개된다. '사실적 시제(factual)'와 '보편적 시제(usitive)'는 언급되지 않는다.

여기서 방금 일어났거나 여전히 일어나고 있는 실제적 사건이 문제되느냐(실제적 시제), 아니면 사건이 기대되거나 맥락을 통하여 과거 사실로 증명된 것이 문제되느냐(기대적 시제), 아니면 마지막으로 보편타당한 진술(nomic)이 문제되는지가 관심의 대상임을 설명은 보여 주고 있다.

이러한 많은 정보와 '현재-과거', '미래' 등과 같이 사용된 일련의 용어가 분명한 시간 관계를 의미하는 것처럼 보인다는 사실에도 워프가 호피어 동사에 대하여 아주 자명한 판단에 이른다는 것은 놀랍다. 아주 중대한 결과를 낳는 그의 주장은, 호피 어 동사는 시제를 사용하는 것이 아니라는 것이다. 즉 호피 어는 결코 시간 관계를 표현하지 않는다는 주장이다. 특히 우리에게 친숙한 과거, 현재, 미래라는 3단계의 시간 구분은 없다는 것이다. 이러한 주장은 앞에서 총괄적으로 제시한 형식에서 본다면 확실히 맞지 않다. 『언어 내용 연구의 구성 요소』에서 이들 설명에 대한 필자의 분석에서 벌써 필자는 어느 위치에 분명히 시간 관계가 함축되어 있는지를 보여 주었다. 필자의 그 밖의 호피 어 자체에 대한 추후 검증에서 워프가 여기에서 실제 상태에 부응하지 못하고 있다는 인상을 더 강하게 받았다. 필자는 이 책의 결론부에서 워프에 대한 필자의 입장을 밝히면서 그의 설명에 몇 가지 수정을 가할 것이다.

하지만 영어, 독일어, 그리고 다른 유럽 언어의 시간 단계의 통상적 개념에 관한 한 워프는 그렇게 표현해서는 안 될 정도로 단순화했다. 그에게는 이들 언어의 공통성이 아주 커 보여서 그는 그것들은 표준 평균 유럽어(Standard Average European, SAE)로 요약하고 만다. 그러나 실제로 유럽어와 독특한 동사 양상을 가진 슬라브 어 사이뿐만 아니라, 게르만 어족과

로만 어족 사이에도 현저한 차이점이 있다. 시제 체계에 대한 최근의 연구는 그 상태가 얼마나 복잡한지, 그리고 시제라는 표현이 결코 순전히 시간 단계를 구별하는 것을 의미하는 것은 아님을 보여 준다.[5] 벌써 여기서 말하자면 워프는 한편으로는 호피 어 동사에서의 상태를 실제보다도 훨씬 더 기이하고 특별한 것으로 설명하고, 다른 한편으로는 인구어에 있는 증거를 단순화해 버린다.

우리는 지금까지 주로 동사를 살펴보았다. 그러나 우리는 시간 표현이 결코 이 동사라는 품사의 진술 가능성과 결부되어 있는 것은 아니라는 것을 안다. 우리들의 언어에서는 무수한 시간 표현이 명사, 형용사, 전치사, 부사, 접속사 형태로 나타난다. 워프는 그러므로 이러한 관점에서 호피 어에서는 어떤지를 검토해야 했다. 여기서 이제 그의 설명을 한번 보자.

워프는 「습관적 사고와 행동의 언어에 대한 관계」라는 논문에서 호피 어에서는 여름, 겨울, 아침 등과 같이 명사로 실체화된 기간이 없다고 전한다. 즉 그러므로 그러한 기간은 호피 어에서 존재하는 명사 범주에는 나타나지 않으며, 따라서 언어상으로 이러한 범주로 파악되는 대상처럼 다루어질 수 없다는 것이다. 결과적으로 이들 기간은 문장의 주어나 목적어로서 나타날 수도 없다. 우리는 그러므로 '여름은 덥다(Der Sommer ist heiß)' 등과 같은 문장을 만들 수 없다. 해당 시간 표현은 호피 어에서는 오히려 부사 특성을 가질 것이다. 이것은 워프에게는 바로 다음으로 가능한 인구어 상태에 대한 유추인 것 같다. 나아가서 기간은 복수형이 될 수 없다. 우리는 그것을 잡을 수 있는 대상처럼 셀 수도 없다. 호피 어에서는 기간이 부

---

5) 여기에 대해서는 H. Gelhaus, 1969, H. Weinrich, 1964, 그리고 W. Pollak, 1968의 Weinrich에 대한 입장을 참고하라.

사 표현을 통하여 재현된다고 워프는 말한다. 그런데 이것을 'when it is morning(아침이 되면)'이나 'while morning-phase is occurring(아침 상태가 나타나면)'과 같은 영어의 보조 구문으로 바꾸어 쓰기를 시도했다. 시간 양을 표현하려고 할 때 우리들의 언어에서처럼 기수와 복수를 사용하는 방식 대신에 서수와 결합한 단수 형식을 사용한다. 사람들은 그러므로 'zehn Tage sind länger als neun Tage(열흘은 아흐레보다 길다)'라고 말하지 않고, 'Der zehnte Tag ist später als der neunte(열흘째 날은 아흐레째 날보다 더 늦다)'라고 말해야 한다. 이들 예는 마찬가지로 검증을 필요로 한다. 왜냐하면 워프가 몇 군데에서 스스로 모순을 드러내고 있기 때문이다. 적어도 호피 어 문장을 영어로 바꿔 쓰는 그의 방식은 마치 시간 표현 명사가 있는 것 같아 보이며, 더군다나 주어 기능으로 나타나는 것처럼 보인다. 사실 워프가 호피 어를 영어로 번역할 때에 필연적으로 영어의 범주로 바꾸어 놓아야 했었다는 것은 회피할 수 없다. 그러나 자세히 검토해 보면 그가 그로 인하여 생겨난 해석의 어려움과 이해의 어려움은 깨닫지 못한다는 인상을 받는다.

워프의 설명에서 또 한 가지 중요한 점은 호피 어에서는 독일어에서와 같은 공간-시간 은유가 없다는 것이다. 우리가 시간을 표현하기 위하여 원래 공간을 나타내는 언어 재료를 자주 사용한다는 것은 주지의 사실이다. 가령 우리는 '행사가 길었다(lang)', '행사가 짧았다(kurz)', 아니면 '행사가 오래(lange) 걸렸다'라고 표현한다. '이틀 전(vor)에', '이틀 후(nach)에', '한 시간 후에(in einer Stunde)' 등의 표현을 쓴다. 이들 표현에서 '길다', '짧다', '앞', '뒤', '안' 등의 전치사는 바로 공간 관계를 표현하는 전치사이다. 우리는 'Zeiträume(시간)', 'Zeitabschnitte(기간)' 등의 표현을 하기도 한다[5] 우리들의 '어감'은 사실 그런 표현에 있는 (공간 개념이 시간 개념으로) 은유된 것을 느끼지 못하든지, 거의 더 이상 느끼지 못한다. 하지만 우리가 한번 그것을 유심히 살펴보면 그 전치사들이 시간적 의미가 아니라 장소의 의미가 더 일차적인 것임을 금방 알 수 있다. 어떻게 이렇게 사용되게 되었으며, 그것이 그렇게 사용되어도 되는지는 지금 연구하려 하지 않겠다. 여기서는 다만 워프의 설명을 이해하기 위하여 호피 어에서는 그런 현상이 없다고 하는 공간-시간 은유가 무엇인지를 이해하기만 하면 된다. 워프에 따르면 호피 어 화자가 특별한 가치를 두는 것은 사건의 지속과 강도이며, 사건의 해당 특성을 나타내는 일련의 불변화사가 있다. 호피 인디언들은 단지 '더 나중에 되는 것', '지속', 그리고 '사건 진행의 종류'에만 관심이 있다고 워프는 말한다. 이를 위하여 호피 인디언들은 해당하는 수단을 호피 인디언 언어에 갖고 있다. 호피 어는 이러한 특수한 수단을 준비하고 있기 때문에 화자의 관심이 이러한 시각 방향으로 조정된다고 우리는 역으로 말할 수도 있다. 원인과 작용이 이때에 거의 분리될 수 없다.

워프는 시간성 영역에서의 호피 어의 고유한 언어 수단을 호피 인디언의 사고 양식과 결합시켜서 「미국 인디언의 우주에 대한 모형」이라는 논문에서 이들 인간(호피 인디언)이 삶과 자연과 우주적 관계에서 형성한 생각을 전개했다. 이때에 그는 신화적 이념(Ideen)을 함께 끌어들여서 단순한 농부들의 (과학 이전의) 세계상을 그들의 특별한 생활 조건을 통하여 묘사하고 있다.

워프의 서술에서 언어와 사고의 관련은 여러 시각에서 고찰되었다. 물론 이들 시각이 분명히 서로 구별되는 것은 아니며, 또한 이때에 세계상

---

⑤ 'Räume'는 'Raum'의 복수이며, 'Raum'은 공간이라는 의미이며, 'Abschnitte'는 'Abschnitt'의 복수로서 '어떤 사물을 자른 단면'을 의미한다. 즉 시간이 공간 개념으로 표현된다.

사상(Weltbildgedanken)도 개념적으로 유동적이다. 이로 인하여 해석이 쉽지 않다. 여러 곳에서 세계상(Weltbild, view of the world)이란 호피 인디언들이 세계, 자연, 인간 생활로부터 형성한 관(觀, Auffassung)을 의미한다. 이러한 세계상(Weltbild)은 한편으로는 부족의 태도에, 종교적 표상과 관습에 침전되어 있고, 다른 한편으로는 세계관(Weltauffassung)을 표현하는 언어에 반영되어 있다. 이때에 언어 외적인 것이 그것을 표현하기 위해 필요한 언어 수단을 특징짓는 동인으로 간주될 수 있다. 다른 한편으로 형성된 언어 수단은, 그러나 화자의 시각 방식을 또한 특징짓는다. 그와 더불어, 그러나 워프는 또한 만일 자연 과학적 세계상, 즉 물리적 세계상이 호피어의 비과학적 범주 구조를 바탕으로 토착적으로 전개된다면, 그러므로 예를 들어 속력이 우리들처럼 일정 시간 단위 내에서 진행해 간 거리로서 측량하는 것이 아니라, 운동의 강도로서 측량한다면 그 물리적 세계상은 어떻게 보일까 하는 중대한 문제를 제기하였다. '세계상('view of the world' 혹은 'picture of the world')'이라는 워프의 표현들은 분명하게 정의되지 않고 그때마다 서로 상이한 것을 가리킨다. 이렇게 개념 설명이 부족함으로 말미암아 오해와 해석의 오류가 생겨나는 것이다. 따라서 언어적 세계상(sprachliches Weltbild)의 사상을 이제 더 자세히 고찰해 보는 것이 필요하다. 이때에 독일어권에서 전개된 개념에서 출발하는 것이 합당한 것 같다. 왜냐하면 해당 사상이 특히나 독일어권에서 형성되었기 때문이다. 이것은 또한 이러한 문제 영역을 다루는 대부분의 미국의 연구에서 독일어 표현이 나타난다는 그 점에서도 그렇다.

2. 빌헬름 폰 훔볼트의 '언어적 세계상(sprachliche Weltansicht)'[⑥]

이러한 목적을 위하여 독일의 정치가이자 언어학자인 빌헬름 폰 훔볼트가 언어를 어떻게 파악하고 있는지를 살펴보자.[6] 그는 언어를 인간이 경험하는 세계를 사상으로 옮겨다 놓는 정신적 유기체로 보고 이러한 관계 속에서 언어적 세계상이라는 사상을 전개하였다. 언어를 비교 연구한 결과 그는 언어가 서로 다르다는 것은 외적인 음성적·형식적 상이성이 아니라는 통찰을 하게 되었다. 이러한 견해를 분명히 언급하고 있는 중요 부분을 옮기면 다음과 같다:

사상과 말 사이의 상호 의존성으로 볼 때에 언어가 원래 벌써 인식된 진리를 서술하는 수단이 아니라, 그보다는 훨씬 더 사전에 인식되지 아니한 진리를 발견하는 수단이라는 것이 분명해진다. 언어가 서로 다르다는 것은 음향이나 기호가 다른 것이 아니라 세계상 자체가 다른 것이다. 모든 언어 연구의 이유와 궁극적 목적이 바로 여기에 있다. 인식 가능한 것의 총체는 인간 정신에 의하여 작업될 수 있는 영역으로서, 모든 언어들 사이에, 그 언어들과 독립적으로 한가운데 놓여 있다. 인간은 이러한 순전히 객관적 영역에 인간 자신의 인식 방식과 지각 방식, 즉 주관적인 방식 이외의 방식으로 접근할 수 없다.[7]

---

⑥ 여기서는 'Weltansicht'를 'Weltbild'와 마찬가지로 '세계상'으로, 그리고 'Weltanschauung' 을 '세계관'으로 번역한다. 다만 'Weltbild'를 레오 바이스게르버의 의미에서 사용할 때에는 '세계 형성'으로 번역한다. 이는 이하의 설명에서도 알 수 있듯이 레오 바이스게르버가 'bilden(형성하다)'의 의미를 느끼게 하기 위하여 'Bild'를 사용하고 있다는 점에 근거한다.

6) 여기에 대해서는 H. Gipper의 훔볼트에 대한 논문 1965, 1968을 참고하라.

7) W. V. Humboldt, 1963, S. 19f.

언어적 세계상이란 모든 언어는 세계에 대해서 고유한 방식으로 사고한다는 것, 모든 언어는 세계를 고유한 범주 망과 개념 망으로 포획한다는 것, 모든 언어는 고유한 문장 모형을 준비하여 그것에 의하여 진술과 판단이 일어난다는 것을 의미한다. 첨언하자면 어린이는 이러한 세계상을 언어 습득 과정과 더불어 무의식적으로 습득한다. 언어가 그 자신에게 열어 주는 대로 어린이는 사물과 사건을 파악한다. 어린이는 자신의 모국어의 분절과 구조를 취하며, 현상들을 언어로 묘사하거나, 발화를 통하여 의사소통을 할 때에, 그때마다 언어가 그에게 세계를 중재해 주는 대로 질서 짓고 구분하게 된다는 것을 깨닫지 못한다.

이것은 확실히 자명한 사상은 아니며, 우리는 이러한 사상이 빈번히 오해되고 있다는 사실에 대하여 놀랄 필요는 없다. 게다가 독일어의 세계상(Weltansicht)이라는 표현이 개념적으로 혼동되어서는 안 될 다른 표현들과 개념적으로 이웃해 있기 때문에 이러한 오해가 생겨난다. 특히나 여기서 'Weltbild(세계상)'와 'Weltanschauung(세계관)'이라는 개념을 주목할 필요가 있다. '세계상(Weltbild)'은 우리들에게는 프톨레마이오스의 세계상, 코페르니쿠스의 세계상, 뉴턴의 세계상, 아인슈타인의 세계상, 물리적 세계상, 의학적 세계상이라는 결합에서 사용되듯이 익숙하다. 우리는 나아가서 고대의 세계상, 중세의 세계상, 현대의 세계상, 단테의 세계상, 셰익스피어나 쇼펜하우어의 세계상에 대해서도 말한다. 이러한 모든 경우에 개개의 사상가, 개개의 시대, 그리고 세계에 대한 학문, 그 관계에 대한 학문이 우주의 여건과 지상의 여건에서 형성한 관을 말하고 있다. 포괄적인 학문적 세계상 속에서 그러한 개개의 세계상은 검토되고 그 인식론적 핵심 사항으로 삭감되어 인간에 의하여 달성된 통찰의 전체관(Gesammtschau)이 획득될 수 있을지도 모른다.

인식론적으로 볼 때 '세계상(Weltbild)'이라는 개념에서는 객체와 관련하고 있음이 우세하다면, 경쟁 개념인 '세계관(Weltanschauung)'에서는 주체와 관련하고 있음이 지배적이다. 우리는 정치적·철학적 혹은 종교적 세계관에 대해서 말하며, 그와 더불어 인간이 개인적 경험이나 반성을 근거로 형성한 특정한 기본 입장이나 확신을 말한다. 따라서 이 개념이 이데올로기적 색채를 띠게 되는 것은 아주 분명하다. 과거에 이 표현을 정치적으로 남용함으로써 이 개념은 오늘날에는 거의 중립적으로 사용될 수 없을 정도로 가치가 평가 절하되었다.[8]

홈볼트의 이론적 근거에서 출발하여 전개된 레오 바이스게르버의 언어 이론에서는 '언어적 세계상'을 'sprachliche Weltansicht'가 아니라, 'sprachliches Weltbild'라는 용어를 사용한다. 바이스게르버는 홈볼트와 동일한 것을 의미한다. 그러나 그는 'Weltansicht'라는 용어가 너무 정적인 개념이어서 홈볼트의 '에네르게이아' 개념의 의미에서 언어의 과정적(prozeßhaft) 특성을 충분히 표현해 주지 못한다고 생각한다. 그에 반하여 'Weltbild'라는 표현은 복합어의 구성 성분인 '-bild'가 확정된 것(das Festgefügte), 제한된 것(das Begrenzte)이라는 의미에서의 '상(Bild)'이 아니라, 'bilden(형성하다)'을 상기시킨다는 것이다. 확실히 이러한 의도는 실패한 것처럼 보인다. 왜냐하면 이러한 연상이 정상적인 언어 이해와는 거리가 멀기 때문이다. '세계상(Weltbild)'이라는 말이 이데올로기적 색채가 없고, 인식론적으로 중립적인 개념을 보증해 준다면 단지 그때만 '언어적 세계상'이라는 말은 위험스럽지 않다.

언급된 의미에서의 언어적 세계상은 객관적 성격을 가진다. 그러므로

---

8) 여기에 대해서는 H. Gipper, 1956을 참고하라.

특정 언어에서 개개인에 의하여 기안된 모든 특수한 세계상에 앞서 놓여 있다. 경험 가능한 세계에 정신적으로 접근하도록 길을 열어 주는 무의식적으로 미리 주어진 언어적 세계상이 존재해야 의식적으로 생각해 낸 세계상이라는 개념이 생겨날 수 있으며, 따라서 인간의 인식 일반이 가능하기 위한 조건으로, 즉 칸트의 비평 철학의 의미에서 초월적(transzendental) 동인으로서 간주될 수 있다.

위에서 말한 것을 근거로 볼 때 '언어적 세계상'이라는 말이 묘사된 의미에서의 '세계상'을 연상하도록 일깨운다 할지라도 언어학적 개념을 지나치게 위험에 빠뜨리지는 않는다는 것이 분명하다. 유감스럽게도 계속 그러해 왔던 것처럼 '언어적 세계상'은 이데올로기적 의미를 띠고 있는 '세계관(Weltanschauung)'이라는 개념과 결부된다면 완전히 사정은 달라진다. 그렇다면 곧장 언어학적 개념을 낭만주의, 신비주의, 관념주의, 물론 국수주의 등과 뒤섞어 위험하게 만드는 불쾌한 연상이 나타난다. 훔볼트 시대에는 이러한 위험이 아직 없었다. 그도 이따금 '세계관(Weltanschauung 내지는 Weltauffassung)'이라는 용어를 여러 관련 속에서, 여러 가지 의미로 사용하였으나, 이 표현은 중립적으로 사용된 용어였으며, 반박할 수 있는 평가로부터 자유로웠다.[9] 훔볼트 이후에도 여전히 언어학자 프란츠 니콜라우스 핑크(Franz Nikolaus Finck)는 1899년 강의 유인물에 별생각 없이 '독일 세계관(Weltanschauung)의 표현으로서의 독일어'라는 제목을 붙였다. 그리고 폴란드 언어학자 보두앵 드 쿠르트네(J. J. N. Baudouin de Courtenay)는

---

9) H. Gipper und H. Schwarz, 1962 ff., S. 1175-1209에 있는 훔볼트(W. v. Humboldt)의 언어학적 언어 철학적 연구에 대한 뷜로(E. Bülow)의 상세한 목록이 이것에 대한 증거를 제공한다.

1929년 '언어가 세계관과 기분에 미치는 영향'이라는 제목으로 세 번의 강의를 했다. 핑크뿐만 아니라 쿠르트네의 관점 역시 훔볼트와는 약간 달랐다. 그러나 언어를 '세계관'이라는 개념에 관계시키는 것이 위험한 것으로 여겨지지는 않는다.

하지만 경험이 보여 주듯이 그런 유의 언어 사용은 오늘날의 독자들에게는 부정적 영향을 주기가 매우 쉽다. 특히 아담 샤프의 저서를 언급할 때에 여기서 보여 준 해석의 어려움을 다시 이야기하게 될 것이다.

'언어적 세계상(sprachliche Weltansicht 혹은 sprachliches Weltbild)'이라는 개념의 이데올로기적 중립성을 분명히 하고, 동시에 그 개념들 속에 숨어 있는 사상이 인식론적으로 관련성이 있다는 것을 제시하기 위하여, 말하고 있는 바를 잘 보여 줄 수 있는 오래된 예를 하나 들겠다. 그것은 언어학에서 자주 논의된 바 있는 색채어와 색채어의 분절의 문제이다. 색채어는 서로 다른 언어에서는 색채어의 분절이 다르게 전개되기 때문이다. 색채어의 예는 감각적 지각을 구체적으로 비교할 수 있고, 또한 그와 더불어 증거가 될 수 있는 언어 자료들을 쉽게 접할 수 있기 때문에 좋은 예이다.

3. 색채어를 예로 들어 살펴본 언어적 세계상 사상의 설명[10]

정상적 시력을 가진 모든 인간은 그들이 어떤 종족이냐, 어떤 문화를 가지고 있느냐 하는 것과는 상관없이 원칙적으로 동일한 색채 시각 능력을 갖추고 있다는 사실은 오늘날 과학이 증명하고 있다. 이 전제에서 출발해

---

10) 여기에 대해서는 H. Gipper의 색채어 연구, 1955; 1957; 1964를 참고하라.

보자. 그들은 동일한 수의 색조, 동일한 명도, 동일한 채도를 구분할 수 있다. 이러한 사실은 실험적으로 검증될 수 있다. 피실험자들에게 두 가지 색을 제시하고, 그 두 색이 같은지, 아니면 다른지 단순히 이분법적으로 결정하게만 하면 된다. 그러므로 이때에 어떤 색채어를 사용할 필요가 없다. 원래의 색 시각 과정은 극도로 복잡하며, 그 과정에 대해서도 아직 모든 단계가 남김 없이 설명되지 못하고 있다. 우리들의 목적을 위해서는 간단한, 본질적인 것에 국한해서 기술하는 것으로 충분하다.

인간은 자신의 시각 기관, 다시 말해 눈의 구조, 그리고 눈과 연결된 대뇌의 시각 중추, 외부에서부터 와서 눈에 부딪치는 약 400mμ에서 800mμ 사이의 파장의 영역 내에 있는 전자기적 자극을 근거로 하여 색채를 지각할 수 있다.

우리가 빛이라고 일컫는 이러한 전자기적 자극이 직접적 원천에서 오는 것이냐, 아니면 대상에 의하여 반사되는 것이냐는 현재로서는 중요하지 않다. 우리는 여기서 여러 가지 방식으로 특정 파장을 물리학적으로 더하거나 뺄 수 있다는 문제도 신경 쓸 필요가 없다. 언급된 파장 영역의 빛이 눈에 들어온다는 사실을 확인하는 것으로 충분하다. 빛은 눈의 투명한 각막을 거쳐, 그 뒤의 수양액을 거쳐, 홍채의 개폐기, 즉 동공을 거쳐, 투명한 아교질의 물체인 수정체를 거쳐, 그 뒤 벽에서 (아마도 세 개의 서로 다른 종류인) 망막의 빛을 느끼는 수령자에 부딪친다. 이 수령자, 이른바 망막 간상세포 속에서 빛은 거기에 저장된 액체 내에서 화학적 변화를 일으킨다. 이 액체의 물체가 어떻게 작용하는지는 아직 완전히 설명되지 않았는데, 그것이 또한 연결된 시신경 내에서 전기 자극을 일으킨다. 이러한 자극은 시신경을 거쳐, 더 자세히 말하자면 아주 가는 신경 전도의 빽빽한 다발을 거쳐 대뇌의 뒤쪽 부분에 있는 시중추에 도달한다. 거기서 그것은 다시 당해 세포 다발의 분자 속에서 화학적 변화를 일으킨다. 아직 완전히 설명되지 않았지만 이것이 우리들의 의식 내에서 고유한 색채 느낌(Farbempfindungen)을 불러일으킨다.

이 마지막 문장이 결정적이다. 색채 느낌은 실제로 비로소 대뇌의 후두박막(Hinterhauptlappen)의 시각 중추에서 생성된다. 색채 지각은 중추 신경 체계의 이 부분의 특수한 업적이다. 바로 그 결정적 과정에 대해서는 아직 우리가 잘 알지 못하고 있다.

이러한 창의적인 뇌 활동의 사실은 색채 느낌을 야기하기 위해서는 반드시 이른바 외부의 전기 물리학적 동인을 필요로 하는 것은 아니라는 것을 통하여 증명된다. 가령 완전히 캄캄한 가운데 눈을 감고 안구에 압력을 주는 것과 같은 망막의 다른 모든 자극이나, 시신경이나 시각 중추를 직접적으로 인위적으로 자극하는 것도 색채 느낌을 유발할 수 있다. 그러므로 결코 눈의 중재[7]를 필요로 하지 않는다. 환언하면 시각 중추는 해당 자극에 대하여 단지 색채 느낌으로만 반응할 수 있다. 이러한 사실은 감각 느낌을 생성하는 그 밖의 뇌 중추에도 유사하게 적용된다. 우리가 이러한 중요한 통찰을 하게 된 것은 요하네스 뮐러(Johannes Müller)라는 생리학자 덕택이다. 그는 '특수 감각 에너지(spezifische Sinnesenergie)'[8]라는 핵심어를 사용하는 가운데 감각 생리학에 대한 통찰을 하게 해 주었다.[11]

이러한 사실은 인식론적으로도 아주 중요하다. 그래서 예를 들어 인간 의식은 인간 외부의 실제를 반영한다는 마르크스주의적 모사 이론

---

[7] 눈을 통하여 언어 외적인 사물을 보는 것.
[8] 요하네스 뮐러의 특수 감각 에너지 법칙: 감각의 질을 결정하는 것은 외적 자극이 아니라, 단지 자극을 받은 감각 기관의 특성이다.
11) 여기에 대해서는 U. Ebbecke, 1951을 참고하라.

그림 1 오스트발트의 이중 색 원추

(Abbildtheorie)[9]이 이러한 사실을 따르기 위해서는 현저하게 수정되지 않을 수 없었다.

이렇게 관계가 복잡함에도 불구하고 우리는 우리들이 보는 물체가 색이 있는 것으로 생각한다. 우리들은 색채 느낌을 외부로 옮겨 놓고는 마치 색 현상이 외부 세계에 미리 주어져 있는 것처럼 자명하게 그렇게 말한다. 우리는 이러한 '순진한' 태도를 철저히 유지하자. 왜냐하면 그러한 태도가 완전히 우리들의 정상적인 관찰 차원에 들어맞기 때문이다. 우리가 구별할 수 있는 색들은 색소에서, 가령 오스트발트(Ostwald)의 이중 원추[10]에서 일목요연하게 정리될 수 있다. 정상적인 눈을 가진 사람은 100만 가지 색조를 구별할 수 있다고 한다. 햇빛이 틈이나 프리즘을 투과해 갈 때에 무색의 집광 화면 위에 우리가 볼 수 있도록 생성되는 순수 스펙트럼의 색이 색의 핵심 영역이다. 이들은 빨강에서 시작하여 노랑, 초록, 파랑을 거쳐 보라색에 이르는 색조들이다.

주목할 것은 이것을 기술할 때에 이미 특정 방식으로 현상을 분절하는 색 명칭 언어를 사용하지 않을 수 없다는 것이다. 독일어 화자는 이러한 색 명칭을 단순히 듣기만 해도 그는 색 명칭과 언어 외적 현상[11]을 서로 연

---

⑨ 모사 이론(혹은 반영론)에 따르면 인식은 인간 의식 속에 객관적 실재가 모사되거나 반영되는 것이라고 한다. 이는 변증법적·유물론적이며, 마르크스-레닌주의적 인식 이론의 핵심 사상이다.

⑩ 오스트발트의 이중 원추. 위 그림 1.

⑪ 여기서는 색 자체.

결하는 것을 배웠기 때문에 언어 외적인 현상을 완전히 떠올릴 수 있다. 이 때에 실제로 '생각하고 있는 색(das Gemeinte)'을 현재화하기 위하여, 그러므로 '말한 색(das Gesagte)'을 이해하기 위하여 색상환을 필요로 하지 않는다. 우리는 또한 색 현상을 경험 대상과 연결해 말하는 익숙한 화법을 유지해도 된다. 왜냐하면 언어학자는 정상적 화자의 언어 태도를 이해하기 위해서는 정상적 화자의 순수 실재론적 입장에 서야 하기 때문이다. 우리는 그러므로 이중 색 원추를 다음과 같이 기술할 수 있다. 스펙트럼의 색은 개별 영역을 상응하게 분사시킬 때에 하나의 원 위에, 더군다나 양 원추 바닥의 접촉면 위에 같은 모양으로 정렬될 수 있다. 이때에 하지만 색띠의 양 끝 사이에는 틈이 있게 되는데, 이는 한 끝의 빨강색과 다른 한 끝의 보라색이 혼합되어 연결되어야 한다. 이러한 중간색을 우리는 오늘날 자주색이라 한다. 모든 색의 분포는 색상환의 대각선에 각 색의 보색이 마주하도록 되어 있다. 어떤 색의 보색이란 그 어떤 색과 함께 있을 때에 우리 눈에 인상을 두드러지게 하는 색이다. 이중 색 원추의 양 극은 흰색(위)과 검은색(아래)이 차지한다. 이들은 양 극의 값을 가지고 있다. 양 극을 연결하는 축은 회색인데, 흰색에 가까이 있는 가장 밝은 회색에서부터 검은색에 가까이 있는 가장 어두운 회색까지 이어진다. 상위 원추의 겉은 바닥의 짙은 스펙트럼 색에서 출발하여 흰색이 되어 색이 없어질 때까지 밝은 (aufgehellt) 중간 색조를 보여 주고, 아래 원추의 겉은 검은색이 되어 색이 사라질 때까지 모든 해당하는 '어두운(getrübt)' 중간색을 보여 준다. 우리가 이중 색 원추를 3각형의 박판으로 무수히 쪼개었다고 생각해 본다면 여기서는 (흰색과 검은색의 양 극을 잇는) 회색의 축, 스펙트럼 색상환, 그리고 (색상환과) 양 극 사이의 모든 그 밖의 중간 색조들, 가령 갈색이나 올리브 색과 같은 중요한 '혼합색'이 나타난다.

정상적으로는 이렇게 구분할 수 있는 엄청난 양의 색조를 일일이 다 색채어로 표현할 필요는 없다는 사실은 분명하다. 그러나 색채론의 관심에서 볼 때에는 자세히 표시할 필요가 있다면 숫자와 지수를 사용하여 그 요구를 충족시킬 수 있을 것이다. 이것이 합목적적일 것이다. 일상생활에서는 우리는 비교적 적은 색채어만 가지고도 살아갈 수 있다. 그리고 색에 대하여 특별한 관심이 있는 곳에서는 어디에서나 무수한 전문적인 색 명칭을 사용하면 될 것이다.

정상적으로 우리는 전체 색 중에서 단지 일부의 색들이랑 관계할 뿐이다. 개개의 대상들은 단색이든지, 아니면 여러 가지 색, 즉 우리 독일어식 표현으로 한다면 '다채롭든지(bunt)' 하다. 각 언어에서 색채어 형성은 그 언어 공동체의 필요에 부응한다. 더 자세히 말한다면 필요가 있을 때에 언어 사용자는 그것을 알고 언어 공동체에 의하여 수용될 수 있는 새로운 단어를 만들어 내게 된다. 인구어를 사용하는 사람들은 ―그리고 많은 다른 언어의 화자들은― 색채어 형용사를 다루는 데 익숙하다. 그래서 부가어로 덧붙여진 품사는 색이 대상의 속성이거나 우연적 속성으로 간주된다는 것임을 말해 준다. 이러한 상태는 자명한 것도 아니고, 언어 발전의 모든 단계에서 지배적인 것도 아니다. 예를 들어 바이스게르버가 그의 예시적 연구인 「시각 느낌의 형용사적 파악과 동사적 파악」(1929)에서 보여 주듯이 독일어에서는 색채 현상과 광택 현상을 언어로 취급함에 있어서 특정한 변천을 확인할 수 있다. 이러한 변천은 곧 파악이 변화했다는 결론을 내리게 한다. 우리는 나아가서 색 인상을 대상에서 분리시켜 생각할 수 있다. 그러므로 색을 지니는 사물에서 고립시켜 '이것은 붉다(Dies ist rot)' 등과 같이 말할 수 있다. 'das Rot(빨강)', 'die Röte(홍조)' 등과 같은 명사화된 단어와, 그리고 특수한 의미와 용법을 가진 'röten(빨갛게 물들이다)', 'erröten

(얼굴이 빨개지다)' 등과 같은 동사화된 단어가 그 밖의 언어 표현 가능성을 제공해 준다. 이때에 이러한 조어는 분명히 파생어로 느껴진다. 이러한 파생어는 다른 통사적 가능성을 열어 주기 때문에, 이로 인하여 색채 현상을 여러 가지 시각에서 판단하도록 해 준다.

색채 인상을 이처럼 분화된 방법으로 언어적으로 처리할 수 있는 가능성은 발전 단계에서 볼 때에 늦게 나타난다. 좀 더 이전의 문화 단계에서는 사람들이 색채 현상을 언어로 포착하는 것이 어려웠음에 틀림없다. 고대 그리스 어나 라틴 어를 연구해 보면, 예를 들어서 고대어에서 색 인상에 대한 언어는 여전히 개별적 대상과 아주 굳게 고착되어 있어서, 이들 언어에서 이미 존재하는 색채 형용사는 단지 색을 지니는 특정 대상과 결합하여서만 사용될 수 있었을 정도였다는 결과를 보여 준다.[12] 우리는 이것을 '대상과 결부된 사용(gegenstandsgebundener Gebrauch)' 혹은 더 적합하게 말해서 '사용 제약(Gebrauchsbeschränkung)'이라고 말해도 된다. 우리는 이것을 '금발의(blond)'나 '노랑말 색의(falb)'와 같은 색채 형용사 단어가 남아 있는 것에서 여전히 알 수 있다. 사물이 야기하는 색채 인상은 대상의 종류에 따라서 현저히 유동적이기 때문에 그러한 대상에 사용이 제약적인 색채어의 값도 아주 불확정적인 것이라고 말할 수 있다. 그 때문에 이러한 고대 언어의 색채 형용사에 어떤 분명한 색채 값(Farbwert)을 연결시켜 줄 수 없다. 이러한 언어 발전 단계에서는 우리는 사실 이미 색 인상에 대해 많은 것을 말할 수 있다. 그러나 그것은 일반적으로 어떤 색채어 속에 어떤 색조를 내용적으로 고정시켜서 의사소통이 분명하도록 보증하는 것은

---

12) 이것에 대해 더욱 상세한 것은 H. Gipper, 1964b를 참고하라. 거기서는 또한 해당 참고 문헌이 제시되어 있다.

여전히 불가능하다.

뒤이어 생겨난 로만 어와 게르만 어에서 비로소 점차적으로 색채어가 색채를 지니는 특정 대상으로부터 벗어날 수 있었다. 그래서 형용사로 표현하는 방식이 지배적으로 되었다. 색채 형용사는 이제 색채가 같다면 여러 대상에 사용될 수 있게 되었다. 즉 이것을 엄밀하게 말하자면 추상적으로 사용될 수 있게 되었다. 색채 형용사들은 이제 자신의 내용을 직접 지녀야 했다. 이는 개개의 언어에서 특정한 질서에, 즉 이른바 언어장(sprachliches Feld)에 연결됨으로써 이러한 장 내에서 그들은 동시에 상호 구분되고(즉 경계를 이루고) 그와 더불어 특정 위치가 할당됨으로써 그렇게 할 수 있었다. 이러한 장 체계를 아는 자만이 개개 색채어를 '맞게', 즉 '체계에 맞게' 사용할 수 있을 것이다.

복잡한 과정을 이렇게 간략하게 서술하는 것에 비판적 독자들은 아직 만족할 수가 없을 것이다. 이것을 설명하기 위해서 몇 가지 사실을 생각해볼 필요가 있다. 커 가는 아이들과 접촉해 본 자들은 모두 직접 관찰할 수 있듯이 색채어 습득은 두 살과 세 살 때에 일어나서 몇 년간 지속된다. 색채에 대한 관심의 성장은 어떤 대상에서 구체화될 수 있는데, 자주 '활기가 있는(lebhaft)'[12] 색에서, 특히 빨간색을 좋아하면서 구체화될 수 있다. 그런 색채를 지닌 대상을 어른들은 '빨갛다(rot)'고 소개한다. 이러한 발음이 바로 이 대상의 색채 인상과 연결되어 그때부터 의미로 채워지기까지, 즉 단어로 되기까지는 더 긴 세월이 걸린다. 처음에는 다른 색채를 가진 대상들도 '빨갛다(rot)'라고 일컫거나, 아니면 '다르게 빨갛다(anders rot)'라고

---

[12] 'lebhaft'가 색과 관련하여 '강렬한', '짙은' 등으로 사전에 번역이 되어 있으나 본서에서는 맥락 속에서 '생기가 있는', '활기가 있는'의 뜻이다. 이와 관련하여 본서의 75쪽을 참고하라.

일컬어질 수 있다.[13] 그 다음에 어린이는 이미 언어 수단을 가지고 조작하여 벌써 그 명칭이 가리키는 방향을 파악하기 시작했다는 것을 보여 준다. 그 밖의 색채어가 첨가되면 비로소, 가령 여러 색의 장난감 천 조각을 갖고 놀면서 비로소 보게 된 차이점들이 또한 대립과 구분을 통한 언어 분화의 방법으로 정신적으로 각인되기 시작한다. 보는 눈과 색채를 지닌 대상을 통하여 조종되어 어른들이 제시한 주요 색채어들은 무수한 실패를 거친 뒤에 점차적으로 자기에게 맞는 주어진 언어장 내의 자리를 찾게 된다. 가령 장파의 '밝은' 색조 영역 내에 있는 '빨강', '노랑', '초록' 사이의 구별이 단파의 '차가운' 색 영역 내에 있는 '초록', '청색', '보라색' 사이의 구별보다 더 쉽게 습득된다. 추상적인 기본 색채어 내에 파악된 값은 아마도 해당 색채를 갖는 인상 깊은 대상이 실존한다면 그것으로 뒷받침되어, 그 때문에 (색채어와 색채어 값이) 더 쉽게 연결될 수 있다. 피의 색이나 눈에 띄는 꽃이나 과일의 색은 색이 조금씩 달라도 빨간색을 사용하게 되고, 식물의 엽록소는 초록색과 쉽게 연결되며, 구름 한 점 없는 하늘은 쉽사리 '파란색'을 대변하는 것으로 인정된다. 왜냐하면 현행의 언어 용법에서 이러한 의미 연결은 우리들의 언어 사용에서 아주 고정되어 있기 때문이다. 그러나 화자가 어쩔 수 없이 이미 배운 값들 사이에 놓여 있는 어떤 색조를 일컬어야 하는 경우도 나타날 수 있다. 그렇다면 이때에는 추가적인 색채어가 그 자리를 차지할 수 있다. 그래서 '주황(orange)'은 '빨강'과 '노랑' 사이에 끼어든다. 중간 값에 대한 명칭이 없다면 그 대상은 '빨강'이라 하든지, 아니면 '노랑'이라 일컬어야 한다. 현대 표준어 단어인 '주황색'을 알지 못하거나, '주황색'에 낯선 시골 주민의 경우에는 실제로 그런 일이 일어난다.

---

13) 예를 들어 C. und W. Stern, ³1922, S. 229에서는 그렇게 보고하고 있다.

더군다나 그와 같은 연결 짓기가 부족함이 느껴지지 않을 정도로 완전하게 일어난다. 우리는 그러면 해당 화자의 색채어 장(場)[13]은 그물코가 크게 분절이 되어 있다고 말한다. 독일어 표준어 단어장은 몇몇 지역을 제외한다면 그러는 사이에 주황색을 아주 단단히 끌어들여서 우리가 그 단어를 모르거나 옳게 사용하지 못하는 자들은 독일어를 아직 충분히 배우지 못했다고 말할 정도이다. 적어도 근본 특징만 묘사했지만, 이러한 색채어 습득 과정의 진행 속에서 기본 색채어의 사용은 점차로 모국어의 경계선 안으로 자리를 잡아 간다. 얼마나 잘, 그리고 얼마나 빨리 이 일이 일어나느냐는 화자가 그 단어를 얼마나 정확하게 사용해야 하느냐의 필요성과 어른이 제시해 준 색채어 질서의 종류에 달려 있다. 정상적인 경우에는 의무 교육 기간 중의 아동은 독일어의 주요 색채어를 올바르게 사용할 줄 안다고 기대할 수 있다. 즉 이는 의무 교육 기간 중의 아동은 독일어의 장 체계를 그대로 재현할 수 있고 자기 것으로 만들었다는 것을 의미한다.

독일어를 모국어로 하는 어떤 사람이 자기 자신의 모국어 내에서 생각하는 한 그는 자신이 잘 알고 있는 모국어의 장 체계를 아주 자명한 것으로 간주할 것이다. 그의 모국어의 장 체계가 그에게는 실재의 소여(Gegebenheiten)를 보여 주는 신뢰할 수 있는 거울이다. 그러나 이러한 장 체계가 그 언어가 갖고 있는 장 체계일 뿐이며, 결코 실재의 소여를 보여 주는 신뢰할 수 있는 거울일 수는 없다는 사실을 다른 언어의 상태와 비교해 봄으로써 그는 알 수 있다.

색채어 체계가 다른 언어에서는 우리가 잘 아는 언어와 아주 다르다는 것을 언어학은 증명하였다. 이러한 상이성을 인식할 때 비로소 그 상이성

---

[13] 독일어 'Feld'에 대한 번역으로는 '(단어)장(場)' 혹은 '(낱말)밭'이 있다.

이 화자의 태도에 대해서 영향을 미치거나, 적어도 영향을 미칠 수 있는지 어떤지의 문제가 제기될 수 있다. 그 다음에 비로소, 그러므로 또한 언어 상대성 원리의 존재 여부와 영향력 여부에 대한 질문과 관계하는 문제에 대해서도 대답할 수 있다.

우리는 이미 모국어에 따라 미리 주어진 색채어 체계가 언어 습득 과정에서 어떻게 획득되는지를 보았으며, 우리에게 친숙한 분절 형성이 오랜 발전의 결과라는 것이 나타났다. 이와 더불어 우리는 타 언어에서의 색채어 종류가 왜 다른지를 이해하기 위한 열쇠를 이미 손에 쥐게 되었다. 거기서 색채어의 개수, 분절, 성능이 상이하다면 이것은 해당 공동체의 문화사와 언어사에서 그 이유를 찾을 수 있다. 이것은 한편으로는 일반적인 정신 발달의 이유, 즉 그때그때마다 달성된 의식 단계와 관계하는 이유일 수도 있고, 그 이유가 또한 색채 현상에 대한 공동체의 특수한 관심의 탓일 수도 있다. 대상과 관련한 색채어, 즉 사용이 제약된 색채어가 우세하다면 항상 그것은 이 영역에서의 초기 발전 단계의 징후일 것이다. 역으로 추상적으로 사용 가능한, 즉 임의의 대상에 사용 가능한 색채어의 수를 어느 정도 형성하고 있다면 그것은 색채어 발달이 진보했다는 것을 보여 주는 징후이다. 나는 고대 그리스 어와 라틴 어의 상태에서부터 우리들의 현대 유럽 어에 이르기까지 논란이 많은 '자주색(purpur)'이라는 색채어의 역사와 성능에 대한 연구에서 이 과정이 얼마나 복잡하며, 우리가 지지할 수 있는 결과에 이르기 위해서는 어떤 방법론적 방책이 필요한지를 보여 주었다.[14]

확실히 개개 문화 내에서 언어 상태가 서로 다르다는 것을 설명하기 위해서는 그 밖의 역사적 관점도 고려되어야 한다. 우리가 오판을 하지 않으

---

14) H. Gipper, 1964를 참고하라.

려면 우리는 여기서 인간, 즉 언어 공동체, 언어, 그리고 (언어 외적) 세계라는 전체 관련 사항을 고려해야 한다.

나는 여기서 이러한 복잡하고 어려운 문제를 더 자세히 언급할 수 없으며, 연구 상태를 고려할 때 아직 상당히 가설적인 성격이 짙은 몇 가지를 암시만 하는 것으로 만족해야겠다.

우리는 예를 들어 특정 민족과 문화는 그와 다른 민족과 문화보다도 색채 현상에 더 많은 관심을 가져왔다는 사실을 예술사적으로 논증할 수 있음을 고려해야 한다. 일부의 민족은 시각적으로 소양이 있으며, 다른 민족은 청각적으로 더 재능이 있는 것으로 사람들은 말하곤 한다. 그러한 일반화적 진술은 특정 소양이 해당 공동체의 비교적 많은 구성원들에게 나타나서 여러 생활 영역에서 타당하게 나타났다는 것을 의미한다. 학문에서는 사실 그러한 일반화에 대한 회의가 지배적이며, 이는 정당하다. 그러나 특정 민족들을 자명하게 싸잡아 평가하고 낙인찍지 않는 한 그 관찰이 해당 문화의 실제적 전문가에 의하여 행해진다면, 그런 관찰에 대하여 거의 진지하게 이의를 제기할 수 없다. 사람들은 예를 들어서 고전 시대의 그리스 인들이 시각적으로 재능이 있는 것으로 말해 왔다. 이는 확실히 상당히 정당하다. 우리가 조각, 사원, 주거 건물의 원래의 다채로움이나 여러 분야의 다채로운 예술을 생각해 본다면 그것을 인정해야 한다. 그 때문에 고대 그리스에서 많은 언어 수단들이 색깔이 있는 현상들을 특징짓기 위하여 발전했다는 것은 놀랄 일이 아니다. 물론 이때에 동시에 현상들의 광채가 나는 것, 광선을 발하는 것, 반짝이는 것이 주목을 받았다. 고대 그리스 어가 이미 말한 바의 대상과 관련한 명칭 방식이라는 특징의 단계를 여전히 상당히 고수하고 있다 할지라도 그것이 방금 말한 것을 반박하는 것은 아니다. 관심이 있으면 그것이 언어적으로 실현된다. 로마 사람들이 그리스 문화와 함께 또한 그들의 언어 수단을 넘겨받았다면, 그것이 차용이든 번역이든 간에, 로마 인들도 마찬가지로 비슷한 시각 방향으로 나아가게 된다. 하지만 분명히 느낄 수 있는 점은 바로 이러한 영역에서 많은 것이 기계적이고, 진부하게(topoiartig) 받아들여져서 실제로 같은 느낌으로 느껴지지 않는다. 필자가 필자의 「자주색에 관한 논문」에서 나타냈듯이 특정 색채어의 사용에도 적용된다. 우리는 그러므로 외래 영향의 문제를 자세히 검토해야 한다.

오늘날 유럽에서도 우리는 색에 대한 관심과 관계하여 개개 국가 간의 차이를 느낄 수 있다. 색에 대하여 지중해 민족들은 확실히 북부의 민족들과는 다른 관계를 가지고 있다. 그러나 여기저기에서 주목할 만한 차이가 있다. 그림의 역사를 한번 살펴보면 이탈리아 인, 스페인 인, 프랑스 인들이 이 분야에서 부단히 주목할 만한 업적을 보여 왔다는 것을 알 수 있다. 그러나 우리는 또한 네덜란드 인이 여기서 눈에 띄는 역할을 한 것과 독일도 이 분야에서 주목할 만한 업적을 달성한 것을 안다. 그럼에도 불구하고 우리 독일에서는 탁월한 예술적 업적을 오히려 음악 분야에서 찾을 수 있다는 것을 부인할 수 없다. 슬라브 민족도 우리와 비슷하다. 나는 확실히 많은 이야기가 있을 수 있는 이러한 매우 일반적이고 순전히 가설적인 사고 행보를 계속하고 싶지 않다. 단지 나에게 문제가 되는 것은 적어도 색에 대한 관심이 모든 민족과 문화에서 동일한 강도로 발전한 것은 아니라는 것을 암시하는 것이다. 따라서 이것이 언어의 의미론적 분절에 영향을 미쳤다고 생각해 볼 수 있다.

물론 개개 언어 공동체 내에서도 색에 대한 상이한 상태를 가진 다양한 계층과 직업군을 만날 수 있다. 여기서도 적용되는 사실은 색에 대한 관심이 클수록 해당 명칭의 장들이 더 **빽빽하게** 채워진다는 사실이다. 화가,

페인트공, 염색공, 의상 전문가 등 관계된 직업군 내에서 특정 특수 어휘, 즉 전문 언어 내에서 특별한 용어가 형성될 수 있다. 이러한 특수한 어휘는 매우 다양한 종류로 구조화될 수 있다. 가령 황토, 진사 등과 같이 색 재료로 사용되는 광물질이 단어를 만들어 낼 수도 있고, 아울러 '티치아노 풍으로 붉은(tizianrot)'이라는 단어에서처럼 특정 인물과 관련하여 단어가 확정될 수도 있다. 색채학적인 구분은 지수와 숫자 없이는 잘될 수 없다.

여러 분야의 광고에서 볼 수 있듯이 색채어의 부적절한 사용도 언급되어야 한다. 광고에서는 자주 울림이 풍부하고 유쾌한 함축적 의미(Konnotation)를 불러일으키는 명칭이 선택되는데, 이들은 유행하는 특정 색조를 자세히 파악하는 의미를 가지는 것이 아니라 구매자의 호의를 얻고자 한다. 여기서는 자주 '쿠바 여송연 색의(havanna)', '사하라 금발의(saharablond)'처럼 유행처럼 왔다가 사라지는 일시적인 허구적 브랜드 명칭(Phantasiebezeichnug)이 문제가 된다.

우리들의 논의와 관계하여 우리는 이러한 특수한 경우와 특수한 용어를 제외하고 해당 언어 체계의 일반적 구성 성분으로서, 즉 언어 공동체에 소속된 모든 사람이 공동으로 소유하는 언어로서 간주되는 그런 색채어 체계를 고찰의 중심 대상으로 삼고자 한다. 이때에 언어 공동체의 모든 개개인들이 또한 특수한 표현을 하기도 한다는 것은 분명하다.

이러한 부수적인 이야기를 한 이후에 우리는 다시 독일어 색채어로 되돌아가서 어떻게 독일어를 말하는 사람들이 독일어 색채어를 그렇게 쉽게 사용할 수 있는지를 자세히 검토해야 한다. 여기서 문제가 되는 중요한 단어들은 색채 형용사 '빨강', '주황', '노랑', '초록', '파랑', '보라'이다. '검은색', '흰색', '회색', '갈색' 등의 형용사는 지금의 논의에서는 주변에 머물 수 있다. 우리는 이미 그렇게 적은 수의 단어를 가지고 서로 다른 엄청난 수의 색조를 어려움 없이 분류하는 것이 가능하다는 것은 놀라운 일이라는 것을 말했다. 그러나 이러한 현상을 설명하기 위하여 색채어 습득 과정에 대한 지금까지의 설명이 아직 충분하지 못하다. 우선 모든 색채어는 내용적으로 이해될 수 있기 위해서는 화자나 청자가 해당 감각 느낌을 체험하거나 그러한 느낌에 대한 기억을 필요로 한다는 자명한 사실을 상기해야 한다. 우리들의 기본 색채어가 인접한 많은 색조를 포괄하고 있고 개념적으로 묶고 있다는 것은 분명하다. 이러한 포괄은 한편으로는 우리들의 기억 속에 색채 시각 인상을 항상 유지하고, 다른 한편으로는 그러나 너무 세분화된 분화를 잊어버리게 하는 우리들의 색채 시각 능력의 분명한 속성을 통하여 비교적 쉽게 이해된다. 그러나 나아가서 이것을 실험적으로 증명하기는 어렵지 않은데, 색채 값의 배열 내에서 특정한 핵심적 영역이 있다. 이것이 우리들의 색채어 사용을 쉽게 해 준다. 독일어를 말하는 사람들에게 색채론 교재에 첨부되어 있거나 도료 생산업자가 제공한 순수(프리즘의) 색채의 색상환을 제시하고 어떤 값에서 점차 바로 다음으로 이행되어 가는 지속적으로 정렬된 색조를 일컫도록 요구한다면 우리는 이들 관찰자에게는, 예를 들어 '빨강(rot)'의 핵심 영역이 있다는 것, 즉 그들에게 '빨강(rot)'의 진짜 대표자로서 여겨지는 일련의 진한 색조가 있다는 것을 확인하게 된다. 그들은 이 경우 '빨강(rot)'이라는 명칭에서 분화된 '연한 빨강'이나 '어두운 빨강'을 첨가할 필요를 느끼지 않고, '주황색'이나 '보라색'과 같은 인접 색채어를 선택하는 것을 고려하지 않는다. 그들에게는 순도와 명도(밝음)에서 분명히 인정할 수 있는 중심을 보여 주는 '노랑'에서도 유사한 일이 생겨난다. 그러나 또한 '초록'이나 '파랑'에서도 유사한 일이 일어난다. 독일어의 색채어 체계를 지배하는 자는 주저하지 않고도 특정 색조를 '주황'과 '보라'로 규정할 수 있다. 그러나 이 두 단어에 대해서는 아직 모든 독일어 화자에게 한결같이 친숙한 것은 아니라는 사실이 주목할 만하다. 여기서 이들 단어가 비로소 지난 세기에 독일어 색채어 체계 속으로 들어와 분절되어서 아직 독일어 사용에서 완전히 굳게 고정되어 있지 아니한, 원래가 외래어라는 사실이 나타난다. 양 단어가 아직 외래어 성격을 갖고 있다는 사실이 많은 화자에게 분명히 느껴진다. 주황색의 경우에 벌써 독일어의 고유음이 아닌 비음을 내도록 하는 발음이 원래가 외래어임을 암시한다. 또한 이 형용사는 굴절도 잘할 수 없다. 'ein orangener Pullover(주황색 스웨터)'라는 표현은 우습게 들린다. 'der Pullover ist orange(스웨터가 주황색이다)'와 같이 술어적으로 진술하지 않을 경우에는 'orangefarber Pullover(주황색 색깔의 스웨터)'와 같이 말해야 할지도 모르겠다. 'orange(주황색)'는 프랑스 어에서 독일어로 유입되었는데, 어원을 거슬러 올라가자면 스페인 어의 'naranja'를 거쳐, 아랍 어의 'narandja(오렌지)'에 이른다. 이는 그러므로 '오렌지'라는 과일의 색과 관련이 있다. 'violett(보라색)'는 사실 독일어에서 외래어처럼 들리나 적어도 발음과 굴절은 어려움이 없다. 어원적으로는 이탈리아 어 'violetta'로 거슬러 올라가는데, 이는 'viola(제비꽃)'의 축소형이다. 두 외래어는 독일어 전체 색채어에 늦게 유입된 것이다. 구분의 필요성이 커 감에 따라 19세기 중에 비로소 독일어에 유입되었다. 괴테의 색채론이 이때에 적지 않은 역할을 하였다.

　양 단어들이 아직 일반적으로 (단어와) 그 내용이 확고하게 연결되어 있지 않다는 것이 쉽게 증명될 수 있다. 예를 들어 라인 지방에서, 그러나 독일의 다른 지역에서도 'violett'는 자주 마찬가지로 유입된 지 얼마 되지 않은 'lila(연보라, 어원은 아랍 어 lilak)'와 혼동된다.[15] 'violett'는 청색과 적색

---

15) 여기에 대해서는 H. Gipper, 1957, S. 34ff., 그리고 J. König, 1927을 참고하라.

의 어두운 혼합 색조로서 스펙트럼의 끝에 있는 단파이다. 반면에 가령 'rosa(분홍색)'와 'bleu(하늘색)' 사이의 'lila(연보라)'는 밝고 흰색을 지닌 색조를 나타낸다. '주황색'과 '보라색'을 알지 못하는 독일어 방언 화자가 있다는 것은 이미 언급했다. 그래서 우리가 가령 아직도 아이펠 산맥 속에서 '빨강-노랑-초록-파랑'이라는 몇 가지 색만 가지고 살아가는 비교적 나이가 많은 농부를 발견한다. 그들은 '빨강'과 '노랑' 사이에 '주황'의 의미를 지닌 추가적 색채어를 끼워 넣을 필요를 느끼지 못한다. 이 중간색 영역을 나타내는 당근은 '빨간색'으로도 일컬어지고 '노란색'으로도 일컬어진다. 그 밖에 독일어에서는 'rot-gelb(빨강-노랑)', 'rötlich(붉그스름한)', 'gelblich(노르스름한)'와 같이 바꾸어 쓰기도 아주 가능할지도 모른다. 그러한 바꾸어 쓰기는, 하지만 엄밀하게 하려는 의도가 있을 때이다. 해당 사람들이 색을 구별할 수 있느냐는 논외의 문제이다. 언어적으로 더 자세히 구분할 필요가 없는 것이다.

우리는 일상 발화에서는 엄밀치 못한 화법, 일반화, 과장법 등으로 만족한다. 그것은 그러한 언어 태도로 정상적인 커뮤니케이션을 아주 충분히 보장해 줄 수 있기 때문이다. 일상 회화에서는 근사치의 표현이 지배적으로 나타난다. 비록 운전 면허증 색깔이 실제로는 '밝은 갈색'이거나 '밤색'이라 할지라도 우리는 손쉽게 '노랗다'고 하고, 기계의 이용 버튼을 간단히 '빨갛다'고 한다. 사실 일컬어진 명칭들이 엄밀한 단어 의미에서 꼭 들어맞지 않다 할지라도 빵 종류를 흰 빵(Weißbrot), 회색 빵(Graubrot), 검은 빵(Schwarzbrot)으로 구분하고 포도주를 적포도주(Rotwein), 백포도주(Weißwein)로 구분한다면 거친 분절 체계가 우리에게 자주 친숙한 것이다. 이것들은 거친 분류이지만, 그들을 구별하는 목적을 완전히 충족시켜 줄 수 있는, 널리 사용하고 있는 대립인 것이다.

이것은 완전히 이해될 수 있다. 그러나 우리는 언어 상대성 원리의 의미에서 굵은 그물코의 색채어 체계를 소유하는 것이 화자의 사고와 인식에 영향을 미치는지, 아니면 가는 그물코의 색채어 체계를 소유하는 것이 화자의 사고와 인식에 영향을 미치는지의 중대한 의문을 제기해야 한다.

필자는 독자들이 쉽게 사실을 검토할 수 있도록 독일어를 예로 들어 출발하였다. 이때에 어떤 하나의 언어 내에서도 사회적 조건에 따라 분절의 상이성을 보여 줄 수 있다는 것이 드러난다. 그런데 위에 언급된 '빨강-노랑' 영역에서의 거친 분절의 경우는 미국의 연구에서도 나타났으며 특수한 테스트의 대상이었다.

로저 브라운(Roger W. Brown)과 에릭 렌버그(Eric H. Lenneberg)는 「언어와 인지 연구(a study in language and cognition)」(1954)라는 그들의 논문에서 워프의 논제를 색채 테스트를 통하여 실험으로 검증하기를 시도했다. 이때에 영어를 말하는 미국인이 'orange(주황색)'와 'yellow(노란색)'를 사용하는 색채 영역에서 단지 하나의 색채어만을 가지고 있는 주니 인디언[14]들도 실험 대상으로 삼았다. 주니 인디언 어 하나만을 말할 줄 아는 주니 인디언들은 색채 인식 테스트에서 자주 '주황'과 '노랑'을 혼동한 반면에, 영어 하나만을 말할 줄 아는 미국인들은 절대로 그런 실수를 하지 않았다. 영어와 주니 인디언 언어 두 가지를 사용하는 주니 인디언들의 실수 빈도는, 그러나 영어나 주니 인디언 어 중 하나의 언어만을 말할 줄 아는 두 그룹 사이에 위치했다. 이로써 언어를 통하여 미리 주어진 내용의 차이가 사물을 주목하고 깨닫는 것을 함께 조정한다는 그런 의미에서, 특정 언어 분절을 소유하고 있다는 것이 또한 감각 지각에 영향을 미친다는 사실이 증

---

[14] 주니 인디언은 미국 애리조나 주 북동쪽에 사는 아메리카 인디언을 가리킨다.

명되었다. 여기서 그러므로 언어 구조가 행동에 영향을 미친다는 것이 엄밀하게 연구를 해 봐도 증명될 수 있다.

　해당 언어 분절이 배타적으로 지배할수록 그만큼 더욱이 언어의 영향력이 강하게 된다고 우리는 첨언할 수 있다. 아마도 하나의 언어를 사용할 줄 아는 주니 인디언이 언어 태도를 수정하게 되기보다도 가는 그물코의 색채어 체계를 사용하는 표준어 화자와 자주 접촉하는 아이펠 지역 농부가 언어 태도를 수정하게 되기가 더 쉽다. 이와 관계하여 많은 언어는 색채 리본의 같은 위치에서 더 거칠게 분절한다는 사실을 확인한 것이 중요하다. 특히 자주 파랑-초록의 전체 영역이 하나의 색채어로 표현되는 것 같다. 브르타뉴 어, 중국어 및 몇몇 인도어의 예가 이 사실을 지지한다.[16] 개별적인 경우를 더욱 검토해 봐야겠지만, 이들 색채어 단어가 사용 제약을 받는 것이 아니라면, 이들은 마찬가지로 하늘, 바다, 식물에도 사용될 수 있을지도 모른다. 내가 다른 곳에서 제시했듯이 라틴 어에서도 비교할 만한 것이 있었다.[17] 거기에다 감각 생리학적으로, 색채 심리학적으로 볼 때, 색채의 감각적 작용이 이른바 차가운 색의 영역 내에서는 활기가 있는 (lebhaft) 따뜻한 색의 영역에서만큼 강하지 못하여, 개념적으로 구별할 필요가 여기서는 일반적으로 덜 강하다는 사실을 언급할 수 있을 것이다.

　다시금 색채 시각 능력의 특수한 조건, 언어 공동체의 문화에 따라 조건 지어진 관심의 차이, 그리고 당연히 역사의 흐름 속에서 변할 수 있는 그때그때마다 형성된 색채어 체계 사이의 상호 작용이 나타난다. 인디언 어

---

16) H. Podestà, 1922는 여기에 대한 무수한 예를 제시하고 있다.[15]
[15] 한국어의 경우에도 '푸른 하늘', '푸른 들판' 등의 예에서 이런 현상을 볼 수 있다.
17) H. Gipper 1957, S. 40.

가 일부 이미 추상적으로 사용 가능한 색채어를 소유하고 있었다면 이것은 이러한 영역에서 주목할 만하게 진보된 발전 단계에 있다는 증거일 것이다. 많은 사람들이 빨강-노랑 영역과 파랑-초록 영역을 아직 분절하지 않았다면, 이것은 이들이 다른 한편으로 아직 우리에게 친숙한, 오늘날 대부분의 문화어에서 성취되어 있는 분화된 상태에 도달하지 못했다는 징후이다.

어떤 언어가 특정한 색채 영역에서 특별히 풍부하게 분화된 명칭을 보여 준다면, 거기서 우리는 이 언어 공동체에는 이 영역이 특정한 이유에서 중요하다는 결론을 내릴 수 있으리라.

그래서 언어적 증거 자료에서 언어와 사고, 인식, 태도, 행위 간의 관계를 판단하는 데 중요할 수 있는 많은 결론을 이끌어낼 수 있다.

4. 첫 번째 결론과 그 밖의 개념 설명

색채어의 예를 보면 여기서 연구하려는 문제들이 얼마나 다층적인지를 알 수 있다. 우리는 이제 언어적 세계상(sprachliches Weltbild)이라는 개념으로 되돌아가 보자. 그것을 설명하기 위하여 예를 논의한 바 있다.

우리는 특정한 영역의 감각적 경험이 독일어에서 어떻게 정신적으로 가공되는가, 즉 언어적으로 어떻게 객체화되는가를 보았다. 경험 가능한 현실에서 이러한 단편적인 부분에 적용되는 것이 원칙적으로는 인간의 모든 경험 영역에도 적용될 것이다. 그러므로 인간 공동체는 자신이 접하게 되는 세계와 정신적으로 관계함에 있어서 자신들에게 주목할 만한 가치가 있게 나타나는 모든 것은 그들의 언어에 상응하는 침전물을 남겼으며, 계속해서 침전물을 남긴다는 것이 확인된다. 이러한 관점에서 그렇다면 어떤 언어의 어휘는 알파벳 순 사전에서처럼 자의적 순서로 기록될 수 있는 어휘의 무질서한 덩어리가 아니라, 그들은 상호 관계가 있으며 분절되어 있는 체계라는 것이 증명된다. 언어 외적 세계는 바로 이러한 체계 속에서 정신화되어 있어서 우리는 그 세계에 대하여 말할 수 있는 것이다. 그러므로 여기서 일반 경험의 총체적 영역을 벗겨 주는 많은 의미 구조가 문제된다. 그 구성과 분절은 언어 공동체의 각기의 인식 단계와 의식 단계에 따라 이루어진다. 이러한 전체 언어 상태는 이제 언어적 세계상이라는 개념을 가지고 파악될 것이다.

그러므로 이는 사변적 실체화나 이상화가 아니라, 증명 가능한 증거 자료를 통하여 확인이 가능한 것이다. 이러한 언어 체계의 적용은 비록 개개 언어 사용자가 개별적 언어 사용의 맥락 속에서 개별적 내용을 수정하고 아마도 또한 변경시킬 수 있다 할지라도 그 개개 언어 사용자에 달려 있는 것이 아니다. 같은 언어의 습득, 즉 같은 의미 분절의 습득이야말로 항상 의사소통을 가능케 하는 전제가 된다. 우리는 이러한 공통성이 어느 정도로 필요하며, 또한 어느 정도로 가능한지, 즉 언어적 구조의 구속성의 정도에 대하여 견해가 서로 다를 수 있다. 그러나 공통된 특징이 있다는 사실만은 확실히 논란의 여지가 없다. 음성적 구조와 문법성의 구조의 구속성이 어느 정도로 강한지를 생각해 본다면 —사실 어미가 틀린다든지 문법 규칙에 어긋나게 문장을 구성하게 되면 곧장 눈에 띈다— 우리는 의미적 구속성도 또한 얼마나 중요한지 더 합당하게 판단하게 될 것이다. 이러한 구속성을 과소평가하게 되는 일은, 특히 매우 다양한 관심과 이데올로기를 가진 다원주의적 사회에서 공통 언어의 같은 단어들이 서로 상이한 집합적 사고 체계 속으로 빠져들거나 개별적 사고 체계 속으로 빠져들어서 거기서 새로운 위치가를 얻게 됨으로써 일어나는 것 같다. 그래서 '자유', '민주주의'와 같은 단어들은 그 단어들이 어떤 이데올로기와 관계하여 사용되느냐에 따라 서로 다른 내용을 얻게 된다. 그러나 개개 화자의 언어 소유가 벌써 그들이 성장한 환경이 다름으로 인하여 차이를 나타낼 수 있다 할지라도 표준어 규범을 구속적인 것으로 인정하는 모든 화자에게 기본 구조와 기본 어휘는 상당히 같을 수 있다. 이러한 표준어 규범의 적용은 학교, 신문, TV, 라디오 방송과 같은 공공 기관을 통하여 아주 효과적인 방법으로 가능하게 되어서 개개인은 그 규범을 상당히 좇아야만 한다. 물론 전체로 본다면 독일어가 결코 그처럼 동질적 형상은 아니다. 방언의 하위 체계를 제외한다면 사회적·지리적으로 조건 지어진 무수한 계층이 있다. 그러나 특정한 층 내에서 다시금 해당 화자 집단을 서로 묶는 공통성이 있는 것이다.

물론 나름대로 이유가 있는 회의적 시각도 있을 수 있지만 언어 공동체의 소속인들에게 세계를 특정한 방식으로 열어 주고 다양한 경험 영역을 정렬하고 분절하는 독일어 표준어의 기본 어휘를 설정하는 것은 정당한 것 같다. 독일어의 이러한 세계상(Weltbild)을 포괄적으로 기술한 것이 아직 없다면 그것은 이것이 원칙적으로 불가능하기 때문이 아니라, 오히려 지금까지 너무 적은 학자들이 이 거대한 연구에 착수했기 때문이다. 그러나 이미 많은 개별 연구들이 있다. 이들은 『언어 내용 연구에 대한 참고 문헌 편람(*Bibliographisches Handbuch zur Sprachinhaltsforschung*)』[18]에 체계적으로 끌어모아 수록해 놓았다[색채 명칭, 후각과 미각 느낌에 대한 명칭, 식물계와 동물계에서 부분적 사항, 성적 평가, 지성의 의미 영역의 단어들, 친족 명

---

18) H. Gipper und H. Schwarz, 1962 ff.

칭, 관습적 태도(즉 위반의 장)의 영역에서의 단어들, 죽음의 단어들 등등].

확실히 여전히 개선의 여지는 있다 할지라도 많은 것을 기약해 주는 이러한 사항들이 원칙적으로는 목표에 도달 가능하게 보이게끔 한다. 하지만 그것이 일정한 목표를 지닌 팀 작업 속에서 추구되어야 할지도 모른다.

이미 언어 외적 현실을 파악하고 있는 언어의 내용적 측면이 언어 외적 현실을 고려하지 않고는 이해될 수 없다는 것을 색채어의 예가 보여 주었다. 거기서 나오는 결론은 언어적 세계상은 창이 없는 정신적 단자로 이해되어서는 안 된다는 것이다.

오히려 세월 속에서 변하고 외래어와 교환될 수도 있는, 세계에 대해 개방적인 형상물인 것이다. 이러한 형상물의 인식론적 중요성은, 그러나 우리가 그 '매개적' 성격, 즉 그 중재 기능을 분명히 인식할 때만이 올바르게 평가될 수 있다. 이것은 다시금 우리가 단어 의미, 더 정확하게 말한다면 단어 내용의 언어 이론적인 성격을 분명히 규정했다는 것을 전제한다. 우리가 다룬 바 있는 색채어 'rot(빨강)'에서 다시 그것을 분명히 하자면, 우리는 그 색채어의 내용은 그러한 내용을 갖게끔 영향을 준 언어 외적 과정과 동일시될 수 없다는 것을 통찰해야 한다.

고틀로프 프레게와 그를 뒤이어 젊은 비트겐슈타인이 제안했듯이,[19] 그러므로 의미란 (언어 외적) 대상과 동일하지 않은 것이다. 오히려 '의미'의 고유한 기능은 'rot'라는 단어를 예로 들자면 많은 언어 외적 자극을 정신적으로 가공하여 인접한 색조의 특정 영역을 정신적으로 다발로 묶어 지속적으로 사용 가능하게 만들었다는 거기에 있다. 이때에 이웃하는 의미값인 'orange(주황)'가 'rot'의 적용 경계를 함께 결정한다. 독일어를 배워서

---

19) G. Frege, 1892와 L. Wittgenstein, 1922를 참고하라.

색채어의 체계를 아는 모든 사람은, 따라서 그 단어 내용이 일관되게 요약 (포괄)하고 있는 색조에 대하여 말할 수 있고, 청자는 그 화자의 말을 듣고 이해하며, 해당 색채를 같은 시간에 느끼지 않아도 무엇을 말하고 있는지 를 안다. 이러한 중요한 사실은 아트헤마르 겔프(Adhemar Gelb)와 커트 골 드스타인(Kurt Goldstein)의 건망증적 실어증에 대한 인상 깊은 연구를 통 하여 증명되었다.[20] 이에 대해서는 바이스게르버가 이미 1929년 『모국어와 정신 형성(*Muttersprache und Geistesbildung*)』이라는 그의 중요한 책에서 언 급한 바가 있다. 뇌를 손상당한 자는 'rot'의 단어 내용을 상실했다. 즉 그 는 더 이상 여러 붉은 색조들을 정신적으로 'rot' 밑에 배열할 수 없었다. 여러 붉은 색조들이 그에게는 모두 다르게 나타난 것이다. 그는 단어 의미 상실과 함께 또한 정신적으로 함께 다발로 묶는 능력을 상실한 것이다. 정 신을 사물과 구분하여 그 사물을 항상 다시 단어 내용이 예견하는 그 방법 으로 파악할 수 있도록 해 주는 단어 내용의 특별한 성질은 바로 언어 외 적 경험을 특수하게 정신적으로 파악하고 구분하는 거기에 있다.

일반적으로 어떤 언어를 소유하고 있다면 이 언어 공동체의 모든 소속 인들에게 미리 주어져 있는 독일어의 색채어와 연관된 의미 내용이 의심 할 바 없이 색채 현상과 정신적으로 관계할 때에 무의식적으로 영향을 미 친다. 색채를 연구하는 물리학자나 생리학자도 자기의 관찰을 기술할 때 에 이러한 영향을 거의 벗어날 수 없다. 확실히 이러한 관계에 대한 논의에 서 가령 "rot가 무엇인지 내가 알려고 한다면 나는 언어학자에게 묻는 것 이 아니라, 나에게 이러한 느낌을 야기해 주는 파장의 길이가 얼마라고 제 시해 주는 물리학자에게 묻는다"라고 말하는 철학자가 생각하듯이 그렇지

---

20) A. Gelb und K. Goldstein, 1925.

는 않다. 왜냐하면 'rot'에 대한 파장의 길이를 제시하려는 물리학자는 독일어 색채어의 단어장 내에서 습득된 색채어 'rot'의 내용적 범위를 측정하기 때문이다. 이것은 그가 색채어 없이도 관여적인 결론에 이를 수 있다는 것을 배제하는 것은 아니다. 마테이(R. Matthaei)가 괴테의 색채론과 관련하여 행한 일정한 목적을 가진 연구는 그로 하여금 이른바 최적 색채(Optimalfarben), 즉 관찰자가 특히 순수하고, 짙고, 그 강도에 있어서 더 이상 증가될 수 없는 색채로 느끼는, 실험적으로 쉽게 생성할 수 있는 색채[즉 검은 표면과 흰 표면이 부딪치는 것을 고찰할 때에 프리즘을 통하여 나타나는 이른바 에지 스펙트럼(Kantenspektrum)]가 존재한다는 생각을 하게 했다. 이것이 공교롭게도 여섯 개의 두드러진 색, 즉 괴테의 색상환의 색이라는 것, 그리고 그것이 아마도 세 가지 요소의 협력 작용으로 생겨난다는 것은 감각 생리학적인 이유(망막의 구조)를 가지고 있다. 그러나 이러한 관찰에 대하여 언급하려고 하자마자 다시 주어진 색채어들이 마음에 떠오른다. 그리고 이러한 경우에 우리들에게 통용되는 기본 색채어들이 사실 정확하지는 않으나 기술을 위해 근사치로는 사용될 수 있다는 것을 확인하는 것은 흥미롭다. 색채어들이 바로 보는 인간과 보여진 색채 현상의 상호 작용으로 생겨남에 틀림없다는 것을 아는 자들은 여기서 나타나는 일치들에 놀라지는 않을 것이다.

이 자리가 이러한 관계를 계속 언급할 장소는 아니다. 나는 다른 자리에서[21] 이러한 사상을 깊이 논하였다.

만일 우리가 언어적 세계상의 사상을 좇아서 처음부터 모든 논의를 실패한 것으로 심판 내리지 않으려면, '의미(Bedeutung)'가 언어에서 필수적

---

21) H. Gipper, 1957.

이며 구성적인 성분으로 인정되어야 한다는 것을 확인하는 것이 남아 있다. 동시에 벌써 이 자리에서 여기서 설명된 '단어 내용(Wortinhalt)'을 그와는 달리 언어 이론적으로 '개념(Begriff)'이라고 말하는 것과 구분하는 것이 적합한 것 같다. 이때에 우리는 개념의 개념이 방금 언급한 이유에서 많은 철학자와 심리학자의 견해와 구분되어야 한다는 것을 강조해야겠다. '단어 내용'이란 언어 체계 내에서 결정지어진 의미 내용(Sinngehalt)이다. 그 의미 내용의 고유 가치는 한번은 언어 외적(실재적이든 생각된 것이든) 대상, 즉 피지시체(Denotat)[16]에서 유래하며, 그 다음 그 의미 내용의 위치가는 인접한 단어 내용을 통하여 구분됨으로써 생겨난다. 단어 내용은 언어 습득의 과정에서 사물과의 관계에서 습득되었다. 단어 내용은 언어 습득 과정에서 많은 '언어 놀이' 속에서 습득한 모국어의 의미 잠재성 내에 자신의 특정한 자리를 얻게 되었다. 단어 내용은 특정하게 적용될 때에 무의식적으로 이용될 수 있다. 그러나 대개 충분하게 정의를 할 수 없다. 이것은 이와 같이 특정하게 정신적으로 주조되는 이유와, 그리고 인접한 언어 수단과 구분하여 주조가 이루어지는 이유를 알기 어렵고, 또한 그 이유를 엄밀히 규정하기가 아주 어렵다는 사실과 관련이 있다. 그와는 달리 개념은 정의, 즉 더 엄밀하게 구분하는 것이 가능하다는 점이 개념의 특수한 특징으로 간주될 수 있을 것이다. 여기서 마찬가지로 언어적으로 객체화된 내용이, 하지만 의식적·정신적 파악의 단계로 고양된 경우가 문제이다. 이것은 대개 그 내용이 일반적인 언어 사용에서 구분하여, 특별한 사상 체계, 즉 특별한 철학자나 특정한 학문의 테두리 내에서 규정되는 것과 관계한다. '공간', '시간', '힘', '운동', '생명' 등과 같은 학문의 이른바 기본 개념들은 아

---

[16] '외연적 의미', '명시적 의미' 등으로도 번역되고 있음.

주 쉽게 이해할 수 있음에도 불구하고 정의하기가 힘든 부류에 속한다. 이것은 이들 개념이 첫째는 높은 추상적 단계 위에 올라서 있어서 그 때문에 잠재적으로 의미 자질이 매우 풍부하다는 것과 관계하고, 그 다음에는 그들 개념이 공통어의 일반 경험적 이해의 지평 안으로 되돌아가는 것과 관계한다. 사실 이 지평 안에서는 해당 단어 내용들은 확정하기가 힘든 다양한 의미 관계 속에 있다. 그리고 마지막으로 인식이 발전해 가는 것에 방해가 되지 않도록 하기 위하여 학문은 바로 이러한 기본 개념들을 열어 두어야 한다는 것과 관계한다.

우리가 비유적 표현 방식을 수용한다면 단어 내용은 언어와 함께, 그리고 언어 속에서 자라난 의미 값, 즉 전체 체계와 언어 사용에 의하여 그 통용성이 규정되는 값인데, 이는 자주 그 경계가 날카롭지 못하다. 개념은 정신적으로 만들어진(herausgehoben), 의식적으로 더 상세히 규정한 의미 값으로서, 그 통용성은 학문적 관계 체계와 전문 용어 사용에 의거하여 규정된다. 단어와 개념 간의 이러한 구별은 그럼으로써 경직되어 있는 것이 아니다. 단어 내용은 개념으로 고양될 수 있고, 개념은 단어로 되어 보편적인 언어 사용으로 넘어갈 수 있다. 우리는 이러한 특별한 개념의 지위를 인정할 각오가 되어 있다면 언어 외적 개념에 대해서 말하거나, 많은 학자들이 계속적으로 그렇게 하듯이 그러한 언어 외적 단위가 존재한다고 가정하는 것은 거의 의미가 없는 것 같다. 개념의 개념이 언어적으로 아직 객관화되지 아니한, 따라서 아직 학문적으로 파악하기에 접근 가능하지 아니한 정신적 복합체나 과정을 위해서도 요구된다면, 개념의 개념은 자신을 바로 특별한 인식 수단으로 구별하는 모든 그러한 특성을 상실한다. 언어 외적 개념의 존재를 규정 가능한 정신적 단위의 의미에서 증명하는 것은 바로 불가능할지도 모른다. 우리들이 관계들을 엄격히 검토해 보면 언어 외적 개념을 형용의 모순(Contradictio in adiecto)으로 간주하지 않을 수 없다. 왜냐하면 그것들을 가지고 무엇이 개념화되었는지를 알 수가 없기 때문이다.[22]

이것에 대한 언급은 우리가 관심을 갖고 있는 것과 관계하기 위하여 아주 중요하다. 그것은 세계상 사상의 비평가들이, 특히 영미 언어권의 비평가들이 계속해서 언어 외적 개념을 가정하면서 언어의 업적을 아주 삭감하고 축소시켜, 언어가 사고에 어느 정도로 영향을 미칠 수 있을까에 대한 질문에 정당한 판단을 불가능하게 하기 때문이다. 여기에 대하여서는 미국에서 워프의 논제에 대한 논의를 다룰 때에 더 자세히 언급할 것이다. 단어 내용이 무엇이며, 개념은 무엇인지를 적절하게 평가하는 것과 언어 내에서 그들의 역할을 적절하게 평가하는 것은, 그러므로 언어적 세계상의 개념을 가지고 무엇을 말하고 있는지를 이해하기 위한 또 다른 전제이다. 이것은 다시금 언어 상대성 원리와 같은 어떤 것이 있는가라는 우리들의 중심적 질문에 대하여 결정적으로 중요하다.

우리가 어떤 언어 내에서 단어와 개념들의 지위와, 그리고 그것들이 의미하는 것과의 그것들의 관계를 인식한다면 곧 어떤 언어 내에 존재하는 어휘 분절이 결코 전체적으로 같은 정신적 차원 위에 있지 않아서 그것들이 또한 서로 다르게 판단될 수 있음을 통찰하게 될 것이다. 거기에는 예를 들어 구체적인 대상 세계를 파악하기 위한 무수한 언어 수단이 있다. 여기서 감각적 지각, 즉 직접적 경험이 언어 내용을 항상 지지할 수 있고, 필요하다면 그것을 통제하고 수정할 수 있다. 언어의 영향은 사실 그 때문에 사물과 관계할 때에 차단되는 것은 아니나 줄어들게 된다. 그러나 거기

---

22) 여기에 대해서는 H. Gipper, 1964, S. 245 ff.를 참고하라.

에는 가령 종교적·윤리적·도덕적·정치적 삶의 영역이나 학문적 이론 형성의 영역에서와 같이 대상과 거리가 먼 정신적 영역을 파악하기 위한 언어 수단이 있다. 여기서는 단어 내용과 개념들이 구체적인 언어 경험을 통하여 자주 훨씬 적게 뒷받침될 수 있다.[23] 오히려 여기서 정신적 단위들은 자주 비로소 언어 속에서, 그리고 언어와 함께 존재할 수 있으며, 그 형상을 얻는다. 여기서 언어는 빈의 철학자 에리히 하인텔(Erich Heinntel)이 주목을 환기시킨 바 있는, 특히 그 대상 구성적 기능을 실증한다.[24] 언어 수단의 적용은 이때에 우리들의 경험의 언어 외적 대상에 의하여 결정된다기보다는 오히려 그 의미 내용을 갖도록 돕는 인접하는 언어 수단에 의하여 더 강하게 결정된다. 따라서 언어가 사고에 대하여 강력히 영향을 미치는 것이 고려될 수 있다. 그 때문에 언어 상대성의 문제는 바로 이 위치에서 특별히 관여적일지도 모른다.

언급한 것에 대하여 한 가지 중요한 보충을 더 하는 것이 필요하다. 앞에서는 주로 언어의 어휘적·의미론적 차원에서 이야기가 있었다. 이것은 여기에서 의미가 분명히 명백히 드러나며, 그 때문에 가장 쉽게 분석의 대상으로 삼을 수 있기 때문에 당연했다. 그러나 워프의 저서를 읽고 그의 논제에 대하여 논의를 하는 자는 재빨리 그의 논증에서는 문법적·통사적 구조, 언어 범주 내지는 품사, 형태론적 구조, 그리고 문장 형성의 가능성이 어휘보다도 더욱 큰 역할을 한다는 것을 알아차릴 것이다.

하지만 이러한 영역에서는 문제성이 더욱 어렵고 복잡하다. 여기서는 성급한 결론을 피하고 피상적인 해석에 머물러 있지 않으려면 훨씬 신중하고

---

23) 여기에 대해서는 H. Gipper, 1966b, S. 453 ff.를 참고하라.
24) E. Heintel, 1957; 1959.

조심할 필요가 있다. 워프의 연구와 설명은 바로 여기에 그 최대의 약점이 있으며, 가장 많이 공격을 받게 되었다. 이것은 의심할 바 없이 그가 이 부분에서 학문적 신대륙, 더군다나 억측으로 쉽게 빠져들 수 있는 영역으로 접어들어 가고 있다는 사실과 관계한다. 이미 지금 개별적인 항목들을 논한다면 독자들은 아마도 혼란스러울 것이다. 여기서 나타나는 문제와 과제에 대한 몇 가지 일반적인 설명을 하는 것은 그러나 합목적적일 것이다.

우리는 여기서 색채어 형용사에 대하여 말한 부분을 상기해 보자. 우리들에게는 자명하게 보이는 색채 느낌을 일차적으로 파악하는 것이 형용사라는 품사로 유일하게 가능한 것이 아니다라는 사실을 언급한 바 있다. 우리들의 독일어에서는 그러나 형용사적 파악이 우선적으로 되었고, 이는 색채를 대상의 속성이나 우연적 속성으로 파악하려는 우리들의 습관과 완전히 일치한다. 형용사적 색채 명칭은 탁월하게 우리들의 일상 경험에 맞는 것 같다. 우리들에게는 파지할 수 있는 대상을 명사라는 범주로 재발견하고, 활동이나 사건을 동사로 파악하는 것이 마찬가지로 적합해 보인다. 동시에 실제로 특정 종류의 세계 경험이 이러한 언어적 범주를 생산했는지, 아니면 언어가 세계 경험을 이러한 방식으로 보여 주기 때문에 세계가 그렇게 경험되는지의 문제가 제기된다. 벌써 마지막 문장을 간단히 고찰해 보면 대부분 동사적으로 표현되는 활동과 행위에 대하여 말하고 있다는 것이 나타난다. '활동'과 '행위' 자체는 하지만 여기서 명사가 아닌가! 명사라는 범주는 그러므로 단지 실재적으로 주어져 있는 대상 훨씬 이상을 파악한다. 여기서 곧장 이런 질문이 추가로 등장한다. 어떤 품사에 무엇이 '일차적으로(primär)' 들어가는 것일까? 그 다음에 비로소 파생이나 다른 전이의 방법으로는 무엇이 추가될 수 있는가? 동시에 통사적 관점도 관계시켜야 한다. 우리는 예를 들어 행위를 할 수 있는 유생적(=살아 있는)

존재가 우리들의 문장에서 이른바 주어의 자리를 차지하고, 그 행위자에 의하여 야기된 행위는 동사 형식의 도움을 받아 술어 기능으로 표현된다는 것을 당연한 것으로 생각한다. 벌써 우리는 반복해서 인구어에서(그러나 또한 다른 언어에도) 전형적인 것으로 간주된 매우 빈번한 문장 유형인, 많이 논의된 바 있는 '주어-술어' 도식(Subjekt-Prädikat-Schema) 내지는 '행위자-행위' 도식(Agens-Actio-Schema)에 머물러 있다. 바로 '행위자-행위'라는 특징을 특히 강하게 해석하게 되어 그 안에서 표시된 정신적 태도를 너무 지나치고 중대한 결과를 가져오는 해석을 하게 했다(인도게르만 인의 행위 사고 등). 언어적 증거 자료를 그렇게 해석하는 것이 얼마나 위험할 수 있느냐는 분명하다. '일이 쉰다(Die Arbeit ruht)', '법이 유효하다(Das Gesetz gilt)'와 같은 간단한 문장을 비교해 보라. 그러면 곧장 '행위자-행위'라는 자를 갖다 대는 것이 모순에 빠지게 됨을 알 것이다. 그리고 그 모순에서 빠져나오기 위해서는 단지 곡예사와 같은 논증 기술이 있어야 한다. 우리는 냉정한 고찰을 할 때에 매우 상이한 것이 언어적으로 명사적으로, 동사적으로 파악될 수 있으며, 매우 상이한 것이 언급된 문장 모형에서 주어 위치에, 그리고 술어 위치에 나타날 수 있다는 것을 인정해야 한다. 확실히, 이것도 마찬가지로 강조해야 할 것인데, 모든 것이 모든 범주에서, 그리고 모든 통사적 기능으로 나타날 수 있는 것은 아니다. 따라서 우선 한 번은 무엇이 어디에 어떻게 나타나는가를 경험적으로 검토해 볼 과제가 주어진다.

이러한 과제가 얼마나 엄청나게 어려운가를 인식하기 위해서는 이렇게 한번 해 보도록 요구해 보는 것으로 충분하다. 이러한 관점에서 무엇이 가능하며, 어떤 제약이 개개 언어 내에 나타나는지를 비로소 한번 밝히기 위해서는 포괄적인 경험적 언어 비교 연구가 필요하다.

이와 더불어 모든 언어에 공통적인 것, 많이 논의된 바 있는 이른바 언어적 보편성에 대한 문제가 제기된다. 여기서 언어 유형적인 비교 연구가 필요하다. 언어 통계적인 숙고도 첨가되어야 한다. 조사된 증거 자료에 대한 평가를 할 때에 때로는 언어학자의 언어 능력의 한계에 이르게 된다. 그렇다면 언어 철학자와 인류학자가 함께 동원되어야 한다. 무엇 때문에 언어 속에는 특정한 공통적인 구조 특징이 형성되어 있으며, 그 차이점들은 어떻게 규명될 수 있느냐 하는 광범위한 문제가 제기될 때면 이것은 특히나 필요하다. 여기서도 만일 설명되지 않은 것이나 아직 설명될 수 없는 것이 우연의 장난으로 제시되어, 더 이상 학문적인 연구를 하지 못했다면 만족스럽지 못한 안내일 것이다.

이와 같은 언급은 일시적으로 이해를 돕는 것으로 만족해야 한다. 언어 보편성에 대한 문제로 되돌아가 볼 수 있을 것이다.

여기에서는 언어 상대성 원리에 대한 문제에 대해서 중심적인 개념인 언어적 세계상(sprachliches Weltbild 혹은 sprachliche Weltansicht)이라는 개념을 너무 피상적으로 오해를 하지 않을 정도로 그 선구자의 의미에서 설명하는 것에 달려 있다.

우리는 이제 우리의 질문에 대한 가장 상세한 입장을 살펴보겠다. 이것은 이미 나타난 문제를 심화시키고, 더 상세한 대답을 해 주기에 적절해 보이는 폴란드 철학자 아담 샤프(Adam Schaff)의 저서의 내용과 관계한다.

제2장

아담 샤프의 『언어와 인식』

폴란드 언어학자 아담 샤프는 우리들의 주제와 관련해서 볼 때에 중요한 『언어와 인식』이라는 책[25]에서 인식 과정에서 언어가 어느 정도로 실질적인 역할을 하는가라는, 오래전부터 제기되어 온 문제를 새로이 마르크스주의적 관점에서 검토하고 있다. 이 문제가 지금까지는 주로 19세기와 20세기의 관념주의적 독일 철학 사조에서 다루어졌다고 그는 확인하고, 이와 관련하여 특히나 요한 고트프리트 헤르더, 빌헬름 폰 훔볼트, 이른바 신훔볼트주의자(Neuhumboldtismus, 이는 레오 바이스게르버, 요스트 트리어, 그리고 그들의 학파를 말한다), 그리고 에른스트 카시러, 이른바 규약주의(Konventionalismus),[17] 그리고 비관념주의적 신실증주의(Neopositivismus)[18]

---

25) 폴란드 어로 된 원서의 이름은 *Język a Poznanie*(1964)이며, Elida Maria Szarota는 같은 해에 독일어로 번역하여 *Sprache und Erkenntnis*라는 이름으로 출간하였다.

언어 철학을 언급하고 있다. 샤프는 그 다음에 현대 민족 언어학(사피어와 워프)을 포함시키고 있다. 그런데 샤프는 '인식 과정에서 언어가 어느 정도로 실질적인 역할을 하는가'라는 문제 제기가 이러한 언어 철학적 사조의 영역에서만 국한하는 것은 아니라고 말한다. 마르크스주의 철학, 즉 유물론적 사상의 철학도 아무런 지장 없이 이와 같은 인식의 좀 더 주관적인 면을 철저히 다룰 수 있다고 그는 강조한다. 왜냐하면 마르크스주의는 인식 과정을 어디까지나 객체와 주체의 통일로서 간주하기 때문이다.

샤프의 책은 세 개의 주요 장으로 나뉘어 있다. 제1부에서는 위에서 열거한 독일 학자들의 견해를 비판한다. 제2부에서는 사피어-워프 가설을 검토하고, 제3부에서는 언어와 사고 내지는 언어와 현실의 근본적 관계를 직접 해명하고, 언어적·정신적 활동이 인간 행동에 어느 정도로 영향을 미치는가라는 문제에 대한 대답을 하려고 애쓴다.

1. 훔볼트, 트리어, 그리고 바이스게르버에 대한 샤프의 입장

여기에서는 되풀이해서 나타나는 오래된 철학적 문제가 문제되고 있다고 샤프는 강조한다. 헤르더가 그것을 시작하였고, 훔볼트가 더 날카롭게 보고 기초를 다졌으며, 트리어와 바이스게르버가 어느 정도로 극단화시키

---

⑰ 학문적 인식이 실재의 성질에 일치한다는 것에 바탕을 두는 것이 아니라, 상호간의 약속에 바탕을 두고 있다고 생각하는 것. 사물의 이름과 관련하여 헤르모게네스는 규약주의 편에, 크라튈로스는 그에 반하는 자연주의 입장에 서 있었다.

⑱ 형이상학을 거부하고 과학을 주창한 콩트의 입장을 계승하여 철학에서 엄밀한 과학적 태도를 강조한다. 이른바 '빈학파'라 불리며 1920년대에 나타난 이들의 사상을 '신실증주의' 혹은 '논리실증주의(logischer Positivusmus)'라 부른다.

고 독단적으로 편파적으로 주장하고 있다고 본다. 그 다음에 샤프는 위에 언급한 사상가들의 견해를 설명한다. 철학적으로 칸트와 헤겔의 영향을 받은 훔볼트가 어떻게 언어의 상이성을 세계상의 상이성으로 해석하고 이 세계상을 민족정신의 표현으로 이해하게 되는지를 그는 보여 준다. 추가적으로 언어의 역동적이고 과정적인 성격을 강조하는 말인 '에네르게이아' 로서의 언어관과 아주 분명하지는 않은 '내적 언어 형식'이라는 사상을 설명한다.

다른 학자들과 마찬가지로 샤프는 훔볼트가 개념적으로 불분명하였다는 것을 지적한다. 그러나 동시에 중요한 문제를 결정하는 데 훔볼트는 조심성이 있었다고 칭찬한다. 왜냐하면 거기에서 훔볼트의 높은 문제의식과 동시에 그의 변증법적 개방성이 보이기 때문이다.

샤프의 견해에 따르면 훔볼트의 후계자들은[샤프는 위에 언급된 사람들 외에도 포티브냐(A. A. Potibnja), 보두앵 쿠르트네(J. Baudouin de Courtenay), 핑크(F. N. Finck), 분트(W. Wundt), 포슬러(K. Vossler), 포르치히(W. Porzig), 입센(G. Ipsen), 그리고 졸레스(A. Jolles)를 든다] "후예들이 원조보다 더 범주적이다"라는 모든 후예들이 보여 주는 운명을 공유한다. 다시 말하면 그들은 문제를 극단화하고, 편파적으로 주장하고, 지나치게 단순화한다. 그로 인하여 근본적으로 사실에 해를 끼쳤다.

당연히 샤프는 트리어와 바이스게르버를 훔볼트의 가장 중요한 계승자로 본다. 샤프는 신훔볼트주의(샤프는 바실리우스의 유명한 논문에 이어 이 표현을 사용한다.[26] 하지만 그가 사용한 'Neuhumboldtismus'라는 조어보다는 'Neuhumboldtianismus'라는 조어가 더 적합한 번역일 것이다)를 이른바 어

---

26) H. Basilius, 1952.

휘장 이론(Feldtheorie)[19]으로 축소시키고, 이를 다시 그는 이 어휘장 이론이 1930년대에 했던, 확실히 불충분했던 초창기의 말에 따라 비판한다. 예를 들어 거기에서는 벌써 시대에 뒤떨어진 지 오래되며, 그러는 사이에 자주 비난받아 온 모자이크 상의 문제가 이야기되고 있다. 이 모자이크 상은 때때로 어떤 언어장 내에서 인접한 단어들의 상호 경계 관계를 나타내기 위하여 인용되는 것이다. 후예들과 훔볼트와의 차이점을 분명히 보여 주기 위하여 샤프는 훔볼트의 말을 트리어의 말과 대비시킨다. 훔볼트가 조심스럽고 신중한 논증으로 암시하고 있다면, 트리어는 자명한 것으로 주장하면서 확정된 사실로 받아들인다는 것이다. 샤프는 바이스게르버를 이 현대 사조의 가장 철학적인 거두로 간주하고, 그가 그의 이론을 모호하고 혼란스럽게 표현하고 있다고 비난한다. 그의 그런 방식이 독일의 쇼비니즘을 도왔다는 것이다. 샤프는 구체적인 어휘장 연구(친족 관계 어휘장, 색채 어휘장 등)를 칭찬하고, 그것을 매우 유용하고 고려할 만한 것으로 생각하였다. 그가 관념주의적이고 신비주의적 색채가 있다고 생각하면서도 여느 비평가들과는 달리 그는 그 서술의 문체로 인하여 기만당하지 않았다. 그는 그 문제를 중요하고 합당한 것으로 인정한다. 그리고 세심한 검토를 할 것을 요구한다. 인식 과정에서 언어가 미치는 역할을 그는 의심하지 않는 것 같다. 단지 그것이 마르크스주의적 사고의 바탕 위에서 새로이 검토되어야 한다고 생각할 뿐이다. 관념주의, 비합리주의, 신비주의 등의 개념은 샤프에게서는 개념적으로 항상 부정적 의미를 지닌다. 그 개념들은 언어 이론상으로 반영론(Widerspiegelungstheorie)[20]으로 나타나는 그의 마르크스주의적 사상 토대와는 극명한 대립을 보인다. 그의 핵심 사상을 간단

---

[19] 다른 번역으로는 '낱말 밭 이론'이 있다

히 요약한 나의 설명이 잘 논증하고 있고 사려가 있는 샤프 자신의 서술을 확실히 대체할 수는 없다. 다만 그의 주된 생각이 어떠한 것인지를 언급하는 것으로 그치고 여기서는 다만 그것을 논의의 출발점으로 삼고자 한다.

위대한 사상가의 획기적인 사상을 분명히 하고 효과적으로 만들려는 후예들의 노력은 환영받을 만하다. 하지만 여기저기서 특징을 과장하여 묘사하고, 독자적으로 계승함에 있어서 잘못된 길을 걸어가는 것이 때로는 후예들의 운명일지도 모른다. 이때에 훔볼트와 같은 그러한 인물의 후예로서 일컬어지는 것이 그렇게 불린 학자에게는 거의 불명예가 되지는 않을 것이다. 확실히 트리어와 바이스게르버는 초기의 몇몇 논문에서 가끔 너무 강하게 악센트를 두었다는 것도 확실히 인정할 것이다. 자신의 일을 확신하는 어떤 학자들이 즐겨 사용하듯이 자의식에 찬 문체를 특히 트리어는 사랑한다. 날카롭고 힘 있는 문체로 표현하게 되면 분명할 수는 있다. 그렇게 되면 그것이 비평을 불러일으키기까지 한다. 그런데 우리는 여기서 그 겉모습에 속아서는 안 된다. 가령 "오늘날 우리가 공동으로 소유하고 있는 언어와 그 내용 질서가 가지고 있는 절대 권력에서부터 우리는 어휘장을 설정한다"[27]라고 하는 말에서와 같이 트리어의 말에서 공격받을 수 있는 부분이 있다면, 이때에 트리어가 실제로 그가 제시한 장 구조들을 그가 애써서 그 언어 원자료에서부터 작업해 얻어 내었다는 것을 쉽게 간과할 것이다. 그의 제자 한스 슈바르츠는 당연히 그것을 언급하였다.[28]

---

⑳ 인식론에서 아직도 끝나지 않은 논쟁은 무엇이 우선적이냐는 질문과 관계한다. 그것이 언어이냐, 아니면 언어를 통하여 반영되고, 모사되고, 재생산되는 실재이냐는 것이다. 인간의 의식과 그 의식과는 독립적인 존재 사이에 모사 관계가 있다고 가정하는 것이 반영론이다.

27) J. Trier, 1934, S. 441.

28) H. Schwarz, 1959.

트리어는 항상 매우 세심하게 관찰한 언어 조사 결과에서 출발하였다. 그리고 어휘장 사상은 다른 학자들의 이전 사상이나 우연히 했던 말과는 상관없이 그의 공적이다. 그는 동시에 문체의 대가였기 때문에 그의 연구서를 읽게 되면 다른 생각을 가진 학자들에게도 유혹적이었다.

바이스게르버의 문체는 일반적으로 트리어의 문체보다는 겸손하다. 우리는 종종 바이스게르버 자신이 자신에게 이의를 제기하고 있음을 느낀다. 조심스러움으로 말미암아 이따금은 표현이 수다스럽게 되기도 하는데, 명료하게 설명하기 위해서 항상 말을 많이 할 필요는 없는 것이다. 게다가 그가 직접 만들어 낸 용어들이 있다. 이것을 이해하기 위해서 항상 세심하게 숙고해야 하고 이성적으로 사고해야 한다. 그런데 이들 용어가 또한 익숙하지 않은 독일어 표현법과 옛날에 사용되었던 개념들을 이용함으로써 그것이 독일인 티를 내는 것까지는 아니라 할지라도 특수한 독일어를 말하는 것으로 단지 외국인들만이 그렇게 생각하는 것은 아니다. 낭만주의적이고 신비주의적이라는 비난을 받는 이유가 여기에 있다.

그러나 이 자리는 두 저자의 문체를 분석하는 자리가 아니다. 오히려 그들이 무엇을 문제 삼고 있는지를 분명히 설명해야 한다. 바로 이러한 목적에 기여하고 있는 아담 샤프의 설명에서는 비판된 두 저자들의 중요한 개념들이 충분히 자세히 검토되지 않았다. 그래서 이것이 다시금 이데올로기적으로 완전히 중립적인 많은 곳을 잘못 해석하여 심각한 결과를 낳고 말았다.

신훔볼트주의를 어휘장 이론으로 축소시킨 것은 부적절하며 오도된 것이다. 어휘장 연구가 사실 이들 연구의 핵심적 부분이나, 특히 바이스게르버는 의미를 분석하는 데에는 그 밖의 가능성과 규정 가능성이 있음을 강조하고 있다. 샤프는 단지 어휘장에 대한 설명만 알고 있었다. 이미 언급

했듯이 이미 그동안에 옛것이 되어 버린 더 이전의 연구만을 알고 있었다.[29]

　트리어의 견해에 따르면 언어는 상징이며, 따라서 존재를 창조한다고 생각한 점에서 장이론의 관념주의 색채가 잘 나타나 있다고 보고, 그는 특히 그것을 비판한다. 상징 구조로부터 독립적이지 않은 '우리에게 주어진' 존재가 문제가 된다는 트리어의 추가적인 말도 그 점을 거의 변경시키지 못하고 있다. 샤프가 보기에는 어휘장 연구가들은 결국은 관념론자들이다. 그러므로 그는 거부한다. 트리어가 그의 어휘장 이론과 더불어, 아무튼 샤프의 이런 판단을 검토해 보게 하는 내용에 기초한 그 밖의 단어 연구를 전개했다는 것을 이때에 샤프는 간과하고 있다. 왜냐하면 이 연구에서 트리어는 단어 내용의 어원을 인간의 실제적 경험과 관련하여 해석하고 있기 때문이다. 그러므로 자연과 싸우는 창조하는 인간 혹은 노동의 공간을 인간 단어 창조의 원래의 장소로서 증명하고 있다. 이와 같은 '도구 노동 관습적(ergologisch)' 언어 고찰에 대한 모범이 되는 예가 독일어 'Pflanze'의 어원 해석이다. 이 단어를 트리어는 로마 시대에는 일상적으로 그러했듯이 발바닥(planta = 'Fußsohle'; plantare = 원래 'fußsohlen')으로 싹을 밟는 행위로 거슬러 올라가서, 연이어 나중에 'plantare'가 이차적으로 의미 확대(planta = 'Keimling' > Pflanze)되어 파생한 것으로 본다.[30]

　그런데 단어 내용을 그렇게 구체적으로 생성 관계로 거슬러 올라가는 것은 확실히 사변적인 관념론자들과는 완전히 다른 것이며, 오히려 정반대로 마르크스주의적 견해이다. 그러나 샤프는 유감스럽게도 트리어의 이

---

29) R. L. Miller도 *The linguistic relativity principle and Humboldtian ethnolinguistics*, 1968에서 같은 실수를 범한다. 따라서 그것은 마찬가지로 오늘날의 연구 기반에는 적합하지 않을지도 모른다.

30) J. Trier, 1956.

러한 수고를 알지 못했다. 트리어가 이러한 수고를 하느라 자신의 만년을 바쳤으며, 무수한 출판물에서 그것을 보여 주는 표현이 발견되고 있는데도 말이다.

샤프가 개개의 어휘장을 연구한 공적을 명확히 인정하고 있는 바이스게르버도 '정신적 대상(geistige Gegenstände)'과 '정신적 중간 세계(geistige Zwischenwelt)'와 같은 '신비주의적' 개념을 사용한 것 때문에 관념주의적 사변에 몰두한 인물로 비난받는다. 바이스게르버의 독일어 개념 신조어가 의심할 바 없이 장애물이 된 것이었다. 그 외에 바이스게르버가 어떤 언어 속에 객관화되어 있는 특수한 단어 내용을 나타내며, 언어 외적 사실과는 구분하려고 했던 '정신적 대상'이라는 개념은, 그러므로 이와 같은 언어 외적 현실을 필수적인 기준점으로서 무조건 요구하며, 따라서 고립적으로는 결코 이해될 수 없다는 사실을 당연히 말해야 한다. '언어적 중간 세계(sprachliche Zwischenwelt)'라는 개념도 아주 납득할 만한 합리적인 핵심을 포함하고 있다 할지라도 분명히 오해를 불러일으킬 수 있는 것으로 증명되었다. 여기서 결코 인간과 현실 사이의 실재와 무관한 관념론적 정신 세계(Gedankenwelt)를 가정하는 것이 아니라, 오히려 언어를 소유함과 아울러 자명하게 직접 사물 곁에 있다고 생각하는 화자가 그럼에도 불구하고 ─무의식적으로─ 사용 가능한 언어 내용의 미리 주어진 개념 층을 자신과 대상 사이에서 부단히 접속해야 한다는 사실이 문제이다. 왜냐하면 언어 내용의 중재 없이는 사물을 정신적으로 소유할 수 없기 때문이다. 잘 이해한다면 이와 같은 의미에서 모든 언어적인 것은 '관념적(ideell)'이다. 그러나 여기서 말하고 있는 '관념성(Idealität)'은 사변이 아니라 부인할 수 없는 실재, 더 정확히 말한다면 어떤 언어 공동체의 소속인들이 그 속에서 생각하고 행동하는 인간적 현실의 구성적 성분인 것이다. 정신적인 것이 관념적이라는 것을 원칙적으로 인정하는 것은, 그러므로 대상 세계의 언어 외적 실재를 배제하는 것이 아니며, 인간 정신은 물질적·신경 생리학적인 기층 없이는 결코 생각할 수 없다는 학문적 통찰과 모순될 필요도 없다. '언어적 중간 세계'라는 개념에서 '중간'은, 그러므로 학문적 성찰을 위해서만 해명가(解明價)를 가진다. 왜냐하면 그것과 더불어 인간과 세계의 직접적인 상호 관계가 문제가 되는 것도 아니고, 언어 외적 사물의 실재가 부인되지도 않기 때문이다.

언급된 바이스게르버의 개념 조어의 구성 성분이 특히나 외국인들에게 문자 그대로 받아들여져 오해를 불러일으킬 만한 암시적 의미를 가질 수 있다는 것은 그의 개념 조어의 숙명이 되었다.

언어적 세계상이라는 개념도 그러한 오해를 불러일으킬 수 있는 암시적 의미에서 자유롭지 못하다. 왜냐하면 당장에 볼 수 있듯이 폴란드 어에서는 '세계상'과 '세계관' 사이의 중요한 차이가 나타나지 않기 때문이다.

언어적 세계상의 특별한 지위에 대해서는 이미 상세히 언급했다. 여기서 재차 강조하고자 하는 바는 이른바 독일어의 세계상이 독일어로 진술 가능하거나 이미 진술된 (학문적) 세계상이나 (이데올로기적) 세계관과 혼동되어서는 안 된다는 점이다. 학문적 세계상이나 이데올로기적 세계관은 미리 주어진 독일어의 표현 가능성에 의하여 함께 규정된다. 그렇다고 해서 이들이 정신적으로 완전히 결정되어 인간이 자유롭게 생각할 여지가 더 이상 없는 것은 아니다. 오히려 여기서 세계를 언어적으로 파악할 때에 만나게 되는 언어 외적 대상이나 사건이 곧 우리들의 습득된 언어가 이용하도록 제시해 놓은 언어적·개념적 범주와 진술 가능성 안으로 흡사 응고된다는 부인할 수 없는 사실이 문제이다. 회의적 시각에서 바라보는 자들도 수용할 수 있을 정도로 이런 통찰을 아주 분명히 말한다는 것은 매우 어렵다.

아마도 지금까지 말한 바를 다음과 같은 비유로 더 분명하게 할 수 있을 것이다. 집을 건축하기 위해서는 건축 재료, 즉 특정 형태와 견고성을 가진 건축용 석재가 필요하다. 미리 주어진 건축용 석재는 특정한 방식으로 집 건축의 가능성을 제한한다. 우리는 그 석재로 매우 다양한 집을 지을 수 있다. 그러나 모든 집들은 그 구조에서 석재의 형상과 특성에 따라서 함께 결정된다. 벽돌은 돌덩어리와는 다른 건축 방식을 요구하고 허용한다. 어떤 돌 종류들은 돔형과 궁륭형의 건축을 쉽게 해 주고, 다른 것은 그것을 어렵게 한다. 건축술이 더 미개하면 건축술이 발달한 경우보다 건축 재료의 특수한 성격에 더욱 의존적이라고 우리는 첨언할 수 있을지도 모른다. 언어에서도 비슷하다. 모든 정신이라는 건물은 그 건물을 지은 인간이라는 창조자에 결부되어 있음에도 불구하고, 어느 정도는 이용 가능한 언어 재료와 그것으로 가능한 진술 방식에 의존적이다. 미리 주어진 언어 재료를 정신적으로 지배하는 것은 이 수단을 더 잘 사용할 수 있게 해 주고, 원래 지니고 있는 가능성을 원하는 방향으로 효과적으로 이용할 수 있게 해 준다. 물론 더욱 나아가서 상황이 그것을 요구할 경우에는 새로운 추가적인 개념을 창조적으로 획득할 수 있게 해 준다.

진술이 상대적으로 언어 재료에 의존한다는 것을 보여 주는 이러한 구체적 비교가 한 가지 중요한 점에서 입장을 난처하게 만든다. 왜냐하면 어떤 언어의 단어들과 문장 모형들은 건축 재료의 무질서한 더미와 같이 놓여 있는 것이 아니라 이미 언급했다시피 그 전체가 분절된 모습을 보여 줄 뿐만 아니라, 그리고 그것의 구조는 언어 공동체가 자신의 경험 세계와 부단히 변증법적으로 만난 결과이기 때문이다. 범주적으로 주조되어 있는 어휘 및 진술 도식 레퍼토리의 의미 분절 속에서 세계를 언어적으로 파악한다는 평범한 사실, 바로 이것을 '언어적 세계상'이라는 개념 속에서 파악하려고 한다. 이러한 은유적 표현(즉 언어적 세계상)이 위험하다고 생각하는 자는 다른 용어로 대체할 수도 있을 것이다. 그러나 그 때문에 관념주의적 사변이라는 비난을 받을까 두려워한 나머지 아주 합리적으로 이해될 수 있는 그 용어를 그가 포기만 하지 않는다면 좋을 텐데.

언어가 구체적·물질적 의미에서 대상을 생성하는 것은 확실히 아니다. 그러나 그것은 정신적 대상을 구성한다. 그 정신적 대상을 통하여, 그리고 그 정신적 대상 안에서 언어 외적 대상은 중재된다. 언어는 경험과 체험, 감각적으로 지각된 것, 생각된 것을 언어 체계를 통하여 제약된 방식으로 파악하게 한다. 변증법적으로 생각하는 마르크스주의적 철학자에게는 그러한 관계의 시각이 위험을 보여 주지 않는다. 왜냐하면 바로 변증론자들은 관념론 대 유물론, 내지는 주관주의 대 객관주의와 같은 대립을 통하여 놀라움을 느낄 필요가 없기 때문이다. 변증론적 시각에서는 그러한 대립은 결국 의미가 없어지게 된다. 우리는 나중에 샤프가 언어와 사고의 관계 문제에 대한 자신의 입장을 설명할 때에 그 자신이 완전히 대립 개념들을 상호 제약이라고 보고 있으며, 대립 개념들을 서로 함께 중재하는 입장을 취하고 있음을 알게 될 것이다.

내가 샤프의 사상을 계속 설명하기 전에 몇몇 장을 이해하기 위해서는 중요한 번역 문제에 대해서 간단히 부연 설명을 덧붙이고자 한다. 왜냐하면 우리는 여러 곳에서 독일어로 말해진 사상을 폴란드 어로 옮기고, 거기서 다시 독일어로 옮기게 되었는데, 이런 일은 이미 암시한 바와 같이 위험을 내포하고 있기 때문이다.

부연 설명: 폴란드 어-독일어 번역 문제

 샤프의 책을 독일어로 번역하기는 어렵다. 하지만 번역 문제를 통하여 한편으로는 그렇지 않아도 존재하는 개념상의 어려움을 가중시켰으며, 다른 한편으로는 추가적인 어려움이 비로소 생겨나기도 했다. 필자가 폴란드 말을 할 줄 모르기 때문에 필자는, 샤프가 정식으로 인가한 독일어 번역본에 단순히 의지할 수밖에 없으리라. 그러나 필자가 오랫동안 번역 문제를 연구해 왔기 때문에 폴란드 어로 번역하여 그것을 독일어로 재번역할 때에 어떤 사상이 변경되었다는 혐의를 필자는 여러 곳에서 잡아내어야만 했다. 독일어판에서는 언어적 세계상의 개념, 특히 그 밖의 언어 사용에서의 세계상의 개념(가령 일반적 세계상, 자연 과학적 세계상 등), 그리고 이데올로기적 의미에서 세계관의 개념 사이에 구별을 하지 않고 있다는 것이 전문가의 눈에 띔에 틀림없다. 필자는 이미 이들 용어를 구분하는 것이 중요하다는 것을 언급했다. 여기서 이제 구별을 충분히 하지 못하여 위험하게 되었다. 샤프의 폴란드 어 원판에서는 독일어 텍스트에서 사용된 개념들이, 예를 들어 독일어 책명이 문제가 될 경우에는 이따금 독일어로 인용된다. 가끔 그것은 독일어 텍스트의 한 곳을 폴란드 어로 옮길 때에 괄호 안에 삽입되기도 한다. 이것은 항상 저자가 번역의 어려움을 느껴서 오해를 피하려고 했다는 징후로 평가해도 된다. 그러나 폴란드 어 번역과 저자의 폴란드 어 주석에서도 독일어 원전에 대한 언급이 자주 빠져 있으며, 여기서 중대한 결과를 가져오는 오류가 나타난다.

 폴란드 어 텍스트에서는 대부분의 경우에 'światpogląd'라는 표현이 사용되며, 가끔은 또한 'pogląd na śwsiat' 혹은 이따금 'widzenie świata'라는 표현이 사용되고 있다. 'świat'라는 표현은 독일어의 'Welt(세계)'라는 말에 해당한다. 그러므로 문제가 안 된다. 어려움은 'pogląd'라는 단어에 있다. 이 단어는 폴란드 어-독일어 사전에서 'Ansicht(의견)', 'Schau(관조)', 'Sicht(관점)'으로 번역되어 있다. 독일어에서 일어나고 있는 구별이 여기서는 지양되어 있음을 우리는 보게 된다. 폴란드 인에게 물어보면 흔히 나오는 표현 'światopogląd'는 폴란드에서는 약간 낯설다. 아마도 독일어에서 차용 번역한 것 같다. 폴란드 학술 사전을 봐도 그렇게 추정이 된다.[31] 그것에 해당하는 독일어 원전은, 그러나 'Weltanschauung(세계관)'이라는 개념인 것 같다. 이따금 샤프는 헤르더와 훔볼트의 의미에서 'Weltansicht (세계상)'가 문제가 된다면 'pogląd na świat' 혹은 'widzenie świata'를 선호한다. 여기서 'widzenie'는 다시금 'Schau', 'Anschauung'이나 'Sicht, Ansicht'로 재번역될 수 있다. 그 폴란드 학자가 용어를 확정하지 않는다면 분명한 구별이 불가능하다. 샤프가 그 용어를 확정하지 않았기 때문에 그의 폴란드 어 텍스트는 무수한 곳에서 다의적이다. 그러나 그를 변호하자면 우리가 서두에서 말했듯이 독일어 학자들도 초기에는 용어상으로 경쟁 개념들 사이에 구분을 하지 않았다고 말할 수 있다. 이러한 경우에 각각의 맥락을 보고 어떤 의미로 사용되었는지 결정해야 한다. 이데올로기적으로 중립적인 언어적 '세계상(Weltansicht)'이 문제 될지라도 폴란드 어 텍스트에서는 오늘날 이데올로기적으로 해석될 수 있는 표현인 '세계관 (Weltanschauung)'이 함께 붙어 이해될 수 있다는 것이 주된 위험이다. 아담 샤프의 텍스트의 여러 곳에서 독일어 원전을 언급함으로써 오해의 위험을 줄이긴 했지만 결코 오해를 완전히 추방한 것은 아니다.

사용된 폴란드 어 표현을 근거로 폴란드 어 텍스트에 나타난 불명확

---

31) W. Doroszewski, 1966 ff., S. 1334 f.

성은 그 책의 독일어판에서는 더욱더 강해지게 된다. 한 폴란드 인이 나에게 확인시켜 준 바에 따르면 폴란드 어 번역가 엘리다 마리아 스자로타(Elida Maria Szarota)는 이 책의 원전이 출판된 바로 그해(1964)에 번역을 해냈기 때문에 그녀가 비록 시간의 압박을 받았긴 했으나 일반적으로는 그녀의 임무를 잘 충족시켰다.[32] 하지만 'Weltanschauung', 'Weltbild', 'Weltansicht'와 관련한 불분명성은 더욱 증대된다. 왜냐하면 그녀가 아무 생각 없이 'Weltanschauung'을 사용하여 궁극적으로 이데올로기적 개념을 전면에 내세우기 때문이다.

이러한 방법으로 훔볼트의 언어관은 새로이 용어상으로 모호하게 되어서 그것으로 말미암아 무수한 공격을 받게 되었고, 또한 공격을 받고 있다. 샤프가 이러한 위험을 보지 못했다는 것은 그 자신이 독일어를 탁월하게 말한 자이며, 철학자로서 그가 용어가 분명해야 한다는 중요성을 강조한 만큼 더욱 유감스러운 일이다.

언어 이론적으로 이름(고유 명사, Nomen Proprium)과 단어(보통 명사, Nomen appellativum)를 구별하는 것이 또 하나의 번역 문제를 낳는다. 나는 다른 것과 관련하여 이러한 차이를 언급한 바 있다. 그리고 그 차이가 언어 기술을 할 때에 어느 정도로 중요한지를 설명했다.[33] 여기서 문제가 되는 가장 중요한 점은 간단히 다음과 같이 말할 수 있다. 고유 명사는 우선 이름을 부여한 자의 결정에 의하여 라벨과 같이 그것이 가리키는 대상을 확인하는 기능을 가진다. 고유 명사는 단수화하는 구별 기능, 즉 개별화시키는 구별 기능을 하는 부호이다. 이 기능을 고유 명사는 우선 개개

---

32) 이 문제를 검토할 때에 친절하게 도움을 준 폴란드 연구원 L. Hojsak에게 감사드린다.
33) H. Gipper, 1964a.

대상에 배열을 고정시킴으로써 충족시킨다. 이름이 또한 명명된 것에 대해 내용적으로 어떤 것을 진술할 필요는 없다. 즉 이름이 어떤 것을 '의미할' 필요는 없다. 그 이름으로 내용적으로 무엇을 진술할 수 있는지를 대부분 화자가 모른다는 의미에서 고유 명사는 따라서 의미가 없는 것이다. 대부분 어원론자만이 분명하게 알 수 있는 어원적 의미는 대개 죽어 있다. 어원적 의미는 이름을 선택하거나 이름을 사용할 때에 거의 작용하지 않는다. 이것이 적어도 우리들의 오늘날의 의식 상태에 대해서는 그렇다. 그에 반하여 단어(즉 보통 명사)는 특정 언어 체계에 의하여 제약된 내용(소쉬르의 용어: signifié)을 가지며, 대부분 의미가 근사하거나 기능이 근사한 표현들의 구조 내에서 위치가(소쉬르의 용어: valeur)를 가진다. 단어는 어떤 것을 뜻하거나(besagen) 의미한다(bedeuten). 거기서 훔볼트–바이스게르버의 의미에서 언어적 세계상이라는 특성과 관계해서는 특히나 단어가 중요하다. 반면에 이름은 적어도 우선은 주변적 사항으로 머물 수 있다. 그러나 단어는 대상을 언어적으로 파악하고 '명칭하는(bezeichnen)' 기능이 있기 때문에 '명칭(Bezeichnung)'이라고도 말할 수 있다. 명칭이라는 표현은 '명명(Benennung)'이라는 경쟁 표현보다 더 낫다. 왜냐하면 '명명'은 '이름'이나 '일컫다(nennen)'라는 단어와 인접하여 '고유 명사'와 인접하게 되기 때문이다.[34]

그런데 샤프는 자주 단어의 성능과 기능 공동체 속에 결합된 특정 단어군의 성능, 즉 장 관계 속에 놓여 있는 색채어와 친족 명칭의 성능에 대해서 말하고 있다. 여기서 그는 폴란드 어 'nazwa'라는 표현을 사용한다. 그것의 내용은 물론 독일어 번역에도 중요하다. 폴란드 어에서 'slowo(단어)',

---

34) 이에 대해서는 H. Gipper, 1971a를 참고하라.

'imie' 내지는 'imie chrzestne(세례명 혹은 이름)', 'nazwisko(성)' 등의 단어들이 그에 인접한 표현이다. 우리가 '명명(Benennung)'과 '명칭(Bezeichnung)'에 더 근접하는 폴란드 말을 찾는다면 여러 표현이 문제가 되나 그 표현 가운데 몇 가지는 그리 통용되지 않는다. 'oznaczenie', 'naznaczenie', '(na)cechowanie, 그리고 'znakowanie'가 있다. 좀 더 자세히 검토해 보면 우리가 이들 폴란드 어 단어에 해당되는 특정한 독일어 표현으로 확정할 수 없다는 사실이 드러난다. 지금 여기서의 문제와 관련하여 이들 폴란드 어 단어를 철저히 개념 분석할 필요는 없다. 결정적인 사실은 'nazwa'가 가장 흔히 사용되는 표현이고, 이름과 성이 아닌 모든 것을 포괄한다. 그러므로 지리적 명칭이나 신의 이름과 같은 다른 종류의 고유 명사도 포괄한다. 아마도 우리가 그 폴란드 어 표현의 의미 내용을 '명명(Benennung)'이라고 옮긴다면 우선은 가장 적합할 것이다. 왜냐하면 이 표현은 그리 엄격하게 해석하지 않을 경우에 단어와 이름도 포괄할 수 있을 것이기 때문이다. 그러나 'nazwa'는 확실히 고유 명사 'imie'와 'nazwisko'에 대한 좀 더 특수한 표현을 배제하여 보통 명사라는 넓은 영역에 가까이 있기 때문에, 우리가 샤프의 'nazwa'를 독일어로 '명칭'으로 옮긴다면 그의 의도에 가까울 것이다. '에스키모 어에서 눈에 대한 명칭', '흑인 언어에서 색채에 대한 명칭'과 같이 말한다면 샤프 텍스트의 거의 모든 곳에는 언어학적으로 논박의 여지가 없어진다. 그러나 폴란드 어 번역가는 'nazwa'를 '이름'으로 번역하였다. 그래서 이제 독일어 텍스트가 위험스럽게 된 것이다. '색채 이름', '눈의 종류에 대한 이름'과 같이 말하는 것은 언어학적으로 불가능한 것이다. 여기서 언어학적으로 할 만한 말이 문제가 되어, 그것은 당연히 비판을 받게 된다. '많은 독일어 언어학자들도 그렇게 주의하지 않고 이 용어를 사용하고 있지 않느냐'라는 있을 수 있는 항의도 변명으로 여겨져서는 안 된다.

독일어 번역본을 읽다가 장애에 부딪치는 자가 있다면, 그것은 근본적으로 샤프 때문이 아니라 이러한 위험을 분명히 보지 못한 샤프의 책의 번역가 때문이다.

샤프 자신은 무엇이 문제가 되고 있는지를 잘 알고 있다는 것을 우리는, 그가 1967년 출판한 『언어의 철학에 대한 에세이』에서 짐작할 수 있다. 거기서 그는 「언어 기호의 속성에 대하여」라는 논문에서 바람직하게도 아주 분명하게 단어에 대한 그의 견해를 설명하고 있다. 그러나 여기서도 그는 자주 폴란드 어 'nazwa'를 사용한다. 같은 독일어 번역가는 또다시 독일어 텍스트에서 '이름(Name)'을 사용하고 있는데, 맥락으로 볼 때 여기서는 『언어와 인식』에서보다 어색함이 더 심하다. 샤프가 번역을 좀 더 자세히 검토하지 않았다는 것은 심히 유감스런 일이다.

2. 신칸트주의, 규약주의와 신실증주의에 대한 샤프의 입장

샤프가 언급한 신칸트주의, 규약주의, 그리고 신실증주의에 대해서는 여기서 상세히 언급할 필요는 없다. 그것은 다음의 이유 때문이다. 첫째, 이들 사조가 전개한 언어관은 훔볼트-바이스게르버의 언어관이나 사피어-워프의 언어관만큼 언어 상대성 원리의 문제에 대하여 중심적으로 다루어야 할 만큼 중요하지 않기 때문이다. 둘째, 이들 사조에 대해서 이미 많은 2차적 참고 문헌을 제시했기 때문이다. 셋째, 우리가 여기서 관심을 가지고 있는 입장에서 바이스게르버가 카시러의 『상징 형식의 철학』(1923~1929)에 대해서 이미 상세히 언급했기 때문이다.[35] 그리고 넷째, 필자는 빈학파의 언어관과 특히 비트겐슈타인에 대하여 입장을 피력한 바 있기 때문이다.[36] 여기서는 샤프가 무엇 때문에 현저히 서로 다른 이들 철학적 사조를 자신의 논의에 끌어들여서 별도의 장에서 함께 다루었는지를 말하는 것이 독자들의 이해에 도움이 될 것이다. 출발점이 서로 다름에도 불구하고 이들 사조의 공통점은 이들 모두가 한결같이 반영론(Widerspiegelungstheorie)을 거부하고 있으며, 비록 서로 다른 이유를 갖고 있다 할지라도 언어가 세계상을 형성한다는 견해를 그는 나타내고 있기 때문이다.

샤프는 신칸트학파[21]의 주된 대표자로서 에른스트 카시러를 일컫고 있다. 그는 여러 논저, 특히 그의 저서 『상징 형식의 철학』에서 (인식을 정신 대 인식 불가한 물자체의 구조로 본) 샤프가 보기에는 모순이 많은 칸트의 이원론(Dualismus)을 극복하려고 애쓴 자이다. 세계의 인식을 신화, 예술, 언어와 같은 인간이 사용 가능한 상징 형식의 창조물로서 해석한다. 이들 상징 형식은 카시러의 시각에서는 선험적 성격을 가지고 있다. 또한 특별한 정신 에너지로서, 그 에너지의 기능은 우리들 세계상의 창조에 바탕을 두

---

35) L. Weisgerber, "Sprache," 1931, in : ders. 1964, S. 290-320.

36) Vgl. H. Gipper, [2]1969, 1. Kap.

㉑ '칸트로 돌아가자' 운동은 1850년대 유행한 유물론에 반대하여 1860년대에 시작되었다. 신칸트주의의 첫 번째 세대에서 중요한 역할을 수행한 인물이 헤르만 코엔(Hermann Cohen)으로, 후에 마르부르크학파의 창시자로 불리게 된다. 마르부르크학파에는 그 외에도 파울 나토르프(Paul Natorp), 니콜라이 하르트만(Nicolai Hartmann), 에른스트 카시러(Ernst Cassirer) 등 뛰어난 철학자들이 속해 있었다. 반면 논리와 과학을 강조한 바덴학파에서는 빌헬름 빈델반트(Wilhelm Windelband), 하인리히 리케르트(Heinrich Rickert), 에밀 라스크(Emil Lask) 등이 있었다.

신칸트학파들은 칸트에 대한 과학적 해석을 강조한 반면, 개념적 입장에서 직관의 역할을 빼앗았다. 신칸트주의학파는 독일뿐 아니라 전 세계에 꾸준히 영향을 끼친 철학의 한 분파를 만들어 낸 것으로도 정말 중요하다. 이들은 인식론 등의 단어를 만들어 냈으며, 존재론에 탁월한 업적을 남겼다.

고 있다.[37] 이때 언어에 부여되는 역할은 제약적 기본 형식의 역할(die Rolle der bedingenden Grundform)이다. 그리고 이 기본 형식은 다른 상징 형식에도 효과적으로 관계하고 있다. 카시러에게 언어는 결코 물(物)의 세계와 인식하는 주체 사이의 중재적 중간 세계로 생각되는 것이 아니라 그것은 단순히 "의식 속에 나타나는 세계상의 창조자"[38]라고 샤프는 강조한다. 거기서 분명해지는 순수 관념론을 샤프는 분명히 거부한다. 그럼에도 불구하고 그에게는 관계된 언어 문제가 훔볼트, 트리어, 그리고 바이스게르버에서와 마찬가지로 여기에서도 주목할 만한 것이다. 샤프가 말하는 규약주의는 부트루(E. Boutroux), 뒤엠(P. Duhem), 딩글러(H, Dingler), 그리고 푸앵카레(H. Poincaré)에 의해서 여러 가지 방식으로 나타나긴 하지만, 과학의 법칙은 학자가 그 법칙을 수립함에 있어서 허용하고 인정하는 특정 규약에 달려 있다는 견해이다. 그러므로 이론은 그 이론을 말하는 언어의 선택에 달려 있다. 따라서 같은 연구 대상에 대하여 선택된 언어에 따라 다른 이론이 있을 수 있다. 여기서도 언어는 그러므로 인식을 결정한다.

샤프는 빈학파에서부터 전개된 신실증주의(내지는 논리적 경험주의) 사조가 확실히 반형이상학적이고, 물론 반정신주의적인 기본 태도를 보임에도 불구하고 규약주의와 같은 정신 사조로 분류한다. 왜냐하면 신실증주의에서도 철학적·학문적 언어를 말함에 있어서 자연 언어가 근본적인 역할을 하고 있음을 인정하기 때문이다. 그래서 신실증주의에서는 자연 언어를 필수 불가결한 표현 수단으로 간주하고 있을 뿐만 아니라, 그 외에도 의사 문제(疑似問題, Scheinproblem)[22]를 만들어 내며, 미리 어떤 사상을

---

37) A. Schaff, 1964, S. 42.
38) Ibid., S. 44.

띠고 있는, (과학 이전의 인식 형식이기 때문에) 오도적인 그런 인식 형식으로 간주한다. 그 때문에 비평적 분석에서 과학적으로 대변할 수 있는 핵심으로 환원되어야 한다. 그 결과로 나타나는 언어 비평적 입장은 극단의 견해로 나아가게 된다. 그래서 철학적 문제는 비평적 언어 분석을 통하여 의사문제임이 밝혀져, 이런 방법으로 사라질 수 있을지도 모른다는 것이다. 그래서 다시금 주어진 세계의 인식 혹은 객관적 인식 가능성이 문제가 되고, 엄격히 반정신주의적 신실증주의를 아주 순수한 주관적 관념론 근처로 옮겨 가게 하는 힘이 언어에 부여되었다. 샤프는 이러한 관계에서 카르납과 비트겐슈타인의 견해에 비평을 가했다. 물론 이때에 내 생각으로 볼 때 두 학자의 견해가 그들의 논문이 발표되는 동안에 현저히 변화되어서 나중에는 부분적으로는 극단적이던 출발점과는 현저한 대립을 이루고 있다는 사실을 거의 고려하지 않고 있다.

샤프가 이러한 사조에 반대하는 주된 이유는 문제의 실물(die realen Dinge)이 그들 모두에서는 잊힐 지경에 있거나 의문시될 지경에 있기 때문이다. 사람들은 실재(Wirklichkeit)와 관계하는 대신에 말(Worte)과 관계한다. 샤프는 버트런드 러셀이 한 이와 같은 핵심적인 말을 원용하여 그것으

㉒ 어떤 문제에 대한 대답이 검증 불가능하다든지 또는 그 문제 자체가 언어를 논리적으로 잘못 사용하여 파생되었을 때 그 문제를 가리키는 말. 이는 논리 실증주의자가 전통적인 철학을 비판할 때에 즐겨 사용하는 개념의 하나이다. 그들은 철학의 주된 역할을 이와 같은 문제를 발견하고 배제하여 가는 것이라고 하였다. 우리가 일상적으로 구사하고 있는 언어적 표현은 논리적 구문(構文)에 반드시 따르는 것은 아닌 문법적 표현이기 때문에 이른바 철학적인 의사 문제(擬似問題)가 발생한다는 것이 논리 실증주의자들의 일상 언어에 대한 비판이었다. 그로 인해 그들은 논리적인 구문(構文)에 합치되고 또한 검증 가능한 언어 표현만을 포함한 인공 언어의 체계를 구축하는 것을 철학의 임무라고 생각하였다. 이것에 반대하여 일상 언어의 모든 표현의 정당성을 인정하고, 오히려 그 표현이 진실로 의미하는 바를 언어 사용에 관한 분석을 통해 명확하게 하는 것이 철학의 가장 큰 임무라고 생각하는 입장의 사람들을 '일상 언어학파'라고 부른다.

로 동시에 그의 거부 의사에 대한 이유를 대고 있다.[39]

소개는 이 정도로 하겠다. 내가 언어학자로서 논리 경험주의의 장점과 단점이 어디에 있는지는 『언어 내용 연구의 구성 요소』라는 책의 1장에서 제시하였다. 여기서는 이것을 되풀이하지 않겠다. 그에 반하여 사피어-워프 가설에 대한 샤프의 상론을 언급해야겠다. 왜냐하면 여기서 언어학이 다시 중심 문제로 언급되었기 때문이다.

3. 민족 언어학(Ethnolinguistik)과 사피어-워프 가설에 대한 샤프의 입장

샤프는 워프의 연구를 민족 언어학으로 분류하고, 특히 중요한 것으로 생각한다. 왜냐하면 민족 언어학이 언어 철학적 논제를 경험적 언어 자료에서도 검증하려는 아주 필요한 시도를 하기 때문이다.

여러 인디언 언어에 정통한 사람이며, 언어학자이자 민족학자인 에드워드 사피어를 샤프는 워프 언어관의 아버지로 생각한다. 이 중요한 학자 에드워드 사피어는 포괄적이고 경험적 연구를 통하여 언어는 그것을 말하고 그 언어 안에서 생각하는 인간이 인식하고 행동할 때에 함께 결정한다는 견해를 갖게 되었다. 언어는 해당 언어 공동체가 현실을 수용하고 해석하는 방법에 영향을 미친다. 이것은 훔볼트의 견해에 근접하는 견해이다. 이 독일 언어 철학자가 미국인에게 어떤 영향을 미쳤을 가능성이 있다고 샤프는 조심스럽게 말하고 있다: "사피어가 훔볼트의 저서를 확실히 알고

---

39) Ibid., S. 59.

있었다. 사피어의 제자인 워프에게는 이것은 지금까지 분명하게 논증될 수 없다."[40]

샤프는 사피어의 입장이 핵심적인 부문에서는 합리적이고 생산력이 있는 것으로 인정하였다. 너무 명료한 몇 개의 말을 제외한다면 사피어의 사상이 사려 있고 온건하다고(gemäßigt) 샤프는 생각한다. 사피어는 경험론자이며, 성급한 일반화를 피하며, 항상 실생활과 사물의 실재성을 존중하며, 절대로 관념론적 사변으로 비약하지 않는다. 물론 그는 때때로 더욱이 반영론에 대해서도 말하며, 그가 이따금씩 극단적인 말도 하지만, 이는 근본적으로 그의 온건한 기본 신념(Grundüberzeugung)과도 충돌한다. 이에 대해서 분명히 만족해 하면서 샤프는 사피어가 관념론자가 아니라고 확정한다.[41] 샤프는 사피어 견해의 주된 사상으로서 분명히 신훔볼트주의에 근접하는 두 개의 논제를 도출해 낸다.

1. 사회적 산물인 언어는 우리 주변 세계에 대한 우리들의 지각 방식을 언어적인 체계로 형성한다. 우리는 바로 그 체계 속에서 교육받아 왔고, 우리는 어린 시절부터 그 체계 속에서 사고해 왔다.
2. 환경이 언어 체계를 창조하므로 언어 체계가 서로 다르다는 것은 환경이 서로 다르다는 것을 반영하기 때문에, 이 언어 속에서 사고하는 인간은 언어 체계가 상이함으로 말미암아 세계를 서로 상이하게 지각한다.[42]

---

40) H. H. Christmann, 1964 는 이런 견해를 대변하나, 직접 증명해야 할 책임이 있음에 틀림없다.
41) A. Schaff, op. cit., S. 73.
42) Ibid., S. 75.

샤프는 언어 상대성 원리의 원래의 창조자인 벤저민 리 워프를 우선 극도로 유별난 인물로, 아주 재주가 있고 창조적인 소양이 있는 민족학자이자, 언어학 애호가이자, 언어학에 이방인이면서 언어학에 극도로 자극적인 사상을 전개한 언어학자로 평가한다.[43] 사피어를 통하여 인디언 언어에 대해 넌지시 암시를 받게 되자 그는 언어와 사고 간의 아주 밀접한 상호 관계를 확신하는 데 이르게 된다. 사피어의 사상은 이제 이 계승자 속에서 다시금 특징적으로 과장되고, 그 최종적 결과로 우리들이 처음에 설명한 상대성 원리를 말하는 데 이르게 된다. 자연은 다만 천변 만화경적인 인상의 흐름에 불과한데, 이는 정신을 통하여, 즉 언어를 통하여 조직화되고, 범주로 분절되고, 따라서 정신적으로 이용 가능하게 되는 것이 틀림없다고 워프가 생각하고 있는 사실에서 그의 견해가 특히 극단화되었다고 샤프는 생각한다.

사피어가 주로 어휘가 사고와 태도에 미치는 있을 수 있는 영향을 생각한 반면에, 워프는 전체 언어학적 체계, 즉 전체 문법을 고려한다. 그로 인하여 그의 숙고의 범위가 더욱 현저히 커지게 된다. 여기서 물론 샤프의 견해에 따르면 사피어의 분별력 있고 논할 가치가 있는 핵심 사상이 다시금 극단적인 관념론으로 접어들어서 결정적으로 거부된다.

샤프는 그 다음에 여러 인디언 어에서 뽑은, 특히 호피 어에서 뽑은 워프의 예에서 워프의 견해를 설명하고, 호피 어에서 공간-시간 파악이 다른 성질을 띠고 있다는 중심적인 논제로 들어간다. 철학에 중요한 핵심 논제가 물론 샤프에게도 아주 중요한 것이다. 그리고 그는 호피 어의 공간-시간 파악의 이질성이 증명된다면 그것이 언어 상대성 원리가 있다는 것을

---

43) Ibid., S. 57.

지지하기 위한 가장 강력한 논거가 된다고 보았다.

나는 그 때문에 호피 어와 우리들의 언어에서 공간-시간 파악을 이 책의 말미에 장을 따로 마련하여 상세히 다루고, 이 모범 사례에서 전체 문제성을 재차 전개하고, 동시에 독자적인 해결 시도를 제시하고자 한다.

샤프는 비슷한 방향에서 연구한 다른 미국 학자들의 연구서(Clyde Kluckhohn, Harry Hoijer, Dorothy Lee)를 간단히 다루고, 그 다음에 1953년의 '문화 속의 언어(Language in culture)'와 1956년의 '남서부 계획(Southwestern Project)'이라는 학회에 대해서, 즉 두 개의 비교적 큰 검증 시도에 대해서 보고한다. 그 두 학회의 결과는 유감스럽게도 불만족스런 상태이다.

나는 '문화 속의 언어'라는 학회를 『언어 내용 연구의 구성 요소』라는 책의 워프 장에서 상세히 다루었다. 그리고 가장 중요한 논쟁점을 내용 면에 입각한 언어학의 관점에서 설명하였다. 이 자리에서는 그것을 참고하라는 말로 만족하겠다. '남서부 계획'이라는 학회는 분명히 너무 좁은 구상으로서 너무 강하게 경계를 설정하여 만족스런 결과를 제공할 수 없었다.

샤프는 이와 관련하여 큰 국제적인 연구 계획을 제안한다. 거기서 서로 다른 학문 분야의 학자들이 긴밀하게 공동 연구를 하여 가능한 한 폐쇄되어 있는 탁월한 토착 문화를 세심하게 검토하려는 것이다. 이미 수행된 지구 물리학의 해에 대한 대응물로서 그는 일종의 민족 언어학 연구의 해를 염두에 두었다. 이러한 제안은 관심 있는 모든 학자들의 주의를 끌었다.

민족 언어학 연구를 하던 학자들이 사피어-워프 가설에 아주 강력한 지지를 보냈다. 그에 반대하여 미국의 철학자와 심리학자들 진영에서, 그리고 또한 미국의 구조주의적 언어학 진영에서 비평가와 반대자들이 몰려나왔다. 여기서 미국의 학문에 대한 관심이 문제의 그해 동안에 상당히 실증주의적·행동주의적 견해의 징후 속에 있었다고 생각해 볼 수 있다. 이러한 그들의 반정신주의적 기본 입장으로 말미암아 여기서 설명하고자 하는 원래의 문제를 위해서는 상황이 그리 유리하지 못했다.

샤프가 언급한 이른바 심리 언어학도 이런 기본 입장에 의하여 함께 영향을 받았다. 우리가 그 당시에 언어의 상이성과 정신의 상이성에 대한 연구에서 점점 멀어져 모든 언어 구조에서의 공통성의 문제, 이른바 '언어 보편성(linguistic universals)'의 문제로 향한다면 거기에는 다른 이유와 더불어 분명히 워프를 통하여 야기된 인식의 상대화의 위험에서 벗어나서 그 대신에 보편타당한 인간 존재의 기초를 전면으로 옮겨 놓으려는 노력이 느껴진다. 샤프는 이러한 문제에서도 중재적 태도를 취한다. 어느 하나를 한다는 것이 다른 것을 그만둔다는 것을 의미하지 않는다. 두 문제 제기가 모두 합당한 것이다. 워프의 논제는 따라서 책상에서 치워 버려지지 않는다.

4. 문제에 대한 샤프의 독자적인 기여

샤프는 그의 책 제3장에서 철학자의 관점에서 언어와 사고의 관계라는 핵심 문제를 풀기 위해 독자적인 기여를 한다. 이를 위하여 그는 이 분야를 다루고 있는 가장 중요한 연구를 끌어들여서 비평적으로 검토하였다. 필자에게는 여기서 샤프가 몇 가지 예외를 제외하고 필자가 1962/63년 겨울 학기의 '언어와 사고'라는 강의에서 다루었던 것과 같은 학자들을 논의의 대상으로 삼았다는 것이 놀라웠다. 하지만 더욱 현저히 눈에 띄는 것은 샤프가 대부분의 경우에 필자와 거의 같은 결과에 도달했다는 것이다. 이것이 필자에게는, 이 문제에서 필자의 판단이 완전히 틀린 것은 아니었다는 것을 보증하는 듯했다.

필자는 이제 샤프의 가장 중요한 사상을 간단히 언급하고, 어떤 점에서 필자가 그의 주장에 동의하는지를 보여 주며, 하지만 특히 필자가 언어학적 관점에서 어떤 점에서 사물을 달리 판단하는지를 보여 줄 것이다. 그럼에도 불구하고 필자는 둘 사이에 존재하는 의견의 차이가 완전히 해소될 수 있다고 확신한다. 왜냐하면 언어학적 입장에서의 수정이 필자의 생각으로는 철학자에 의하여 수용될 수 있을 정도이기 때문이다. 특히 그것을 인정하는 것이 샤프 자신의 기본 견해를 다만 강화해 주고 힘을 보태 주는 것에 기여할 수 있을지도 모른다.

a) 언어와 사고의 관계

이것을 미리부터 강조해야겠는데, 샤프가 '사고(Denken)'라고 할 때에는 '인간의 사고'를 말한다.[44] 그래서 동물도 사고할 수 있는지 어떤지에 대한 문제는 우선 배제된다. 그 문제를 회피할 수 없다는 것은 물론이다. 나 자신의 연구에서 나는 그것도 분명히 끌어들였다. 당연히 샤프는 기본 명제 문제에서 소쉬르의 의미에서 랑그에 대해서 이야기하고 있지 파롤(parole)에 대해서 말하지 않는다. 이는 사고 과정에서 언어가 참여하는 것은 단지 실제의 발화 행위에서만 일어난다고 가정할 수 있다는 오랫동안 이어져 온 오판을 그가 회피하기 위함이다. 조용한 사고 과정을 동반하는 언어 과정인 '내적 발화(innere Rede)'가 있다는 것을 샤프는 결정된 사실로 간주한다. 이미 말한 바에 따르면 그는 모든 언어 사용이 또한 사고를 함축하고 있으며, 모든 (인간의) 사고는 특정 언어 내에서 일어난다는 가정에서 출발해도 좋다고 생각한다.

---

44) Ibid., S. 97.

이 문제를 풀기 위해서 그는 두 개의 길을 생각해 볼 수 있다. 첫 번째의 길은 현상학이 추구하듯이 '순수' 개념 분석에 의하여 그 문제에 접근하는 것이다. 이 길을 그는 물론 사변적이고 비과학적이라는 이유로 거부하고, 두 번째 길을 택한다. 이는 이 분야에서 해당 심리학적 학문 분야와 생리학적 학문 분야에서 달성한 연구 결과를 거쳐서 나아가는 방법이다. 이때에 그는 자라나는 어린이의 정신적 과정을 연구하는 발달 심리학과 성인의 심리적 태도에 대한 연구, 그리고 농아나 뇌를 손상당한 실어증 환자에서 이른바 '야생으로(wild)' 성장한 인간에 이르기까지 언어를 손상당한 자들의 연구를 생각한다. 당연히 샤프는 어린이에게서 언어가 만들어지고 구성되어 가는 것을 다룬 연구와 언어와 사고의 장애를 다룬 연구에서 실제적인 관계에 대한 해명을 얻을 수 있을 것이라 기대한다.

유감스럽게도 언급된 분야에서의 연구된 자료가 불충분하다. 더욱이 자주는 실망스럽기도 하다. 인용된 분야가 이런 문제를 아직 체계적으로 다루지 않았으며, 아직 시작 단계에 있다. 따라서 드물지 않게는 개념의 혼란과 방법론적 불충분성으로 시작이 어렵다.

발달 심리학은 분명히 아직 걸음마 단계에 머물러 있다. 전문 문헌이 사실 광범위하나 결과는 불만족스런 단계이다. 종종 먼저 설명되어야 할 것을 이미 전제로 하고 있다. 그래서 가령 유명한 스위스 심리학자 장 피아제는 어린이의 사고를 그들의 발화에서 연구함으로써 발화와 사고의 통일성을 이미 전제하고 있다.

샤프는 이와 관계하여 러시아 심리학자 레프 세묘노비치 비고츠키(Lew Semjonowitsch Wygotski)에게 명예로운 예외자라고 격찬을 보낸다. 그의 학파가 유일하게 문제의 중요성을 인식하고 이 분야에서 획기적인 일을 수행했다는 것이다. 물론 비고츠키가 사고의 기본 정의를 '세계 내에서의 정위(Sich-Orientieren in der Welt)'라고 내린 것은 너무 광범위하다. 왜냐하면 엄격히 말하면 '정위(定位)'하고 있는 아메바도 사고한다는 결론을 허용하기 때문이다.[45]

비고츠키는 사고와 발화가 인간의 개체 발생과 계통 발생의 초기 단계에서는 사실 서로 무관하나 매우 빨리 서로 결합하여 단단한 통일체를 이룬다는 견해를 나타낸다. 그는 "인간의 사유는 언어적이다(Das Denken des Menschen wird verbal)"[46]라고 말하였다. 어린이가 '사물이 이름을 가지고 있구나!' 하고 그의 생의 가장 위대한 발견(W. Stern)을 하는 순간은 근본적으로 중요한 전환점이다. 비고츠키는 어린이들에게서 개념이 형성되는 방법을 실험적으로 연구하여 '발화하는 어린이의 사고는 항상 언어적이나, 발화는 항상 지적이다, 즉 사고의 제약을 받는다'는 견해를 나타낸다. 시종일관하게 그는 단어의 개념과 의미를 동일시하였다. 비고츠키의 생각을 특히 루리야(A. R. Lurija)가 계승한다. 인식을 촉진하는 새로운 결합을 할 때에 단어의 역할에 대한 그의 연구가 여기서 주목을 받는다.[47] 그 다음에 샤프는 크라카우(Krakau)학파를 언급한다. 이 학파의 대표적 이론이 스테판 슈만(Stefan Szuman)의 이론이다. 여기서 언어적으로 제약을 받는 대상 구성의 문제가 역할을 한다. 이 문제를 다른 학자들[루블린스카야(Lublinskaja), 로젠가르트(Rosengardt, 소련), 렌버그(Lenneberg, 미국), 보충하자면 하인텔(Heintel, 오스트리아)]도 다루었다.

선천적 언어 장애와 질병이나 사고로 야기된 언어 장애에 대한 연구가

45) Vgl. L. S. Wygotski, 1969.
46) A. Schaff, op. cit., S. 103.
47) 이에 대해서는 또한 독일어 번역 A. R. Lurija und F. Judowitsch, 1970을 참고하라.

무수하지만 마찬가지로 불만족스러운 상태이다. 그것은 여기서는 너무 비체계적이고 문제의식 없이 연구해 왔기 때문이다. 어쨌든 앞에 놓인 결과는 이미 언어를 소유하고 있는 인간이 발화 능력만을 손상 입은 소수의 경우를 제외하고는 언어의 손상은 곧 또한 사고의 손상을 초래한다는 것을 시사한다. 이 분야에서도 샤프는 러시아 학자들의 연구를 높이 평가한다. 그의 견해에 따르면 그들은 언어 없이 '순수 사고(reines Denken)'가 가능하다고 보는 많은 관념론적 사상가의 형이상학적 사변을 반박하고, 그들 모두 인간의 사고는 언어에 결속되어 있다는 동일한 결론에 도달한다.

언어와 사고의 유기적 통일이 존재한다는 확신은 소련에서 수행된 농아 어린이에 대한 연구를 통하여서도 더욱 굳어지게 되었다. 샤프는 추상화 과정에서 단어 기호의 역할이 관심의 주 대상인 그 밖의 연구를 하도록 고무시켰다.[48]

이 자리에서는 동물의 세계 정위 형식과 인간의 세계 정위 형식 사이의 질적인 상이성을 보다 자세히 결정할 수 있기 위하여 동물 심리학도 끌어들여야 할지도 모르겠다. 샤프의 독자적인 제안은 인간의 어린아이와 원숭이의 새끼를 동시에 교육시킨 그 유명한 시도를 정신이 멀쩡한 어린이와 귀가 먹은 어린이를 동시에 교육하여 보완하는 데까지 나아갔다. 연구 계획들이 연결되고, 특정한 시도가 여러 서로 다른 환경에서 반복될 수 있도록 하기 위하여서는 다시금 국제적인 공동 연구가 요청된다.

실어증 연구 결과에 대한 샤프의 보고서는 이 분야에서는 아직 너무 이룩해 놓은 것이 없다는 것을 실망스럽게 확인하는 것으로 끝맺는다. 아마도 의학적으로는 가치가 있으나 우리들의 중심 문제와 관련하여서는 생산

---

48) A. Schaff, op. cit., S. 109.

성이 거의 없는 많은 연구에서 샤프는 골드스타인(Goldstein)의 연구를 부각시키고 있다. 골드스타인의 연구는 중요한 논거를 제시하고 있기 때문이다. 골드스타인은 구체적 상황을 목표로 하는 언어의 구체적인 사용과 언어의 고유한 성능을 비로소 볼 수 있는 추상적인 사용을 구별한다. 골드스타인이 후자와 관계하여 '추상적 행위(abstraktives Verhalten)', '추상화하는 행위(abstrahierende Haltung)'라고 부르는 것을 다른 학자들은 '상징적 행위(symbolisches Verhalten)'라고 부른다(예: H. Head). 단어의 특별한 성능은, 따라서 사물의 세계를 추상화하는 개념 형성을 통하여 일반화시켜 파악하는 그 능력에 있다. 따라서 단어의 의미를 상실하면 개념적 사고 능력, 내지는 범주적 행위 능력도 상실하게 된다. 따라서 실어증에 걸린 인간은 그가 추상적으로 일반화하는 정상적인 언어 사용에 대한 능력을 잃는다면 그의 사고 능력에 영향을 받게 된다.

여기서도 동물의 태도와의 차이점이 발견된다. 동물들이 그들의 종 특유의 부호 체계나 의사소통 체계를 사용함에 있어서는 우리가 오늘날 알고 있는 한 인간의 사고 행위의 특별한 성질이라고 할 수 있는 이와 같은 추상적이고 개념적인 특징은 상당히 결여되어 있다. 그와 연관된 중대한 차이점은, 동물은 상황적으로 직접적으로 반응하고 행위하는 반면, 인간은 상황을 지배하려고 애쓰기 전에 오히려 각기의 상황을 판단한다.

샤프는 이제 그가 장을 시작할 때에 인간의 사고라고 이해하여, 따라서 보다 상세히 개념 규정을 할 필요성이 없다고 본 그 사고를 더 자세히 제한하도록 강요받게 된다. 비고츠키의 연구를 높이 평가할 때에 벌써 '세계 내의 정위'와 같은 일반적인 개념 규정은 너무 막연하여 분명한 견해를 전달하기에는 쓸모가 없다는 것이 나타난다. 결국 '세계 내의 정위'는 자유로이 움직이는 모든 생물이라면 누구에게나 일어난다. 문제를 해결하는 능력이라는 특징도 만족스럽지 못하며 모호하다. 왜냐하면 유인원이 두 개의 막대기를 연결하여 더 긴 하나의 막대기로 만드는 시도도 분명히 문제 해결로 인정해야만 할지도 모르기 때문이다. 그러므로 틀림없이 '사고하다'라는 표현을 제한적으로 사용할 필요가 있다. 많은 사실들이 '세계 내의 정위'의 유형 중에서 추상적인 행위를 가능하게 하는 언어 사용과 관계된 객관적으로 탁월한 유형에 대하여 그 표현을 사용할 것을 지지하고 있다.

그러나 이것으로써 "인식 과정과 상호 의사소통의 과정에서 사고와 생각을 언어로 표현하는 것이 별개의 절차냐, 아니면 단일한 언어-정신적 과정이냐"[49]라는 핵심적 문제에 대하여서는 여전히 대답되지 않았다. 이원론적 견해가 정당할까, 아니면 일원론적 견해가 정당할까?

샤프가 칼 마르크스의 견해를 또한 끌어들인 것은 물론이다. 칼 마르크스는 위에서 인용한 곳에서 언어와 사고(Denken)에 대하여 말하지 않고 언어와 의식(Bewußtsein)에 대하여 말했다. 마르크스에게는 언어는 의식과 동일한 것이며, 동시에 현실 생활의 표현이다.[50] 거기에서 샤프는 특히 다른 저명한 사상가들도 주창하는 바의 반이원론적 입장을 읽어 내고 있다.

그는 헤르더(Herder), 셸링(Schelling), 슈타인탈(Steinthal), 마르티(Marty), 마우트너(Mauthner)와 같은 일원론자에 쇼펜하우어, 베르그송, 뷜러, 픽(Pick), 프라이어(Preyer)와 같은 이원론자들을 대비시키고 자신은 일원론자들의 편에 서 있다고 고백했다. 그러나 그는 그것으로써 언어와 사고를 동일시하고 있다고 말하지는 않았다. 그 이후에 그는 서로 다른 학문 분야의 유명한 학자들 간에 있었던 이 옛 논쟁이 최근에 오늘날의 연구 토대

---

49) Ibid., S. 122.
50) Ibid., S. 123.

위에서 수행된 한 중요한 심포지엄에 대하여 보고한다.[51] 이 행사의 후원자는 그 사이에 고인이 된 심리학자 레베스(G. Révész)인데, 그의 독자적인 연구를 샤프는 이 주제에 대한 가장 훌륭한 연구로 꼽는다. 레베스는 그가 말하고 있듯이 이원론적 일원론을 대변함으로써 두 입장의 위험을 모면하려고 한다. 그러나 그는 경계선을 아주 불행하게 그어서 결국 여기서 모순이 없지 않은 일원론이 나오게 되었다.

그런데 극단적 견해를 나타내는 몇몇 학자들의 논문이 특히 해명적이다. 이들 예에서 샤프는 계속해서 나타나는 일련의 오해를 보여 줄 수 있었다. 입장의 중재를 위해서 노력해 온 지금까지 사려 있는 학자들의 모든 해명 시도를 바로 이들 오해가 실패하게 만든 것이었다. 샤프는 다음의 주요 오해의 유형을 언급하고 있다[52](126 ff.).

1. '언어 없이는 사고는 결코 불가능하다'며 언어와 사고를 동일시하는 논제. 이처럼 제한된, 엄격히 일원론적인 견해는 여러 가지 검증 가능한 사실을 통하여 논박될 수 있다.
2. '우리는 순수한 이미지 연상의 도움으로도 생각할 수 있으며, 언어는 2차적으로 생각된 것을 비로소 말하는 데에 기여한다'는 확신.
3. '예술가들의 창조적 활동이 비언어적 사고 과정이 존재한다는 증거가 된다'는 견해.

언어와 사고가 동일하다는 논제를 수정하기 위하여 샤프는 강조하기를,

---

51) G. Révész(Hrsg.), 1954.
52) Vgl. A. Schaff, op. cit., S. 126 ff.

인식 과정 분석이 언어와 사고 간에 불가분적인 상호 작용을 암시한다 해서 그것이 곧 양자를 완전히 동일시한다고 혼동해서는 안 된다고 강조한다. 동일시는 지탱할 수 없다. 그는 이때에 언어 기호란 기표(signifiant)와 기의(signifié)라는 쪼갤 수 없는 단위로 파악할 것을 가르치는 소쉬르를 상기시킨다. 이들 성분은 같은 사물의 서로 다른 측면인 것이다. 다른 말로 하자면 양자가 서로 함께 결합되어 나타날 때만 인간의 사고는 가능하다는 것이다.

사고는 그림으로나 혹은 그와 비슷한 것으로 가능하며, 언어는 다만 이 사고를 전달하려면 필요하다는 가정이 근거 없다는 것을 증명하기 위하여 샤프는 다음과 같이 논증하고 있는 수학자 베르덴(B. L. van Waerden)의 논문을 인용한다. 베르덴은 유명한 수학자 블레즈 파스칼(Blaise Pascal)의 아버지 에티앙 파스칼(Etienne Pascal)이 발견한 특정한 수학의 이차 곡선의 예를 든다. 그 곡선은 이른바 순전히 자와 컴퍼스를 가지고 시도하여 발견되었으나, 베르덴의 표현을 빌린다면 이미 개념적으로 완전히 파악된 다음, 마침내 이차적으로 '작은 달팽이 곡선(Limaçon)'이라는 그 '이름'이 덧붙여지게 된다. 샤프가 그러한 논증이 단견임을 지적한 것은 옳았다. 그리고 파스칼이 구성 시도를 하기 전에 용어적·개념적, 즉 언어적 전제가 이미 있었음에 틀림없다는 것을 보인 것은 옳았다. 전체 수학적 지식, 즉 발견자가 구사한 전체 수학적 전문 용어는 여기서 그냥 숨겨져 있다. 그것은 마치 제도기를 순전히 리드미컬하게 조작함으로써 수학적 견해를 얻을 수 있을 것이라는 것처럼 행해진다.

샤프의 이러한 비평에 나는 다만 같은 생각이다. 나는 같은 경우를 상세히 분석하고 샤프와 상당히 일치하는 나의 결과를 「언어 없이 사고하는가?」(1964c)라는 나의 논문에 제시했다.

오해의 세 번째 유형과 관련하여 나의 견해는 샤프의 견해와 마찬가지로 일치했다. 예술적 과정이 수반한다는 사고 과정이 이른바 언어로부터 자유롭다는 사상은 음악뿐만 아니라 미술에서도 대개 엄청난 전문 지식이 있을 때에야 비로소 예술적 최고의 성과를 달성할 수 있다는 사실을 언급함으로써 쉽게 반박할 수 있다. 가령 음악에서는 악보, 그리고 수학과 가까운 작곡학, 화성학 법칙 등을 잘 알아야 한다는 것은 작곡이라는 생산적 창조 활동을 위한 전제가 된다. 그리고 재생산적 활동을 하는 예술가, 즉 해석가도 이러한 전제에 대한 연구 없이는 잘 해낼 수 없는 것이다. 미술에서도 색채에 대한 지식, 즉 색채와의 언어적 교제도, 그리고 투시도의 법칙과 색채 구성 원리 등을 잘 아는 것이 미술 작품을 만들 수 있기 위하여 필요하다. 현대 미술의 입장에서 본다면 확실히 그에 대하여 이의가 제기될 수 있을지도 모른다. 그러나 샤프는 바로 현대 음악과 대상 없는 미술이 고도의 추상화나 기법화를 통하여 특징지어지므로 언어적·정신적 전제 없이는 생각할 수 없다고 강조한다[샤프가 노골적으로 '색채 감각이 없는 화가(Farbenkleckser)'라고 표현하는 많은 현대 작가들의 예술 작품은 물론 이러한 범주에서 벗어난다. 왜냐하면 이들은 서투른 그림을 그리는 원숭이 그림과 더 이상 구별하기가 힘들기 때문이다].

예술가가 창조의 행위를 할 때에 대부분 의식적으로 항상 말과 관계하는 특정 언어를 이용한다. 자신의 창조에 대한 반성의 언어가 여기에 추가된다. 이때에 이러한 반성은 창조 행위 밖에 있는 것이 아니라, 즉 일이 일어난 후에 비로소 나타나는 것이 아니라 조직적으로 창조 행위 자체 속에 엮어져 있다. 이 반성이 창조 행위에 영향을 주고 창조와 함께 녹아 전체를 이룸으로써, 따라서 음악적 사고나 미술적 사고는 단순히 언어 외적인 것이 아니라 엄격한 의미에서 사고와 무관하지 않게 나타난다.[53]

오해의 네 번째 유형은 언어학 자체 내에서 나타난다. 이 유형은 언어 다양성의 문제와 언어의 변화 가능성 문제와 관계한다. 샤프는 레베스의 같은 심포지엄 책에 실려 있는 에릭 보이상스(Eric Buyssens)의 논문 「언어학 입장에서 본 말하기와 생각하기」라는 논문에 의거하여 그것을 보여 주었다. 보이상스는 단순히 개개 언어에 의하여 서로 다른 방법으로 표현되는 언어에 의존하지 않는 사상이 있다는 것을 전제한다. 따라서 비로소 논증되어야 할 언어와 사고의 이원론이 이미 선취되어 있으므로, 그 논증하는 일은 가치 없는 일이 된다. 언어와 어휘 창조의 가변성이 사고가 먼저이고, 그 다음에 비로소 그 사고가 언어로 표현된다는 사실을 말해 주는 증거가 된다고 보이상스는 잘못된 가정을 하고 있다. 보이상스는 외국어 강의를 자신의 언어로 미리 주어져 있는 사상을 남의 말로 재현하는 과정으로 간주한다.

마지막으로 보이상스는 보편적으로 구속력 있는 국제적인 수학 기호가 있다는 것은 수학자가 언어 없이도 사고할 수 있다는 것에 대한 증거라고 본다. 이러한 논거가 지지될 수 없음을 증명하는 것이 샤프에게는 어렵지 않다. 나는 샤프의 비평에 완전히 동의한다.

마지막으로 그는 이원론적 일원론이라는 잡종으로 내닫고 있는 레베스 자신의 해결 시도에 대해 비평하고 있다. 샤프는 거기에서 사실을 불필요하게 복잡화시키고 있다고 보고, 레베스가 단지 그가 일원론적 주장 속에서는 언어와 사고를 동일시하는 위험을 보았기 때문이라는 이유만으로 이러한 출구를 선택했다고 말한다. 그에 반하여 샤프는 인간의 개념적인 사고가 언어로 인하여 제약을 받게 된다는 사실을 확인한다는 것이 결코 언

---

53) Ibid., S. 136.

어와 사고를 동일시한다는 것을 의미하지는 않는다고 강조한다.

샤프에게는 실제로 그러한 통일성이 존재한다. 그에게는 언어와 사고가 메달의 양면이다. 이는 마치 소쉬르의 기호 개념에서 시니피앙과 시니피에가 통일성을 이루고 있는 것과 같다. 하지만 같은 사물의 두 개의 서로 다른 측면은 그대로 존재한다. 즉 양자가 절대로 서로 함께 일치하지 않는다. 이러한 통일성은 마르크스주의적 철학의 견해에 따르면 노동이라는 사회적 과정 속에서 형성되었다. 여기서 마르크스와 엥겔스의 견해와 어떤 점에서 일치하는지에 대한 설명이 뒤따른다.[54] 샤프의 논제는 다음과 같다.

언어와 사고는 통일성을 이룬다. 그러나 양자가 동일한 것은 아니다. 언어와 사고의 일원론은 하지만 동일시라는 통속화된 이론이 아니다. 이러한 결론은 언어와 현실의 관계와 마찬가지로 그러한 문제를 분석할 때에 대단히 중요하다. 이 결론이 이 문제의 전망과 그 파악의 방법을 변경시킨다. 그래서 우리들의 사고와 언어의 관계에 대한 우리들의 언급은 현실의 반영에서 언어의 능동적 역할이라는 특별히 우리들의 연구 관심을 끄는 문제에 대한 논의를 위하여 완전히 확실하게 올바른 출발점이 된다.[55]

b) 실재, 인식, 그리고 문화에 대한 언어의 관계

'언어와 실재'와 '언어와 인식과 문화'라는 그 밖의 사실을 해명하려는 마지막 두 장에서 샤프가 본질적으로 문제 삼은 것은 그의 견해에 따르면 신

54) Ibid., S. 141 f.
55) Ibid., S. 142 f.

훔볼트주의자나 워프주의자의 특정한 말에서 나타나듯이 언어가 실재를 창조하느냐, 아니면 마르크스주의적 언어 이론이 주장하듯이 언어가 현실을 반영하느냐 하는 대안을 검토하는 것이었다. 이때에 그는 아주 사려 있는 방법으로 두 가설의 이성적 핵심을 도출하여 큰 어려움 없이 양자를 서로 함께 결합하는 것이 가능하다고 보았다. 서방의 독자에게는 이때에 특히 어떤 방식으로 샤프가 반영론을 해석하고 있는지, 그가 마르크스주의의 핵심적 이론을 통속적으로 이해하는 것을 거부하는 것에 얼마나 큰 비중을 두고 있는지가 특히 시사하는 바가 크다. 그는 '반영론'이라는 표현의 여러 가지 해석 가능성을 소개하고, '반영'이 문자적으로 이해되어서는 안 된다고 강조한다. 오히려 비유가 문제된다는 것이다. 그렇기 때문에 문자 그대로 보면 큰 오해를 야기함에 틀림없다고 한다.

인식하는 주체 속에서 실재의 반영, 이것이 결코 주체와 인식된 것이 동일함을 의미할 수는 없다. 오히려 이것이 특히 객관적으로 주어진 존재를 전제하는 실재주의 입장을 표현한다는 것이다. 그러나 객관적으로 주어진 것을 이렇게 인식하는 것은 실재를 이해할 때에 인식하는 자의 주관적인 요인도 영향을 미친다는 것을 배제하지 않는다. 창조하는 인간의 생활 실제에서 인식이 일어나며, 그 인식은 동시에 사회적 과정이기에 인식은 인식하는 개체의 사회적 전제에 의하여 함께 결정된다. 따라서 샤프는 강조하여 인식하는 자의 의식 속에 있는 창조적 요소를 인정한다. 따라서 실재와 주체 간의 상호 의존성이 존재한다. 그리고 역으로 변증법적 관계가 있다. 즉 전자가 후자를 통하여 조건 지어지고, 중재되며, 또한 그 역으로 후자가 전자를 통하여 조건 지어지고 중재된다. 반영이라는 개념은 사실 주관성과 객관성의 대립을 함축한다. 그러나 이러한 대립은 또한 극복됨에 틀림이 없다. 핵심 문제는 '반영'이라는 말에서는 오히려 유사 관계가 문제되느냐, 아니면 일치 관계가 문제되느냐이다.

샤프는 좀 더 자세히 들여다보면 일치가 문제되느냐 유사가 문제되느냐의 논쟁은 의미 없는 것으로 보인다고 강조한다. 왜냐하면 바로 추상적 사고의 영역에서는 그러한 판단이 간단하게 내려질 수 없기 때문이다. 그는 인식이 감각적인 것에서 개념적인 것으로 단계적으로 상승해 간다는 가정도 유지될 수 없을 정도로 감각적 지각이 이미 다양한 방법으로 개념적 사고와 얽혀 있다고 언급하고 있다. 샤프는 자신의 입장을 논증함에 있어서 비마르크스주의적 사상가들에 의해서도 수용될 수 있는 비판적 실재론(kritischer Realismus)의 바탕 위에 서 있다.

우리가 이런 설명을 그가 세계상 논제의 이성적 핵심으로 일컫고 있는 것과 비교한다면 우리는 두 입장이 접근하고 있음에 놀랄 것이다. 반영론이 문자 그대로 이해되어서는 안 되듯이 세계상 논제도 '언어가 실재(Wirklichkeit)를 창조한다'고 극단적으로 말해서는 안 될 것이며, 오히려 언어가 그 범주와 개념을 가지고 화자가 실재에 대해서 만드는 상을 함께 결정하는 바로 그런 방법으로 '언어가 우리들의 실재상(Wirklichkeitsbild)을 창조한다'고 말해야 한다. 그렇게 이해하여 샤프는 언어의 창조적 성격을 더욱이 반영론과 결합할 수 있다.

한편으로 사물이나 사실의 언어 외적 실재가 비로소 생성된다는 문자 그대로의 의미에서 언어를 통한 실재의 창조가 없으며, 다른 한편으로 수동적 반영 행위는 없으며, 오히려 문화적·사회적 전제들이 개체에게 제공해 주는 가능성에 따라 실재를 창조적으로 파악하는 것이 있다고 우리가 이제 그렇게 파악해도 된다.

샤프는 "인식 과정의 복잡한 성격과 이러한 과정에 주관적 요인이 능동적으로 가담한다고 파악한"[56] 칼 마르크스를 언급함으로써 반영론에 대한 그의 정제된 해석을 뒷받침한다. 그리고 특히 비록 모든 사회적 전제에도 불구하고 항상 고유한 인식 수행자인 인간 개체의 개념을 특히 주관적 요인이 구성한다는 사실에 동의한다. 마르크스는 사고와 행위의 능력이 있는 특별한 생물학적 유기체인 이러한 인간 개체를 '사회적 관계의 앙상블'로 규정한다. 샤프는 그 점을 그의 아주 독창적인 발견 가운데 하나로 보고 있다.

그러나 모든 인식이 결국 개체에 결부되어 있어서 주관적 색채를 띤 반영으로 되어야 한다면 객관적 인식, 즉 많은 사람에 의하여 검증 가능한 구속력 있는 인식이 어떻게 가능한가?

그런데 여기에 보편적인 인간의 생물학적 전제인 감각 기관 등과 더불어, 사회적 실행의 산물인 '사회의 경험 비축물'이 보관되어 있으며, 언어 습득과 교육을 통하여 사회 구성원에게 전달되는 언어가 함께 역할하게 된다. 왜냐하면 샤프가 강조하듯이 사고는 항상 언어라는 궤도를 따라 움직여 가기 때문에 "개별 개체가 세계를 '사회적 안경'을 통하여 보고 정신적으로 조망한다고 샤프는 말할 수 있다."[57] 이를 통하여 인식 문제와 관련하여 일치가 가능하도록 본질적 전제가 이루어진 셈이다. 샤프는 이때 분명히 훔볼트의 아주 유사한 사상과 관계하고 있다.

분명히 어떤 사회에 중요한 경험 영역은 그 언어의 체계 속에서 무수한 표현으로 분화되어 나타나기 때문에 샤프는 "완성된 언어 체계가 어떤 의미에서 우리들의 세계상을 결정한다(Das fertige Sprachsystem bestimmt in irgendeinem Sinn unsere Weltansicht)"[58]라고 일반화시켜 말할 수 있다고 보

---

56) Ibid., S. 159.
57) Ibid., S. 163.

았다. 여기에서는 확실히 이것이 어떤 특정한 의미에서 일어나느냐를 보다 자세히 아는 것에 달려 있을지도 모른다. 샤프는 그 때문에 또한 파울 친슬리(Paul Zinsli)의 중요한 저서 『평지와 언덕(*Grund und Grat*)』(1943)을 언급한다. 그 책은 스위스 광부들이 다양한 형태의 언덕을 어떻게 언어적으로 정복하고 있으며, 그와 더불어 정신적으로 이용 가능하게 만들고 있는가를 예를 드는 방법으로 보여 주고 있다.

그는 다음의 주목할 만한 문장을 덧붙이고 있다.

계통 발생이 개체 발생에 영향을 미치는 힘은 엄청나다. 즉 오래전에 사라진 세대의 경험의 힘이 우리들 개인의 경험에 행사하는 힘은 엄청나다. 동시에 정신이기도 한 언어가 실재 속에서 구별하고 있는 것이 객관적으로 존재하나, 세계상은 이것을 이런저런 방식으로 고려할 수 있고, 결코 고려하지 않을 수도 있다. 그리고 이런 완화된 의미에서 언어는 실제로 실재의 상을 '창조'한다.[59]

그러나 결코 샤프는 각 언어 체계 사이의 차이를 강조하다가 모든 언어를 다시금 또한 결합시켜 주는 공통성을 잊고 마는 오류에 빠지고 싶어 하지 않는다. 따라서 그는 서로 간에 어떤 접촉점도 가지지 않는 폐쇄된 체계(geschlossene Systeme)가 문제되는 것이 아니라고 강조하고, 공통된 기준점으로 객관적 실재를 강조한다. 또한 그는 우리가 나중에 언급하게 될 모든 언어의 보편적 특징, 즉 언어 보편성(linguistic universals)에 대한 연구를

58) Ibid., S. 164.
59) Ibid., S. 165.

위한 현대의 시도를 환영한다.

그래서 샤프는 일방적 입장을 회피한다. 그것은 사실을 왜곡할지도 모르기 때문이다. 그는 개체와 공동체의 관계, 즉 주관적 인식과 객관적 인식의 관계를 공통성을 만들어 내는 언어를 도움으로 하여 명백히 설명하고, 인식 과정의 주관적 요인과 객관적 요인을 변증법적 관계에서 볼 것을 조언함으로써, 그는 세계관이 서로 다른 진영 사이를 이해하도록 하는 데 기여한다.

언어 상대성 원리에 대한 문제와 관련하여 언어, 인식, 그리고 문화의 관계를 다루는 마지막 장이 특히 중요하다.

샤프는 여기서 다시 한 번 언어와 사고의 관계에 대한 그의 견해를 자세히 설명한다. 벌써 언급한 바와 같이 양자는 사실 다른 것이나 불가분하게 서로 결합되어 있다. "개념적 사고가 가능하기 위해서는 언어가 존재해야 한다는 것이 필수 불가결한 조건이다(conditio sine qua non)."[60] 그리고 계속 말하기를 "개인적 사고의 사회적 출발점으로서의 언어는 사회적인 것, 즉 전수받은 것과 개인적인 것, 즉 개인의 사고 내에서 창조적인 것 사이의 중재자이다."[61]

이들 문장에서는 헤르더와 훔볼트의 견해가 들어 있다. 그 외에도 모든 언어에는 특정 '세계상', 즉 '세계의 사물을 보는 시각 구조 내지는 시각의 특정 도식'이 담겨 있다는 ―"민족정신이라는 '신비주의'"나 다른 장애 개념으로부터 해방된― 논지는 "인간의 사고 내에서 주관적 요소의 역할에 대한 천재적 관찰"로 인정된다.[62]

---

60) Ibid., S. 169.
61) Ibid., S. 170.

이와 관련하여 샤프는 인식 과정에서 언어의 특수한 두 개의 성능을 더 들면서 특히 강조하고 있다.

하나는 "언어는 사회의 출발점이며 개인적 사고의 토대일 뿐만 아니라, 이 사고의 추상화와 일반화 능력의 수준에 영향을 미친다"[63]는 것이 그에게는 문제이다. 이 사실에 그는 개념적 사고의 특별한 의미를 부여한다. 샤프는 여기서 서로 다른 언어의 어휘들 간에는 '세계의 반영' 정도에서 질적인 차이가 있음을 생각하며, 그러나 또한 개념 형성과 관련하여 유형적 차이를, 그리고 통사론 분야에서 있을 수 있는 영향을 생각한다.

두 번째로 언어는 화자가 실재를 지각하는 방식에 영향을 미친다는 것을 샤프는 다시 한 번 강조한다. 특히 한편으로는 사용 가능한 어휘가 특정 사물에 대한 주의력을 조정함으로써 영향을 미치고, 다른 한편으로는 진술의 범주적·통사적 특징이 마찬가지로 사고가 특정 방향으로 나아가도록 한다. 분명히 그는 이 자리에서 민족 언어학적 연구가 가치가 있다고 생각한다. 왜냐하면 그 연구에서는 서로 다른 인디언 언어에서 해당 구조의 차이를 보여 주고 있기 때문이다. 우리는 여기서 언급된 사실을 아마도 다음과 같이 평언할 수 있을 것이다. 어떤 누가 말하는 대상과 그가 그것을 말하는 방법은 이용 가능한 언어적 수단, 범주, 단어, 그리고 해당 진술을 형식화하는 문법적·통사적 규칙과 무관한 것이 아니다. 그러나 샤프가 강조하듯이 이러한 확정은 "모든 언어는 어떤 다른 언어로 번역될 수 있다(Jede Sprache ist in eine andere übersetzbar)"라는 실제로 증명된 사실과 모순되지 않는다. 여기서 나는 "모든 다른 언어로(in jede andere)"라고 되어

---

62) Ibid., S. 171.

63) Ibid., S. 171.

있는 것이 아니라 "어떤 다른 언어로(in eine andere)"라고 되어 있다는 중요한 뉘앙스의 차이를 언급하고 싶다. 왜냐하면 내가 보기에는 그것으로써 중요한 제약을 가하고 있는 것 같기 때문이다. 이에 대해서는 나중에 번역 문제를 평가할 때에 다시 언급하고자 한다.

그런데 샤프의 견해에 따르면 언어 상이성의 사실에서 생겨나는 가장 중요한 결과는 어떤 언어의 개념 장치가 "실재를 지향하여 문제를 제기하는 가능성과 방식에 영향을 가지고 있다"는 점에 있다.[64] 이른바 원시 부족과 그들의 언어를 폄훼할 생각은 없지만 샤프는 발전된 수 체계를 구성하기 위한 필요한 유개념과 범주가 결여되어 있는 그러한 언어에서는 대수학과 상대성 이론의 분야에서 어떤 발견을 기대할 수 없다고 한다면 정당하다고 본다. 왜냐하면 특정 문제를 생각할 개념적 전제가 없다면 질문 자체를 할 수 없기 때문이다.

샤프는 아주 문제로 삼을 수 있는 이러한 사실 속에 이른바 과격한 규약주의의 핵심 사상이 들어 있다고 본다. 이미 상술한 바와 같이 그는 다른 점에서는 이 과격한 규약주의를 거부한다.

우리가 샤프의 설명을 이 점에 이르기까지 따라가서 그의 사상의 많은 점들이 언어 상대성 원리의 옹호자들의 사상과 얼마나 근접하고 있는가를 인식했다면, 우리는 이제 오늘날 독일어 문헌에서 말하고 있는 '언어 상대주의(sprachlicher Relativismus)'에 대한 그의 궁극적 입장이 어떠한지를 주목해 봐야 한다. 그의 판단은 다음과 같이 분명하다.

언어 상대성 원리의 옹호자들이 인식 과정에서 단지 언어의 완전히 긍정적·능동적 역할만을 생각하고 있다면 학문적으로 의견이 일치할 수 있을지

---

64) Ibid., S. 174.

도 모른다. 그러나 통상 그 주장이 훨씬 더 과격하다고 샤프는 강조한다. 그리고 사피어-워프 가설에 대한 특정 해석도 이러한 과격한 방향으로 나아가고 있다는 것이다. 여기서 인식은 완전히 각기의 언어 구조에 의존하여 이뤄지고 있다는 것이다. 즉 언어는 그 언어를 발화하는 자의 세계상 창조자로 설명된다. (이런 사고에서는) 번역 가능성이 논란이 되고, 따라서 모든 인간의 동등한 행동 방식이 불가능하게 된다.

이러한 과격한 견해를 샤프는 단호히 거부한다. 필자는 그 점에서 완전히 그를 지지한다.

비록 개별적 경우에는 아주 어려운 경우가 있다 할지라도 모든 언어는 서로서로 번역될 수 있다고 샤프는 이제 주장한다. 앞에서 언급할 때에는 (이와 관련하여) 좀 더 조심스럽게 말하고 있고, 또 특정 개념이 전제되지 않을 경우에 심각한 결과를 가져온다고 그가 언급한 것이 이와 일치하기가 어렵다 할지라도 말이다. 예를 들어 수학 교과서가 수사가 없거나 1에서 10까지밖에 없는 언어로 실제로 어떻게 번역될 수 있을까? 워프 논지를 둘러싼 미국에서의 논의와 관련하여 번역 문제가 재차 거론될 때 우리는 이 문제로 되돌아가겠다. 이것은 어쨌든 (어떤 입장을 취하는지) 우리가 색깔을 보여 줘야 할 중요한 자리이다. 샤프는 여기서 아마도 이런 문제를 궁극적 결론에까지 검토하지 않고 보편적 생각에 동조한다. 당연히 샤프는 서로 다른 언어를 말하는 사람들의 실재상은 언어 상대성 사상을 경직되게 해석할 경우에 일어나는 것만큼 그렇게 서로 다르게 나타날 수 없다는 사실 확인에 비중을 두었다. 그렇게 가정한다면[즉 경직되게 생각한다면] 그것은 인간이 서로 다른 환경에도 적응력이 높다는 사실에 모순이 될지도 모른다. 그것이 필요하다고 생각될 때에는 절대로 본 적도 없는 새로운 사물이나 행해 본 적도 없는 새로운 경험이 그것이 비교이든, 비유이든, 아니면 그 밖의 바꾸어 쓰기이든 언어로 파악된다. 다시금 모든 인간이 겪는 지구 상의 조건이 공통성이 있다는 언급을 함으로써 언어 보편성을 새로이 강조하게 된다. 비록 이 분야에 대한 언어학적 연구가 아직 시작 단계에 머물러 있다 할지라도 이들 언어 보편성이 샤프에게 언어 상대주의에 반대하는 두 번째 논거를 제공한다.

나아가서 샤프는 모든 과격한 결정론적 시도에 반하는 논거로 언어 변천이라는 사실을 든다. 사회적 생활의 변천, 문명의 진보, 그리고 문화 간 교류와 함께 언어 변화가 생겨나는데, 이는 어휘에서만이 아니라 언어의 다른 차원으로도 뻗칠 수 있다. 이 과정에서 내용적 차이는 점점 더 지워질지도 모른다. 이러한 이유에서도 과격한 형태의 언어 상대주의를 거부한다는 것이다.

샤프는 그의 책의 결론부에서 그 문제의 마지막 중요한 면을 다룬다. 이는 「언어와 문화」라는 표제어를 달고 있다. 여기서 그에게는 자주 제기된 문제로서 그가 언어학자들에게 떠넘기고 싶어 했던, 언어에 미치는 문화의 영향에 대한 문제가 문제였다기보다는, 오히려 우리들과 관계하여 문화의 상태와 발전에 미치는 언어의 영향에 대한 문제가 훨씬 중요한 문제였다. 샤프는 문화라는 개념을 사피어를 언급하는 가운데 "주어진 어떤 공동체가 생각하고 행하는 것"[65]으로 아주 넓게 파악한다. 그는 프로그램 제안을 전개했다. 이에 따르면 언어가 문화에 미치는 영향은 세 가지 분야에서 연구될 수 있다.[66]

---

65) Ibid., S. 178.
66) Vgl. ibid., S. 178 ff.

1. (이미 말했듯이) 사고 과정과 인식 과정 분야에서

2. 인간의 문화적 활동 분야에서, 즉 과학, 기술, 예술 등의 분야에서 (이 중요한 문화학적 프로그램은 개념적 사고의 언어적 특성에 대해서 샤프가 한 논의를 근거로 전문적인 연구를 필요로 할지도 모른다.)

3. 인간의 행동 방식 분야에서. 여기서 샤프는 교육이 사회 내에서 수용된 가치 개념과 행동 방식에 미치는 영향에 대한 사회 심리학, 사회학, 그리고 다른 학문 분야에서 이미 행해진 연구를 참조하도록 하였다. 특히 여기서 특정 슬로건이나 욕설에 나타나 있는 다른 종교, 종족, 국적에 대한 전통적 편견의 치명적인 결과를 언급하고 있다. 샤프는 이 자리에서 코르지브스키(A. Korzybski)의 수고와 이 분야에서의 그의 일반 의미론 운동을 높이 평가한다.

이 프로그램으로 사회 발전과 문화 발전에서의 언어의 역할을 새로이, 그리고 포괄적으로 규정할 수 있을지도 모른다고 샤프는 생각한다. 이것은 '신비주의'라는 거추장스런 짐 없이 그 해결에 접근 가능한, 중요할 뿐만 아니라 또한 해 볼 만한 연구 과제일지도 모른다.

우리들이 관심을 갖고 있는 문제에 대한 아담 샤프의 설명을 자세히 서술하고, 아울러 그에 대한 평가를 한 것은 독자들로 하여금 언어 상대성 원리에 대한 문제와 관계된 여러 가지 문제를 보여 주기 위해서 제시되었다. 우리가 살펴본 바와 같이 샤프는 논란이 되는 문제를 사려 있고, 공정한 방식으로 다루고 성실한 판단을 하려고 애썼다. 마르크스주의 사상을 가진 철학자로서의 그에게는 특히나 사피어-워프, 홈볼트, 트리어, 바이스게르버의 견해가 특히 반영론과 통일되느냐, 아니면 통일될 수 없느냐

를 검토하는 것이 문제였다는 것은 자명하다. 주목할 만한 결과는 모든 원칙적인 차이에도 불구하고 입장들이 분명히 접근하고 있다는 것이 확인될 수 있다는 것이다. 많은 점에서 필자는 샤프의 견해에 동조한다. 서로 견해가 다른 곳에는 비평적 주석을 달았다.

확실히 철학자로서 샤프는 사피어−워프 가설을 뒷받침하는 언어 예들이 옳은지는 검토하지 않았다. 이러한 이유에서 바로 마지막 결정적 문제가 아직 해결되지 않고 있다. 그러므로 워프의 진술에 대해 반드시 해야 하는 검토를 아직 하고 있지 않다. 이러한 중심적 과제를 해결하기 위하여 다른 측면에서 더욱 많은 것을 행했는지를 우리는 다음 장에서 검토해야 할 것이다.

샤프는 (인간의) 사고가 언어와 밀접히 결합되어 있다고 되풀이해서 강조하고 있으며, 이때에 다른 학자들이 주장한 많은 논거에 의지하고 있다. 문제의 어려움에 직면하게 되면 달리 예상될 수 없듯이, 그러나 여기서도 문제들이 해결되지 않은 채 있다. 언어의 문법적·통사적, 그리고 의미적 구조가 이런 수단을 사용하는 사고에 작용을 미친다는 사실을 예상할 수 있다는 것은 아주 자명하기 때문에, 이러한 관계를 진지하게 부인하는 것은 거의 생각할 수 없어 보인다. 그러나 그와 같은 언어 작용이 자세히 어떻게 수행되며, 그 작용이 어떻게 증명될 수 있느냐는 비로소 증명되어야 한다. 필자의 생각으로는 샤프가 예를 들어 어떤 언어의 어휘적 수단, 즉 특정 명칭의 현존, 특정 종개념과 유개념의 현존 등이 특정 사실에 대한 발화를 현저히 쉽게 해 주어, 따라서 사실에 대해 정신적으로 접근하는 것을 촉진시켜 준다고 언급한 것은 옳았다고 본다. 그러나 우리가 같은 언어 수단을 가지고 같은 사실에 대하여 아주 여러 가지 방식으로 사람들이 말할 수 있으며, 같은 사실에 대하여 정반대되는 판단에 이르게 될 수 있다는, 논란의 여지가 없는 사실을 어떻게 판단할 것인가? 화자가 진술에 대하여 항상 긍정할 수도, 부정할 수도 있다는 것은 이미 그 화자가 자신의 언어를 통하여 특정 견해로 고정될 수 있는 것은 아니라는 것을 보여준다. 그러나 언어가 사고에 영향을 미친다는 말은 할 수 있는 판단을 바로 서투르게 결정한 것이라는 의미에서 이해될 수 없다면, 방금 제기한 문제와 더욱 분명히 설명해야 한다는 그 필요성은 더욱 절실해진다. 나아가서 우리는 더욱 자세한 것을 알고 싶다. 그리고 우리는 워프 논제에 대한 이제 다루게 될 계속적인 논의에서 이러한 방향에 대한 분명한 귀띔을 발견할 수 있을지 기다려 보자.

제3장

국제적 논쟁 속에서 워프의 논제에 대한 제 견해들

워프 가설과 언어 상대성 원리에 대해서는 특히 미국에서 논의가 지속되고 있다. 관련 출판물, 입장 표명, 평언의 수는 물론, 아주 점차적으로는 그것을 검증하려는 시도의 수가 꾸준히 증가하고 있다. 그에 반하여 유럽의 논문은 드문 편이다. 전체 관련 자료의 양이 이미 아주 많아져서 현 상태에서 빠뜨리지 않고 이 책에 관련 자료를 다 거론하려고 하는 것은 불가능해 보일 정도이다. 1953년에 열린 그 유명한 '문화 속의 언어'라는 학회에서 주장된, 그리고 같은 이름의 해리 호이저의 책에서 출판된 비평에 대해서는 나는 이미 언급한 바와 같이 『언어 내용 연구의 구성 요소』라는 나의 책을 통하여 워프와 관련한 장에서 언급하였다. 거기서 말한 것을 여기서 되풀이하지는 않겠다. 왜냐하면 대부분의 논거가 또한 이후의 논의에서 되풀이되기 때문이다.

입장 표명한 내용들을 개관하자면 우리는 그것을 세 개의 군으로 나눌 수 있다. 첫째 군에는 비판이 우세한 가운데, 전체적으로 본다면 거부하는 입장에 선 학자들을 배열할 수 있다. 둘째의 중간 군에는 연구 상태에 대한 보고에 만족하면서 이따금 자신의 제안을 하거나 그들의 판단이 상황에 따라서 찬성하는 입장과 반대하는 입장 사이에서 유동적인 학자들이 속한다. 마지막으로 세 번째 군에는 개별적으로는 많이 비판을 함에도 불구하고 전체적으로는 긍정적 판단이 우세한 학자들이 고려될 수 있다.

첫 번째 군에 속하는 사람들을 알파벳 순으로 언급하면 다음과 같다: M. Bierwisch(1966), M. Black(1959; 1968), L. S. Feuer(1953), Ch. F. Hockett(1954), J. J. Katz(1966), E. Koschmieder(1964), R. L. Miller(1968), A. Neubert(1962), Ch. E. Osgood(1962; 1964), K. Percival(o. J.). 두 번째 군에는 다음과 같은 사람을 들 수 있다: J. O. Bright와 W. Bright(1965), R. L. Brown(1967), R. W. Brown(1958; 1961), J. A. Fishman(1960), E. H. Lenneberg(1953), J. T. Waterman(1957). 세 번째 군에는 다음의 학자들을 넣을 수 있을지도 모르겠다(여기서 두 번째 군의 몇몇 이름이 새로이 언급될 수 있다). L. von Bertalanffy(1955), R. W. Brown과 E. H. Lenneberg(1954; 1958), J. B. Carroll(1963), J. B. Carroll & J. B. Casagrande(1958), F. Fearing(1954), R. D. Gastil(1959), D. T. Herman, R. H. Lawless와 R. W. Marshall(1961), H. Hoijer(1952; 1954), D. Hymes(1961; 1966), C. Kluckhohn(1961; 1962), H.-G. Koll(1968; 1971), D. D. Lee(1938; 1940), J. Lotz(1955), N. McQuown(1954), M. Mathiot(1962), G. Mounin(1961), E. Sapir(1929; 1949), A. Schaff(1964), G. L. Trager(1959), 그리고 H. Wein(1965)이다.[67]

---

67) 여기에서 참고한, 언급한 학자들의 모든 연구는 참고 문헌에 인용되어 있다.

첫 번째 군에서는 실증주의적이고 구조주의적인 성향의 학자들이 우세하고, 반면에 세 번째 군에서는 인종학자들이 주를 이루고 있다. 이들 인종학자 가운데 일부는 토착어를 독자적으로 연구하여 워프와 비슷한 결과에 이르고 있다. 간접적으로 문제의 해명에 함께 영향을 끼친 자들, 예를 들면 마찬가지로 언어가 감각적 지각에 미치는 영향을 연구한 모든 심리학자들까지 모두 포함시키려고 한다면 그 수는 무한히 많게 된다. 따라서 우리들의 목적을 위해서는 중요하고 특별히 관련이 있는 몇 개의 예를 선택하는 것으로 만족하겠다.

언급된 학자들과 그 논문들을 모두 따로따로 취급하지 않는 것이 바람직하리라. 왜냐하면 만일 그렇게 한다면 개개 논거를 자주 되풀이해야 할지도 모르기 때문이다. 오히려 주제별로 정렬하여 요약해서 처리하는 것이 좋을 것이다.

그러므로 여기서는 주장하는 가장 중요한 관점을 개관하고, 가능한 곳에서는 특히 논란이 되는 요점들에 대해서 계속 해명하도록 해 보겠다. 이때에 많은 곳에서는 이 책의 지금까지의 장에서 해 온 설명을 참고하도록 할 수 있다.

미리 말해 둘 것은 입장을 표명하고 있는 대부분의 학자들은 그들 간의 견해가 매우 상이함에도 불구하고 워프의 논제가 중요하다는 것과 가능하다면 그것을 철저히 검토하고 검증하는 데 수고를 아끼지 말아야 한다는 점에서는 의견이 일치하고 있다.

1. 워프의 인식론적 전제

워프의 인식론적 전제가 불분명하고, 그 전제의 대부분은 엄격히 검토하면 견뎌 낼 수 없다는 점에 대해서는 꽤 일치한다. 특히 미국 철학자 맥스 블랙은 이와 관련하여 가혹한 말을 사용한다.[68] 그는 '신비주의 심리학(mystische Psychologie)'이라고 말한다. 여기서 '신비주의'라는 말은 안개와 같고 몽롱한 것으로 이해된다. 그는 워프의 형이상학이 전문 지식이 없는 미성숙성을 보이고 있다고 비난한다. 하지만 그는 그의 신랄한 비평의 말미에 워프의 오류가 "신중한 학자들이 조심스럽게 다룬 진부한 이야기"[69]보다는 여전히 더욱 흥미가 있다고 말하지 않을 수 없음을 안다. 맞다. 그리고 우리는 워프가 바로 무엇을 말하려고 했는지가 항상 분명한 것은 아니라는 것을 이미 자주 강조하였다. 여러 가지를 문제 삼고 있으며, 여러 문제 차원이 그에게는 서로 뒤엉켜 있다. 피시먼(J. A. Fishman), 개스틸(R. D. Gastil), 트래거(G. L. Trager)와 같은 미국 학자들은 이러한 사상의 실타래를 풀고 체계적으로 정렬하기 위해 많은 애를 썼다.[70]

논증의 순환성

철학적으로나 인식론적으로 관심이 있는 비평가들은 거의 예외 없이 논증의 순환성을 지적한다. 워프가 만일 사고의 언어 의존성을 너무 과격한 방식으로 주장하게 되면 그리로 빠져들게 된다는 것이다. 언어 상대성 원

---

68) M. Black, 1959.
69) Ibid., S. 238.
70) J. A. Fishman, 1960 ; R. D. Gastil, 1959 ; G. L. Trager, 1959.

리라는 그의 말도 이러한 관점에서 논박될 수 있는 것으로 일컬어진다. 워프는 계속해서 미국인들이 '언어학자의 오류(the linguist's fallacy)'라고 부르는 오류를 범하고 있다고 비난한다. 이 궤변의 본질은 사고가 전체적으로 언어에 의존한다는 그의 주장이 실제로 맞는 말이라면, 그것은 결코 인식될 수는 없을지도 모른다는 것이다. 왜냐하면 관찰자는 그와 더불어 동시에 그 자신을 자기 언어의 포로로 선언하는 것이기 때문에 관찰자는 비교 능력을 얻을 수 없다는 것이다. 인식의 상대성을 주장하려는 모든 시도는 바로 이러한 원칙적·논리적 어려움에 봉착하여 수포로 돌아간다고 비평가들은 강조한다. 관찰자의 언어가 관찰자를 자신의 굴레 속에 꽉 붙들고 있다면 언어를 비교할 수 있는 가능성도 부정되어야 한다. 단지 관찰자가 자신의 언어와 다른 언어에 거리를 둘 수 있을 때에, 그리고 어디까지나 상이성을 잴 수 있는 비교 척도를 줄 수 있을 때에 그렇게 비교하는 것을 생각할 수 있을지도 모른다.

그런데 실제로 워프는 언어 비교를 중요한 증거 수단으로 간주하고 있다. 그리고 그의 설명을 자세히 분석해 보면 비판받고 있는 그의 말을 근거로 알 수 있듯이, 그는 자기의 논지를 아주 엄격히 이해하여 알려고 하지 않는다는 것을 알 수 있다. 워프는 여러 곳에서 아주 분명하게 드러나듯이 언어에 앞선 보편 인간적인 경험 출발 토대가 있다는 사실, 즉 공통된 감각 생리학적 전제와 공통된 심리적 기본 소양이 있다는 것을 결코 부인하지 않는다. 바로 이런 것들이 언어적으로 제약된 자신의 사고조차도 비평적 반성 대상으로 삼을 수 있게 해 준다는 것이다. 아담 샤프가 아주 큰 비중을 두고 있고 언어와 독립하여 존재한다는 언어 외적 자연, 즉 세계라는 현실은 그러나 워프에게는 언어 외적이고 인간 외적인 기준점으로서 적합하지 않다. 왜냐하면 워프는 세계를 사건의 천변 만화경적인 흐름으로서만 파악하기 때문이다. 그 속에서 언어가 비로소 질서를 잡아 준다. 그러나 여기서도 그는 특정 문법적 범주와 동사 형태가 내용적으로 언어 외적인 자연 현상에 적합한지, 아니면 그렇지 않은지에 대한 판단을 감히 하려고 하는 한 그는 수미일관하지 않다.

워프의 상대성 사상은 그러므로 첫눈에 그래 보이는 것보다는 덜 절대적이고, 덜 과격하다고 할 수 있다. 그러는 동안에 케이트 퍼시벌(Keith Percival)이 출판되지 않은 논문에서 가정한 바와 같이,[71] 특히나 전통적 인구어 언어학의 독단주의와 편견에 대한 공격으로서 이해될 수 있을지도 모르는 다만 '표피적인(hauttief)' 상대주의가 문제되는지는 그럼에도 불구하고 의심이 간다.

'상대성(Relativität)'이 '상대주의(Relativismus)'와 혼동되어서는 안 되며, 오히려 실제로 현존하는 관계를 확인하는 것이 문제가 된다는 점을 나는 벌써 이 책의 서론에서 강조했다. 이러한 관점을 언어 상대성 원리에 대한 토론을 할 때에 도외시해서는 안 된다. 특히 여기서 다시 한 번 강조해야 할 점은 인간과 인간 사회에 대한 언어의 과제와 성능과 기능이 사전에 분명히 인식되지 않는다면 충분한 대답을 얻을 수가 없다는 것이다. 언어는 절대로 자기 목적적일 수 없고, 절대로 자율적 형성물일 수 없으며, 오히려 그것은 항상 중재자이며, 더군다나 객체와 주체 사이에, 그리고 주체와 주체 사이에 중재자, 즉 현실과 인간 사이에, 그리고 화자와 청자 사이에 중재자라는 근본적 통찰이 중요하다. 언어는 절대로 자기만족적이지 (selbstgenügsam) 않으며, 그것은 항상 자기를 능가하여, 이야기되는 대상과 발화하는 주체를 가리킨다. 그리고 그 외에도 모든 발화를 조정하고 규

---

71) K. Percival, 'A reconsideration of Whorf's hypothesis', o. J.

정하는 체계 자체를 가리킨다. 화자에게 그 언어를 능가하여, 그리고 필요한 경우에는 그 언어에 대항하여 생각할 수 있도록 해 주기 때문에, 모든 자연 언어를 이러한 방법으로 열려 있고 수정 가능한 체계이거나 체계와 유사한 구조물로 이해한다면 인간이 언어의 노예로 전락할 수도 있다는 우려도 없어지게 된다. 아무튼 화자가 자기 언어의 굴레에서 벗어날 수 없다는 생각은 확실히 잘못된 것이며, 워프가 그러한 견해를 조장하는 모든 부분은 아무튼 수정되어야 한다. 하지만 그 때문에 워프의 기본 사상이 공허한 것이거나 무의미한 것이 아니다. 모든 개개의 사고 능력은 언어 습득 과정 중에서 각기 모국어의 구조와 발화 습관이라는 실마리에서 전개되어 흡사 미리 주어진 문법적·어휘적·통사적 구조의 틀을 타고 뻗어 오른다는 사실은 실제로 그렇기 때문이다. 그리고 마찬가지로 단일 언어 화자는 ― 그뿐만 아니라― 정상적인 경우에는 언어를 사용할 때에 언어가 열어 주는 친숙한 정신적 궤도를 무비판적으로 따라가며, 그는 특정한 언어 특성 때문에 좀처럼 혹은 절대로 불쾌하게 되지 않는다는 사실은 논란의 여지가 없다. 이러한 사실은 인간 사고와 행위에 언어가 미칠 수 있는 가능한 영향을 고려하여 당연히 자세히 검토되어야 할 정도로 여전히 아주 중요하다.

문제는 어떻게 하는 것이 가장 합목적적으로 수행될 수 있느냐 하는 것이다. 자기 관찰과 타자 관찰이 가능한지의 문제가 진지하게 논란이 될 수 없다. 자신의 언어도 근본적으로 관찰할 수 있다.

언어학자 워프는 영어 화자로서도 영어가 특정 범주적 특성과 의미적·통사적 특성을 나타내고 있음을 매우 잘 알 수 있었다. 그는 감각적 경험을 비교하는 방법을 통하여 적어도 부분적으로는 이러한 특성을 분명히 할 수 있었다. 서두에서 색채의 예에서 보았듯이 원칙적으로 인간의 색채 시각 능력이 같음에도 불구하고 언어가 서로 다르면 색채는 서로 다르게 분절되어 언어 소유자에게 서로 다른 방법으로 이용된다는 것을 증명하는 것도 그렇게 수행할 수 있다. 그러므로 서로 다른 관찰자에게 같은 방식으로 접근 가능한 언어 외적 비교의 가능성이 있다. 그 때문에 순수 언어 비교에 대해서는 말하기가 힘들다. 왜냐하면 비록 관찰자가 그것을 배제하려고 해도 언어 내용과 함께 항상 그 안에 중재된 언어 외적 현실이 함께 역할하고 있기 때문이다.

확실히 감독 기관으로서 언어 외적인 것도 그것이 학문적으로 분석되려면 다시금 그 자체가 언어로 중재되어야 한다. 이 길 이외의 다른 길은 없다. 모든 그와 같은 성찰은 언어를 요구하며, 언어에 대한 성찰은 무조건 정신적 순환을 겪게 되는 발화에 대해서 말하지 않을 수 없게 한다. 우리는 이런 어려움을 메타언어를 도입함으로써 극복하려고 시도했다. 메타언어는 보다 높은 추상 차원에서 자연 언어인 대상 언어에 대해서 말할 수 있도록 해 줄 것이기 때문이다. 나아가서 그 밖의 메타 차원과 메타언어를 고려해 봤다. 그렇게 구별하는 것은 도움이 되며, 예를 들어서 논리적 모순을 초래하지 않도록 해 준다. 그러나 결국 모든 메타언어는 다시금 출발 언어의 익숙한 이해 지평에 근거해야 한다. 즉 대상 언어가 결국 마지막 메타언어임이 증명된다.

이러한 숙고는 훨씬 더 깊이 놓여 있는 이해의 근본 문제, 즉 특히나 빌헬름 딜타이(Wilhelm Dilthey)에서 하이데거(Martin Heidegger)와 가다머(Hans-Georg Gadamer)에 이르기까지의 근대 독일 철학 속에서 아주 격렬하게 논의된 바 있는 문제에 접근한다.[72] 여기서는 모든 이해가 결국 관계

---

72) Vgl. dazu W. Dilthey, 1957 ; M. Heidegger, [10]1963 ; H.-G. Gadamer, 1960.

하고 있는 이른바 '해석학적 순환(hermeneutischer Zirkel)'이 문제가 된다. 그러나 이러한 중요한 통찰이 결코 불가지론, 즉 과장된 인식 회의주의, 즉 체념이나 절망에 이를 필요는 없다. 연구 작업은 계속될 수 있으며, 계속되어야 한다. 연구 작업은 항상 다룰 수 있는 경험을 통하여, 그리고 학자들의 '해석 공동체(Interpretationsgemeinschaft)'의 꾸준히 성장하는 통찰을 통하여 도움을 받는다.[73] 언급된 전제들을 한번 인식하여, 그것을 계속해서 고려한다면, 이러한 통찰은 우리가 최종적이고 완전한 인식에 도달했다고 성급히 믿지 않도록 해 준다.

워프 사상의 순환성에 대한 논의 속에서 제시된 논거는 내가 아는 한 결코 문제의 이러한 깊은 핵심에까지 이르지 못했으며, 등장하는 모순의 대부분은 인간 생활 내에서 언어의 위치를 고려하는 상태에서 해결될 수 있는 차원에서 맴돌고 있다. 워프는 그의 전제에서도 그의 추론에서도 논리적 엄격성을 고려하지도 못했고, 또한 그 엄격성을 견뎌 낼 수도 없다. 이는 그가 아주 분명한 입장을 취하지 않았기 때문이다. 그 때문에 워프의 이른바 순환은 보다 자세히 들여다본다면 극복될 수 있는 것으로 보인다. 단지 그것을 독단주의적으로 해석할 때에만 우리가 언어학자의 궤변이라고 말할 수 있는 상태로 아주 심각해진다. 이렇게 되면 그 자신의 전체 주장의 토대가 무너지게 될 것이다.

---

73) Vgl. K. O. Apel, 1968.

2. 의미의 문제 — 단어 내용과 개념

방금 다룬 이해의 문제와 관계하는 것으로서 그 밖에 많이 논의된 사실은 언어에서 의미의 문제이다. 여기서는 의미의 상태, 즉 언어 수단의 의의 내용(Sinngehalt)의 상태가 언어학과 인식론에서 어떻게 판단될 수 있느냐 하는 문제가 제기된다. 따라서 의의론(Semasiologie)[23] 내지는 언어학적 의미론(Semantik)만이 언급되는 것이 아니라, 그 밖에 파악된 기호론(Semiotik)도 문제가 된다.

워프는 그 문제를 여러 곳에서 제기하고 있다. 왜냐하면 그가 모든 언어는 화자로 하여금 자기 경험을 조직화하도록 하는 데 기여하는 특정한 개념적 체계를 포함하고 있다고 말하고 있으며,[74] 또한 그가 열려져 있는 문법적 범주와 숨겨져 있는(형식적으로 등장하지 않는) 문법적 범주의 영향, 즉 그 범주가 사고에 미치는 영향을 증명하려고 애쓰고 있기 때문이다. 결국 의미 문제는 언어적 세계상(sprachliches Weltbild, world view)을 논의할 때에도 관계하고 있다.

더욱이 우리가 미국 학자들의 입장을 올바로 이해하려고 한다면 사전에 학문사적인 과정을 살펴보는 것이 도움이 된다. 우리는 이와 관련하여 미국에서는 철학, 심리학, 그리고 언어학에 실증주의 내지는 논리적 경험주의, 행동주의, 이른바 파블로프의 색채를 띤 객관적 심리학과 특정 자연 과학적 시각의 영향이 매우 강했다는 것을 상기해야 한다. 의미 문제도

---

[23] 의의론(Semasiologie)이 단어에서 출발하여 그 단어가 어떤 의미를 지니는지, 어떻게 의미가 변천해 왔는지에 대한 연구라면, 명칭론(Onomasiologie)은 개념이나 대상에서 출발하여 그것이 특정 시대나 특정 장소에서 어떻게 명칭되는지를 보여 주는 연구이다.

74) Vgl. dazu M. Black, op. cit., S. 230 ff.

이런 견해에 영향을 받았다. 우리는 심리적인 현상, 즉 개체와 결부된 현상을 엄밀히 과학적으로 파악하고 기술할 수 있다고 보았다기보다는 아주 회의적으로 보았다고 말해도 된다. 이는 학문 이론적으로 볼 때 이유가 있다. 언어 기호의 의미도 화자의 심리에 결부된 것으로 파악한다면 일단 의미는 마찬가지로 엄밀한 연구 작업을 할 수 없는 것이 된다. '알려 줄 수 있는 것은 내용이 아니라 다만 구조일 뿐'이라는 빈학파 창건자 중의 한 사람이라 말할 수 있는 모리츠 슐리크(Moritz Schlick)가 대변하는 견해는 여러 전달 통로(Vermittlungskanäle)에 작용했다. 자극과 반응의 상호 작용 속에서 파악될 수 있는 관찰 가능한 외적 태도만이 다룰 수 있는 연구의 대상이다. 이와 같은 반(反)정신주의적 태도는 미국 구조주의 언어학을 여러 해 동안 특징지어 왔다. 그리고 그것은 오늘날에야 비로소 극복되고 있다. 언어학적으로 의미를 연구하기 위하여 프레게(Gottlob Frege)와 같은 이름 있는 학자들과 그와 연하여 젊은 비트겐슈타인이 대변하는 그 밖의 견해는 마찬가지로 치명적인 것으로 증명되었다. 이미 언급했듯이[75] 프레게는 "의미는 대상이다(Die Bedeutung ist der Gegenstand)"라고 말함으로써 의미를 언어 외적 대상으로 규정하려고 했다. 그는 기호의 '소여 양태(Die Art des Gegebenseins)'라고 규정한 의의(Sinn)와 의미(Bedeutung)를 구별하려고 했다. 그런데 프레게가 말하듯이 의미가 대상과 같다면 의미는 언어 바깥에 놓여 있어서, 언어학이 다루지 않아도 된다. 왜냐하면 언어학은 자립적 성질이며, 그 경계를 넘어가는 것을 원치 않기 때문이다.

우리가 이런 관계를 알 때에 이 문제에서 워프에 대한 입장이 이해될 수 있다.

---

75) 위 54쪽 이하 참고.

맥스 블랙은 그의 비평에서 특히 개념 문제를 언급한다. 그는 우리가 개념을 소유하고 있는 것과 이것을 위하여 해당 단어를 사용하는 능력을 혼동해서는 안 된다고 말한다. 우리는 개념을 표현하기 위해 사용하는 단어보다는 훨씬 더 많은 개념을 소유하고 있다는 것이 그는 분명하다고 생각한다. 여기서 이미 개념이라는 것은 분명히 일차적으로 언어 외적인 단위이며, 이것을 일컬어야 할 필요가 있을 때 비로소 언어가 등장하게 된다는 것이 분명해진다. 그렇다면 개념은 바로 무엇을 말하는가? 우리는 그것을 어떻게 증명하고 규정할 수 있는가? 블랙은 이것을 자세히 설명하지는 않았지만 그가 무엇을 말하고 있는지는, 예를 들어 색채어에 대한 언급에서 유추할 수 있다. 그는 여기서 철저히 언어학적인 연구 결과(Befund)를 인정한다. 그 연구 결과에 따르면 원칙적으로 인간이 같은 색채 지각 능력을 갖고 있음에도 불구하고 많은 언어에서 상이한 차이점을 가지고 서로 다르게 색채가 분절되어 있다. 그런데 그에게 결정적인 것은 그것 때문에 색채 구별 능력이 달라지는 것은 아니라는 것이다. 이 구별 능력을 그는 본래 개념적인 요소로 간주하고 있다. 즉 그는 개념을 '변별적인 인지 능력 (distinctive cognitive capacities)'과 동일시한다.[76] 따라서 예를 들어 나바호 사람들은 영어의 'black(검정)'을 상이한 의미를 가진 두 개의 표현으로 나누고 있으며, 영어의 'green'과 'blue'를 한 단어로 통합하고 있다는 것은 중요하지 않다. 왜냐하면 그들의 색채 구별 능력은 그와 무관하기 때문이다. 블랙은 이러한 언어 차이가 만일 구별 능력에 영향을 미치는 것으로 증명될 수 있다면 인식에 관계하는 것으로 볼 수 있을지도 모른다. 그런데 우리가 앞에서 독일어 색채어에 대해서 말할 때에 이미 언급한 바 있는

---

76) M. Black, op. cit., S. 232.

브라운(R. W. Brown)과 렌버그(E. H. Lenneberg)의 1954년 연구에 따르면, 주니 인디언(Juni-Indianer)들은 그들 언어에 단지 빨강과 노랑만을 구별하고, 중간색인 주황색(orange) 표현은 없기 때문에, 그들의 언어 하나만을 아는 자들은 색채 인식 검사에서 이 어휘 영역에서 주황색이라는 색채어가 있는 앵글로 족보다 현저히 높은 오판율을 나타낸다는 것을 보여 주었다. 분명히 언어가 미치는 영향은 블랙이 인정할 각오가 되어 있는 것보다 더 심각하다. 인간은 바로 대개 자기의 감각적 구별 능력을 근거로 구별할 수 있는 것을 구별하는 것이 아니라, 자기가 습득한 언어가 그로 하여금 구별하도록 해 주는 것을 구별한다. 언어가 부각시켜 주고, 이용할 수 있는 단어가 있을 때에 바로 대개 언급되고 말해지는 것이다.

어쨌든 개념과 구별하는 인지 능력을 대충 동일시하는 것이 워프의 논거를 무너뜨린다는 것을 인식하기 위해서 특별히 날카로운 감각을 필요로 하지 않는다. 개념이라는 말이 지각이나 표상 등과는 달리 의미 있게 무엇을 말하는지가 그와 같이 불분명하다는 것은 우리가 『웹스터 사전』이나 『옥스퍼드 사전』에서 확인할 수 있듯이, 확실히 벌써 현행 사전 정의에서 그 요인이 발견된다. 거기서는 다음과 같이 정의한다. "개념은 개개 부분으로부터의 일반화에 의하여 형성되는 사물의 정신적 상"(웨스터), 혹은 "객체의 유에 대한 관념"(옥스퍼드)이다.

그에 반하여 근대 철학은 점점 더 개념이 언어에 결부되어 있다고 주장했다. 벌써 아리스토텔레스 이래로 정의는 개념의 탁월한 자질로서 간주되고, 개념은 계속 특별히 의도적이고 추상적인 사고 행위를 위하여 요구되었다면 개념은 본래 언어 없이는 생각할 수 없다. 여기서 이 책의 제1장에 나와 있는 '개념의 개념에 대하여'라는 우리들의 설명을 참고하라.[77] 무엇 때문에 거기서 개념이 언어에 의해 조건 지어진다는 것이 그렇게 강조되었는지, 무엇 때문에 언어학자는 언어 없는 개념은 —엄격히 말한다면— 형용의 모순이라는 견해에 이르렀는지가 이제 더욱 분명해진다. 아직 언어적으로 객체화의 단계에 이르지 못한 모든 사상적 복합체에 대해서 우리는 오히려 개념이라는 표현을 쓰지 말아야 한다. 왜냐하면 우리는 언어적으로 파악되지 않은 분명한 사상, 그것이 무엇인지를 결코 말할 수 없기 때문이다. 또한 우리가 언어에 다만 명칭 기능, 즉 이차적 역할만을 허용한다면 우리는 개념을 생성할 때에 언어가 구성적 역할을 한다는 특성을 잘 판단하지 못하게 된다.

그런데 언급한 것에서 분명한 것은 단어 의미가, 더 좋게 표현한다면 단어 내용이 (원칙적으로) 정의할 수 있는 개념은 아니다. 사실 개념 속에는 분명히 개념적 성능, 즉 자질 선택적이고 추상적인 성능이 있으며, 즉 개념 속에서는 개별자는 대개 지양된다. 하지만 단어 내용은 무의식적이며, 무의식적으로 현존하고 이용 가능하다. 우리는 그것의 타당성에 대해서 숙고하지 않고 단어 내용을 가지고 있다. 그래서 독일어 색채어 계열 빨강-주황-노랑-초록-파랑-자주색을 소유하고 있는 자는 정상적으로는 그 계열이 어떻게 생겨났으며, 그 계열이 그에게 정신적으로 무엇을 수행하는 지를 알지 못한다. 이러한 상황은 단어 내용을 개념과 용어상으로 구별하는 것을 바람직하게 하는 것 같다. 이때에 강조되어야 할 것은 양 단위 사이의 경계는 완전히 유동적일 수 있다는 것이다. 그러나 양자가 언어에 결합되어 있다는 것은, 즉 각기 특정 언어에 결합되어 있다는 것은 약술한 관계를 고려할 때에 거의 진지하게 논란이 될 수 없다는 것이다.

우리가 이런 논의를 한 이후에 색채 지각에 대한 맥스 블랙의 판단으로

---

77) 위 82쪽 이하 참고.

되돌아가 보자. 시각 능력과 구별 능력, 즉 잠재적 지각 능력과 지식을 인지한 것(Bemerken), 즉 확실하게 재인식할 수 있도록 정신적으로 고정화하여 언어로 포착하는 것과는 동일시할 수 없다는 그의 말에 이의를 제기할 수 있는 것 같다. 맥스 블랙의 주장에 따르면 '주황색' 혹은 그와 등가적인 어떤 색채어를 소유하지 못한 자는 내용, 즉 '주황색'이라는 개념도 소유하지 못한다고 하기 때문이다.

언어 습득 과정 중에 있는 어린이들을 관찰할 기회를 가진 모두는 단어 내용이 갖고 있는 높은 설명력과 화자의 주의력을 조정하는 힘을 쉽게 검증할 수 있다. "그가 아는 것 외에는 듣지도 못한다"라는 괴테의 말은 여기서 그 정당성을 얻는다. 예를 들어 어린애는 자동차라는 단어를 알고 올바로 사용하는 것을 배운 순간부터 자동차가 사진이나 그림의 배경이나 가장자리에 나타나더라도, 그리고 성인 관찰자에게는 완전히 부차적인 일일지라도 가령 모든 종류의 사진이나 그림에서 나타나 있는 자동차 모두를 발견할 것이다. 그와 같은 것을 우리는 언제나 관찰할 수 있다.

우리들의 이의를 요약한다면 우리는 다음 사실을 확인할 수 있다. 인간과 동물에서의 구별 능력의 가능성과 형태가 아무리 다양할지라도, 즉 즉흥적이고 무의식적인 인식과 재인식의 가능성과 형태가 아무리 다양할지라도, 이런 현상들에 대하여 이미 '인지적', '개념적', 그리고 '개념'과 같은 표현을 사용함으로써, 언어가 함께 역할을 수행하는 가운데 일어나는 의도적이고 정신적인 포착과 파악의 형태와 전자를 구별하는 것을 불필요하게 어렵게 만들어서는 안 될 것이다.

다른 언어 화자와 본질적으로 달리 태도를 취하지 않는 호피 인디언들이 비록 그들의 언어가 실제로 우리의 언어에 해당하는 시간적 표현을 갖고 있지 않음에도 불구하고 특히나 맥스 블랙이 "우리와 거의 같은 시간 개념을 가질 수 있을 것"[78]이라고 추측한 곳에서 학문적 언어 사용을 그처럼 확대하는 것이 어떤 위험한 결과를 초래할 수 있을 것인가가 분명하게 드러난다. 맥스 블랙이 이때에 무엇을(예를 들어 인간 시간 생활의 생물학적·지구적·우주적 전제가 동일하다는 것) 염두에 두고 한 말인지는 모르겠지만, 그의 그 말이 틀린 말이 아니라면 그는 여기서 시간-'개념'에 대해서 말한 것은 아니다. 마찬가지로 만일 맥스 블랙이 "호피 어는 중요한 예배당(Kulthaus), 즉 '키바(kiva)'에 대한 어떤 고유한 단어를 갖고 있지 않다는 것은 주목할 만하다"는 워프의 말을 우리 인간이 그것에 대한 해당 명칭을 소유하지 않고도 아마도 어떤 것에 대한 개념을 소유할 수 있을 것이라는 자신의 견해에 대한 증거로 생각하고 있다면 그것은 논란의 여지가 있다. 아주 잘 통용되고 있던 지하의 예배 공간에 대한 명칭인 '키바'를 무엇 때문에 워프가 호피 어로 인정하지 않는지 이해할 수 없다는 점뿐만 아니라, 여기서 언어 없이 개념이 존재할 수 있다는 것을 가정하고 있는 것도 오해의 소지가 있다.

의미 내지는 언어 내용과 개념이 각기의 언어에 따라 조건 지어지고, 언어 소속성이 있다는 것을 인정한다면 그때에만 자연 언어들 속에 매우 다양한 '개념적 체계(conceptual system)'가 존재함으로써 생겨날 수 있는 정신적 결과에 대한 논의는 의미 있는 것처럼 보인다.

---

78) M. Black, op. cit., S. 235.

3. 번역 가능성의 문제

개념 체계가 언어 현상이라면 그것이 생각과 행동에 어떤 영향을 미치느냐에 대한 문제는 언어적으로 완전히 포착할 수 없는 언어 외적인 현상이 생각과 행동에 어떤 영향을 미치느냐에 대한 문제보다도 훨씬 당연한 것이다. 이때에 곧장 사고가, 더군다나 특별히 고등한 인간적 사고가 언어 없이 일반적으로 가능한지, 가능하다면 어느 정도로 가능한지의 문제가 대두된다.

워프의 설명은 인간의 개념 체계가 화자의 사고를 상당히 결정하며, 따라서 이 체계가 현저히 상이하다면 그에 상응하는 사고 또한 상이함을 함축한다는 것을 증명하는 것을 목표로 한다. 따라서 그처럼 언어가 서로 상이한 화자들 사이에 의사소통이 가능한지의 문제가 제기될지도 모른다.

비평가들은 그에 반하여 모든 언어를 다른 언어로 번역할 수 있다는 사실을 언급하면서 워프의 가정을 이미 반증된 것으로 간주한다. 아담 샤프도 우리가 살펴보았듯이 이런 논거를 댄다. 그의 견해에 따르면 모든 것은 모든 언어에서 표현될 수 있으므로, 모든 것은 모든 언어로 번역될 수 있기 때문에, 그는 언어가 서로 아주 상이하더라도 번역은 가능한 것으로 생각한다. 이때에 그는 바꿔 쓰기 등의 보조 수단을 생각하고 있다. 다른 학자들도 비슷한 논증을 한다.[79]

번역 문제에 대한 언어학의 입장에 관한 한, 두 극단적 견해가 서로 대립하고 있다. 하나의 견해는 언어 체계의 개방성, 유연성, 적응성을 시사하

---

79) Vgl. hierzu u.a. M. Black, op. cit., S. 232; E. H. Lenneberg, 1953, S. 4; L. S. Feuer, 1953, S. 90 ff.

고 번역 가능성을 완전히 긍정한다. 반면 다른 견해는 그들의 견해에 따르면 마지막 언어 조각에 이르기까지 언어 상이성을 강조하고 충분히 번역할 수 없다고 생각한다(번역가는 반역자이다, Traduttore-traditore). 그 양자 사이에 물론 보다 온건한 견해가 있다. 극단의 입장을 보다 상세히 언급할 필요는 없다. 극단적인 두 견해는 모두 이 형태로는 지탱될 수 없다.

부인할 수 없이 번역은 가능하다. 수백만의 번역된 텍스트와 매일 무수한 번역가들에 의하여 수행되는 번역 작업이 이를 증명한다. 확실히 의미가 엄밀하게 동일한지가 경우마다 검토되어야 한다. 우리는 여기서 어떤 요인들이 번역을 쉽게 하고, 어렵게 하며, 경우에 따라서는 또한 불가능하게 만드는지를 살펴봐야 한다. 번역가의 언어에 대한 지식이나 번역하는 내용과 관련하여 번역가의 사실에 대한 지식은 논외로 하더라도 여기서 두 언어가 텍스트의 문체 차원이나 사상 차원에서 어느 정도로 상이한지가 마찬가지로 고려되어야 한다.

친족 관계가 가까운 언어나 복잡하지 않은 텍스트의 경우에는 친족 관계가 먼 언어나 사상적으로 까다로운 텍스트의 경우보다 물론 번역이 더 유리한 상황이다. 어떤 언어의 표현 가능성 전체를 남김 없이 사용한 문학 작품(Wortkunstwerke)은 경험적으로 볼 때 굉장한 번역상의 어려움이 있다. 여기서는 도저히 번역할 수 없는 경우가 분명히 있다.

그런데 우리는 어휘가 풍부하게 확장되어 있고, 통사적 가능성이 분화된 고도로 발달된 문화어의 경우 어지간히 노력을 하면 번역을 원전에 상당히 접근시킬 수 있다. 우리는 많은 것을 바꿔 쓸 수 있으며, 의역할 수 있으며, 비유를 통하여 근접시킬 수 있다.

그러나 언어 발전 단계가 서로 매우 상이한 언어들이라면 상황은 완전히 달라진다. 여기서 '개념 체계'가 실제로 아주 다를 수 있으며, 단어 형성이나 개념 형성의 가능성이 아주 다를 수 있어서 기점 언어(=번역되기 전의 언어)와 목표어(=번역의 결과물 언어)를 아주 잘 아는 사람도 두 손 들어야 할 정도이다. 더군다나 어떤 언어에서는 다른 언어가 가지고 있는 전체 영역이 결여될 수도 있다. 언어 체계는 개방적이며, 수정 가능하며 보충 가능하다는 말도 여기서는 실제로 거의 도움이 안 된다. 우리는 실제로 모든 것이 결코 모든 언어로 번역될 수 있는 것은 아니라는 사실을 사실로서 받아들이고 인정해야 한다.

예를 들어 수학 교과서나 유럽 철학서를 호피 어로 번역하는 것은 불가능하다. 왜냐하면 그렇게 하기 위한 전제(예를 들어 완성된 수사 체계나 철학적 용어 등)가 결여되어 있기 때문이다. 그러나 이와 같은 냉정한 말이 호피 어가 어느 날 그와 같은 것이 가능할 정도로 발전될 수 없다는 것을 말하는 것은 아닐 것이다. 하지만 그렇게 되기 위해서는 호피 어 학자들이 여러 세대에 걸쳐서 엄청나게 노력해야 할 것이다. 특히 호피 어의 어휘나 개념을 유럽 언어에 상응하게 확대하는 데에만도 많은 노력이 필요할 것이다. 그렇게 할 만한 호피 어 학자들은 현재 상태로는 없다. 몇천 명밖에 안 되는 언어 공동체로서는 거의 그렇게 할 수 없을지도 모른다. 환언하자면 그것은 실제로 있을 수 없는 일이다. 막강한 영어가 오늘날 벌써 호피 어 생활 속으로 깊숙하게 침투해 들어가서 학문적으로 관심이 있는 인디언들을 미국 대학에 들어갈 수 있도록 해 주고 있는 마당에 그런 목표를 설정해 본다는 것이 의미 없는 일일지도 모른다는 사실을 제외하더라도 말이다.

번역 가능성은 상대적 개념이며, 그러므로 항상 상대적 개념으로 머물러 있다. 이미 언어 상이성에 대해서 상술한 바를 고려할 때에 우리는 모든 번역은 한 언어의 세계상의 관점에서 다른 언어의 세계상의 관점으로 바꾸어 놓는 것이며, 이때에 변화나 변형 없이는 절대로 완전히 진행될 수 없다고 말할 수 있다. 완전한 사상적 일치는 결코 달성될 수 없다. 아마도 접근만이, 더군다나 상이한 정도의 근사치만이 가능할 것이다.

그 점에 단지 적은 의심이라도 있는 자는 이 장을 프랑스 어로, 영어로 혹은 다른 유럽의 언어로 옮겨 보라. 그렇다면 부분적으로 밀접한 친족 관계에 있는 언어에서도 이 어려움이 얼마나 큰지를 재빨리 인식하게 될 것이다. 워프가 비교한 언어들의 경우 그 어려움이 훨씬 더 크다는 것은 문제가 되지 않는다. 그러나 워프는 그의 서술의 방법을 통하여 번역 가능성을 실제로 가능한 것보다 더 심각하게 보았다. 이것은 다음 장에서 더 분명해질 것이다.

부연 설명: 언어의 상이성을 판단하는 언어학적 기준

이 자리에서는 여러 민족과 국가들의 정신적 차이를 증명하기 위하여 지금까지 여러 가지 논거를 가지고 인용한 특정한 언어 특성을 판단하기 위하여 몇 가지 비평적 언급을 해야겠다. 거기에는 우선 그 민족들에게 특별히 중요한 특정 사물의 영역에서 개개 민족들의 특징을 잘 보여 주는 풍부한 언어 수단이 있다는 사실을 들 수 있다. 예를 들어 아랍 유목민들에게는 낙타에 대한 많은 표현이 있으며, 에스키모 인들에게는 눈과 얼음 종류에 대한 많은 표현이 있고, 특정 흑인 종족에서는 중요한 갈색 색조에 대한 색채어가 풍부하다. 그러한 확인은 그 자체로서는 결코 놀라운 일이 아니다. 우리들 인구어의 전문 영역에서 전문적 어휘가 풍부한 것에도 비슷한 것이 당연히 적용된다. 스키 선수들은 여러 가지 눈의 종류를 구별하고, 사냥꾼은 여러 가지 구별되는 사냥어 표현을 갖고, 학문은 그 나름대로의 여러 가지 구별되는 전문 용어를 갖고 있다. 여기서는 세세한 것에 대한 관심이 언어를 분화시켜 해당 전문 영역에서 어재(語材, Wortgut)를 풍부하게 한다는 일반적 현상이 문제가 되고 있다.

개개 언어의 세계상이 서로 상이하다는 사실을 판단하기 위하여 그러한 차이를 단지 아주 조심스럽게만 사용하여야 한다. 특히 언어 외적 환경이 서로 달라서 생겨난 사실을 성급히 화자의 정신성에 차이가 있다고 추론하지 않도록 조심해야 한다. 가령 유목민 문화는 그들의 생활계의 특정 영역을 명칭이나 개념을 가지고 특히 촘촘하게 채운다는 것을 확실히 중요하게 확인할 수 있다. 그러나 해당 언어의 속성이나 성능을 판단하기 위해서는 그것으로써는 아무것도 얻어 낼 수 없다. 왜냐하면 인간이 특정 사물에 집중적으로 몰두하는 곳에서는 어디서나 마찬가지로 비슷한 것이 있기 때문이다.

어휘재(Wortschatz) 분화의 문제가 우리가 원시인에게서, 즉 이른바 현존하는 원시인에게서 볼 수 있는 다른 현상과 섞이게 된다면 그것은 바로 위험하게 된다. 이들 원시인의 언어에서는 우리는 주지하다시피 요약하고, 추상화시키면서 분절하는 상위 개념은 계속 결여하는 반면에, 드물지 않게 서로 비슷한 많은 대상류에 대하여서는 구체적 명칭을 이용할 수 있게 된다는 것을 관찰할 수 있다. 그러므로, 즉 많은 개개 나무 종류에 대한 단어는 존재할 수 있으나 우리들의 '나무'의 의미에서 상위 개념은 존재하지 않을 수 있다.

그러한 상태가 우세한 언어라면 언어 단계는 아직 덜 발전한 것으로 간주해도 된다. 모든 언어적 종개념(種槪念, Artbegriff)도 이미 정신적 추상화를 나타내기 때문이다. 당연히 프랑스 민속학자 레비 스트로스(C. Lévi-Strauss)는 『미개한 사고(*Das wilde Denken*)』(1968)라는 그의 저서에서 그것을 언급하였다. 그 책에서 그는 이른바 원시 민족에 대하여 그릇된 추론에 근거하여 깎아 내리는 판단을 하는 것은 반대하고 있다. 모든 단어는 당연히 이미 그 단어가 포착하고 있는 언어 외적 대상에 대한 추상화이다. 그리고 그 외에도 또한 모든 토착 언어에서도 비교적 높은 추상화 단계의 개념, 즉 신비적 사고의 영역에서의 개념이 있다. 그럼에도 불구하고 대상 세계에 대한 개념 분절이 짜임새 있게 잘 되어 있지 않은 경우, 즉 상위 개념이 빈번히 결여하는 경우 현존하는 많은 특수 표현들이 아무리 전문 용어상의 분화와 비슷하다 할지라도 아직 가까이 있는 것들을 정신적으로 능숙하게 지배하고 있지 못하다는 징후로 간주할 수 있다.

그 때문에 우리가 만일 고도로 발달된 언어와 토착 언어에서 여러 가지 관점에서 비슷한 증거들을 같은 단계 위에 둔다면 그것은 언어 상이성 판단을 위하여 위험한 것이 될지도 모른다. 너무나 자주 단지 종(種)의 명칭만이 존재한다면, 즉 모든 언어재와 공유하는 추상적 성능이 있음에도 불구하고 언어학적으로 사람들이 구체 명사라고 부르는 어떤 명칭만이 존재한다면 우리는 그것이 비교적 보다 낮은 발달 단계에 있다고 봐야 한다. 왜냐하면 이러한 경우에 논리적으로 말한다면 사실 '종차(Differentiae specificae)'가 문제되나 중요한 '상위 속 개념(genera proxima)', 즉 상위 개념을 결여하기 때문이다. 그런데 많은 현상을 사고 경제학적으로 요약하여 취급 가능하게 해 주는 것은 바로 이러한 상위 개념이다. 그것들은 말하자면 학문적 용어, 즉 가령 동물학이나 식물학 분류학의 중요한 버팀목(발판)이 되는 것이다.

어휘 분화는 그러므로 그것이 언어를 판단하는 데 의미 있게 평가되기 위해서는 추가적인 특성을 파악할 필요가 있다. 이때에 우리는 관찰된 언어 현상을 고립적으로 고찰하지 않도록 조심해야 한다. 분화시켜 주는 표현들이 무수하게 현존한다면, 그러므로 가령 이용할 수 있는 상위 개념과 관계하여 고찰해야 한다. 왜냐하면 어떤 대상 영역을 예를 들자면 개념 피라미드로 나타낼 수 있는 개념적 분절을 할 때에 비로소 사고 경제학적으로 개관할 수 있으며, 또한 보다 훌륭하게 정신적으로 통찰할 수 있기 때문이다.

마찬가지로 빈번히 고찰된 바 있는 그 밖의 언어 현상에 대해서 또한 주의를 당부하는 것이 적절한 것 같다. 둘 혹은 그 이상의 언어를 비교해 보면 드물지 않게 엄격히 구분된 분절 차이가 나타난다는 사실이 문제가 된다. 어떤 언어는 예를 들어 두 개의 상이한 현상을 하나의 단어로 포착하는 반면, 다른 언어는 그에 대하여 두 개의 분화된 단어를 소지하고 있다. 혹은 같은 현상이 한 언어에서는 한 단어로 일컬어지는 반면, 다른 언어에서는 두 개의 단어를 통하여 내용적으로 서로 다른 두 개의 관점에서 판단되어 있다[프랑스 어 'fleur'에 대하여 독일어 'Blume(풀의 꽃)'와 'Blüte(나무의 꽃)', 프랑스 어 'chair(육체)'와 'viande(고기)'에 대하여 독일어 'Fleisch', 독일어 'Himmel'에 대하여 영어 'sky(하늘)'와 'heaven(천국)' 등으로 분화되는 것을 참고하라]. 여기에 대하여 일반적으로 다음과 같이 말할 수 있다. 두 개의 비교 언어에서 그러한 차이가 자유롭고 산만하게 나타나는 한, 즉 이 언어와 마찬가지로 저 언어에서도 이런 종류의 요약과 분화가 이따금 나타나는 한 체계적으로 언어를 비교할 수가 없다. 그에 반하여 특정 규칙성이 나타난다면, 한 언어가 다른 언어보다 현저히 더 많은 분화를 가지는 방식으로 규칙성이 나타난다면 그것의 가능한 원인을 추적할 만할 것이다.

확실히 또한 개개의 경우들도 특정 이유에서 연구할 만할 것이다. 그러나 그것들은 항상 특별히 조심스럽게 검토를 할 필요가 있다. 왜냐하면 이런 상이성의 원인들이 아주 다양할 수 있기 때문이다. 자주 우리는 여기서 언어 역사를 끌어들이지 않고는 타당한 설명을 못하기도 한다. 바로 이런 영역에서 오판이 특히 빈번하다. 그 때문에 서로 다른 어떤 관점들이 이때에 역할을 할 수 있는지를 적어도 하나의 예를 들어서 보여 주는 것이 적절한 것 같다.

그러므로 우리가 독일어에서 'Mann(남자)'과 'Mensch(인간)'를 구별하고 있는 것을 살펴보자. 그에 반하여 영어에서는 'man'이, 그리고 프랑스 어에서는 'homme'가 이 양자의 개념을 나타낸다. 이런 증거가 어떻게 판단될 수 있으며, 여기서 가령 영어나 프랑스 어 언어 화자의 사고 속에서 인간(Mensch)을 파악하기 위해서 어떤 결론을 도출할 수 있을까?

그렇게 질문해 본다면 이 질문은 즉흥적으로 부정적 대답을 기대하게 할는지도 모른다. 왜냐하면 이러한 경우에 영국인과 프랑스 인도 '인간'이라는 속과 (여자와 함께) '남자'라는 종을 알고 있고 인정한다는 것은 분명할 것이기 때문이다.[24] 그 때문에 여기서 각기 'man'이나 'homme'라는 단지 한 단어가 사용된다면 그것은 무엇을 의미할까? 두 개념이 한 단어 속에 들어 있는가? 두 개념이 언어 외적으로 현존하며, 단지 같은 단어로써 일컬어졌는가? 어떤 언어학적 문제가 곧장 나타나는지를 우리는 안다. 사실 동음이나 내용적으로는 서로 다른 두 개의 단어, 즉 동음이의어가 문제된다고 아주 간단히 대답하는 데 이의를 제기할 아무런 이유도 없다. 그러나 이것을 어떻게 증명할 수 있을까? 많은 상황과 맥락 속에서는 화자가 'man'이나 'homme'를 가지고 'Mensch'를 염두에 두고 있는지, 아니면 'Mann'을 염두에 두고 있는지가 분명할 것이다. 그러나 같은 맥락 속에서

---

[24] 분류학에 따르면 큰 분류에서 작은 분류로 계(영어 kingdom/독일어 Reich)-문(phylum/Stamm)-강(class/Klasse)-목(order/Ordnung)-과(family/Familie)-속(genus/Gattung)-종(species/Art) 순서이다.

두 개념을 구분해야 할 때에는 더욱 어려워진다. 예를 들어 영국인과 프랑스 인은 'Der erste Mensch war ein Mann(첫 인간은 남자였다)'라는 문장이나 'Frauen sind auch Menschen?(여자들도 역시 인간이지요?)'라는 완전히 의미 있는 독일어 문장들을 어떻게 표현할 수 있을까? 이럴 경우에 'man'이나 'homme'를 사용해야 할까? 아니면 바꿔 쓰거나 의역을 해야 할까? 그 질문에 대하여 영어로 다음과 같이 말할 수 있을지도 모른다. 'The first human being was a man.' 혹은 'The first man was (a) male.' 프랑스 어로는 다음과 같이 말할 수 있을 것이다. 'Le premier homme était un mâle.' 두 번째 예문은 다음과 같이 나타낼 수 있을 것이다. 'Women are humans(혹은 human), too.' 그리고 프랑스 어로는 'Les femmes sont aussi des êtres humains.'

성서에서의 창조 이야기에서는 인간(Mensch), 남자(Man), 여자(Frau, Weib)의 개념이 등장한다. 독일어판 성경 창세기 1장 27절이 문제이다.

"Und Gott schuf den Menschen ihm zum Bilde, zum Bilde Gottes schuf er ihn; und schuf sie einen Mann und ein Weib."(그리고 하나님이 자기 형상 곧 하나님의 형상대로 사람을 창조하시되 남자와 여자를 창조하셨다.)

제임스 왕 흠정역 성경에서는 그 문장이 다음과 같다.

"So God created man in his own image, in the image of God created he him; male and female created he them."

프랑스 어 번역판에서는 이렇다.

"Dieu créa l'homme à son image, il le créa à l'image de Dieu, il créa l'homme et la femme."(La Sainte Bible, par Louis Segond Nouv, Éd., Paris 1957)

비교를 해 보면 분명하게 표현하려면, 그리고 해독에 장애를 초래하는 동음이의어를 피하려면 바꿔 쓰기가 등장할 수 있으며, 또한 실제로 등장한다는 것을 알 수 있다. 그러나 프랑스 어에서는 'homme'가 같은 문장에서 분명히 서로 다른 내용을 가지고 두 번 나타난다는 것이 눈에 띈다.

가령 나타나는 어려움이 어떻게 극복될 수 있는가를 우리는 안다. 어쨌든 'Mann'과 'Mensch'라는 분화된 표현을 쓰는 독일어는 같은 경우에 더 유리한 상황에 있다고 말할 수 있다. 다른 경우에는 자명하게 그것이 역이 될 수도 있다. 그의 언어가 음성적으로 구별되는 단어를 사용하는 자의 경우에는 맥락과 상관없이 분명하게 의사 표현을 할 수 있다. 자기 언어가 단지 한 단어 혹은 동음이의어를 사용하는 자는 상황 관계에서 경우에 따라서는 추가적인 내용 보충을 필요로 하며, 음성이 동일한 것이 장애로 느껴진다면 분명한 바꿔 쓰기를 할 수밖에 없다. 그러나 분명히 'man/homme'에 들어 있는 개념의 이중성이 영어와 프랑스 어 사용에서 지금까지 거의 장애로 작용하지 않았다. 왜냐하면 장애가 되었다면 아마도 중의성이 제거되었을 것이기 때문이다.

바르트부르크(W. von Wartburg)의 『프랑스 어 어원사전(*Französisches etymologisches Wörterbuch*)』(Bd. 14, 1961)의 안내에 따르면 프랑스 어는 특수한 라틴 어 표현 'vir(Mann)'을 단지 간헐적으로 차용하여 곧 다시 포기한 반면, 'vir'로부터 생겨난 여러 파생어 'virilis(männlich)', 'virilitas(Männlichkeit)', 'virtus(Mannhaftigkeit, Tugend)'는 (15세기 말 이래로) 'viril', 'virilité', (그리고 벌써 11세기 이래로) 'vertu'는 계속 살아남아 있다.[80]

'vir'가 완전히 사라지게 된 이유는 더욱 자세히 연구되어야 한다(예를 들어 연약한 음이 역할을 했을 수 있다).

위에 언급한 증거와 같은 언어적 증거가 중요할 수 있다는 것을 다음의 두 예가 증명할 것이다.

셰익스피어의 비극『맥베스』에서 맥베스 부인이 아직 주저하는 남편에게 덩컨 왕을 살해하도록 요구한다. 그녀는 이때에 남편이 사나이다울 것을 호소한다. 이와 관련하여 'man'이라는 단어가 몇 번 등장한다. 예를 들어 맥베스는 이렇게 말한다.

I dare do all that may become a man;
Who dares do more is none.
사나이(혹은 인간)다울 수 있는 모든 것을 나는 감행한다
더 이상의 것을 감행하는 자는 아무도 없다.

그러자 맥베스 부인이 대꾸하기를,
— When you durst do it then you were a man;
And, to be more what you were,
you would be much more the man.
당신이 그것을 감행한다면 당신은 사나이(혹은 인간)일 것이다;
그리고 지금까지의 당신 이상이 된다면
당신은 더욱이 사나이(혹은 인간)가 될 것이다.
(7막 1장 45 ff.)

---

80) W. v. Wartburg, 1961, S. 489, 516 ff.

영어 청자는 여기서 분명히 'man'을 'Mann(사나이)'의 의미로 이해해도 될는지 모른다. 독일어 번역가들은 그렇게 확실하지 않았다. 그들은 유동적이어서 'Ich wage alles, was dem Manne ziemt'[81]로 번역하기도 하고 'Ich wage alles, was dem Menschen ziemt'[82]로 번역하기도 한다. 두 번역가는 원전을 추가적으로 해석하여 보충 내용을 달고 있다.

Ich wage alles, was dem Manne ziemt,

사나이다울 수 있는 모든 것을 감행하겠다.

Wer mehr wagt, ist kein Mensch![83]

더 이상의 것을 감행하는 자는 인간이 아니다.

영어 원문이 독일어 번역가로 하여금 어떤 해석을 해야 하는 상황으로, 더욱이 종종 그릇된 해석을 하게 되는 상황으로 몰아간다. 의심할 바 없이 여기서 언어적 작용이 문제된다고 말할 수 있을 것이다.

언어 참여자가 어떤 이유에서 어휘적 특성을 주목하게 되어 추정된 원인에 대해서 숙고하기 시작한다면 드물지 않게 정상적 언어 사용에서는 거의 알아챌 수 없는 어휘적 특성이 갑자기 아주 중요하게 될 수 있다. 프랑스의 유명한 작가 시몬 드 보부아르(Simone de Beauvoir)가 그녀의 저서 『제2의 성(Le deuxième sexe)』에서 프랑스 어 'homme'가 '인간(Mensch)'과

---

81) A. W. Schlegel und L. Tieck, *Shakespeares dramatische Werke*, 12 Bde.(1839 u. ö., hier Ausgabe von 1855).

82) In den späteren Fassungen.

83) F. Gundolf, *Shakespeare in deutscher Sprache*(Berlin 1925), und ganz ähnlich R. Rothe, *Macbeth*(München 1922). Ich habe diese Übersetzungsfragen in einer unveröffentlichten Untersuchung(H. Gipper, 1954) behandelt.

'남자(Mann)' 양자를 나타낸다는 사실과 부딪쳤을 때 그런 경우가 생겨났다. 그녀는 게다가 이렇게 말하고 있다:

> 두 성의 관계는 두 전기의 관계, 즉 양극의 관계가 아니다. 프랑스 어로 인간 존재(les êtres humains)를 지칭하기 위해 'les hommes(인간들)'이라고 말해진다는 점에서 'les hommes'은 동시에 긍정과 중성을 나타낸다. '남성(vir)'이라는 말의 일반적 의미가 '인간(homo)'이라는 말의 의미에 가깝기 때문이다. 모든 결정이 제한으로서, 그리고 상호성 없이 남자의 탓으로 돌려질 수 있도록 여자는 부정적인 것처럼 보인다.[84]

보부아르는, 그러므로 여자는 남자의 우선권 아래에서 괴로워해야 했다는 그녀의 논지를 그녀의 언어가 증명하고 지지하고 있음을 인식할 수 있다고 믿고 있다. 이러한 이유에서 라틴 어 'vir'가 프랑스 어에서 사라졌는지, 혹은 다른 이유가 단어의 몰락에 책임이 있는지는 확실하지 않다 할지라도 그녀가 양성(兩性)의 지위에 대해서 이렇게 판단할 때에 확실히 완전히 틀렸다고는 할 수 없다. 하여튼 그 원래의 이유는 확실히 먼 과거 속에서나 찾을 수 있을지라도 오늘날의 언어가 문화적 관계에 대한 판단을 옳게 하든 그릇되게 하든 조정한다. 중세 기독교적 세계관이 작용했을지도 모른다. 주목할 것은 독일어에서는 'Mann(남자)'과 'Frau(여자)'에 대해서 상위 개념 'Mensch(인간)'로 구별하고 있다는 사실이 독일 관찰자들로 하여금 평가적 결론을 내리도록 했다. 그래서 독일의 신비주의자이자 도미니카 수도승 마이스터 에케하르트(Meister Eckehart)는 프랑스 사람(Welsche)과

---

84) S. de Beauvoir, [4]1949, S. 14.

관련하여 다음과 같이 판단한다.

여자와 남자에 대해서 우리는 homo라는 단어를 가지고 있다. 그러나 프랑스 사람들은 여자의 연약함으로 인하여 여자에게는 그 단어를 허용하지 않았다.[85]

확실히 이러한 암시는 철학적으로 깊이 몰두하고 역사적 관계를 보다 자세히 고려해야 할 필요가 있다. 그러므로 독일어에서 어원적으로 밀접한 연관이 있는 'Mann'이라는 단어와 'Mensch'라는 단어로 분화한 이유를 설명하는 것이 필요하다. 그러나 언어적인 원인은 작아도 정신적으로는 큰 결과를 가져올 수 있다는 것은 분명하다.

유사한 언어적 분절 차이가 가져오는 예기치 않은 결과를 수잔 외만(Suzanne Öhman)이 「호이징가의 호모 루덴스에 근거한 독일어와 스웨덴어에서의 '놀이'의 의미 영역」이라는 연구에서 언급하였다.[86] 이는 주목할 만하다. 모든 문화는 놀이 속에서, 그리고 놀이로서 전개된다고 주장하는 네덜란드 문화사가의 유명한 저서가 스웨덴에서는 독일이나 다른 유럽 국가만큼 긍정적으로 수용되지 못했다는 것이 그 스웨덴 여인의 눈에 띄었다. 독일이나 다른 유럽 국가에서는 무수한 비평이 완전히 칭찬 일색인 데 반해, 예를 들어 스웨덴 인 토리니 세예르스테트(Torgny Segerstedt)의 비평은 부정적 문장으로 끝을 맺고 있다. "우리는 호이징가가 그의 그와 같

---

85) Zitiert nach L. Weisgerber, *Vom Weltbild der deutschen Sprache*, 2. Halbband: *Die sprachliche Erschließung der Welt*, ²1954, S. 209.

86) S. Öhman, 1959.

은 말장난으로 문화생활의 문제를 보다 깊이 다루었다고 거의 생각할 수 없다."[87] 이와 같이 극명하게 서로 다른 판단이 나오게 된 것은 외만 여사가 보기에는 언어 분절이 서로 다르다는 사실과 관계한다고 증명하였다. 네덜란드 어, 독일어, 그리고 다른 유럽의 언어에서는 '놀이'라는 개념이 극도로 넓어서 짐승과 어린이의 놀이에서 시작하여 도박, 내기, 음악, 그리고 극장과 신성한 문화 의식에 이르기까지 포괄할 수 있는 반면에, 오늘날의 스웨덴 어는 'lek(놀이)'와 'spel'을, 그리고 'leka'라는 동사와 'spela'라는 동사를 분명히 구별하고 있다. 'lek'는 특히 어린이의 자유롭고 규칙의 지배를 받지 않는 놀이를 포괄한다. 고대에는 현악기 연주나 스포츠적인 무기 훈련을 포괄했다. 반면에 'spel'은 카드놀이, 주사위놀이, 장기, 그리고 테니스, 축구 등과 같은 규칙이 있는 놀이, 그러나 또한 무대 위에서의 놀이와 악기 연주와도 관계한다.

그 스웨덴 번역가는 호이징가의 놀이 개념을 각기 맥락에 따라 'lek'와 'spel'을 사용하여 해결해야 했을 때 큰 어려움이 있음을 알았다. 그 결과가 스웨덴 사람들에게 혼란을 주었음은 분명하다.

스웨덴에서 호이징가의 책에 극도로 관심이 적은 것이 이러한 장애적인 언어 요인 탓인지 어떤지의 문제를 조심스런 여류 학자 수잔 외만은 여전히 의문 부호를 가지고 보고 있으나, 이 경우에 언어가 영향을 미쳤음이 꽤 분명할지도 모른다.

어떤 언어에 어떤 한 단어가 있느냐, 없느냐를 보고 이따금 어떤 언어 공동체의 정신적 태도에 대해 경솔하게 성급한 결론이 내려졌다. 사람들은 그러므로 예를 들어 프랑스 인은 우리 독일어의 'Gemütlichkeit(편안함, 즐

---

87) Ibid., S. 335.

거움)'에 해당하는 단어를 가지고 있지 않으며, 역으로 독일인들은 프랑스어 'homme de lettres(문필가)'에 견줄 만한 어떤 등가적인 단어도 갖고 있지 않다고 언급하였다. 여기서 앞 장에서 분절 차이에 대해서 말할 수 있었던 바로 그것이 적용된다. 전체 어휘의 이용 가능한 의미 잠재성에 견주어 볼 때 특정 단어의 유무가, 그러므로 그 단어로 파악된 내용의 유무가 특별히 중요하지 않을 수 있다. 그러나 마찬가지로 그런 어떤 단어의 유무가 특정한 조건하에서는 중요할 수 있다. 프랑스 인의 집에서도 독일인이 'gemütlich(편안하다)'고 일컫는 그런 분위기가 있을 수 있고, 생길 수도 있다는 것을 부인하려고 하지 않을 것이다. 그리고 독일에서도 우리가 정당하게 'homme de lettres', 즉 광범위한 교양을 가진 문필가적 능력이 있는 인간이라 일컬을 수 있는 남자들이 있어 왔고, 현재도 있다는 것을 아무도 의심하지 않을 것이다. 그러나 분명히 어떤 개별 언어에서 두드러지는 명칭들은 그 언어 화자의 욕구를 충족시키는 것 같다. 그런데 이 욕구가 다른 언어에서는 문제가 되지 않는다.

내용에 기초하여 언어 비교를 하는 입장에서 보자면 비교 대상의 언어에서 상응하는 단어가 없는 경우에, 그 언어에서 그런 단어들을 수집해 볼 필요가 있다. 이렇게 하는 가운데 우리는 어떤 언어를 해명하는 열쇠가 될 만한 단어로 볼 수 있는 것들을 모을 수 있다. 이 단어들은 그 언어에 특징적인 내용과 개념들이며, 아울러 그 언어의 정신적 우월성을 보여 줄 수 있는 어휘들이다. 그와 같은 어휘 분석에서 훌륭한 도움이 되는 것은 번역물 검증이다. 번역물에서 어떤 것이 번역될 수 있고, 어떤 것은 번역될 수 없으며, 또 어떤 것은 내용적으로 사라지거나 첨가된 것인지가 대부분 중요하다. 그러나 번역 가능한 것이라도 자세히 검토해 보면 내용적으로 등가적이지 않은 것으로 판명될 수 있다. 확실히 프랑스 어 'gloire(영광)'는 독일어 'Ruhm(명예, 영광)'으로 번역될 수 있다. 그리고 우리는 대개 또한 주저하지 않고 그렇게 번역한다. 그러나 독일어의 그 단어는 결코 프랑스어 화자가 가령 'gloire de la France(프랑스의 영광)'에 대해서 말할 때마다 'gloire'가 프랑스 어 화자 속에서 일깨우곤 하는 고유의 정서적인 함축 의미(Konnotationen)를 갖고 있지 않다. 프랑스 어에서는 역사적 배경에서 자라난 민족적 자긍심의 의미가 함께 들어 있다. 이러한 자긍심은 이러한 특수한 특성에서 아마도 전례가 없는 것이다.

그 단어가 일깨우는 뉘앙스에 대해서 아무것도 모르는 자는 그 프랑스 어 단어 내용을 파악하지 못한 것이다. 확실히 우리는 그러한 숙고를 할 때에 얼마나 쉽사리 일방적으로 평가하여 해석하게 되는지를 항상 의식해야 한다. 우리는 독일의 불문학자 벡슬러(E. Wechssler)의 책 『기지와 정신(*Esprit und Geist*)』(1927)을 기억할 것이며, 아주 못마땅한 심정을 가질 것이다. 이 책은 독일어와 프랑스 어의 개념 차이를 거칠게 평가한 것 때문에 당연히 비평가들에 의하여 이구동성으로 거부당한 바 있다. 이 말이 그러나 부정할 수 없는 상이성을 벡슬러가 완전히 깨달았다는 것을 배제하지 않는다. 다만 우리는 학문적으로 다룰 수 있는 방법을 사용하지 않고 주관적 판단이라는 흔들거리는 토대 위에서는 지탱할 만한 어떤 언어 비교도 할 수 없고, 더욱이 언어적 세계상의 비교를 논증할 수 없다.

그런데 제대로 된 비교 척도를 어디서 발견할 수 있을까? 의미 있게 비교하려면 무엇을 비교해야 하며, 어떻게 비교해야 할까? 어떤 방법으로, 어떤 성과 전망을 갖고 해야 할까? 잠정적인 대답은 다음과 같다. 개별적이고 우연적인 것, 분리되고 고립된 것을 지나치게 강조하고 분석할 것이 아니라 우선적으로 일반적인 구조 특징, 가능한 한 언어 구조의 모든 차원에서의 일반적인 상이성을 비교의 경험적 출발 기저로 삼는 것에 비중을 두어야 할 것이다. 이들 특성이 아직 엄격히 규정할 수는 없다 할지라도, 다만 증명될 수 있는 경향으로서만 나타날 경우에도 이들 상이성은 주목을 받는다. 이때에 그런 현상의 양이 얼마나 되는가도 역할을 할 수 있다. 그러므로 대부분 있게 마련인 약간의 반례(反例)를 어떻게 평가할 것인가를 특히 결정해야 할 때면, 비록 매우 주의해야 한다 할지라도 언어 통계학을 이용해야 한다. 이러한 포괄적 양식의 비교는 지금까지는 거의 하지 못했다. 왜냐하면 당연히 많은 시간을 요하며, 많은 예민한 감각과 인내와 소신을 요구하기 때문이다. 필자는 나중에 이러한 방향에서 필자 자신의 연구에 대해서 보고하겠다.[88]

4. 문법적 범주와 문장에 대한 워프의 해석

여러 비평가들은 워프가 여러 언어의 범주와 문장을 비교하는 방법을 통하여 큰 혼란을 초래했으며 사실을 왜곡하였다고 언급하고 있다. 이것은 실제로 쉽게 증명할 수 있다. 예를 들어 그는 몇몇 인디언 언어들의 문장을 파악할 수 있는 가장 작은 의미 성분으로 쪼갠 후, 그 다음 그 구성 성분을 가지고 단어 의미를 실행하고, 마지막으로 이들 요소에서 전체 의미를 합성하였다. 따라서 사실 많은 관점에서 바람직한 소외 효과를 달성하였으나, 동시에 이러한 서술 방법으로 말미암아 문장을 생성할 때에 화자가 실제로 실행하고 표현한 것을 완전히 잘못 인식하게 되었다. 우리가 독일어나 영어, 아니면 우리가 잘 아는 다른 어떤 언어의 문장을 이러

---

88) 아래 194쪽 이하 참고.

한 방식으로 쪼개려 한다면 이때 단지 난센스한 일이 생겨날 수 있으리라는 것이 곧 분명해질지도 모른다. 이것을 아주 바람직하게 명료하게 보여 주기 위해서는 통용되는 독일어 합성어(Komposita) 몇 개를 간단히 살펴보면 될 것이다. 합성어 'Aschenbecher(재떨이)', 'Tintenfaß(잉크병)', 'Eisenbahn(열차)', 'Dampfwalze(도로 공사용 증기 롤러)', 'Junggeselle(독신 남자)'와 'Jungfrau(처녀)'를 쪼개 보아라. 그리고 결합된 단어의 전체 의미를 여기에서 합성하여 보아라. 곧장 확인할 수 있는 사실은 오늘날의 언어 의사소통에 따르면 'Aschenbecher'는 'Becher(마시기 위한 잔)'와 아무런 관련이 없으며, 'Tintenfaß'는 'Faß(술통과 같이 액체를 보관하는 큰 용기)'와 아무런 관련이 없다. 나아가서 'Eisenbahn'은 'Eisen(쇠)'으로 만든 'Bahn(길, 궤도)'이 아니며, 'Dampfwalze'는 'Dampf(증기)'로 만들어지지 않았고, 증기를 압연하여 고르게 하지(walzen)도 않는다. 그렇게 불리는 기계가 오늘날 더 이상 증기로 가동되는 것이 아니라, 아마도 디젤 엔진으로 가동된다. 마지막으로 'Junggeselle(독신 남자)'는 '젊을(jung)' 필요도, 'Geselle(장인)'일 필요도 없으며, 'Jungfrau'가 'junge Frau(젊은 부인)', 즉 결혼한 여성이 아니다. 결합어의 통용되는 내용은, 그러므로 이들의 어떤 경우에도 그 부분의 총합과 같지 않다. 문자 그대로 분석을 할 경우에는 확실히 언어 현실과는 맞지 않는다. 그러나 문자 그대로 해석할 경우에 볼 수 있는 단어와 사물 간의 불일치는 특정한 언어사적 변화와 문화사적 변화가 있었음을 주목하도록 하며, 또 이와 관련하여 유익할 수 있다. 그러나 신고 독일어 단어 내용을 기술하기 위해서는 이러한 절차가 소용이 없다. 그런데 워프는 한 발짝 더 나아가서 그렇지 않아도 벌써 특징을 지나치게 말하는 그의 분석에 더욱이 그림을 추가하여 구체적으로 설명한다. 이러한 방법으로는 그렇게 상상한 언어의 다른 성질에서 특별히 난해한 상념이 생겨남에 틀림없다.

특정 문법적 범주가 사고에 미치는 영향을 느낄 수 있도록 해 보려고 했다는 특정 문법적 범주의 특성을 기술하는 작업에서도 사정은 별반 다르지 않다. 워프가 자신에게 아주 중요한 언어적 배경 현상, 즉 언어 속에 숨겨진 은밀한 철학을 언급하고자 하는, 바로 여기서 묘사된 절차는 특히 위험한 것으로 나타난다. 서론에서 색채어 예를 아주 상세히 취급하면서 어떤 언어의 범주에는 매우 상이한 것이 자리할 수 있다는 것, 즉 예를 들어 한편으로는 동종 혹은 유사한 것으로 판단되는 현상이 별도의 언어 범주에 귀속될 수 있고, 다른 한편으로는 그러나 진술 의도의 이유에서도 예를 들어 새로운 통사적 가능성을 열어 주는 다른 품사로의 전환이 가능하다. 그런데 바로 그 때문에 이와 관련한 워프의 설명을 아주 조심해서 고찰해야 하는 것이다. 그래서 비평가들이 유보적 태도를 취한다면 우리는 그 비평가들에 동조해야 하는 것이다.

5. 워프의 '세계상'을 둘러싼 논쟁

서론의 언어관에 대한 설명에서 이미 강조했듯이 워프는 '세계상(world view, Weltansicht/Weltbild)'이라는 표현을 여러 가지 사항과 관련하여 사용하고 있고, 따라서 그때마다 서로 다른 것을 말하고 있다. 개념 설명이 부족하여 오해와 오판이 생겨나게 되어 있다는 점은 이미 언급하였다. 실제로 이런 일이 일어났다. 격렬한 논쟁 속에서 독일어 표현 'sprachliche Weltansicht(언어적 세계상)'나 'sprachliche Weltbild(언어적 세계상)', 'wissenschaftliches Weltbild(학문적 세계상)', 'ideologische

Weltanschauung(이데올로기적 세계관)'을 가지고 분명히 구별할 수 있는 그 모든 것들이 뒤죽박죽이 되었다. 이 개념들의 차이점에 대해서는 이미 아주 상세히 논의한 바 있다. 그러므로 해당 장을 참고하기 바란다. 워프에 대한 미국 비평가들이 여러 관계 속에서 구별하지 않고 이미 여러 가지 의미를 지니고 있는 표현인 세계관(Weltanschauung)을 더욱 첨가하였다는 사실이 개념 혼란을 더욱 가중시켰다. 아담 샤프조차도 이러한 용어상의 어려움에서 완전히 벗어나지 못하고 있으며, 물론 이러한 책임이 부분적으로는 그의 모국어인 폴란드 어에도 있고, 일부는 그의 책 번역가에게도 있음을 우리는 살펴보았다.

분명히 하기 위해서 여기서 다시 한 번 반복하자면 '언어적 세계상(sprachliche Weltansicht/sprachliche Weltbild)'이라는 개념은 훔볼트와 바이스게르버의 의미에서는 어떤 주어진 언어의 내용적 구성, 즉 이용 가능한 의미론적 분절과 표현 수단 속에 나타나 있는 '세계의 소여 양태(Art des Gegebenseins von Welt)'와 관계한다. 그러므로 여기서는 언어를 습득하는 인간이 '의미에서' 발견하고 무의식적으로 받아들이는 것이 문제가 된다. 워프는 이것을 여러 곳에서 '세계상(world view)'이라고 말하고 있다.

그에 반하여 '(학문적) 세계상 (wissenschaftliches) Weltbild'은 의식적인 사고 행위를 바탕으로 하여 세계 관계를 바라보는 시각이다. 이에는 우주적 세계상, 생물학적 세계상 혹은 다른 유의 세계상이 있다. 이런 의미에서 학문적 세계상은 아마도 현존하는 제 학설과 개인적으로 논쟁을 벌인 끝에 인간이 습득하는 것이다. 언어적 세계상에 비하면 논리적으로 이차적인 현상이다. 종종 워프의 개념은 이것을 나타내기도 한다.

마지막으로 '세계관(Weltanschauung)'은 종교적·철학적·정치적 관점에서 이 세계 내에서의 인간의 지위에 대한 판단과 세계 관계의 이데올로기적 관에 대한 교육을 통하여 시작된, 그러나 개인적인 판단이다. 워프는 이 생각과도 관계하고 있다. 왜냐하면 그가 호피 인디언의 우주의 모형 (model of the universe)을 설명하고 있기 때문이다.

그러므로 언어적 세계상은 있을 수 있는 여러 가지 세계상과 세계관을 진술하기 위한 토대로 간주된다. 독일어 사용자는 코페르니쿠스의 세계상을 지지할 수도 있고, 갈릴레이나 아인슈타인의 세계상의 지지자일 수 있으며, 기독교적 세계관이나 마르크시즘 세계관을 지지할 수도 있다. 일차적으로 주어진 독일어라는 수단을 가지고 이차적으로 매우 상이한 사고 체계가 세워질 수 있다.

따라서 어떤 한 언어권 내에 여러 철학이 현존하는 것으로 말미암아 아무도 놀라지 않는다. 그렇다면 "언어에 따라 언어가 사고에 상이하게 영향을 미친다는 사실은 어디서 찾을 수 있는가?"라는 질문이 가능하다. 이 어려운 질문에 대답하기 위해서는 그 밖의 언어학적 관점을 고려할 필요가 있다는 것을 알게 될 것이다.

우리가 워프의 '세계상 사상'에 대한 비평을 면밀히 검토해 보면, 그리고 우리가 행한 개념 구별을 고려한다면, 그 비평이 정당함을 어렵지 않게 검증할 수 있다. 대부분 문제가 되는 것은 그때그때마다 언급하는 사실들을 그가 충분히 구별하지 못한다는 점이다. 즉 기준면을 혼동하고 있는 것이 문제이다.

따라서 이와 관련한 모든 이의를 다룰 필요는 없다. 유사한 모든 비평을 대표하여 여기서는 독일인 슬라브 어 학자 코슈미더(E. Koschmieder)의 '언어와 세계상'[89]을 언급하겠다. 거기서는 또다시 어떤 유형의 오해가 생겨

---

89) E. Koschmieder, 1964.

날 수 있는지를 특히 분명히 볼 수 있다.

먼저 그가 논의 주제를 말할 때 벌써 오해에 근거하고 있다. 코슈미더는 "세계상은 언어에 좌우된다"는 명제가 일반 언어학의 보편타당한 원칙일 수 없다는 데에서 출발한다. 왜냐하면 개별 언어의 완전한 총 자료가 없기 때문에 그 명제가 귀납법적으로 증명될 수 없기 때문이다. 여기서 그가 언어적 세계상을 생각한 것이 아니라 2차적 세계상을 생각했다는 것은 코슈미더가 워프에 반대하면서 인용한 반례를 통하여 증명된다. 코페르니쿠스의 영향으로 인하여 서구 세계상이 급격히 변했음에도 불구하고 독일어는 '해가 뜬다(Die Sonne geht auf)' — '해가 진다(Die Sonne geht unter)' 등으로 말하는데 "이것은 완전히 지구 중심적 세계관에 해당한다."[90]

세계상이 실제로 언어에 의존한다면 코페르니쿠스는 실제로 "지구 중심적 세계상을 가진 언어에 정면으로 위배되는" 하나의 세계상을 고안해 낼 수 없었을 것이다. 오늘날의 천문학자들조차 학문적 전문 용어로 '일출(Sonnenaufgang)', '일몰(Sonnenuntergang)'이라고 말한다는 것 또한 놀라운 일이다. 이런 모순을 관찰해 보면 "언어학의 이러한 전체 방향에서 완전히 분명한 오류가 있다"[91]는 사실을 유추할 수 있다. 세계상은 단일하다고 말할 수 없을지도 모른다. 세계상이 언어에 의존적이라면 언어는 틀림없이 몇 번이나 변화해야 했을 것이다.

코슈미더는 그 다음에 워프가 예를 들어 특정 문법적 특성에서 호피 인디언의 세계상과 관련하여 도출한 여러 결론을 언급하고, 이러한 고찰 방식을 "완전히 오도적인 심리주의(durchaus irreführender Psychologismus)"[92]

---

90) Ibid., S. 14.
91) Ibid., S. 14.

라고 거부한다. 그는 나아가서 '호피 어에는 시제가 없다'는 워프의 주장에 의문을 표한다. 그리고 호피 어(와 무엇보다도 터키 어도)처럼 보편적 타당성과 시간을 초월하는 진리성을 표현하기 위하여 특별히 적합한 동사 형태를 소지하지 않은 언어를 가지고도 학문적 세계상을 형성할 수 있었다는 워프의 말을 고려하였다. 그것에 대한 코슈미더의 결론은 부정적이었다. "그 모든 것은 방법론상으로 완전히 불가능한 절차이다. 그리고 세계상 형성에 언어가 갖는 의미에 대한 워프의 생각을 이러한 형식으로 받아들일 수 없다. 왜냐하면 그 보편 언어적 증거가 불충분하기 때문이다."[93]

여기서 어떤 심각한 혼동이 있는지를 알아보기 위해서는 이 말을 더 이상 분석할 필요가 없다. 워프가 여러 곳에서 '세계상'이라는 단어를 가지고 무엇을 의미하려고 했는지를 코슈미더는 설명하려고 결코 애쓰지 않고, 코슈미더가 논증할 때에 언어 속에 결정되어 있는 세계상과는 엄연히 구별되는 학문적 세계상이라는 개념을 항상 염두에 두고 있다.

이러한 언어적 세계상에 물론 어휘 분절과 아울러, 일상생활에서 그것 없이는 우리가 결코 지낼 수 없는, 확고하게 언어를 소유하게 될 때에 갖게 되는 굳어진 어법, 의미 결합, 틀에 박힌 말 등을 고려해 넣어야 할 것이다.

'태양이 뜬다'라는 문장도 확실히 '비가 온다', '바람이 분다'라는 표현과 마찬가지로 그러한 굳어진 어법이다. 우리들에게 친숙한 자연 현상에 대한 이와 같은 판단 도식은 '정상적인' 일상 경험의 관찰 차원 위에서 생겨났다. 이러한 차원 위에서 세계를 언어로 포착하는 것이 수 세기가 흐르는

---

92) Ibid., S. 16.
93) Ibid., S. 18.

가운데 이루어졌다. 그리고 이러한 경험 차원 위에서 언급된 표현 방식이 또한 의미가 있는 것이다. '실제로는' 지구가 태양 주위를 돌고 있지 그 역이 아니라는 것을 우리가 오늘날 알고 있음에도 불구하고, 태양은 정상적인 관찰자에게는 이전과 마찬가지로 수평선에서 뜨고 지는 것이다. 이러한 감각 체험에도 불구하고 독일어는 어떤 누군가가 이러한 현상의 이유에 대해 숙고하고, 눈에 보이는 것과는 다른 통찰을 하도록 하는 숙고와 실험을 고안해 내지 못하도록 하지 않는다. 이 언어라는 수단은 새로운 통찰을 어려움 없이 말할 수 있도록 해 준다. 이때에 '태양', '뜨다', '지다', '돌다'라는 단어의 의미를 수정할 필요는 없다.

그러므로 코슈미더의 이의 제기는 본질을 비켜 간다. 언어 소여의 '토대적 성격' 혹은 '배경적 성격'을 여기서 철저히 오해하고 있다.

6. 언어와 문화

언어와 문화 사이의 관계에 대한 오래된 문제가 워프의 논지와 관련하여 새로이 논의되게 될 것이라는 것이 예상될 수 있었다. 게다가 우리는 미국에서 예기치 못한 새로운 문제를 제기한 인디언 언어와 인디언 문화의 분포를 고려하여 특히 복잡한 상태를 주목하게 되었다.

우리가 '문화(Kultur/culture)'라는 개념을 어떻게 정의하든 간에, 인간 사회를 통하여, 더군다나 그 사회의 소양과 소망과 능력에 따라 외계를 창조적으로 형성하는 것이 문화의 통합적 특성에 속할 것이다.[94] 예를 들어서 문화는 인간이 그 공동체 속에서 인위적으로, 그리고 기술적으로 활동하는 방법에서 외적으로 인지할 수 있게 나타난다. 그런데 문화는 생활 습관에서, 동료 인간과 동물에 대한 태도에서, 종교적·윤리적·도덕적·법적 상념에서 볼 수 있다. 특히 정신문화의 영역에서 언어가 중요한 역할을 하고 있다는 것은 실제로 분명하다. 그런데 보다 물질적인 영역에서도 언어는 필수 불가결한 것으로 나타난다(우리가 특히나 문화라는 경쟁 개념에 대립시키곤 하는 문명이라는 경쟁 개념은 여기서 배제되어 있을 수 있다).

그런데 우리가 문화라고 일컫는 것이 인간의 사고 및 행위와, 따라서 또한 언어와 밀접히 연관이 있다면 이런 관계의 양식을 보다 자세히 조사하고 기술하기 위해서는 특별한 노력이 필요하다. 지금까지 그래 왔듯이 언어를 단순히 문화의 거울로 간주하는 것으로는 결코 충분할 수 없다는 것을 어렵지 않게 통찰할 수 있다. 왜냐하면 언어가 물질적 문화의 새로운 대상에 대한 명칭만을 제공하는 것이 아니라 그것은 모든 문화적 업적을 위한 정신적 전제를 만들어 내기 때문이다. 이와 관련한 아담 샤프의 설명을 논의할 때에 이미 언어와 문화의 끊임없는 상호 작용이 고려되어야 된다는 것이 분명하게 되었다. 우리는 더욱이 훨씬 더 나아가서 언어 자체가 인간의 가장 중요한 문화재라고 말할 수 있다. 왜냐하면 언어는 인간으로 하여금 그의 삶을 인간적으로, 그리고 인간답게 만들어 주는 종 특유의 '이차적 자연(zweite Natur)'을 창조적으로 생성할 수 있게 해 주기 때문이다.

그러나 이처럼 언어와 문화의 상호 관련성을 언급하는 것으로도 아직 불충분하다. 그러한 숙고가 아무리 분명하다 할지라도 자세히 연구하여 구체적으로 증거를 댈 수 있어야 한다. 워프는 그 문제들을 자주 암시하

---

94) 독일어권, 프랑스 어권, 영미어권에서 '문화'와 '문명'이라는 개념을 여러 가지 방식으로 발전시키고 가치를 부여한 것에 대해서는 『문화와 문명(*Kultur und Zivilisation*)』, W. Schmidt-Hidding(Hrsg.), 1867이라는 합본으로 출판된 여러 개별 연구들이 잘 가르쳐 주고 있다. 그 밖에 A. L. Kroeber und C. Kluckhohn, 1952를 참고하라.

였으나 그 주제에 대한 특별한 연구는 하지 않았다. 아마도 그는 예를 들어 표준 평균 유럽 어(Standard Average European: SAE)의 사고 습관을 호피 인들의 사고 습관과 대비하고 "언어와 어떤 문화 전체와의 사이에 상호 작용."[95]을 파악하고 있다. 그러나 여기서는 더욱 간단한 언급만 하고 있다. 이따금은 또한 꽤 용기 있게 뭉뚱그려서 판단하고 자세한 분석은 하지 않고 있다. 그러한 테마를 다룰 수 있는 관점이 얼마나 다양한가 하는 것은 『우리들의 문화 구성에서 모국어』(²1957)라는 바이스게르버의 책에서 유추할 수 있다. 그 책에서는 독일어와 독일 문화권의 예문과 나아가서 유럽의 전체에서 나온 예문을 볼 수 있다. 상세히 기록된 수천 년의 전통을 가진 유럽 문화의 경우에 언어와 문화의 상호 작용 관계를 증명하는 것이 우리가 그 역사에 대해서 알고 있는 것이 비교적 적은 인디언 문화 영역에서보다 더 쉽게 수행될 수 있다. 왜냐하면 그런 관계는 하루 이틀 만에 생겨난 것이 아니라 오랜 시간에 걸쳐서 발전하기 때문이다. 그 때문에 인간 집단과 언어와 문화의 오랫동안 지속된 '공생'은 우리의 연구 대상인 그들의 관계를 성립하기 위한 전제로서 간주된다. '유럽 문화' 혹은 '서방 문화'와 같은 방식으로 영역을 크게 나누면 개별 언어권에서 현존하는 차이를 평가하기에는 확실히 적합하지 않다. 워프의 전제로서는 용납될 수 없는 사실인 '서로 다른 언어가 같은 문화를 지닐 수 있는 경우를 도대체 어떻게 판단해야 할 것인가?'라는, 미국에서 여러 학자들이 제기한 문제가 이미 여기서 제기된다. 언어 세계와 사고 세계 간에 밀접한 연관이 있다는 워프의 가정은 고립된 호피 어에서는 비교적 잘 믿을 수 있지만, 특히 다

---

95) 특히 "The relation of habitual thought to language"(1939)라는 그의 논문에서. in: B. L. Whorf, 1956, S. 199 ff.

음의 사실을 통하여 문제가 된다. 해리 호이저[96]가 확인하고 있는 바에 따르면 북미 대륙에는 서로 매우 상이한 언어를 말하는 인디언 족들이 단일한 문화를 이루면서 살고 있다는 것이다. 그런데 그와 더불어 매우 비슷한 언어를 말하지만 분명히 차이가 나는 문화를 이루는 곳도 존재한다는 것이다. 그래서 호이저는 호피 인디언과 인접한 호피-테와 족(하노의 푸에블로 인디언)은 두 어족에 속하는 서로 매우 상이한 언어를 말하지만 매우 전형적인 같은 푸에블로 문화에 속한다는 사실을 주목하게 했다. 그 영토 안에 호피 인디언 보호 구역이 있는 나바호 인디언과도 호피 인디언들은 모든 생활 습관을 공유하되, 그 언어는 결코 친족 간이 아니다. 그에 반하여 캘리포니아에 있는 트리니티 강의 하류에서 사는 후파 인디언은 언어적으로 나바호 족과 밀접히 친족 간이다. 그러나 그 문화는 매우 상이하다. 호피 어에 친족인 남파이우테 어가 있다. 그러나 그 문화는 호피 어의 문화와 다르다. 호이저는 벌써 1953년에 이들 관계를 보다 자세히 검토할 것을 권하면서 외적으로 상이한 언어가 상황이 그것을 요구하면 적어도 내용적으로는 서로서로 근접할 수 있음을 이미 언급하였다.

1965년 브라이트 부부(J. O. Bright & W. Bright)는 문화적으로는 단일하나 언어적으로는 상이한, (호이저의 연구와) 비슷하게 일치하는 다른 경우를 주목하였다.[97] 북서캘리포니아에 있는 문화적으로 단일체를 형성하는 인디언 족인 유록 족, 카록 족, 후파 족, 톨로와 족, 위욧 족, 칠룰라 족이 문제이다. 그러나 그들은 언어적 관점에서 보면 큰 차이가 있다. 벌써 사피어는 서로 다른 세 개의 언어 군에 속한다는 것을 알아냈었다. 이와 관련하여

---

96) "The Sapir-Whorf-Hypothesis", in: H. Hoijer(Hrsg.), 1954, S. 92-105.
97) J. O. Bright und W. Bright, 1965.

그는 '언어와 문화는 서로 어떤 내적 관계도 없다(language and culture are not intrinsically related)'고 말하지 않을 수 없었다[98](물론 사피어는 다른 곳에서는 보다 긍정적 의미로도 말하였다).

그러한 사실들을 부인할 수 없다. 이 사실들이 언어와 문화의 밀접한 상호 관계의 논지를 부정하느냐, 아니면 그에 부합하는 어떤 설명을 우리가 발견할 수 있느냐가 문제이다. 그러한 경우에 우선 검토해야 할 사실은 역사적으로 어떻게 위에서 언급된 상태로 이르게 되었으며, 언급된 부족들이 얼마나 오랫동안 이미 함께 살고 있느냐일지도 모른다. 나아가서 공통된 문화에 대해서 어떤 관점에서 말해야 할지, 즉 물질 문화 영역에서 공통성이 문제가 되는지, 아니면 정신문화 영역, 예를 들면 종교적 풍습에서도 공통성이 문제가 되는지를 아는 것이 중요할지도 모른다. 또한 서로 상이한 언어에서 언어 내용의 차원에서 어떻게 되는지를 연구해야 할지도 모른다. 왜냐하면 어느 정도 정신적으로 접근하고 있는 것에 대한 해당하는 단서를 특히 여기서 발견할 수 있을지도 모르기 때문이다.

세계사는 민족과 문화가 매우 뒤섞일 수 있는 운명을 가질 수 있다는 것을 가르쳐 준다. 자연적 재앙, 민족 이동, 정복과 항복, 추방이나 다른 이유들이 완전히 새로운 배치를 야기해 왔다. 부족들은 그들이 자신의 문화를 전개한 뿌리를 가졌던 거주지에서 흩어져서 갑자기 완전히 다른 세계 안에서 새로운 생활 조건에 적응할 수밖에 없곤 했다. 우리가 가지고 갈 수 있었던 문화재들은 새로운 상태에서 유지되어야 했다. 낯선 문화와의 접촉으로 말미암아 자신의 문화를 일부 혹은 완전히 포기하게 할지도 모른다. 확실히 언어는 어떤 외래의 압력이 그것을 억압하지 않는 한 보존하

---

98) Zit. in: ibid., S. 67.

기가 가장 쉬운 재산이다. 언어는 변신 가능하기 때문에 필요한 적응도 쉽게 할 수 있다. 모든 언어는 새로운 상황을 극복할 수 있다. 필요하다면 새 단어와 개념이 만들어질 수도 있다. 외래 개념이 직접 차용되기도 하고, 차용 번역의 형태로 받아들여질 수도 있다. 개개의 경우에 일어나는 정신적 변화는 문법적·통사적 차원에서보다 오히려 어휘적 차원에서 증명될 수 있다.

묘사한 북미의 특수한 경우는 가능한 많은 동반 상황을 고려할 때 포괄적인 사전 연구 없이는 설명될 수 없다. 브라이트 부부는 이런 관계의 검증을 위해 애썼으며, 동시에 그 검증을 사피어-워프 가설을 시험하기 위한 검증으로 간주했다.

확실히 단지 10쪽밖에 되지 않는 보고서가 너무나 많은 문제를 미해결인 채로 남겨 두고 있다. 역사적 관계에 대해서는 우리는 아무것도 알아낼 수가 없다. 연구는 특정 의미적 구조에, 특히 분류의 영역에서, 언어 속에서 발견할 수 있는 식물계와 동물계의 분절의 영역에 집중되어 있다. 다루고 있는 언어의 문법적 특성도 비교하고 있다. 결과는 그리 인상적이지 못하다.

사람들은 서로 다른 언어에서 몇 가지 문법적 유사성이 존재한다는 것을 확인하였다. 이는 아마도 언어 접촉의 결과일지도 모른다. 동물계와 식물계의 개개 영역들을 언어적으로 포착하고 분절함에 있어서 특정 유사성이나 공통성이 존재한다는 것을 적지만 몇 가지 예에서 볼 수 있다.

예를 들어 클래머스 강변 서로 맞은편에 살고 있으며, 내륙에 살고 있는, 언어가 서로 상이한 유록 족과 카록 족이 우리의 관습과는 다른 고유한 종류의 공간 방위를 따르고 있다는 것이 인상적이다. 동쪽, 서쪽 등의 의미에서 태양의 운행 방향에 입각한 방위를 사용하는 것이 아니라, 강의 흐름을 방위 척도로 삼고, '상류의', '하류의', '강 쪽으로', '강에서부터'의 의미를 지닌 표현들을 사용한다. 물론 이들은 이것을 자신들의 언어에 있는 수단으로 표현하고 있다. 이들 언어 수단은 그러므로 분명히 많은 의미적 분야에서 근접하고 있다.

상이한 언어의 화자는 상이한 세계에 산다는 워프의 극단의 논지는 그와 일치하지 않는다.

브라이트 부부를 통한 관계의 해석은 특수한 전문 용어를 사용함으로 말미암아 지지될 수 없는 결론을 낳게 되었다. 브라이트 부부는 문화라는 개념을 "언어 이외의 모든 것(alles außer der Sprache)"으로 보고, 그 다음에 연구한 의미론적 구조가 소속 언어에 속하는 것이 아니라 언어 외적인 공통 문화에 속한다고 결론을 내릴 수밖에 없다고 생각했다. 이러한 상황하에서 언어학적 구조를 무엇으로 이해해야 하느냐고 묻는다면 음성적 구조와 문법적 구조만이 문제가 된다. 의미론을 그처럼 언어에서 분리해 내는 것은 생각할 수 없다. 말하는 인간에게는 아무튼 내용적 측면이 언어에서 가장 중요한 것이다. 그러나 이러한 부족한 부분을 제외하더라도 조사된 자료가 결론적 판단을 변호하기에 결코 충분치 못하다. 특정 언어를 소유하면 워프의 과장된 표현처럼 그렇게 특정 세계관으로 고정되지 않는다는 것이 아주 분명하게 나타난다.

모든 언어는 특정한 문법적·통사적 구조를 지닌 체계적인 단위로 일컬을 수 있다는 것에 붙잡혀 있을 수 있다. 또한 우리는 어휘의 의미적 구조 속에, 굳어진 표현 속에 특정 '세계의 소여 양식'이 있다고 말해도 된다. 그렇지 않다면 언어는 인간이 날마다 그것에 기대하는 그 기대를 충족시킬 수 없을 것이다. 그러나 화자가 이러한 미리 주어진 수단을 가지고 정신적으로 수행할 수 있는 것을 미리 말할 수는 없다. 모든 언어로써 우리가 예상하는 것 이상을 할 수 있는 것이다. 어떤 언어의 화자가 다른 세계 내의 대상물을 접하게 된다면, 그리고 이 세계 내의 대상물이 아주 낯설고 익숙지 않은 것이라면, 어떤 언어도 그 화자를 완전히 방치해 두지는 않을 것이다. 필요한 적응 과정에서 언어상의 변화도 수행된다는 것, 즉 옛날의 의미 구조가 변하고 새로운 의미 구조가 생겨날 수 있다는 이 모든 것은 예상될 수 있으며, 완전히 또한 가능한 것이다. 이때에 새로운 현실에 대한 정신적 입장이 어느 정도로 변화할 것인가는 관계된 모든 동반 상황 전체를 분석하지 않고는 알아낼 수 없는 것이다.

오랫동안 공통된 발전을 하게 된 전제를 알 수 있다면 단지 그때만 특정 언어가 특정 문화의 통합적 구성 성분으로서 증명될 수 있는 것이다. 그런데 몇몇 논평에서 유추할 수 있듯이 이것을 워프도 알았다. 앞의 논의에서도 이 관점을 여러 번 언급했다.[99]

7. 상반된 두 입장: 포이어와 베르탈란피

우리들의 언어 상대성 문제에 대한 두 개의 입장에 대해서는 별도로 더 논의해야겠다. 왜냐하면 특별히 주석을 달 필요가 있기 때문이다. 하나는 루이스 사무엘 포이어(Lewis S. Feuer)의 「언어와 철학 간의 관계에 대한 사회학적 제 문제(Sociological aspects of the relation between language and

---

99) 여기에 대해서는 워프의 논문 "The relation of habitual thought and behavior to language" 의 마지막 장을 참고하라. in: B. L. Whorf, 1956, S. 156 ff. D. Hymes, 1961, S. 43도 여기에 근거하고 있다.

philosophy)」(1953)라는 논문이고, 다른 하나는 루트비히 폰 베르탈란피 (Ludwig von Bertalanffy)의 논문 「범주의 상대성에 관한 에세이(An essay on the relativity of categories)」(1955)이다. 전자는 언어 상대성 사상에 대해서 내가 본 것 중에서 가장 과격하게 거부감을 나타내고 있고, 후자는 생물학적·문화사적으로 고찰하고 있을 뿐만 아니라 동시에 인류의 전체 정신 발달을 포함하고 있다.

a) 포이어의 비평

포이어는 영국 철학에서 언어 비평 운동 내지는 언어 분석 운동에 본질적으로 자극을 준 버트런드 러셀에 대한 비평으로 시작한다. 왜냐하면 러셀은 언어 구조, 특히 통사론이 철학적 사고에 영향을 미칠 수 있다고 여러 차례 언급했기 때문이다. 그에 비하여 포이어는 언어 구조가 서로 다른 철학을 형성하는 데 일차적인 영향이나 결정적인 영향을 갖고 있지 않은 것이 분명하게 증명되었다고 생각한다. 그는 무수한 예를 들어 가며 이것을 논증하려고 했는데, 여기서는 그중에서 몇 가지만 언급하겠다. 그는 성(性)이라는 문법적 범주를 끄집어내었다. 그가 말한 바에 따르면 성은 라틴 어, 프랑스 어, 독일어, 그리고 스페인 어에서는 통사적 범주이지만 영어에서는 그렇지 않다. 그 증거로서 영어의 'the table'과 프랑스 어의 'le table'('la table'이어야 한다)를 든다. 이와 같은 분명한 문법적 차이가 프랑스 어와 영어 철학 속에 어떤 자취도 남겨 놓지 않았다고 말한다. 덴마크 철학자 키에르케고르가 그의 불안의 철학을 불확실함, 주저함, 의심, 염려 등과 같은 정신적 태도를 표현하는 특별한 기능을 가진 접속사라는 문법적 범주가 없는 어떤 언어로 표현할 수 있었다는 것을 그는 언급했다. 나아가서 그는 논리학상으로 보면 'p의 부정의 부정(nicht-nicht-p)'은

'p'와 같아야 하나, 어떤 언어의 통사론에서는 그렇지 아니한데, 이런 이중 부정을 사용하는 여러 언어를 일컫고 있다. 여기서도 문법적 특성이 결코 특별한 논리학이나 형이상학을 형성하도록 하지는 않았다는 것을 그는 확인했다.

이와 같은 대담한 논증은, 하지만 우리를 약간 당황하게 할지도 모르겠다. 왜냐하면 아무도 개별 문법적 특성이 사고에 영향을 미칠 수 있다고 그렇게 노골적으로 생각하지는 않았기 때문이다. 주목할 것은 포이어가 이와 관련하여 언급한 현상이 화자에게 일반적으로 내용상에서 어느 정도로 관여적인지는 검토하지 않았다는 점이다.

그에 반하여 포이어가 이어서 언급하는 다음과 같은 사실은 논란의 여지가 없다. 데카르트, 콩트, 베르그송과 같은 철학자들은 그들의 사고방식이 아주 상이하다 할지라도 같은 구조를 가진 같은 언어를 사용하고 있다는 점이다. 여기에 대해서는 나중에 다시 들어가 볼 것이다.

여기서는 우선 포이어의 판단을 보자. 모든 예들이 문법적 구조가 철학을 결정하지는 않는다는 동일한 부정적 결론에 이르게 한다. 같은 언어에도 여러 가지 철학이 있으며, 완전히 상이한 언어에도 동일한 철학적 사상이 있다. 이 모든 것이 가능하다. 왜냐하면 언어는 아주 유연한 도구여서 우리가 모든 것을 그 언어로 표현할 수 있기 때문이다.

포이어가 철학의 번역 가능성을 그 밖의 반증으로 간주하고 있음이 분명하다. 그래서 아리스토텔레스의 철학이 그 사이에 내용 손상 없이 아랍의 번역을 거쳐 서유럽에 이르게 된 것이다. 사소한 몇 가지 번역상의 어려움은 쉽게 극복되었다. 특정 언어 수단의 결여 자체를 포이어는 사고의 장애물로 간주하지 않았다. 그래서 우리는 예를 들어 히브리 어에는 존재 동사가 없음에도 불구하고 사람들은 히브리 어로 하나님의 존재에 대해서 논의할 수 있었다[영어의 'God exists'는 히브리 어로 'haeloh nimtzah', 즉 문자 그대로는 '하나님이 발견되었다(영어, God is found; 독일어, Gott ist gefunden)'로 번역된다]. 그러므로, 따라서 존재 문제가 그 언어에 해당하는 동사가 있느냐에 의존하지 않는다.

포이어는 중국 철학을 끌어들여서 서구 언어와 크게 상이함에도 불구하고 서구 철학과 완전히 유사한 많은 철학적 교의가 그 언어로 전개되었다고 강조한다. 여기서 그가 어떤 교의를 말하고 있는지는 그러나 밝히지 않고 있다. 확실히 그는 중국인들이 특정 철학적 문제에 대하여는 관심이 없었다는 점도 인정하고 있다. 예를 들면 중국에서는 인식론은 발달하지 못했다. 그런데 그는 이것이 틀림없이 언어 구조와는 아무런 상관이 없다고 확신한다. 중국 철학의 특성은 중국 문화의 특별한 사회적·경제적·기술적 특징에서 설명할 수 있는 것이지 결코 언어의 특성 때문이라고 말할 수는 없다고 본다.

어떤 개별 언어는 다른 언어보다 많은 철학적 관점을 약간 더 쉽게 말할 수 있는 가능성은 있다는 사실 정도는 포이어가 이미 인정할 각오가 되어 있었다.

그의 논문의 마지막 장에서 포이어는 그 다음에 강조하여 '언어 상대성 원리라는 교의', 특히 워프에 대하여 언급하고, 여기서 부정적 판단에 이르고 있다. 워프가 인용한 언어 특성 중의 어떤 것도 특별한 형이상학을 형성하게끔 하지 않았다는 것이다. 언어의 상이성 속에는 기껏해야 자연에 대한 인간의 특별한 관계가 강조될지도 모른다. 그러나 거기에서부터 어떤 경우에도 비교할 수 없는 우주가 생겨나지 않을 것이다. 여기서도 포이어는 다시금 모든 특성이 번역 가능함을 시사하고 있다. 포이어에게는 언어 상대성이란 번역 불가능성이라는 옛 교의가 새로운 옷을 입고 나타난 것에 불과한 것이라고 본다.[100] 그것은 전형적인 사이비 사회학적 가설이요, 비합법적 혼동이다. 이러한 모든 지탱할 수 없는 사변에도 불구하고 사람들은 모든 관찰자에게 이미 주어져 있는 불변적 세계를 잊었다. 그리고 이론적 물리학과는 달리 여기서 사람들은 "커뮤니케이션에서의 마이클슨-몰리의 실험"을 증명 수단으로 제의할 수 없었다.[101] 워프는 분명히 호피 어 시각 방식의 특성을 영어로 표현할 수 있음을 알았다. 이는 그 자신의 논지가 거짓말임을 보여 준다. 그의 전제에 따르면 호피 어의 시각 방식을 영어로 표현하는 것은 결코 불가능할지도 모르기 때문이다. 그러므로 여기서도 이미 다른 순환 논거를 취하고 있다.

자신의 입장을 논증하기 위하여 포이어는 강조하여 인간 경험의 공통성, 즉 모든 언어에 근거가 되는 보편적 범주를 언급하고 있다. 사고가 공통적이고, 보편적이고, 과학적이라는 것이 모든 언어로 자신의 생각을 표현할 수 있게 한다.

철학사에서 가장 위대한 언어적 혁명은 전통적인 학문 언어인 라틴 어를 포기하고 살아 있는 민족 언어를 사용함으로써 시작하게 되었으며, 이로써 의미 없게 되어 버린 많은 용어를 갖고 있는 인위적으로 획득한 언어로는 더 이상 표현될 수 없는 현실적 문제가 있다는 사실에 집중하게 되었다고 포이어가 말했다. 데카르트가 자신의 프랑스 어로 글을 쓰기로 결정했다면 그것은 그가 진부한 라틴 어를 사용할 때보다 그의 독자들이 그를 더 잘 이해하게 되고, 더 올바르게 판단할 것이라는 희망을 갖고 있기 때문이다. 그러므로 이러한 결정은 사회학적 이유를 갖는 것이지, 가령 통사

---

100) L. S. Feuer, 1953, S. 95.
101) Ibid., S. 96.

적 이유를 갖는 것이 아니다. 이런 결정의 원래의 의미는 그것이 현재와 미래를 위하여 학문의 시야를 열어 준다는 것에서 볼 수 있을 것이다.

그에 반하여 포이어는 현대 철학의 언어학적인 해석을 오로지 이데올로기적 이유에서 인류의 목하의 생활 문제를 외면한 것으로 보고 있다. 따라서 철학사에서 원동력이 되어 온 원래의 문화적·심리학적 갈등들은 위축될지도 모른다. 인류는 말하는 존재라기보다는 실제로는 아직 말을 더듬거리는 존재이다. 깊은 인간적 갈등이 해결되고 불안이 완화된다면 그제야 인간은 언어의 명료성에 이를 수 있을 것이다. 그 때문에 철학이 언어 비평에 국한해서는 안 될지도 모른다.

포이어의 냉정하고 우려적인 말이 치료적 작용을 하고 있다. 그 말들이 전체 문제 복합체들을 다시 한 번 새로이 성찰해 보도록 한다. 특히 마지막에 언급된 발화 중 많은 것이 내가 보기에는 중요하고 생각해 볼 만한 가치가 있는 것 같다.

그런데 포이어가 단호히 주장하듯이 실제로 언어의 상이성이 철학적 사상에 중요하지 않은가, 또 철학적 사상이 한 언어에서 다른 언어로 손상됨이 없이 옮겨질 수 있는가 하는 우리들의 관심을 끄는 핵심 문제에 대해서는 아직 대답하지 않은 것 같다.

어떤 한 언어에서 매우 다양한 철학이 가능하다는 사실은 의심할 바 없이 포이어의 말이 맞다. 라이프니츠, 칸트, 니체와 하이데거를 생각해 보고, 데카르트, 콩트, 베르그송과 사르트르를 생각해 보고, 버클리, 로크, 흄과 러셀을 한번 생각해 보라.

그리고 그 이외에도 확실히 상이한 언어로 유사한 것을 확실히 사유할 수 있었다. 우리는 이미 미리 주어진 언어라는 수단을 매우 서로 다르게 사용할 수 있으며, 그러므로 어떤 한 언어 내에서도 매우 상이한 사상적

건물이 축조될 수 있음을 강조하였다. 그러나 그와 함께 제시된, 한 언어 내의 철학의 상이성이 단지 그 언어의 도달 범위가 얼마나 크냐 하는 것만을 보여 준다는 설명은 거의 완전히 만족할 수 없다. 칸트가 그의 동포인 독일 사람 헤겔보다는 영국인 흄에 더 가까이 놓여 있다면 한 사람은 독일어로 글을 썼고, 다른 한 사람은 영어로 글을 썼다는 사실이 얼마나 중요할 수 있을까?

우리가 이러한 어려운 관계를 진지하게 설명해 보려고 한다면 이 문제를 회피해서는 안 된다.

'내적 언어 형식(innere Sprachform)'과 '언어 양식(Sprachstil)'이라는 개념 도입을 통한 논쟁점 설명 시도

언어가 사고에 영향을 미치는 일이 실제로 일어난다면 같은 언어로 작성된 철학들이 비록 사상적으로는 상이하다 하더라도 그것들을 정신적으로 결합시켜 주고, 또 다른 언어로 작성된 유사한 철학을 서로 구분해 주는 어떤 것이 더 있어야 한다. 물론 여기서 말하는 것은 아무튼 명백한 외적인 언어 상이성이 아니라 내적인 상이성을 두고 하는 말이다.

우리는 이러한 관계를 아직 그리 알지 못한다. 사람들은 여기서 예를 들면 훔볼트의 '내적 언어 형식'이라는 사상이나, 바이스게르버가 설명한 바의 '언어 양식'이라는 개념을 고려해야 할 것이다. 훔볼트 연구자들은 많이 논의되기는 했으나 절대로 완전하게 설명되지는 아니한 '내적 언어 형식'이라는 개념이 언어 철학자들에게는 '언어적 세계상(sprachliche Weltansicht)'이라는 개념과 밀접히 연관이 있음을 안다. 바이스게르버는 훔볼트의 '내적 언어 형식'이라는 개념은 보다 정적인 '언어적 세계상'이라는 개념이 동적으로(energetisch) 전환된 것이라고 해석한다. 즉 여기서는 미리 주어진 그 언어 구조가 우리가 언어 구조를 가지고 사고하고 의사를 표현하는 과정에서 일어나는 것에 영향을 미친다는 것이 문제이다. 그러므로 우리의 관심사인 바로 그것[25]이 문제이다. 훔볼트가 말하는 바, "세계를 정신으로 개변시키는 행위(der Akt der Verwandlung der Welt in Gedanken)"는 언어가 구성되어 가는 긴 역사적 과정과 개인이 언어를 습득하는 목하의 과정에서만 관계할 수 있는 것이 아니라, 말을 하거나 글을 쓰는 능동적 언어 사용에도 연장될 수 있다. 화자가 자신의 개인적 생각을 말할 때에 준수해야 하는 미리 주어진 단어들과 그 단어들의 연결 원리나 규칙들은 반드시 개인의 사고에 전해져 그 사고가 특별한 구조를 갖게 한다. 그리하여 이 구조는 해당 진술이 다른 언어로 진술되었을 때와는 구별된다. 그것이 무엇에 좌우되는지는 바로 이 구조를 보여 주는 것일지도 모른다. 나는 이것을 직접 나의 학위 논문 「시를 번역할 때에 나타나는 언어적·정신적 변형. 독일어와 프랑스 어의 정신 상이성을 규명하기 위한 비교 언어학적 연구」(1950, 1966)에서 지리적으로 인접하나 구조적으로 주목할 만하게 상이한 두 언어의 예에서 보여 주려고 했다. 나는 이때에 언어 구조가 상이함으로 말미암아 필연적으로 어떤 변화가 생겨날 수밖에 없는지를 밝혀내기 위하여 모두 독일어 번역과 프랑스 어 번역이 된 구할 수 있는 약 2000개의 독일어 시와 프랑스 어 시를 비교했다. 즉 내가 '언어 양식'이라고 일컫는 것, 즉 각 번역가의 개인적 특성, 즉 개인적 문체와는 구별되는 언어 체계로 말미암아 생겨난 변형이 문제이다. 어휘재(Wortmaterialien), 통사적 연결어, 연구 자료 내에서 특정 현상의 빈도를 상세히 분석하여 나는 구체

---

[25] 즉 언어 구조가 사고에 영향을 미친다는 것.

적으로 논증할 수 있는 네 개의 경향에 도달하게 되었다. 그런데 이 경향들을 나는 괴테의 용어를 빌려 "변형(Metamorphose)"이라고 일컫고 프랑스 어와 독일어 간에 '정적/동적, 분석적/종합적, 추상적/구체적, 울리는(klingend)/울림이 풍부한(klangreich)'이라는 개념 쌍으로 특징지으려 했다. 샤를 바이(Charles Bally)나 바르트부르크(W. Wartburg)와 같은 일부 학자들이 이미 사용한 표현들의 적절성에 대해서는 논란이 있을 수 있다. 그러나 이것이 사실 판단과 관련해서는 아무런 영향을 주지 못한다. 나는 여기서 낱낱이 언급할 수 없으나 이 결과에 대해서는 적어도 절차의 방향을 볼 수 있을 정도로 더 설명하고자 한다. 프랑스 어 시를 독일어로 번역한 것들은 프랑스 어 원전보다도 한정 동사 형태, 사건이나 과정을 표현하기 위한 언어적 형식이 풍부하였으며, 나아가서 보다 종합적인 단어 형태 내지는 합성어와 통사적 연결어(Umklammerung)를 포함하고 있었으며, 의미를 지니는 구체적으로 명백한 요소 내지는 의미소를 더 많이 보여 주며, 결국 프랑스 어 원전보다도 구별 가능한 음을 더 많이 사용하고 있었다.

역으로 모든 프랑스 어 번역물은 분사 구조와 상태적인 것을 표현하기 위한 언어 형식, 분석적으로 나열된 단어 결합과 통사적 성분의 해당 연속, 많은 추상적 요소를 더 많이 사용하였으며, 동시에 단어 구조에서 의미소는 더 적었다. 나아가서 프랑스 어 번역은 음이 더 적었다.

이와 같은 예언을 증명할 수 있다는 것을 특별한 몇몇 경우의 예에서 잘 검토할 수 있다. 작가 자신이 직접 프랑스 어로 옮긴 독일어 시 몇 편이 있다. 예를 들면 릴케의 시가 있다. 두 원고를 비교해 보면 여기서도 언어 구조의 탓이지 번역 작가의 탓이 아닌 해당 변화가 등장하고 있음을 알 수 있다. 게다가 나는 명망 있는 프랑스 어 번역가에게 어떤 독일 시를 번역해 줄 것을 요청하고, 이것을 독일 작가의 프랑스 어 원고와 비교해 보았다.

여기서 밝혀진 사실은 프랑스 사람들이 번역할 때에 전형적인 프랑스 어의 구조를 릴케보다도 훨씬 더 강하게 적용하고 있다는 사실이다. 즉 그들은 그들 모국어의 '양식'을 더 순수하게 표현한 것이다.

독일 작가가 직접 쓴 프랑스 어 원고를 새로이 검토해 보면 독일인은 프랑스 어를 프랑스 인과 똑같이 사용하지 못한다. 즉 그들은 프랑스 어의 언어 규범을 완전히 따르지 않는 것이다. 즉 여기서 릴케가 삽입한 개인적 성분도 확인할 수 있다.

연구 결과를 간략히 요약한다는 일이 쉽지 않다. 나는 특히 모든 주관적 평가를 그만두고 두 언어를 그들 특성에 따라 평가하려고 했다. 나는 이것을 다음과 같이 시도했다.

독일어는 이 세계의 현상을 되어짐(Werden)으로, 행위를 성취(Vollzug)로 파악하고 있다. 서술의 수단들은 구체적 명백성을 보여 주는 것을 목표로 한다. 과정의 파악은 종합적으로 총괄해 보는 방식(Zusammenschau)으로 일어난다. 언어 구조가 사고 기능적으로 어떤 관련을 맺고 있느냐는 외부인에게는 이따금 숨겨져 있어서 간신히 파악될 수 있다. 단어로 이루어진 예술 작품들은 그 언어 형식과 울림 형식의 운동성 속에서 마치 음악이라는 구조물을 연상시킨다. 그것들은 유기적으로 성장한 물체의 인상을 준다.

프랑스 어는 이 세계의 현상을 되어져 있음(Gewordensein)으로, 행위를 최종 상태(Endzustände)로 파악한다. 서술의 수단들은 보다 추상적인 개관성을 보여 주는 것을 목표로 한다. 과정의 파악은 분석적으로 순서대로 바라보는 방식(Nacheinander-Schau)으로 일어난다. 문장의 구조는 오성의 명료성에 의하여 결정되므로 외부인에게도 어려움 없이 파악될 수 있다. 단어로 된 예술 작품은 정적인 형식을 취하고 울림의 통일성을 이룬 가운데 건

축술이라는 구조물을 연상시킨다. 그것은 인위적으로 만들어진 물체의 인상을 준다.[102]

이러한 두 언어의 상이성에 대한 가능한 설명을 찾기 위해서 나는 두 언어의 역사를 끌어들였다. 나는 두 언어의 점차적인 발전의 차이에서 보다 깊은 원인이 있음을 알 수 있다고 믿었다. 이러한 가정은 프랑스 어 전문가와 독일어 전문가의 판단을 통해서도 지지를 받을 수 있었다. 이때에 세계어인 라틴 어가 프랑스 어의 발전에 미친 지배적인 영향이 결정적으로 중요했다. 그로 말미암아 프랑스 어의 발전은 촉진되었다. 독일어가 보다 독자적으로, 따라서 천천히 발전하는 동안에 프랑스 어는 그 특별한 역사적 전제 때문에 독일어보다 더 강하게 대부분의 유럽 언어에서 증명될 수 있는 경향을 띠게 되었다. 우리는 그것을 언어학에서 종합적(synthetisch) 언어 유형에서 분석적(analytisch) 언어 유형으로의 전이라고 말하곤 한다.

나는 이런 모든 것을 여기서는 단지 암시만 하겠다. 상세한 것에 대해서는 졸고를 직접 참고하기 바란다.

여기서 특히 우리에게 관심이 있는 문제에 대해서 한마디 더 하겠다. '언어 양식'이라는 말로 파악되는 어떤 언어의 특성은 어떤 정신적 영향을 가질까? 약술한 독일어와 프랑스 어의 차이와 관련하여 나로서는 다음의 해석을 할 수 있을 것 같았다.

종합적 언어 표현을 가진 독일어의 특징은 관계를 지향하는 정신관(Geistessicht)을 자체 내에 포함하고 있을지도 모른다. 어떤 생각이 그것을

---

102) H. Gipper, 1966a, S. 211.

결정하는 모든 요인이 나타날 때까지는 언어적으로 당장에 완결되지 않는다. 이로 인하여 정신이 방해받지 않고는 내용에서 내용으로 나아가는 것이 아니라, 이미 주어진 것을 지속적으로 고려한 가운데 저지를 받는 한 사고 과정은 속도가 늦추어진다. 그로 인하여 어떤 방식으로는 내용에 보다 강하게 집중하도록 되어 있다. 이로 인하여 정신 작업은 구멍을 뚫고 들어가는, 그리고 깊이 구덩이를 파고 들어가는 사고 행위를 수용할 수 있다. 이러한 상황은 철저한 학자의 연구에 유리할 수 있다.

분석적 언어 구조를 보이는 프랑스 어의 특징은 신속한 파악과 논리적으로 분절된 사고 순서를 목표로 하는 정신적 노력을 환영한다. 어떤 생각이 점차적으로 파악된다. 매 순간 당장에 받아들여질 수 있는 것만큼만 제시된다. 정신은 내용에서 내용으로 서둘러 나아간다. 괄호 구조를 통하여 장애를 받지도 않고 주어진 것을 지속적으로 되잡도록 강요당하지 않는다. 이로 인하여 전체 내용의 파악은 촉진된다. 그러나 동시에 필요한 집중의 양은 완화된다. 이로 인하여 정신 작업은 표면적인 것(etwas Oberflächenhaftes) [피상적인 것(Oberflächliches)과 동일한 것이 아니다]을 얻을 수 있다

그 명료성과 관련하여 두 언어의 차이점에 대하여는 다음과 같은 것을 말할 수 있다. 독일어 어휘재는 복합어 가능성이 다양하고 풍부하여 구체적인 세부 사항과 개별적 과정을 정신적으로 파악하기에 유리한 수단이다. 정신은 한편으로는 그 언어를 통하여 어떤 내용을 특정한 방식으로 구체화하도록 강요받고, 다른 한편으로는 어떤 내용의 수용이 무수한 개개 내용 요소를 정신적으로 더듬어 찾도록 요구한다. 다시금 세부 사항에 머무르는 것이 사고 과정을 지체시키고 동시에 사상 복합체를 다 퍼내는 것을 유리하게 한다. 독일어는 그 화자로 하여금 구체적으로 사고하도록 해 준다. 이것은 장점과 위험을 동시에 내포하고 있는 사실이다. 개별 현상에 대한 철저한

평가가 요구되는 곳은 어디에서나 언어의 특성이 나서서 도우고, 논리적으로 분명한 개관을 요구하는 곳은 어디에서나 언어의 특성이 장애로 작용한다. 따라서 독일어 사용자 중에서 교육을 적게 받은 자는 무엇 때문에 추상화하는 것이 힘이 들며, 무엇 때문에 그로 하여금 형식적 사고를 하도록 교육하는 것이 그토록 힘이 드는가가 설명이 된다.

프랑스 어 어휘재는 오성의 여과기를 통하여 사물과 사건을 묘사하기에 충분한 것으로 여겨질 정도의 양으로 삭감되었다. 그와 더불어 개관이 가능하다. 형식과 수단이 지나치게 풍부함으로 말미암아 개관성이 침해되는 일이 없다. 확실히 가장 구체적인 세부 사항도 충분히 기술할 가능성이 있으나, 그렇게 하기 위해서는 그 자체로 대부분 추상적인 영역에 속하는 요소들을 노련하게 투입하여야 한다. 그 사고 과정은 보다 추상적인 언어 수단을 통하여 촉진된다. 그러나 보다 높은 정신적인 조합 재능을 전제로 한다. 프랑스 어는 추상적이고 형식적인 사고를 하기에 유리하다. 프랑스 어는 구체적인 세부 사항이 혼란스러울 정도로 많아서 방해받을 일이 없다.[103]

오늘날의 관점에서 볼 때 여기에 대해서 확실히 할 말이 더 있을지도 모른다. 그러나 이러한 주장이 아무리 일시적이고 개선될 만하다 할지라도 내가 보기에는 그 당시에 접어든 길이 특히 두 측면의 비교를 다(多) 측면의 비교로 보완하여, 예를 들어 이른바 대조적 문법이 가져온 견해를 이용한다면 그때에는 언어 양식을 파악하기 위한 진정한 가능성을 열어 주는 것 같았다.

특별히 포이어가 제기한 철학적 사고의 문제와 관련하여 사상가의 주의

---

103) Ibid., S. 221 f.

력이 그 사상가가 사용하는, 그리고 그의 논증 방식에서 고려해야 하는 언어의 의미적 자질과 구조 특징을 통하여 특정 방향으로 조정되는 한, 언어 양식은 사고 양식에도 '영향을 미친다(abfärben)'고 우리는 말할 수 있다. 그러한 한 같은 언어로 작성된 두 개의 상이한 사상 체계는 그럼에도 불구하고 내적인 친족성을 보일 수 있다. 역으로 그러나 상이한 언어로 작성된 유사한 두 사상 체계는 이런 친족성이 없다.

이런 관계 속에서 이탈리아 인 마리오 펜사(Mario Pensa)와 같은 독일어 철학을 철두철미하게 아는 학자는 그의 책『독일인의 사유. 독일 철학의 기본 형식에 대한 연구』에서 독일 철학자들은 비록 큰 상이성이 있음에도 불구하고 그들 모두를 결합시켜 줄 만한 공통된 특징이 있다고 말한다. 문제 제기와 문제점들이 항상 반복된다는 점, 즉 세계관과 자연관과 관련하여 내적인 정신 친족성이 있음을 언급하면서 펜사는 그의 판단을 논증한다. 그러나 특히 외국어를 사용하는 관찰자가 거리를 두고 보는 입장에서 볼 때에 이들 상이한 철학을 내적으로 친족적인 것으로 나타나게 하는 것은 특히 공통된 언어 양식 때문이라고 우리가 가정한다면 거의 틀리지 않을 것이다.

『언어 내용 연구의 구성 요소』에서 나는 여기에 대하여 언급하였다. 게다가 중국어에 대한 장에서 (중국어에서와 같이) 보다 외적인 문법적 관계망이 있느냐 없느냐가 사고에 어떤 결과를 초래할 수 있는지를 암시하였다. 어떤 사상가가 자기 자신의 언어로 반성하기 시작하자마자 정상적 화자가 절대로 발견하지 못한 모든 문법적 자질이 의미심장하게 될 수 있다. 어떤 인구어의 화자가 한번 그의 문장을 구성하고, 특정한 방식으로 문장 요소를 서로 결합시켜서 진술의 의미를 조정하고 규정하는 문법적 수단에 주목하자마자 그는 이미 특정한 논리적 법칙성을 발견하는 가장 좋은 길 위에 서 있는 것이다. 그러나 동시에 그는 가끔 그 언어가 흡사 논리학에는 역행하는 듯한 특수한 어떤 길을 걸어가고 있음을 깨달아, 이런 모순에서 사고 진행을 규정하는 원리에 대한 숙고가 생겨날 수 있다. 우리가 사물을 그렇게 고찰한다면 그리스 어는 아리스토텔레스라는 철학자가 그의 논리학을 발견할 때에 그를 조정할 수 있었다고 상상한다면 옳을 것이다. 그리고 우리는 명시적 관계망을 갖지 않는 중국어와 같은 언어는 중국 사상가들로 하여금 아리스토텔레스와 같은 질문을 제기하도록 하기가 쉽지 않았음을 파악한다. 특히 포이어의 주장과는 달리 여기서는, 그러므로 언어 구조적인 전제로 인해 특정 문제가, 가령 예를 들면 형식 논리학의 문제와 같은 것이 중국 철학에서는 거의 주제로 되지 못하게 되는 이유가 될 수 있는 것이다.

현대 언어학은 언어와 철학의 관계를 보다 자세히 연구할 수 있는 그밖의 구체적인 가능성을 열어 놓고 있다. 로만 어 학자 한스게오르크 콜(Hans-Georg Koll)이 새롭고 많은 것을 보여 주는 연구를 하였다.

그는 데카르트와 칸트와 흄의 저서를 언어 비교 분석을 통하여 이들 철학이 그 철학적 체계를 구성할 때에 비록 그들이 의식하지는 않았을지 모르지만, 그들의 언어 구조에 의하여 조정을 받았다는 것을 증명하는 매력적이나 어려운 과제를 제기하였다. 콜은 1965년 마드리드에서 개최된 제11회 로마니스트 학회 발표에서 그의 연구의 첫 부분 결과를 전달하였다.[104] 이 논문에서는 데카르트가 그의 유명한 『방법 서설』, 『철학의 원리』, 그리고 그 밖의 저서에서 전개한 그의 가장 중요한 사상적 원리가 프랑스 어 구조에 그 배아가 있었다는 것을 특히 설득력 있게 보여 주었다. 라이프니츠

---

104) H. G. Koll, 1968.

와 칸트를 참조하라고 말하는 것이 이미 독일 철학자들은 사상적으로 프랑스 인과는 달리 나아가고 있다는 것과, 이처럼 다른 방식으로 진행하는 것은 또다시 독일어의 구조 특성 때문임을 암시한다.

아주 신중하게, 그리고 철학적 엄밀성을 가지고 수행된 이러한 지루한 연구를 마무리하는 것은 저자의 심한 눈병으로 인해 어려움에 처하게 되었다. 콜의 해명력 있는 성과가 이러한 문제에 대한 논의에 새로운 자극을 부여할 것이라는 것이 예상된다.

포이어가 예를 들어 아리스토텔레스의 저작을 아랍 어로 번역하는 것과 같이 철학적 텍스트를 번역하는 것에는 문제가 없다는 사실과 관련하여 말한 것에 대해서, 우리는 철학사의 몇몇 지식에 비추어 볼 때 어느 정도 경솔한 것으로 생각할 수 있다. 아랍 어 번역이 원전을 변경시키지 않았으리라는 것은 순전히 사실이 아니다. '순수한 아리스토텔레스'에 대한 중세의 격렬한 논쟁, 즉 아랍 어의 아리스토텔레스 주석에 반대하여 행해진 무수한 교회의 금서 조치를 단지 상기해 보라. 아랍 어로 번역할 때에 나타난 커다란 개념상의 어려움을 특히 로만(J. Lohmann)이 언급하였다.[105]

성경 번역 테스트에서 검증해 본 이른바 번역의 문제없음

아마도 지구상의 가장 다양한 언어로 행해진 성서 번역물이 가장 유명하고 전 세계적인 번역 테스트일 것이다. 이러한 사실이 히브리 어 원전과 고(古) 그리스 어 원전이 내용적으로 손상을 입지 않고 아주 상이한 언어 구조로 옮겨질 수 있었다는 것을 말해 주는가? 번역의 역사를 약간 연

---

105) J. Lohmann, 1968.

구해 본 자라면 모두 그렇게 말할 수 없다는 것을 알 것이다. 엄청난 번역의 어려움이 보고되고 있는 국제 선교 활동의 분야에서만이 무수한 증거가 나오는 것이 아니다. 유럽의 언어사는 근대의 인구어로 번역할 때에 마찬가지로 중요한 장애가 극복되어야 했다는 것을 보여 주는 무수한 증거를 보여 준다. 사람들이 성서 문장을 적절히 옮기는 데 독일어권에서만 수백 년간의 피나는 노력이 있었다고 말할 수 있다. 고고(古高) 독일어 시대에 현존한 방언들 중 어떤 것도 기독교적 교리의 기본 개념을 표현할 채비가 갖추어져 있지 않았기에 점차적으로 히브리 어 내용과 그리스 어 내용을 적어도 부분적으로 독일어로 옮기기 위해서는 여러 세대에 걸친 학자들의 노력이 필요했다. 그리스 어와 라틴 어에서 고고 독일어와 중고(中高) 독일어라는 여러 단계를 거쳐서, 결국 우리들의 신고(新高) 독일어 개념인 '하나님(Gott)', '성자(Heiliger)', '영(Geist)', '신앙(Glaube)', '은총(Gnade)', '양심(Gewissen)', '동정(Mitleid)', '회개(Reue)', '죄를 사하심(Vergebung)', '긍휼(Barmherzigkeit)', '겸손(Demut)' 등으로 나아갔던 긴 가시밭길의 노정을 한 번 생각해 보라. 가령 그리스 어 'συνείδησις(syneídēsis)'에서 라틴 어 'conscientia'를 거쳐 고고 독일어 'giwizzani'와 신고 독일어 'Gewissen(양심)'으로 나아간 경우에서와 같이, 문자 그대로 차용 번역한 꽤 직선적인 길은 아주 드물다. 프리츠 취르히(Fritz Tschirch)는 『독일어사』라는 그의 책에서 다음과 같이 설명하고 있다:

가령 'resurrectio(부활)'이라는 개념에 대하여 15개 이상의 상이한 번역 시도가 전해져 오고 있다. ur-stant, ur-ist, ur-stend-î, ur-rest-î, ur-stend-ida, ur-stend-idi, ur-stôd-ali, ar-stant-nessi, er-stant-nunga, ir-stand-inî, ûf-er-stend-e, ûf-er-stand-unge, ûf-er-stand-en-keit, ûf-er-stent-nisse;

결국 'ûf-er-stê-unge'가 장을 주도했다. 'temptatio(유혹)'에 대해서는 압도적으로 우세한 'ver-suoch-unge'를 비롯하여 10개, 'redemptio(구원)'에 대해서는 'ir-lôs-unge'를 비롯하여 11개가 있었다. 'experimentum(실험)'에 대한 16개 중에서, 그리고 'corruptio(부패)'에 대한 14개 중에서는 아무것도 결국 관철되지 못했다.[106]

어려움이 많았다는 것을 분명히 하기 위해서 이 몇 가지를 언급하는 것으로 충분하다. 수 세기가 지난 뒤 오늘날 우리들의 언어에서는 완전한 번역이 이루어졌다고 적어도 말해도 되는가? 나는 그것을 감히 의심한다. 그리고 특히 성서 해석의 문제에 몰두하는 많은 신학자들은 이 점에서 나와 동감이다.

여기서 나는 가령 히브리 어 원전에서부터 십계명을 번역할 때에 생겨나는 우선 특정한 문화에 따른 고유한 어려움을 생각하는 것이 결코 아니다. 여기서 예를 들어 '살인하지 말라'는 제6계명을 우리가 일반적으로 인간 생활을 보호하기 위한 것으로서 파악하지만, 이스라엘의 문화 맥락에서는 죄 없이 흘린 피에 대한 제멋대로의 복수를 금지하는 것, 즉 씨족 내의 피의 복수와 관계하는 한, 이 계명은 히브리 어 원전을 현대적 시각으로 옮긴 것이라는 것을 쉽게 보여 줄 수 있다.[107] 원래 고대 유대 인들의 특수한 법 개념과 관련하고 있는 '간음하지 말라'라는 제7계명에서의 바꾸어 놓기의 필요성은 더욱 분명해진다. 고대 유대 인의 특수한 법 개념에 따르면 남자의 소유물을 특별히 보호하려 했다. 아내도 남편의 소유물이었던

---

106) F. Tschirch, 1966, S. 169.
107) 여기에 대해서는 H. Schüngel-Straumann, 1969 참고.

것이다. 여기서도 옛날의 의미가 유지될 수 없다. 왜냐하면 옛날의 의미는 현재 우리들의 결혼관과 일치하지 않기 때문이다.

그 밖의 많은 점에서 보완될 수 있을지도 모르는 구약의 예들을 언급한 바와 같이 결코 중심 문제로 삼을 필요는 없다. 우리들에게 보다 가까이 있는 신약에서조차 아주 중심 영역에 있어서, 더군다나 우리가 거의 예상치 못한 그런 영역에 있어서 유럽의 성서 번역 사이에는 오늘날 여전히 차이가 있다. 그것은 아마도 거의 개별 언어에 기인한다고 볼 수 있다.

나는 여기서 단지 주기도문만, 특히 세 번째 기도인 '당신의 뜻이 이루어지이다'[26]라는 부문만 언급하겠다. 그리스 어 원전에는 'γενηθήτω τὸ θέλημά σου(genēthētō tó thélēmá sou)', 라틴 어 판으로는 'Fiat voluntas tua', 오늘날 통용 독일어 판에는 'Dein Wille geschehe!'이다. 내가 보기에는 여기서는 동사의 형태 'γενηθήτω'가 문제이다. 그리스 어에서는 동사 'γίγνομαι'의 수동 부정 과거(Aorist)의 명령형인데, 독일어로 나타낸다면 '(ich) werde, entstehe(되다, 생겨나다)'가 된다. 이는 확실히 단지 근사치만을 나타낼 수 있는 번역이다. 이른바 이태동사 'fieri'[fio, factus sum; 그리스 어 φύομαι 'wachsen(성장하다), entstehen(생겨나다)'과 유사하다]에서 나온 라틴 어 'fiat'는 당장에 보여 줄 수 있는데, 이미 다른 의미 요소를 포함시키고 있으며, 이는 제 로만 어에서 영향을 미치고 있다. 고트 어와 고고독일어에서 그리스 어 'γενηθήτω'를 재현하려고 애써야만 했다. 360년의 불필라 성서 번역에서 'Wairthai wilja theins'라고 되어 있는데, 이는 오늘날 독일어로 표현한다면 'Werde!(되어라)'이다. 1252년 라인마르 폰 츠베터 (Reinmar von Zweter)[27]의 중고 독일어에서는 그곳이 'Din Wille werde!'로

---

[26] 개혁 개정판에서는 '아버지의 뜻이 이루어지게 하소서'라고 번역하고 있다.

되어 있다. 이러한 해결과 더불어 그 밖의 일치하는 두 개의 번역이 있다. 특히 'Si Willo thin'(Otfrid, 870)—Sei dein Wille!(당신의 뜻 이기를!)와 'Din Wile geskehe(당신의 뜻이 일어나기를!)'(Notker, 1000)가 있다.[108]

주지하는 바와 같이 'Dein Wille geschehe!'가 통용되게 되었다. 이것이 원전에 가장 훌륭하게 합치하는 것인가? 최종 판단은 신학자에게 맡기면 된다. 그러나 우리는 오늘날의 독일어 언어 사용에 비추어 볼 때 이 표현이 기도하는 자가 가령 '인간의 뜻이 아니라 하나님의 뜻이 실현되도록 기도한다'는 의미로 이해될 수 있는지를 확인해 볼 수 있을 것이다. 이는 상이한 언어를 사용하는 자에게 질문해 봄으로써 신속히 확인 가능하다. 원래는 '인간이 결코 아무것도 변경시킬 수 없는 하나님의 뜻에 순응한다'는 것이 그 안에 숨겨져 있다.

분명히 라틴 어 원본을 모방하여 나온 여러 로만 어에서는 이것이 다르게 나타나 있는 것 같다.

프랑스 어 'Que ta volonté soit faite', 스페인 어 'Sea hecha tu voluntad', 그리고 이탈리아 어 'Sia fatta la tua volontà'를 비교해 보라. 이런 표현에 대한 문자 그대로의 독일어 번역은 'Dein Wille sei gemacht(당신의 뜻이 만들어질지어다)'이다. 여기서 주목할 점은 로만 어는 수동을 조동사 'sein'과 함께 만들며, 독일어와는 달리 'werden'으로 만들지 않는다는 점이다. 그러나 이것이 결정적으로 문제가 되는 것이 아니다. 내가 보기에는 오히려 로만 어 표현에서는 아마도 인간이 관여하지 않고 하나님의 뜻이 '일어나라 (geschehen)'고 하는 것이 아니라, 그 뜻이 '만들어지고(gemacht)', '수행되어

㉗ 중세 음유 시인, 1200~1248.

108) Belege bei J. C. Adelung, 1809.

라(ausgeführt)'라고 표현하고 있다는 점이 중요한 것 같다. 그렇다면 아마도 이러한 행위 수행의 해당 주체가 우선 하나님의 뜻을 성취하는 데 능동적으로 동참함으로써 기여하는 인간을 생각할 수 있을지도 모른다. 내가 독일어 해석자의 관점에서 이것을 옳게 보고 있다면 로만 어 표현으로는 인간에 대한 능동적 요구가 더 강렬하게 표현되고 있다. 반면에 독일어 표현에서는 보다 수동적으로 수용할 것을 표현하고 있다. 영어 'Thy will be done'은 완전히는 아니라 할지라도 로만 어의 예를 따르고 있다. 서로 다른 표현에서는 적어도 언어 구조의 상이성에서 기인하는 아주 현저한 견해차가 있다는 것을 거의 부인할 수 없다.

이것은 그러나 단지 하나의 예에 불과하다. 우리가 성서 번역을 이러한 방법으로 체계적으로 계속 수행한다면 확실히 무수한 그 밖의 차이점들이 밝혀지게 된다. 이때에 예수님이 소박한 인간의 환경 속에서 살았으며, 교육을 받지 못한 청자들, 예를 들면 어부, 세리, 가난한 자들의 이해 수준으로 입장을 바꾸어 그가 비유를 할 때에도 포이어가 그의 설명에서 특히나 기억하고 있는 특수한 철학적 텍스트보다는 번역하는 데에 어려움이 적은 단순한 언어를 말하도록 했다는 사실이 덧붙여질 수 있다.

이렇게 추가적으로 설명하는 이유는 철학적 텍스트의 번역이 문제가 없는 것으로 증명되었다는 주장이 사실과 다르다는 것을 보여 주고자 하는 것이다.

b) 루트비히 폰 베르탈란피의 입장

이제 생물학자 루트비히 폰 베르탈란피의 논문을 살펴보자. 그는 다른 관점에서 의미가 있다.

그는 워프의 논지에서 출발하여 이 상대성 사상을 결코 놀랄 만한 것으로 생각하지 않는다. 서로 다른 문화에서는 확실히 사고 양식이 상이하다는 것은 그에게는 확실했던 것이다. 다만 이것이 단지 언어적 요인 때문인지에 대해서는 의문의 여지가 있었다.

시간 파악에 대한 워프의 설명과 관련하여 베르탈란피는 오스발트 슈펭글러(Oswald Spengler)가 그의 유명한 『서구의 몰락(Untergang des Abendlandes)』에서 마찬가지로 서방 세계상(Occidental World Picture)에는 시간이 중심적 역할을 하고 있음을 강조하여 다른 시각에서 같은 결론에 이르고 있다는 점을 주목하였다.

베르탈란피는 그러나 워프가 제기한 언어학적 문제를 논의하고 싶지는 않았다. 그는 이 문제를 화려한 개인의 진술로 간주한 것이 아니라, 그 속에 인식 과정을 일반적으로 검열하기 위하여 기여하는 것으로 보고 있으며, 그 기여를 필요한 것으로 보았다.

그가 논문에서 밝히고자 한 그의 논거는 다음과 같다. 지식의 범주는, 더군다나 일상 지식의 범주뿐만 아니라 결국 일상 지식을 더욱 세련시켜 주는 학문적 지식의 범주도 생물학적 요인과 문화적 요인에 의존한다. 이와 같이 지식의 범주가 인간 전제에 좌우됨에도 불구하고 인간적 한계에서 벗어난 절대적 인식은 어떤 의미에서는 가능하다.[109]

그 다음에 베르탈란피는 두 개의 장에서 '범주의 생물학적 상대성'과 '범주의 문화적 상대성'을 다루었다.

전자에서 그는 특히 독일 생물학자 야콥 폰 윅스퀼(Jakob von Uexküll)과 그와 공동 연구자인 게오르크 크리스차트(Georg Kriszat)와 관계하여 진화의 과정 속에서 현저히 변천한 인간의 세계 체험의 감각적 전제들을 언

---

109) L. v. Bertalanffy, 1955, S. 247.

급하고 있다. 칸트의 선험 범주(Apriori-Kategorien)는 따라서 불변적인 것으로 간주될 수 있는 것이 아니라 그것들도 변천을 한다는 것이다. 우리들의 경험의 범주들은 각기의 주어진 심리적·물리적, 그리고 생리적인 조건에 의존하게 된다. 베르탈란피는 특히 체험 가능한 최소 시간 단위인 '순간'에서 증명될 수 있는 우리들의 시간 체험의 생리적 전제를 언급하면서 개체의 시간 체험에서 연령으로 말미암아 제약된 변화, 즉 이른바 생물학적 시간(biologische Zeit)을 강조한다.

범주의 문화적 제약성에 대한 장에서 그는 예술 양식의 시대가 서로 다르면 그와 결부되어 예술 욕망도 서로 다르다는 것을 언급하고 있다. 이 예술 욕망에 대해서는 특히 리겔(U. Riegel)과 보링어(W. Worringer)와 같은 예술사가들이 연구한 바 있다. 슈펭글러는 이러한 직관을 인지적 범주로도 확대하여 '인지 양식(styles of cognition)'도 서로 상이함을 분명히 했다. 범주의 문화 제약적 상대성[28]에 대한 그의 견해는 본질적으로 옳으며 워프의 논지와 상당히 일치한다. 언어를 이용하여 얻은 지식은 의심할 바 없이 지각에 영향을 준다는 것이다. 그래서 조직학자가 현미경을 가지고 표본을 연구할 때에 문외한보다는 더 많은 것을 보게 된다.

그런데 이것은 베르탈란피가 '명백히 서로 다른 입장은 한결같이 이유가 있다'라고 상대성의 제약으로 나아가는 것이다. 신체적·감각적인 전제들은 보편 인간적이다. 그에 반하여 개념화(conceptualization)는 문화에 따라 제약된다. 왜냐하면 그것들은 사용된 상징적 체계에 의존하기 때문이다. 언어와 세계상 간의 상호 작용 관계를 가정할 수 있다. 하지만 그럼에도 불구하고 보편적으로 구속력 있는 인식은 가능한 것이다. 저자는 이때에

---

[28] 즉 문화에 따라 인지 범주가 서로 상이하다는 것.

예를 들어 수학을 생각한다. 왜냐하면 수학의 보편적 구속력은 가설적·연역적 성질의 동어 반복적인 체계에 근거하고 있기 때문이다. 그리고 그 체계의 내적 추리성의 결과는 전제를 수용하는 자는 또한 연역을 인정해야 한다.

거기서부터 베르탈란피는 그가 관점주의적(perspektivistisch) 견해라고 부르는 그 자신의 견해를 논증하는 데에 이른다.[29] 상이한 문화에서 발전된 범주들은 실재의 거울일 필요는 없다 할지라도, 세계 내에서 성공적으로 적응하고 살아남도록 해 주는 방식으로 실재와 동형적이어야 한다. 인간 유기체가 적응하지 못한 세계 내로 들어갈 때에는 우리들의 범주들은 붕괴됨에 틀림없다. 인공적 감각 기관을 고안하여 인간의 경험 가능성들을 확대하는 것이 성공한다면 단지 그때만, 예를 들어 원자 차원이나 우주 차원 내에서의 해당 파악도 가능할 것이다. 가령 상대성 이론과 양자론 영역에서와 같이 정상적 직관성의 차원에서 점점 멀어지는 상황이 되면 물리학은 고유한 인간 경험의 울타리에서 벗어나기 시작한다는 것을 의미한다고 저자는 강조한다. 그것으로 시작하는 발전을 그는 '전진적 탈인간화(progressive de-anthropomorphization)'라고 부른다. 그에게는 탈인간화가 직접 경험이 '점점 더 저절로 작동되는 연산 체계(self-running algorithmic system)'로 대체되어 가는 것으로 특징되는 것 같다.[110] 물리학적 체계는 그 때문에 인간이 접근선적(asymptotisch) 방법으로, 즉 결국 불완전한 방법으

---

[29] '관점주의'는 우리말로 '원근법주의'라고도 하며, 이는 고트프리트 빌헬름 라이프니츠가 처음 사용한 개념으로서, 현실은 관찰하는 개인의 입장과 특성에 의존한다는 견해이다. 인간의 사고, 인식, 행위는 시간과 공간, 개인적 성향, 환경과 상황에서 결과하는 다양한 제약을 겪기 때문에 유한하다는 학설. 인식 주체의 입장을 떠난 보편타당한 인식이 불가능하므로 결국 상대주의적 경향을 가지게 된다.

110) Ibid., S. 259.

로만 접근할 수 있다 할지라도 그 상태 내에서 절대적인 것으로 간주된다. 이러한 마지막 경계는 '디지털 유형'에 따라 구성되어 있는 우리들의 신경 체계와 관계할지도 모른다고 베르탈란피는 추측한다. 우리가 아날로그 계산자로 구성되어 있는 뇌를 가졌다면 아마도 다른 논리학도 소유하고 있을지도 모를 텐데 말이다.

언급한 문제 영역에 대하여 여러 편의 독일어 단행본을 낸 바 있는 그 생물학자는 그의 관점주의적인 기본 견해를 결국 니콜라우스 폰 쿠에스(Nikolaus von Cues)의 직관에 근거를 두고 있다. 왜냐하면 그 논문은 '전체는 모든 부분에서 조명된다(ex omnibus partibus relucet totum)'[30]라는 그의 말로서 끝을 맺고 있기 때문이다.

베르탈란피의 설명 중에서 특히 다음 사항들이 나에게는 특히나 주목할 만한 가치가 있는 것 같다. 하나는 문제의 생물학적 측면, 즉 인간의 세계 체험의 신체적 전제에 관한 언급이며, 다른 하나는 과학적 사고의 한계를 극복하는 힘에 직면하여 상대성 사상을 보다 적절한 관점주의 사상 속으로 이행시키려는 시도이다.

오래전부터 나는 유사한 숙고를 했다. 『언어 내용 연구의 구성 요소』라는 책의 마지막 장에서 나는 윅스퀼의 종 특유의 '고유 세계(Eigenwelt)'의 사상을 '언어 세계(Sprachwelt)'의 사상과 결부시키려고 시도했다. 우선 모든 생명체는 그의 신체적·감각적 전제를 근거해 볼 때 세계에 대한 접근이 다만 제약되어 있다는 윅스퀼의 핵심 사상을 무수한 오해와 오류 해석으로부터 해방시켜 줄 필요가 있었다. 나는 그 다음에 인간의 세계 체험의, 특히 시간과 공간 체험의 신체적·감각적 제약을 기존의 연구 결과를 토대

---

[30] 이에 대한 영어 번역은 'each part reflects the whole(모든 부분이 전체를 반영한다)'이다.

로 기술하고 인간의 언어 능력의 생리학적 제약을 또한 포함시켜 보려고 했다. 이러한 일반적 제약과 더불어 그 다음에 공동체와 결부된 제약, 마지막으로는 개별적 제약을 고려할 수 있었다. 이때에 언어 상이성이라는 사실은 올바르게 이해한 윅스퀼의 의미로 종 특유의 인간의 '고유 세계'가 훔볼트의 의미에서 집단 특유의 '언어 세계'만큼 확대되는 방법으로 인류학적으로 중요한 사실로 간주될 수 있었다. 내가 보기에는 자연 과학적 통찰, 인식론적 통찰, 언어학적 통찰을 서로 함께 결합하기 위해서는 이것이 가능한 길인 것 같다.

관점주의 사상은 또한 워프 사고 모형보다는 오히려 훔볼트 사고 모형과 일치한다. 왜냐하면 특히 훔볼트는 "인식될 수 있는 모든 것은 인간 정신에 의하여 작업될 수 있으며, 모든 언어 사이에, 그리고 그 언어와 상관없이 한가운데에" 놓여 있는 것으로 간주할 뿐만 아니라, "인간은 그 인식 방식과 지각 방식에 따라서 볼 때, 그러므로 주관적 방법과 다르지 않게 이 순수 객관적인 영역에 접근할 수 있다. 전체 인류의 주관성은 그러나 다시 자체 내에서 객관적인 것이 되는 것이다!"[111]라고 첨언하기 때문이다(자연 사건의 천변 만화경적인 특성을 강조한 워프에게서는 과격한 상대주의 사상의 위험을 막을 수 있는 이러한 조절적이며 결정적인 중심이 결여되어 있다).

베르탈란피의 사상은 분명히 같은 방향을 목표로 하고 있다. 워프 못지않게 논란이 되고 있는 슈펭글러와 같은 증인에 대한 언급이 아무리 의문의 여지가 있다 할지라도 그의 설명의 바로 그 마지막 부분은 이러한 논의에 주목할 만하게 기여하고 있다. 전문 용어의 문제에 대한 한 논문에서 필자는 실제 관계에 대한 통찰이 점차 증대함으로써 나타나는 학문적 발

---

111) W. v. Humboldt, 1963, S. 20.

전의 특성을 명칭 기술의 점차적인 엄밀화와 객관화로, 탈신화화와 탈비유화의 과정으로 규정하려고 했다.[112] 아마도 그러한 특성화는 베르탈란피의 '탈인류화'보다는 덜 공박받을 것이다. 왜냐하면 인간으로서 세계를 인간적 방식으로 파악하는 것은 인간은 절대로 그칠 수 없을 것이라는 사실이 그것에 반론을 제기할 수 있기 때문이다.

8. 유럽의 유사한 사상(훔볼트, 트리어, 바이스게르버 등)에 대한 미국 학자들의 언급

워프 논지에 대해서 말하고 있는 미국 학자들 중에서 훔볼트와 그의 후계자들의 직관과 워프의 사상적 근친성을 언급하는 것은 비교적 드물다. 이런 관계에서 이른바 신훔볼트학파 포르치히(W. Porzig), 트리어(J. Trier), 바이스게르버(L. Weisgerber)의 이름들이 아주 드물게 나타난다. 대부분 간헐적이고 상세히 언급하지 않고 있다. 빌헬름 폰 훔볼트는 더욱이 때때로 미국에서 아주 잘 알려진 그의 동생 알렉산더 폰 훔볼트와 혼동되고 있다. 이 모든 것은 필자가 아는 한 몇몇 논문을 제외하면 아직 훔볼트의 언어 철학적 문헌과 언어학적 문헌이 영어로 번역된 것이 없으며, 그 밖에 언급된 학자들의 가장 유명한 연구서도 아직 번역되지 않았기 때문이다. 독일어 문장을 읽을 줄 아는 미국 학자들의 수가 하지만 아직 비교적 미미하다. 아마도 많은 사람들이 바실리우스(H. Basilius)의 논문 「신훔볼트학파의 민족언어학」(1952)을 통하여 비로소 이 유럽의 유사 학문에 주목하게 되었다.

---

112) H. Gipper, 1969b.

비록 생성 문법을 위해서 중요한 훔볼트 입장을 해석을 할 때에 엄청난 오해가 문제된다 할지라도 현대 언어 이론에 대한 훔볼트의 의미는 특히 촘스키가 언급함으로써 새로이 그 밖의 사람들에게 알려지게 되었다. 촘스키는 훔볼트의 저서를 번역하기 위하여 진력을 다한 자이기도 하다.[113]

미국에서는 에른스트 카시러(Ernst Cassirer)의 저서가 더 잘 알려져 있다. 그 저서들의 일부는 영어판으로 나와 있다. 언급한 사실을 적어도 몇 가지 예에서 논증하기 위하여 다음의 원전을 참고하라. '문화 속의 언어'라는 학회에서 그린버그(J. H. Greenberg)는 훔볼트, 카시러, 바이스게르버, 그리고 트리어를 언급하였으나 또한 특히 바이(Ch. Bally)와 레비브륄(Lévy-Bruhl)도 언급하였다.[114] 그는 워프의 견해와 사상적으로 친족성을 논증하고 어떤 언어 내에서 숙어적 특성을 과대평가하지 말 것을 경고하였다. 그는 나아가서 언어의 소여성에서 화자의 형이상학적 견해를 추론한다면 생겨날지도 모르는 방법론적 어려움을 보여 주었다. 이러한 과제의 해결을 위하여 필수적으로 요구되는 엄격한 전제를 그는 언급된 학자들의 어느 누구에게서도 충족되어 있지 않다고 보았다.

해리 호이저는 그린버그의 논문과 관계하여, 그라넷(M. Granet), 레비스트로스(C. Lévi-Strauss), 좀머펠트(A. Sommerfelt), 그리고 비트겐슈타인(L. Wittgenstein)의 이름을 추가하였다. 이로써 하지만 우리들의 관심을 끄는 범위를 넘어섰다.[115] 호이저는 바이스게르버와도 아는 사이여서 나의 청에 따

---

113) MIT의 John Viertel은 지금 빌헬름 폰 훔볼트의 주저 *Über die Verschiedenheit des menschlichen Sprachbaues und ihren Einfluß auf die geistige Entwicklung des Menschengeschlechts*를 번역하고 있다.

114) J. H. Greenberg, 1954, S. 3 ff.

115) H. Hoijer, 1954, S. 93.

라 1959년 바이스게르버의 기념 논문집에 흥미 있는 논문을 투고하였다.[116]

홈볼트는 특히 베르탈란피(1955, 250), 트래거(G. L. Trager: 1959, 31), 트래거 이후에 인용한 피시먼(J. A. Fishman: 1960, 324), 그리고 하임스(D. Hymes: 1961, 23)에서도 언급된다.

워터먼(J. T. Waterman)은 유사성을 알고서 더욱이 상세히 비교를 시도한 소수의 사람 중 한 사람이다. 그의 논문 「벤저민 리 워프와 언어학적 장이론」(1957)에서 그는 포르치히, 트리어, 바이스게르버가 전개한 특히 어휘 차원의 언어 장을 조사하기 위한 방법을 보고하고 있으며, 그 유용성을 인정하고 있다. 그는 워프에서 유사한 단초가 있다고 시사한다. 하지만 그것은 오히려 통사적 차원에 있다. 주목할 만한 사실은 워터먼이 제한적으로 부언하고 있다시피 여러 단초의 사용 가능한 합명제가 아직 달성되지 않았다 할지라도 그가 장이론은 의미론적 구조주의의 출발이라고 인식하고 있다는 점이다.

개스틸(R. D. Gastil)도 그의 논문 「상대적 언어 결정론(Relative linguistic determinism)」(1959)에서 트리어와 바이스게르버의 장이론을 원용하고 있다. 그는 "여기서 제안된 접근의 가장 유용한 배경은 (이하 생략) 의미론적 장이론의 접근인 것 같다"[117]라고 설명하면서 주석에서 다음의 말을 첨가하고 있다. "내가 보기에는 '장'은 어떤 유형의 의미를 분석 가능하게 하는 해석학적 장치이다."[118] 이 근거 위에서 그는 자기 자신의 영어–독일어–페르시아 어 번역물 비교를 수행하였다. 그 번역물 비교에서 그는 언어 구조

---

116) Ders., 1959.

117) R. D. Gastil, 1959, S. 27.

118) Ibid., S. 37.

로 말미암아 제약되는 의미적 어려움을 주목시켜 보여 주려고 했다.

여기서 『언어 상대성에 대한 빌헬름 폰 훔볼트의 개념』(1967)이라는 로저 랭엄 브라운(Roger Langham Brown)의 연구와 『언어학적 상대성 원리와 훔볼트의 민족 언어학』(1968)이라는 로버트 밀러(Robert L. Miller)의 특수한 연구를 특별히 더 언급할 필요가 있다.

브라운의 연구는 훔볼트의 의도와 활동에 대해 훌륭한 개관을 보여 주고 있다. 그는 그 독일 학자의 언어 철학적 견해를 계몽주의와 낭만주의라는 정신 사조에 배열시키고 보아스와 사피어를 거쳐 진행된 유사한 미국의 언어 이론과의 결합을 보여 주고 있다. 읽을 만한 이 서술은 공정한 방법으로 사실을 좇으려 한다. 브라운은 훔볼트를 등한시한 것은 충분한 번역서가 없는 것과[119] 의미 문제를 기피하는 구조주의적 경향과 관련이 있다고 올바로 지적하고 있다.[120] 그는 후자를 확정함에 있어서 하임스의 해당 발언에 의지하고 있다.[121]

밀러의 연구는 하만(J. G. Hamann), 헤르더(J. G. Herder), 훔볼트만을 다루고 있는 것이 아니라, 소쉬르, 카시러, 그리고 특히 바이스게르버를 다루고 있다. 서술의 중심점에는 레오 바이스게르버의 언어 이론, 특히 언어장의 이론이 차지하고 있다. 밀러는 철두철미하게 부정적 판단에 이르고 있다. 이때에 강조되어야 할 점은 그가 바이스게르버의 오늘날의 견해와는 다른 초기의 장 연구에 의지하고 있다는 점이다. 밀러는 언어 속에 미리 주어진 의미적 분절들, 즉 바이스게르버가 '언어적 세계상'이라고 말하는 것

---

119) R. L. Brown, 1967, S. 20.
120) Ibid., S. 120.
121) D. Hymes, 1961, S. 26.

과 화자가 나아가서 자신의 세계관에서 이차적으로 습득한 것 사이를 구별해야 한다는 것을 보지 못하고 있다. 그는 나아가서 많은 다른 사람처럼 어떤 화자 공동체 내에서 언어 소유의 공통성과 구속성을 의심하면서, 우리는 기껏해야 모든 화자는 고유의 가(價)를 가진 고유의 장(場)을 소유하고 있다고 말할 수 있다고 생각한다.[122] 그는 바이스게르버가 제안한 개개의 장 규정을 위한 기준의 사용 가능성에 이의를 제기하고, '지성(Verstand)'의 의의 영역에 관한 트리어의 연구도 다루기가 불충분한 학자의 직관에 너무도 의지하고 있다고 강조한다. 그런데 이러한 방법으로는 두 학자가 어떤 주어진 장을 판단함에 있어서 일치하는 것을 기대할 수 없다는 것이다.[123] 그 외에도 그는 로네이커(R. E. Longacre)[124]에 의지하여 특정 단어 의미의 가치성에 대해서는 이른바 장 규정성보다는 맥락이 더 결정적이라는 견해를 나타내고 있다.[125] 나아가서 그는 1953년의 그린버그의 비평을 언급하면서 그가 개개 언어 수단의 비유적 의미를 과잉 평가했다고 비난한다(내 생각으로는 워프에 대해서 제기한 비난이라고 봐야 더 옳을 것 같다). 일반적으로 그에게는 실체화된 의미나 내용을 가정하는 것이 정신과 육체, 정신적 영역과 육체적 영역 사이의 이중성에 대한 지탱될 수 없는 믿음에 바탕을 두는 것 같다. 이러한 견해를 반박하는 주요 증거로서 그는 비트겐슈타인, 앙스콩(G. E. M. Anscombe), 라일(G. Ryle), 퍼스(J. R. Firth)를 들고 있다.[126] 언어 내에서의 의미의 사용이 의미라고 말한 비트겐슈타인이 의미를 기능

---

122) R. L. Miller, 1968, S. 104.
123) Ibid., S. 106.
124) R. E. Longacre, 1956.
125) R. L. Miller, op. cit., S. 108.
126) Ibid., S. 110.

적으로 규정하는 것을 그는 보다 적절하다고 생각한다. 그 다음에 그는 또한 개념을 소지한다는 것은 해당 단어를 소지한다는 것에 결부되어 있는 것이 아니라는 이미 취급한 바 있는 맥스 블랙의 논거를 취한다. 거기서 그는 가령 13세기의 독일어에서 지성의 의의 영역에서 특정 단어가 없었다는 것은 특정한 구별을 하지 못했다는 것을 보여 준다. 특정 단어가 있었더라면 아마도 잘 구별할 수 있었을 것이다.

밀러는 품사와 구 차원에서 유사한 논거로써 트리어와 바이스게르버에 계속 이의를 제기하고 있으며, 이때에 '체계적으로 오도하는 표현'(1952)에 대한 라일의 설명에 의지하고 있다. 왜냐하면 이는 동시에 정상적 언어 관습을 언어 이론적으로 과잉 평가한 것에 대한 경고로서 해석될 수도 있기 때문이다. 마지막으로 독일어 문 구성 계획의 특성과 관련한 바이스게르버의 말을, 즉 독일어 문 구성에 전형적인 틀 구조의 사상적 결과에 대한 언급을 근본적으로 사람들은 독일어를 쓰거나 말하는 자는 바로 특정 문법 규칙을 준수해야 한다는 확인으로 축소시킬 수 있다는 언급을 하면서 거부하고 있다.[127]

밀러의 추론은 꽤 부정적이다. "이 책에서 도달한 결론은 신훔볼트주의의 입장은 언어 상대성을 고려하여 심각한 분석을 견뎌 낼 수 없다."[128] 실제로 이 분야에서 발전을 이룩하려면 일반적인 논지를 분명한 방식으로 사용 가능한, 세심하게 정의된 개념으로 말해야 할 것이라고 밀러는 요구하고 있다. 그 다음에는 실험적으로 검토할 수 있어야 한다. 상이한 언어의 화자는 상이하게 사고한다는 것이 증명되려면 궁극적으로 비언어적인

---

127) Ibid., S. 119.
128) Ibid., S. 119.

사실에 의지할 필요도 있다. "궁극적으로 비언어적 사실에 호소할 필요가 있다."[129] 밀러는 브라운의 제안[130]을 언급하면서 언어는 의미론을 포함하도록 정의되어야 하며, 사고는 어떤 비언어적인 행동에 의거하여 정의되어야 한다는 결론을 내린다. 브라운의 말을 빌려서 표현하자면 핵심 논지는 그렇다면 다음과 같다. "어떤 비언어적인 증거는 어떤 언어적인 증거와 공변 관계(covary)에 있다."[131] 그와 같은 출발이 없이는 우리는 언어 상대성 문제에 대해서 어떤 대답도 할 수 없다.

밀러의 몇 가지 논거가 이미 지금까지의 논거에서 알려졌으며 상세히 다루어졌다. 그것을 여기서 더 이상 언급할 필요는 없다.

트리어와 바이스게르버의 의미에서 장 연구의 이론과 방법에 대해서는 그 초기 이론에 따라 평가할 것이 아니라 오늘날의 입장에서 평가되어야 한다고 이미 언급한 바 있다. 1970년 작고한 트리어뿐만 아니라 바이스게르버는 세월이 흘러가면서 그의 견해가 수정되었다. 여기에 대해서는 루돌프 호베르크(Rudolf Hoberg)가 『언어 장에 대한 제 학설』(1970)에서, 그리고 호르스트 게켈러(Horst Geckeler)가 『구조주의 의미론과 단어장 이론』(1971)에서 밝히고 있다. 그 외에도 트리어의 제자 한스 슈바르츠(Hans Schwarz)가 『언어 내용 연구에 대한 참고 문헌 편람』(1962 ff.)의 서론에서 언어 내용 연구의 절차 방법을 재차 자세히 설명하고 열두 개의 논지로 기록을 남겼다.[132] 따라서 여기서 새로이 옛날의, 오래전에 반박을 받은 언어 장이론에 반한 논거를 언급할 필요는 없을 것이다.

---

129) Ibid., S. 120.
130) R. W. Brown, 1958, S. 262.
131) R. L. Miller, op. cit., S. 120.
132) H. Schwarz, 1967, S. LX-LXVI.

그 대신에 밀러의 요구가 어떤 점에서 장 연구의 의도와 일치하는지를 긍정적으로 규명하여야 할 것이다. 밀러는 장 사상이 이상화하고 실체화하는 경향에 반대하고, 그에 반하여 언어 사용, 즉 맥락, 비언어적 요인의 중요성을 강조한다. 그와 더불어 그는 쓸데없는 일을 하였다. 왜냐하면 언급된 관점들이 예를 들어 나 자신의 연구에서 이 분야를 관계시켰고, 고려하였기 때문이다.

부연 설명: 언어 장이론에 대한 비판에 대하여

이 책의 여러 곳에서 나는 언어의 중재적 성격을 강조했다. 즉 '의미'도 이상화되고 실체화된 가치로 간주될 수 있는 것이 아니라 언어 외적 실제에 대한 "언어적 포착(sprachliche Zugriffe)"(바이스게르버)으로 간주될 수 있다는 사실을 강조했다. 언어 외적 관점을 돌아보지 않고는 언어 장도 설명될 수 없다. 그런데 이것을 바이스게르버도 항상 인정해 왔다. 그리고 '언어적 중간 세계(sprachliche Zwischenwelt)'라는 자주 오해되어 왔고 논란이 되어 온 그의 개념은 바로 언어를 화자와 언어 외적 현실 사이의 긴장의 장에 두고 있다.

그 밖의 독자층을 위하여 두덴 문법에서(²1966) 해 놓은 언어 장에 대한 내 설명에서 나는 나아가서 언어의 역할과 성능이 개별 의의 영역에서 관여 요인의 종류에 따라서 다양하게 평가될 수 있다는 것과, 따라서 뭉뚱그려서 판단하는 것을 경계해야 한다고 강조한 바 있다.

친족 명칭, 색채어, 날씨 어휘(Temperaturwörter), 그리고 '영리한(klug)'과 '멍청한(dumm)'의 의의 영역의 예에서 나는 언어 분절이 특정 감각적·심리적 전제와, 그리고 특정 언어 외적 실제 사이의 상호 작용에서 어떻게 성장할 수 있는지를 분명히 보여 주려고 했다. 그 다음에 나는 분명히 다음과 같이 강조하였다.

세계를 언어적으로 정복하려는 인간은 감각에 얽매여 있는 존재로서, 그는 주어진 대상 세계를 단지 그의 신체적·감각적 장비를 토대로 해서만 체험할 수 있고 정신적으로 가공할 수 있다. 그가 무엇을, 그리고 어떻게 보고, 듣고, 냄새 맡고, 촉감하며, 지각하고, 느끼는지는 한편으로는 그의 감각 기관과 해당 뇌 영역의 구조와 관계되고, 다른 한편으로는 의심할 바 없이 고유의 법칙을 따르는 대상과 현상이라는 인간 외적 세계 구조와 관계된다. 오늘날의 자연 과학 상태에서 볼 때에 인간의 외적 현실이 혼돈 상태여서 인간 정신이 비로소 질서를 잡아 주어야 하는 것이 아니라, 자연 자체가 굉장히 질서 상태를 나타내고 있다고 감히 더 이상 주장할 수 없다. 자연은 고유한 구조를 포함하고 있는데, 이 구조가 인간이 정신적 질서를 구성할 때에 인간을 고무하고 이끌며, 고유한 체계를 고안해 내고 창조해 낼 때에 인간을 돕는 것이다.

우리가 언어적 질서를 따르려고 한다면 우리는 감각적·언어적, 그리고 대상적 전제가 언어 질서를 구성할 때에 어느 정도로 관여했는지를 검토해야 한다. 전체적인 언어 고찰은, 그러면 고립된 연구 대상으로서의 언어를 포기하고 그 대신에 인간, 언어, 그리고 세계 간의 상호 작용 관계를 고려해야 할 것이다. 이때에 연구 가설로서 다음의 명제가 가능할 것이다:

어화(語化)될(zu wortend) 대상 영역의 고유 구조가 뚜렷하면 할수록, 혹은 대상이 인간에게 특징 자질이 풍부하게 나타나면 날수록, 대상은 언어로 포착하기에 더욱더 많은 연결점을 제공하며, 단어 내용은 그 결과로 사실에서 더 많은 지지를 받게 되고, 그 고유 가치는 더욱더 자족적일 수 있다. 그 역으로 어화되는 대상 영역이 포착하는 인간 정신에 근거점을 적게 제공하면 할수록, 언어 만들기(sprachliche Setzung)는 더욱더 독단적으로 되고, 장 이웃에서부터 단어 내용을 뒷받침하는 것이 더욱더 중요하게 된다. 다른 말로 한다면 언어 제약성이 증가한다. 그리하여 장 원리가 추상적·정신적 개념의 영역에서 특별한 효력을 나타낸다는 것은 이해할 수 있다. 왜냐하면 바로 여기에서는 언어가 개념을 만드는 힘을 증명하여, 강하게 장 이웃을 통하여 뒷받침될 필요가 있는 내용을 만들기 때문이다. 사실 여기서도 언어 외적 자극이 함께 작용하나, 언어의 구성적 독단성이 이러한 단어 만들기에 분명히 등장한다. 따라서 동시에 위치가 의존성이 더욱 증대하게 된다.

그래서 친족 명칭의 장은 언어 외적으로 미리 주어진 친족 체계와 밀접하게 관계될 수 있다. 그로 인하여 모든 개념은 언어가 고유성을 지님에도 불구하고 고정된 좌표를 얻는다. 색채어에서는 외부의 물리적 자극과 상호 작용 속에서 인간의 시각 능력이 색채어 체계를 구성하기 위한 틀림없는 구조적 전제가 된다. 날씨 어휘에서는 평가에 인간의 감각 능력이 함께 조정한다. 그에 반하여 오성의 질을 평가할 때에는 평가의 척도가 외적 실재에서 유도될 수 있는 것이 아니라, 오히려 내용 체계는 그와 관련된 어휘가 생겨나게 될 때에 역사적·문화적 전제에 따른 정신적 언어 만들기에 강하게 영향을 입는다.

그래서 하나의 예를 들어 그것을 분명히 설명하자면 '코끼리(Elefant)'라는 단어는 언어가 제 혼자 있을 때에도 내용적으로 고정된 의미를 얻는다. 왜냐하면 그 단어는 아주 특징이 많고 눈에 띄는 동물을 일컫기 때문이다. 반면에 '사려 있는(gescheit)'와 같은 단어는 장 이웃의 해명적 보조 수단 없이는 거의 내용적으로 확실하지 않다.[133]

그런데 장 구조의 구속성에 관한 한, 어린이의 언어 습득 과정을 강조하여 언급하여야 한다. 왜냐하면 경험 세계는 언어 습득 과정 속에서 이른바 적용되는 언어 규범이라는 길잡이에서 정신적으로 정복된다. 이것이 개별적으로 어떻게 일어나느냐에 대해서는 나는 기존 연구 보고와 나 자신의 관찰을 근거로 농아 교육학자와 언어 치료 교육학자에게 자문을 구하여 쓴 두 편의 논문에서 적어도 기본 사상을 묘사하기를 시도했다.[134] 이러한 기본 사상들은 서로 다른 연령 단계를 통한 단면 문법(Querschnittgrammatiken)의 비교를 근거로 언어 습득에서 법칙성을 나타내 보여 줄 수 있는 '진화적 문법(evolutive Grammatik)'으로 확대해 보려고 했다. 개인의 언어 습득에서 모든 사회적 차이에도 불구하고 하지만 학교, 언론, 그 밖의 매스미디어를 통하여 중재된 언어 규범이 적어도 큰 문화어의 기본 어휘의 영역 내에서 이 차원에서 상당한 일치를 고려할 수 있을 정도로 아주 철저하고 효과적인 것으로 간주해도 된다. 그것 없이는 의사소통과 이해를 거의 생각할 수 없을지도 모른다.

그리고 벌써 이런 관계 속에서 계속해서 맥락 영향에 대해서 말한다면 보충적으로 전체 어휘 분절은 마찬가지로 개개 언어 요소의 사용을 함께 조정하고 규정하는 포괄적인 현실 분절적 맥락으로 인정될 수 있다는 사실이 첨가되어야 한다.

미리 주어진 언어 내용은 발화 내의 특정한 대상과 사실에 구체적으로 적용될 때에 특수한 의미 세분화(Sinnspezialisierung)가 일어난다. 그러므로 미리 주어진 언어 내용은 상황 맥락과 발화 맥락에 의하여 함께 결정된

---

133) H. Gipper, ²1966, S. 453 f.
134) Ders., 1969; 1970.

다는 사실이 아주 분명하다. 하지만 언어 규범에서 적용되는 내용에서부터 일어날 수 있는 일탈의 범위는 대개 아주 과대평가된다. 만일 어떤 사람이 그의 아버지가 편찮으시다고 보고한다면 그는 확실히 특정한 인간을 염두에 두고, 그 인간의 특별한 육체적 상태를 생각하는데, 이 남자를 잘 알 필요가 없는 청자도 무엇이 문제가 되는지를 이해한다. 왜냐하면 여기서 사용된 언어 수단이 그 자신의 언어 질서 속에서도 동일한 위치가나 아니면 적어도 매우 유사한 위치가를 가지기 때문이다. 달리 표현한다면 비로소 맥락이 의미를 창조하는 것(schaffen)이 아니라, 맥락은 미리 주어진 언어 내용을 확인하는 것(identifizieren)을 돕는다. 발화 속에서 실제로 새로운 내용, 새로운 개념이 생성되는 경우들은 그에 반하여 아주 드물다. 이것을 받아들일 수 있고 인정할 수 있다면, 계속해서 많은 사람들이 주장하고 있는, 내 생각으로는 무한히 과도한 단어들(다의어)의 다의성도 받아들일 수 있는 양으로 삭감될 수 있다. 여기서 계속해서 고립된 문장은 그 명료성이 의심된다는 근본적 과오가 범해진다. 그러나 실제에서는 그러한 고립된 문장은 절대로 없는 것이나 마찬가지다. 'Das Schloß ist sehr alt'[31]와 같은 고립된 문장에서 공원 안의 '성(城, Schloß$_1$)'이 문제 되는지, 문의 '자물쇠(Schloß$_2$)'가 문제 되는지, 아니면 무기의 '잠금장치(Schloß$_3$)'가 문제가 되는지를 결정할 수 없다. 거기서 'Schloß'는 다의적이라고 결론을 내린다면 성급할지도 모른다. 실제의 맥락에서는 이러한 문장은 대개 단의적으로 해석된다. 왜냐하면 어떤 누가 루아르 강가의 성을 방문한 사실에 대해서 이야기하면서 시농 성과 관련하여 위의 문장을 말했다면, 화자와 마찬가지로 청자는 '성(Schloß$_1$)'을 말하고 있음이 분명하다. 다른 사람이 고장 난 문의

---

[31] 'Schloß'는 '성', '자물쇠', '잠금장치'의 뜻이 있다

자물쇠를 수선해 보았지만 헛되었다고 이야기한 후 위의 문장을 말했다면 분명히 '자물쇠($Schloß_2$)'를 생각하고 있는 것이다.

우리가 언어 장 사상을 이러한 숙고 속으로 끌어들인다면 'Schloß'와 같은 단어가 다의적이라고 말하는 것은 언어의 소여성을 잘못 해석한 결과라는 것이 아주 분명하다. 더욱 자세히 말한다면 이는 음을 단어와 혼동하고 있음에 기인한다. 단어는 음과 내용(소쉬르의 시니피앙/시니피에)의 통일체이다. 왜냐하면 독일어를 배우는 어린이가 서로 다른 때에 서로 다른 관련 속에서 '$Schloß_1$(성)'과 '$Schloß_2$(자물쇠)'와, 경우에 따라서는 '$Schloß_3$(잠금장치)'를 습득하여, 이 단어들을 명확하게 숙고하지도 않고 세 개의 상이한 의의 영역 속으로, 그러므로 세 개의 서로 다른 언어 장으로 분류하여 저장한다면, 거기서 우리는 이때에 오히려 동음이지만 서로 다른 단어, 즉 동음이의어가 문제가 된다고 결론 내릴 수 있다. 이것은 이들 동음이의어가 충돌을 거의 일으키지 않기 때문에, 대부분의 화자들은 정상적으로는 그들이 그러한 동음이의어를 구사하고 있다는 사실을 알지도 깨닫지도 못한다는 사실을 통하여 증명된다. 이것이 자주 사실이라면 아마도 이것은 혼동의 위험이 등장할 때에 명백히 일어나곤 하듯이,[135] 동음이의어는 언어에서 배제되어 있을지도 모른다.

여기서도 그러므로 장 연구는 의미 현상에 대해서 보다 언어에 맞는 해석을 제공한다. 그러한 연구는 물론 우리가 오늘날 말하곤 하듯이 모국어 화자의 언어 능력을 고려하지 않고는, 능력 있는 화자의 직관 없이는 절대로 불가능하다. 그리고 독일에서 우리가 전에 흔히 사용하던 '언어 감각', '언어 느낌', '언어 소유'라는 표현들이 덜 적합한 것으로 간주된다 할지라

---

135) 여기에 대해서는 H. Gipper, 1971b를 참고하라.

도, 이것이 사정을 거의 변경시킬 수 없다. 직관 없이, 언어 구조의 소유나 내용적 분절 없이, 그러므로 선지식 없이 어떤 이해도 불가능하며, 따라서 의미 소여의 언어학적 기술도 불가능하다. 언어학자 자신이 이러한 필요한 선지식을 소유하고 있지 않다면, 그러므로 그가 분석하는 언어를 능력 있게 아는 자가 아니라, 그래서 그 때문에 내성(Introspektion)을 할 수 없다면, 그는 바로 보증인, 즉 이러한 필수 불가결한 능력을 가지고 있는 정보 제공자를 필요로 한다. 밀러는 그러므로 검토하기가 힘든 개념이 문제 되기 때문에 그가 언어학에서 직관과 내성을 포기해야 한다고 믿는다면 확실히 오류에 빠져 있다.

그러므로 어쨌든 내가 보기에는 오늘날 거의 더 이상 언어 장(場)의 존재를 진지하게 의심해서는 안 된다는 사실은 확실한 것 같다. 어휘장 이론은 점점 더 현대 의미 이론에 중요한 기여를 하는 것으로 인정될 것이다. 여기서 언어 현실에서 획득된 구조주의의 주장이 문제된다. 이 주장에 따르면 능력 있는 화자의 직관을 고려하여 충분히 광범위하고 자세한 기술을 하자마자 또한 형식화가 가능하다. 바로 구조주의 언어학자들이 어휘를 어휘 사전(Lexikon)으로서 언어 이론에 도입하여 여기에서도 언어의 다른 영역에서와 꼭 같이 구조가 있다고 전망한다는 것은 근본적으로 놀라운 일이다. 개인들은 항상 그들의 언어보다 더 많이, 그리고 그들의 언어와 다른 것을 구별할 수 있다는 것을 아무도 부정하지 않는다. 그럼에도 불구하고 일상 언어 사용의 실제에서는, 인지는 사용 가능한 언어 수단과 그 수단에 연결된 시각 방식과 평가라는 가이드라인에 따라 진행된다는 것이 강조되어야 한다.

9. 워프 논지에 대한 그 밖의 검증 시도

워프의 논지에 대하여 너무나 많은 말을 했지만 그의 주장을 구체적으로 검증하기 위하여 별로 한 것이 없는 것이 사실이다. 트래거가 워프 가설에 대한 그의 체계화 시도(1959)에서 "우리들 가운데 너무나 많은 사람들이 행하기보다는 오히려 말하기를 좋아했다"[136]고 말한 것은 옳다. 이 말은 특히나 아직도 여전히 충분히 연구되지 못한 상태에 있는 호피 어의 영역에 해당된다. 화자의 행동에 언어가 어떤 영향을 미칠 수 있을 것인가를 검증하기 위한 여러 특별한 연구가 수행되었지만 그중 일부만이 긍정적 성과를 낳았다.

색채어에 대한 논의에서 주니 인디언과 관련하여 수행한 브라운과 렌버그의 색채 검사를 이미 언급하였다.[137] 그들의 언어에서 '빨강-노랑-주황(rot-orange-gelb)'으로 분화시키지 않고 단지 '빨강'과 '노랑'만을 구별하고 있는 단일 언어 주니 인들은 색채 인식 검사에서 자주 '주황'과 '노랑'을 혼동하는 반면, 단일 언어 백인 미국인은 이러한 실수를 절대로 하지 않았다.

캐롤(J. B. Carroll)과 캐서그랜드(J. B. Casagrande)도 유사한 실험을 하였다.[138] 그들의 첫 검증에는 14명의 호피 인디언과 28명의 앵글로 족, 즉 백인 미국인이 참가하였다. 여기서는 각기 세 그룹으로 제시된 육체적 행위를 서술하는 명칭 중에서 같은 방향을 보인 두 개를 선택하고 무엇 때문에 이러한 선택을 하였는지를 논증하는 것이 실험이었다. 호피 인들은 그

---

136) G. L. Trager, 1959, S. 31
137) R. W. Brown und E. H. Lenneberg, 1954.
138) J. B. Carroll und J. B. Casagrande, ³1958.

들의 의미 분절을 특별하게 하기 때문에 해당 행위 동사의 영역에서 백인 미국인과는 다른 배열을 할지도 모른다고 사람들은 예상하였다. 이것은 사실로 증명되었다.

두 번째 실험은 135명의 나바호 인디언 어린이들과 보스턴 지역의 중류 사회 계층의 47명의 백인 어린이들이 형태를 구별하는 능력과 관계한다. 이는 나바호 인들은 특정 형태를 백인보다 더 일찍이 구별하는 것을 배우리라는 가정에서 출발하였다. 왜냐하면 나바호 어는 특정 동사 형식이 대상물의 특정 형태와 특수한 관계를 맺고 있기 때문이다. 다시 (형태, 재료, 색깔, 크기 등에 따라) 여러 배열 가능성이 선택되도록 제시되었다. 그리고 나바호 인들은 여기서 그들의 특수한 언어적 가능성을 근거로 더 잘 구분하리라고 예상했다.

결과는 일반적으로 긍정적이었다. 하지만 크기와 색깔을 주목하는 것과는 달리 형태와 재료를 주목하는 것은 그러한 것들을 구별하는 게임을 통하여 촉진될 수 있어서, 많은 백인 어린이들이 같은 결과, 물론 더욱이 보다 더 나은 결과를 달성할 수 있었다. 이것은 언어의 영향을 받는다는 가정에 반하는 사실로 평가되었다. 게다가 물론 주목할 것은 그러한 형태와 색깔 테스트에서 일련의 추가적 요인들(개인의 기호, 검사 재료의 제시 방법 등)이 자주 규정하기가 힘든 어떤 역할을 할 수 있다는 것이다. 적어도 이 테스트를 성인에게 다시 한 번 해 보도록 요청되어야 할지도 모른다.

일반적으로 우리는 오늘날, 가령 미국인들이 말하는 것과 같이, 자기의 언어가 특정한 의의 영역을 의미적으로 가는 그물코로 분절하고 있는 화자는 높은 기호화 능력(codability)을 가지며, 여기서도 따라서 이 부분에서 덜 분화되게 분절하고 있는 다른 언어의 화자보다 더 날카로운 구별을 한다는 견해로 기울어진다. 이러한 가정은 우리가 그것을 논란이 있는 것으로 볼 수 없을 정도로 그 자체로 아주 분명하다. 언급했듯이 그러나 보스턴 어린이들에게 실시한 테스트에서는 부분적으로 모순된 결과를 가져다 주어서 학자들을 다시금 보다 회의적으로 만들었다.

사피어–워프 가설을 검증하려는 다른 종류의 시도를 나는 언어와 문화의 관계 문제와 관련하여 언급하였다. 브라이트(Bright) 부부의 결과는 그러나 불만족스런 것으로 보아야 할지도 모른다. 왜냐하면 이들 학자는 너무나 모호한 문화 개념에서 출발하여 의미 구조의 언어 이론적 성격에도 합당할 수가 없기 때문이다.[139]

델 하임스(Dell Hymes)가 감행한 언어 상대성 원리에 대한 그 밖의 검증 시도를 더 언급할 수 있을지도 모르겠다. 로스앤젤레스에서 사회 언어학에 대한 학회(1964)에서의 '(인디언 민속학에서의 예를 가지고 살펴본) 언어 상대성의 두 유형'이라는 주목할 만한 그의 강연에서 그는 풀지 못한 문제에 대한 보다 나은 대답을 얻기 위하여 새로운 길을 걸어갔으며, 새로운 방법을 찾았다. 하임스의 인식 관심은 언어 사회학적 방법이었다. 그에게는 우선적으로 특정 언어 구조가 사고에 미칠 수 있는 영향이 문제가 아니라, 언어 사용의 특정 영역과 방법에서 인식할 수 있는, 개별 인디언 족들의 그들 언어에 대한 분명히 서로 다른 입장이 문제였다. 하임스는 언어 사용과 관련하여 서로 다른 기능과 입장을 구분하였다. 그는 신화적 이야기를 습득함으로써 전승되는, 개별 사회에서 지배적인 가치관을 고려하고 있다. 그는 문화적 습관과 언어적 습관 사이에 특정한 유사성을 보여 주려고 시도하였다. 그는 또한 다중 언어 사회에서 특별한 상태도 언급하고 있다.

연구의 출발 자료로서 여러 인디언 족[자포텍(멕시코 옥사카 주에 사는 아

---

139) 위 187쪽 이하를 참고하라.

메리카 인디언), 호피-테와, 풀니오, 오토미, 동체로키, 구아이케리스, 히다차(한때 미국 미주리 강 상류에 살던 수족의 한 부족), 크로 족(미국 몬태나 주 동부의 수족의 한 부족), 위쉬람, 치누크 족(북미 인디언의 한 부족. 원래 컬럼비아 강 하구의 북안과 그 인접지에 살았다)]에 대한 기존의 특수 연구가 그에게 사용되었다.

결과는 일부는 언어 상대성 사상을 지지한다. 그러나 그 밖의 문제점을 던지고 있으며 보충 연구를 필요로 한다. 그것들은 워프가 다룬 특수한 주제와 직접적 관련을 맺고 있지 않다. 따라서 여기서는 이 기이한 논문에 대한 상세한 서술은 하지 않겠다.

마티웃(M. Mathiot), 호건(E. Haugen), 회니히스발트(H. Hönigswald), 존 굼페르츠(John J. Gumperz), 파울 프리드리히(Paul Friedrich), 페이퍼(H. Paper)와 존 피셔(John L. Fischer)가 참가한 연이은 토론에서 이미 알려진 논거들이 워프의 주장에 거듭 찬성하여 나타나기도 하고 반대하여 나타나기도 하였다.

우리는 워프의 논지와 언어 상대성 원리의 사상에 대한 여러 입장에 대한 우리들의 개관을 중심적인 문제를 다루지도 않고 종결지어서는 안 된다. 왜냐하면 이 문제는 주어진 언어의 상이성과 공통성과의 관계에 대한 문제와 관계하고 있기 때문이다. 이것을 다음 장에서 다루어 보겠다.

10. 언어 보편성의 문제: 언어의 상이성과 공통성

지금까지의 논의에서는 계속해서 중심적 문제를 건드리기만 했는데, 이제 그것을 보다 상세히 언급해야 할 것이다. 워프와 그의 지지자들이 언어

상이성을 부당하게 강조하지나 않았는지, 그러다 보니 모든 언어의 공통성을 너무 소홀히 하지 않았는지가 문제이다. 그런데 이와 더불어 동시에 학문적 기저 문제가 다루어지게 된다. 우리들의 경우에 학문적 연구, 즉 언어학적 연구의 원래의 목표는 어디에 있는가?

상세한 논증 없이 우리는 모든 학문적 연구의 과제는 연구 영역의 현상의 다양성 내에서 실재들을 개관할 수 있는 질서를 허용해 주는 기준을 찾는 것이라고 말해도 될 것이다. 그러나 분류 기준과 배열 기준을 찾는 정도로 끝낼 수는 없을 것이다. 다양성 속에서 공통성, 특수성 속에서 일반성을 규정하는 것이 더 중요할지도 모른다. 언어학도 모든 자연 언어에 고유한 공통성을 찾아내는 데 관심을 가져야 한다. 일반적 문법 연구가 오래전부터 이 문제를 위해 애써 왔다.

그런데 잊어서는 안 될 사실은 연구 실제에서는 공통성이 주어져 있는 것이 아니라, 많은 서로 다른 언어가 주어져 있다는 사실이다. 공통성은 우선 단지 가정될 수 있다. 따라서 개별어의 연구, 즉 특수한 것의 탐구가 언어학의 합법적 과제로 인정되어야 한다는 것은 물을 필요도 없다. 물론 우리는 이러한 작업이 공통성 탐구로 나아가는 필수적 전 단계로 간주할 수 있다고 말해도 될 것이다. 그러나 개별적 언어 체계의 특수성과 상이성을 연구하는 것은, 그러므로 일반화시키려는 결론을 얻어 내려는 그 밖의 의도 없이도 그 자체로도 벌써 의미가 있을 수 있다. 왜냐하면 개별적 언어들은 그것 없이는 서로 다른 인간 집단의 공동생활을 또한 거의 상상할 수 없는 현실을 나타내기 때문이다. 이것이 연구 대상으로서 개별어를 그 자체로서 벌써 흥미 있고 가치 있게 만든다.

공통성 탐구를 목표로 하는 연구 목적이 먼저냐, 아니면 특수성을 목표로 하는 연구 목적이 먼저냐는 결코 당장에 결정될 수 있는 것이 아니다.

어느 문제에 우선권이 주어지느냐는 특수한 인식 관심과 더군다나 그때그때의 연구 상태에 달려 있다.

오늘날의 언어학으로서는 모든 언어의 공통성에 대한 문제가 지난 수년간 새로운 활력을 얻었다. 보편적 언어 이론을 찾는 노력을 하는 중에 이러한 경향이 더욱 강화되었다. 예를 들어 생성 문법의 대표자들은 그들의 이론을 그것을 시험해 본 몇 개의 언어에만 적용되는 것이 아니라, 비록 약간 수정을 요하긴 하지만 모든 언어에 적용 가능할 정도로 그들의 이론을 확장하고자 한다. 오늘날 많은 학자들이 언어의 모든 차원에서 공통성을 찾는 데 애쓰고 있다.[140] 이러한 작업과 관련하여 '언어 보편성(sprachliche Universalien)'이라는 구호가 등장한다. '그러한 보편성이 있는가? 있다면 그것이 무엇인가?'라는 것이 질문이다. 우리는 이러한 표현에서 중세 철학에서 잘 알려져 있으며, 이른바 보편성 논쟁에서 언어 이론적으로도 중요한 역할을 한 '보편성(Universalia)'[32]이라는 개념을 생각할 필요는 없다. 여기서 그 개념은 단순히 모든 언어에 공통적인, 내지는 공통적이어야 하는 특성을 일컫는 것으로 사용한다.

그런데 우리는 어떻게 그런 공통성에 접근하는가? 그 공통성이 실제로 있다고 어떻게 증명될 수 있을까?

---

[32] 보편에 대한 중세의 사유 유형은 세 가지이다. 1) universalia ante rem(실재에 앞서 있는 보편). 플라톤의 입장으로서, 이 유형은 이데아를 그것에서 모사된 사물보다 우선하는 것으로 본다. 2) universalia in re(실재 안에 있는 보편). 아리스토텔레스의 입장으로서 개념은 인식될 대상 안에서 실현된다. 3) universalia post rem(실재 뒤에 있는 보편). 이른바 유명론적 해석인데, 이에 따르면 보편 개념은 사물과 상관없이 단지 사람에 의해서 유추된 이름뿐이다.

140) E. Bach und R. T. Harms, 1968, J. H. Greenberg, 1963의 인류학과 R. I. Aaron, 1952를 참고하라.

가장 신뢰할 수 있는 길은 아마도 세심하게 선택된 동일한 방법에 따라 우선 우리가 모든 언어를 연구하고 기술하는 길일 것이다. 이러한 방법들은 또한 아주 유연하여 무리함이 없이 아주 다른 성질의 언어 구조에도 적용될 수 있어야 할 것이다. 그 때문에 처음부터 문법적 메타언어를 수정하고 확대할 가능성을 고려해야 할 것이다. 언어의 모든 계층을 포괄하고, 가능한 한 남김 없이 다하여 획득된 언어에 대한 기술은 그 다음에 체계적으로 서로 비교하여 공통성을 걸러 내어 찾아야 할 것이다. 오늘날의 연구 상태로는 이러한 길을 걸어간다는 것이 완전히 실현 불가능하다는 것은 분명하다. 어떤 언어도 오늘날 충분히 기술된 언어가 없는데, 하물며 남김 없이 다 기술된 언어가 있으랴. 그리고 방언은 제쳐 둔다 할지라도 그것에 대해서 우리는 아무것도 모르는 거나 마찬가지인 살아 있는 많은 언어가 있기 때문이다. 다른 한편 이 문제에 관심이 있는 일부 학자들은 이들 필요한 선 작업이 수행되기까지 기다린다는 것은 불가능하다. 왜냐하면 그렇게 한다면 전 과제를 다 해내는 날은 아득한 미래가 될 것인지도 모르기 때문이다. 그러므로 우리들의 현재의 지식을 토대로 하여, 즉 한정된 수의 기존의 언어 기술을 토대로 보편적 특성과 구조 특징을 탐구하고 거기서 보편적 결론을 도출해 낼 수 없느냐는 의문이 생긴다. 괴테는 '원리와 성찰'에서 말하기를 하늘이 어디에서나 푸르다는 것을 파악하기 위하여 우리가 세계를 일주할 필요는 없다고 했다. 어떤 종의 생명체에 대하여 진술하기 위하여 그 종의 모든 대표들을 알 필요는 없다. 모든 것이 동일한 설계도에 따라 건축되었다면 그들은 또한 같은 구조를 가질 것이다. 자연 언어들도 어떤 속의 대표로 간주할 수 있다. 그래서 각각의 언어가 한 속의 종으로 간주될 수 있기 위하여서는 그들 각각의 언어가 무엇을 가져야 하는지를 말할 수 있기 위하여 우리는 확실히 모든 언어를 알 필요는 없다. 달리 표현한다면 우리는 공통성을 가정할 수 있다. 즉 무엇이 주어져야 하는지를 예견할 수 있다. 그러나 그런 가정이 어디까지 확장되어도 되는지 그 한계를 말하기는 어렵다. 진술이 일반적이면 일반적일수록 그만큼 논란의 여지는 없는 것이다. 그래서 가령 다음과 같이 우리가 말해도 별 무리가 없을 것이다:

모든 (인간의) 자연 언어는 음의 언어(Lautsprache)이다. 즉 음의 언어에서는 인간의 발화 기관에 의하여 생성된, 조음된 음이 의미 내용을 표현하는 데 사용된다. 모든 언어에서는 어떤 것이 어떤 것에 의하여 진술될 수 있다. 우리가 '기호'라는 개념과 '체계'라는 개념을 특정한 의미로 국한한다면 모든 자연 언어는 개방적이며, 즉 변천 가능하며, 경우에 따라서는 사회적으로, 그리고 지리적으로 계층이 있는 습득 가능한 기호 체계로 간주될 수 있을 것이다. 이들 기호 체계는 같은 기본 원리에 따라 지어졌다. 모든 언어에는 부분들이 서로들 간에, 그리고 전체에 대하여 기능적 상호 관계 속에 놓여 있다. 모든 언어는 인간의 발화 장치의 조음 가능성과, 그리고 해당 뇌 중추의 저장 능력과 관계가 있다. 모든 언어에서는 규칙에 따라 구성된 음을 생성하기 위하여 일반적으로 실현 가능한 음에서 선발된 특정한 음이 사용된다. 모든 언어는 특정한 음운적 체계를 갖고 있으며, 그 체계 내에서 모음과 자음의 구별과 대립의 원리가 구성적이다. 모든 언어는 자음-모음(CV)이라는 근본적 음절 구조를 갖고 있다. 모든 언어는 보다 작은 의미 단위에서 보다 큰 의미 단위로 구성하여 간다(음소 → 형태소 → 단어 → 문장). 그러나 이때에 많은 언어에서는 이미 결정하기가 힘든 경계 선상에 있는 경우가 고려될 수 있다. 모든 언어는 기능적으로 의존성이 있으며, 마찬가지로 특정 자질의 규칙적 공존성이 있다. 모든 언어는 그 음 연쇄체가 시간적으로 연속적인 순서 속에서 의미 단위를 구성하고 진술을 한다. 그리고 그 의미 단위와 진술들 자체는 또 동시적인 것으로 간주되는 의미 전체로 이해될 수 있다. 모든 언어는 평서문, 명령문, 의문문, 기원문 등과 같은 기본적 진술 형식이 있다. 모든 언어는 한정된 목록의 진술 형식(문장 모형, 기본 형식, 문 구성 계획)으로 살림을 꾸려 나간다. 모든 언어는 주어진 한정된 수의 기호 저장물에서 무한한 양의 진술을 만들어 낼 수 있다. 왜냐하면 같은 음 기호가 서로 다른 내용에 배열될 수 있기 때문이다.

이러한 방법으로 확실히 계속 더 진행하여 그 밖의 공통성을 예견할 수 있을지도 모른다. 그러나 전문가는 또한 이들 일반적으로 말한 진술 중의 여러 곳에서, 가령 여기서 사용된 용어 자체가 그에게 의문시되는 곳에서 의문을 나타낼 것이다. 그래서 음소의 개념을 문제시하거나 전통적 관점에서 기본 단위로 간주되는 단어와 문장이라는 개념을 결코 정의할 수 없는 것으로, 즉 학문적으로 사용할 수 없는 것으로 간주하는 학자들이 있다. 그러한 이의를 만나기 위해서는 우리는 항상 문제시되는 개념이 사용된 그때그때마다 언급된 관찰 차원을 고려해야 할 것이다. 그것들은 적합한 곳에서는 완전히 정당할 수 있다.

위에서 언급한 가정될 수 있는 공통성은 아주 높은 추상 차원에 있으며, 사실 이론적으로는 유용하고 의미 있을 수 있으나 언어를 경험적으로 기술하고 언어 비교를 하기 위해서는 거의 구체적 도움을 주지 못한다는 것이 지금까지 언급된 사실에서 볼 때 분명하다. 언어 보편성과 그 언어 보편성이 화자의 태도에 미치는 그 중요성에 대한 실제적 문제와 관련해서는 아직 그리 많은 성과를 얻지 못했다. 모든 언어가 문법적 범주를 가져야 한다는 것은 분명해 보이는 듯하지만, 어떤 범주가 필수적이고 어떤 범주는 임의적이냐를 아는 것이 더 중요할지도 모른다. 우리들에게 친숙한 명사나 동사와 같은 단어 범주나 주어나 술어와 같은 통사 범주가 어디에서

나 있어야 하는가? 비로소 여기에서 그 질문은 실제로 흥미 있고 언어 이론적으로 중요하지만 동시에 문제성이 있기도 하다.

미국 쪽에서는 지난 수년간 보편성 문제 해결에 접근하는 데 엄청난 노력을 기울였다. 저명한 심리학자들도 거기에 참여하였다. 모든 인간에게 동일하며, 문화 의존적이고 심리적인 특정한 상수를 증명하는 데 힘을 쏟은 찰스 오스굿(Charles E. Osgood)의 연구가 특별히 주목을 끈다.

a) 문화로부터 독립적인 개념과 심리적인 상수는 있는가? 찰스 오스굿의 접근

오스굿은 수시(G. S. Suci) 및 타넨바움(P. H. Tannenbaum)과 함께 벌써 수년 전부터 의미를 과학적으로 정확하게 측량 가능하게 만드는 적합한 방법을 구하려고 노력하여 이른바 의미 미분(semantisches Differential)이라는 절차를 전개하였는데, 이 개념은 세 명의 저자가 공동으로 작성한 『의미의 측량』(1957)이라는 책과 더불어 잘 알려지게 되었다. 여기에서는 고유한 연상 검사를 하고 있다. 이 검사에는 관계 범주로서 '더운/찬', '친절한/불친절한', '단/쓴', '남성의/여성의', '큰/작은'과 같은 많은 대립 쌍들이 그 근거가 되어 있다. 이들 대립 쌍을 한 장의 전지 위에 배열하는데, 긍정적인 성분들은 한쪽 면에 한 단에서 차례로 아래로 적고, 부정적인 요소들은 다른 쪽 면에 각기 맞은편에 두 번째 단에 적는다. 두 단 사이에 측량 스펙트럼은 숫자를 붙였다. 설문에 응한 사람은 특정 검사 단어, 예를 들면 '아버지'를 즉흥적으로 차례차례 대립어와 함께 연상하고, 그 사람에게는 의미가 이쪽 극점과 더 쉽게 나타나는지, 아니면 저쪽 극점과 더 쉽게 나타나는지를 말해야 한다. 그 연상 준비의 강도에 따라 그는 그 다음에 두 극점 사이에 있는 스펙트럼 위에 점을 표시한다. '아버지'의 의미는 그러므로, 예를 들어서 '더운/찬' 스펙트럼에서는 '더운'에 보다 가까이, '친절한/불친절한' 스펙트럼에서는 '친절한'에 더욱더 가까이, '남성의/여성의' 스펙트럼에서는 '남성의'라는 극점과 완전히 일치하며, '단/쓴' 스펙트럼에서는 가운데에(결정 불가), 그리고 '큰/작은' 스펙트럼에서는 '큰'이라는 극점에 보다 가까이 놓인다. 표시된 점은 위에서부터 아래로 함께 연결하여 지그재그 선, 즉 의미 미분을 만들어 낸다. 대립어 계열들과 많은 검사 단어에서 요구된 연상들이 자의적인 성격이 있음에도 불구하고 서로 다른 관찰자의 미분이 두드러지게 유사한 결론이 나온다는 것이 눈에 띄는 일이며, 그 절차의 가치를 이루어 낸다. 우리는 물론 대립 쌍들을 특정한 검사 단어에 더 잘 적응시켜 그로 인하여 결과의 납득 가능성을 높일 수 있다. 독일에서는 사회학자 호프슈태터(Hofstätter)가 의미 미분을 성공적으로 시험하여 예를 들어 독일인 설문 응답자를 통한 'Einsamkeit(고독)'이라는 개념 판단과 미국인 설문 응답자를 통한 해당 영어 'lonesomeness(고독)'라는 개념 판단에서 현저한 차이가 있음을 조사하였다.[141]

그의 성공으로 용기를 얻어 오스굿은 그 다음에 전 세계적인 연구 계획을 진행하였다. 이는 언어 상대성이라는 우리들의 문제에 중요한 의미를 지니기에 그 자신의 말을 여기에 인용한다.

그분들이 아니었더라면 이런 종류의 계획을 결코 수행할 수 없을지도 모른다. 남을 돕기를 좋아하는 다음의 해당국 출신 사회학자들의 도움으로 우리는 비교의 토대로서 미국, 일본, 홍콩, 인도[뉴델리에서의 힌두 어와 마이수르에서의 카나다 에], 아프가니스탄, 이란, 레바논, 유고슬라비아, 폴란

---

141) P. R. Hofstätter, 1957, S. 63 ff. 의미 분화(das semantische Differential)가 G. Hard, 1970에서 아주 의미 있게 적용된다.

드, 네덜란드, 벨기에, 프랑스에서 기초 자료를 수집하고 있다. 우리는 언어학자와 인류학자들이 모두 여섯 개 어족에 대하여 '문화에 영향을 받지 않는' 것으로 선발한 일상 개념의 목록에서 시작하였다. 이것들은 이중 언어(Zweisprachige)를 통하여 엄격하게 재번역 검사를 통과한 것들이었다. 여기서 한 가지 사항을 언급하자면, 번역이 중요하며 결과에 영향을 미칠 수 있을지도 모른다. 그 이후에 모든 것은 각기의 모국어에서, 그리고 단일 언어를 사용하는 설문 응답자를 통하여 수행되었다.

첫 단계에서 우리는 어떤 국가에서 각기 100명의 고등학생들에게 개념들 중의 하나를 자극으로 주었을 때 그들에게 즉흥적으로 떠오르는 그 형용사를 일컫도록 했다. 예를 들어 한 소년이 '나무'라는 단어에 대하여 '높은'이라고 반응하게 되고, 다른 학생은 '푸른'으로, 그 밖의 한 학생은 '큰' 등으로 반응할 것이다. (100명의 설문 응답자가 100개의 개념에 대하여 준) 1만 개의 형용사 꾸러미를 일리노이의 대학으로 보냈다. 거기서 우리는 IBM과 ILLIAC[33]의 고속 계산기의 도움으로 이들 형용사의 서열을 더군다나 100개의 개념에서 사용의 전체 빈도와 사용의 다양성, 서로서로 비교할 때 사용의 독립성에 따라 조사하였다. 우리는 9개국에서 나온 서열과 빈도수, 그리고 다양성에 대한 이 수치들을 이미 가지고 있다. 그것들은 통계적 판단에 따라서 볼 때 극도로 유사할 뿐만 아니라, 등급 지어진 형용사를 영어로 번역하여 그 다음에 서로들끼리, 그리고 아울러 영어와 상관관계를 표시한다면 상관관계도 상당히 긍정적이다. 다른 말로 한다면 속성을 경험함에 있어서, 그리고 대상 양상과 사건 양상을 기술할 때에 지배적인 경향이 본질적으로 매우 유사하며, 어떤 누가 어떤 언어를 사용하느냐, 아니면 어떤 문화

---

[33] Illinois Automatic Computer, 일리노이 대학의 슈퍼컴퓨터.

권에서 그가 성장했느냐 하는 것과는 무관하다.

두 번째 단계는 몇몇 나라에서 가장 높은 등급에 있는 형용사를 우리가 취하여, '좋은/나쁜', '큰/작은'과 같은 스펙트럼이 생겨나게 하는 방법으로 그 통상의 대립 개념들을 조사하여, 새 집단의 젊은 남자 100명으로 하여금 이들 스펙트럼의 모두를 각기 다른 50개의 스펙트럼 중의 하나를 고려하여 어느 정도로 '좋은'이 '큰'지 아니면 '작은'지, '큰'이 어느 정도로 '즐거운'지 아니면 '슬픈'지를 판단하게 하는 방법이다. 이 새로운 자료 꾸러미는 일리노이로 도로 보내서 거기서 우리가 상관관계를 산출해 내고, 요인 분석을 하고, 의미 공간의 구조에 대한 우리들의 첫 검사를 서술한다. 우리와 함께 여기에까지 이르는 데까지 성공한 6개국을 대신하여 나는 앞에 나온 이 두 요인들이 예상했던 대로 확실히 평가할 만하며, 효력이 있다고 보고할 수 있다. 세 번째 요인은 개개 국가들 사이에 꽤 변화가 있었다. 그러나 그것은 적어도 작용 방식의 취향을 가지는 듯하다('따뜻한', '빠른', '젊은', '큰소리의' 등과 같은 의미 조사 결과물이 계속해서 떠오른다). 우리는 우리들 연구의 세 번째 단계가 이 상황을 설명하길 희망한다. 우리는 유사한 설문 응답자의 그 밖의 집단으로 하여금 원래의 100개의 문화 독립적인 개념을 50개의 의미 스펙트럼을 고려하여 판단하도록 하고, 모든 개개의 스펙트럼을 각기 다른 스펙트럼과, 더군다나 개념들을 판단할 때에 실제로 사용된 그대로, 상관관계를 표시하게 할 것이다. 여기서도 우리는 요인 분석으로 끝을 맺는다. 우리는 이제 막 이러한 단계의 연구에 들어갔다. 그래서 나는 아직 성과를 보고할 수 없다.[142]

---

142) Ch. E. Osgood, 1964, S. 44 ff.

오스굿은 그의 계획이 어떤 의미와 목적을 갖는지를 곧장 첨언하였다:

> 첫 목적이자 순수 학문적인 목적은 전 세계의 인간이 그들의 모국어와 독립적으로, 그리고 그들의 문화와 독립적으로 공통된 의미 체계를 가지며, 자신들의 경험을 유사한 상징 차원에 따라 정렬시킨다는 것을 증명하는 것이다. 서로 다른 언어를 사용하는 인간은 필연적으로 사물을 상이하게 지각하고, 사고하고, 더욱이 상이한 철학적 사상 구조를 세움에 틀림없다는 '심리 언어학적 상대성'을 주장하는 벤저민 리 워프와의 생각과는 달리 여기서는 적어도 보편적인 인간 상징 태도의 한 양상이 규명될 수 있을 것이다. 이 연구 계획의 두 번째의 목적이자 보다 실제적인 목적은 우리가 '주관적 문화(subjektive Kultur)' ―의미, 입장, 가치 등― 를 포착할 수 있는 조사 방법, 즉 명백하게 언어와 문화의 모든 차이를 뛰어넘어 비교할 수 있는 척도를 제공해 주는 방법을 개발하여 적용하는 것이다. 공통된 의미 요소들을 증명한다면, 그것이 실제로 성공한다면, 실제적 '의미적 미분'을 구성하여, 그것(의미적 미분)을 가지고 우리는 문화 경계와 언어 경계를 뛰어넘어 비평적 개념의 의미를 조사할 수 있다. 그렇다면 우리는 이성적으로 이들 척도가 고무줄처럼 늘어질 수 있는 것이 아니라고 희망해 봐도 될 것이다. 마지막으로 우리는 공통된 의미 기본 모형을 증명하는 것뿐만 아니라 의미 조사 방법을 적용하는 것도 국제적 의사소통을 보다 좋게 하고, 국민들 간에 의사소통을 하게 하는 데에 기여한다고 가정해도 된다.[143)]

우리들이 고민하고 있는 문제의 테두리 내에서 이 계획이 어떻게 판단될

---

143) Ibid., S. 46 f.

수 있을까? 당연히 '문화 독립적인' 개념이 문제시된다. 그런 어떤 것이 있을 수 있을까? 개념(Begriff/concept)이라는 표현을 논의할 때에 우리가 보게 되었듯이, 그것을 가지고 자주 2차적으로 언어에 의하여 명칭되는 언어 외적인 단위가 말해진다. 오스굿에서도 모든 인간에 있어서 같거나 유사한, 그래서 그것에 대하여 언어적 명칭에서 비교 가능한 1차적 언어 외적 단위, 감각 느낌, 공간 개념, 가치 개념이 문제이다. 우리가 방금 인용한 논문에는 유감스럽게도 언급된 '문화 독립적인' 개념이 제시되지 않았다. 그러나 언급한 예에서 그것들은 의미 미분에서도 사용된 예들과 상당히 일치한다. 그러므로 인간의 일상 경험의 가까운 영역에서 나온 대개 형용사적으로 파악된 '가치'들이 문제이다.

여기서 모든 인간에 있어서 '초문화적인', 감각 생리학적이고 심리적으로 조건 지어진 유사성이 있다는 것은 거의 의심할 수 없을 것이다. 그러나 이것은 상대성 사상을 옹호하는 자들도 완전히 인정할 수 있다. 그러나 그것으로 일치가 어느 정도로 가능할 수 있느냐의 문제가 결정된 것은 확실히 아니다. 우리에게 자명하게 보이는 것이 다른 문화에서 결코 자명할 필요가 없는 것이다. 크고 작은 대상물들이 도처에서 상이할지도 모른다. 그러나 이것이 실제로 어떻게 다른가 하는 것은 그것으로 아직 말해지지 않았다. '쓴'이 '단'에 분명한 대립어인가, 아니면 '신-단', '짠-단'의 대립도 가능한가? 맛을 다섯 가지로 구분하고 있는 중국어에서는 어떤가? '좋은'과 '나쁜', '아름다운'과 '추한'과 같은 평가어에서는 어떤가? 유사한 것이 실제로 도처에 있다면 그것으로 물론 판단 관점도 일치한다고 결코 말해진 것은 아니다. 예를 들어 뚱뚱한 여자를 이상형으로 생각하는 한 문화에서는 '아름답다'고 생각하는 것이 다른 문화에서는 확실히 추한 것으로 생각될 수 있다. 내용들이 완전히 상이하다면 '정렬된' 대조 쌍을 확인하는 것이 어떤 가치를 가질까?

보다 자세히 바라보자마자 곧 그러한 비교 검사의 진술력의 유용성에 대해서는 논란이 되지 않는다 할지라도 그것에 많은 의문과 의심이 생겨난다.

오스굿이 직접 든 '어린이–작은(Baby-klein)'이라는 연상의 예에서 무엇 때문에 조심해야 하는지를 설명하겠다. 세계 어느 곳이나 작은 어린이가 있다는 것은 확실히 특별히 증명할 필요가 없다. 그런 존재에 대한 해당 언어적 명칭도 있을 것이라는 것 또한 마찬가지로 가정할 수 있다. 확실히 그 존재하는 명칭이 영어 'baby'에 꼭 일치하리라는 요구는 할 수 없다. '젖먹이', '신생아', '유아' 등의 의미에서의 단어들도 수용될 수 있다. 그러한 유아들이 그 크기에서 성인과 크게 다르다는 것은 마찬가지로 논란의 여지가 없다. 그러므로 무엇 때문에 이처럼 아주 현저하며, 모든 인간이 한번은 겪게 되는 크기 구별을 위한 언어적 표현, 즉 '큰–작은'의 의미에서의 대립이 어디에서든 존재해야 하는 것은 아닌가? 그런데 대립이 있다면 '어린이(baby)'는 '크다(groß)'와 결합되는 것이 아니라 '작다(klein)'와 결합되어야 한다는 것은 분명하다(어떤 어린이가 또한 다른, 아마도 갓 태어난 아기와 비교하여서는 더 클 수 있다는 것은 현재로서는 고려하지 않아도 된다).

여기서 문제가 되는 크기 차원이 어떤 한 언어에서 어떻게 표현되는지는 확실히 예측할 수 없다. 우리가 영어에서 출발한다면 '크다/작다'의 영역에서 여러 표현이 사용된다. 그리고 영어를 배우는 자는 허용된 사용 방식에서 확실성을 얻는다는 것이 얼마나 어려운지를 안다.

우리가 우선 한번 알파벳상으로 일련의 '작다(klein)'를 나타내는 단어들과 '크다(groß)'를 나타내는 단어들을 적어 보자.

little, microscopic, minimal, minute, short, small;

big, bulk, grand, great, high, large, long, tall.

언어 능력이 있는 영어 화자는 그가 그 이유는 댈 수 없다 할지라도 'baby'의 경우에 어떤 단어나 단어들이 문제가 되는지를 곧장 분명히 안다. 그러나 그가 그에게 친숙한 용법을 의식적으로 충분히 검토하자마자 그의 언어가 그로 하여금 어떤 구별을 고려하도록 하는지를 발견할 수 있다. 그러면 'little'이나 'small'이 'young', 'new-born' 쪽으로 서고, 반면에 'short'는 작은 체구의 성인에게도 문제가 될 수 있을 것이다. 'little'/'small'에 대응하는 적합한 대립어를 말하기가 더욱 어렵다. 사람과 관련하여 대립어들은 ('little-large'나 'little-high'가 아니라) 'small-great', 'little-tall'이 가능하나, 'great'가 오히려 정신적 크기와 관계하고, 그에 반하여 'high'는 가격, 서열, 땅의 높이와 관계한다는 것을 우리는 알아야 한다. 우리는 그러므로 해당 단어를 선택할 수 있기 위해서는 실제적으로 해당 영어 어휘장(Wortfeld)을 지배해야 한다. 달리 말한다면 실제로 'baby'는 '작다'의 우리들의 의미에서의 단어와 언어적으로 미리 주어진 결합 내지 의미 연결어가 있다. 그러나 어느 단어가 문제 되는지는 관찰자가 해당 언어의 능력 있는 화자가 아니라면 간신히 애써야 알아낼 수 있을 것이다.[144] 오스굿은 확실히 그러한 어려움이 나타날 수 있다는 사실을 부인하려고 하지 않을 것이다. 그러나 그는 아마도 각기의 경우에 일반적으로 특별한 일상적인 단어와 거기에 속하는 대립어가 있다는 사실에 만족할 것이다.

그러나 우리에게는 완전히 기초적으로 보이는, 감각적인 지각의 영역

---

144) 여기에 대해서는 E. Leisi, ⁴1971의 아주 해명적인 연구를 참고하라.

에서 나온 대립어조차 개별 언어에서 상이하게 표현될 수 있다는 사실, 즉 내용적으로 상이하게 보이고, 상이하게 판단될 수 있다는 사실을 확인하는 것은 아주 중요하다. 왜냐하면 이러한 상황이 다시금 언어 상이성을 고려하게끔 하기 때문이다. 그리고 그 언어 상이성을 선행 분석하지 않고는 어떤 공통성의 실제적인 정도를 결코 결정할 수 없다. 오스굿이 정한 테두리 내에서 실제로 공통적인 것은, 그러므로 결국 연구의 시작 단계에 놓여 있을 수 있는 것이 아니라, 기껏해야 개별 언어 분석과 그에 이어 언어 비교 분석의 결과일 수 있다.

b) 제럴드 제이콥 카츠의 의미 보편성

언어 보편성의 문제에 접근하여 그것을 일반 언어 이론 내에 구축해 보려는 현재의 노력 중에서 특히나 미국 철학자 제럴드 제이콥 카츠(Jerrold Jacob Katz)의 연구가 주목을 끈다. 그의 해결 시도는 보편적 의미 범주를 조사하는 것을 목표로 하며, 그와 더불어 옛 철학적 문제를 드디어 해결할 것을 요구하기 때문에 여기서 그를 살펴보아야 한다. 그것을 위하여 그동안에 독일어로도 번역되어 출판된 『언어의 철학』(1966)이라는 그의 책을 참고한다.[145] 미리 말해 둘 것은 많은 것을 해결해 줄 듯한 느낌을 주는 그 제목이 주는 높은 기대가 충족되지 못하고 있다는 것이다. 그러나 우리는 저자의 편을 들어 말하자면 영어 표현 'philosophy'가 항상, 그리고 모든 관점에서 우리들의 개념 'Philosophy'와 일치하는 것은 아니라는 것을 언급할 수 있다. 자주 오히려 우리가 이론(Theorie)이라고 일컫는 것이 문제 된다. 즉 인식 이론적 의미를 가지는 이론이 문제 된다. 덴마크 언어학자 오

---

145) J. J. Katz, 1969.

토 예스페르센(Otto Jespersen)의『문법의 철학』(London 1924, ⁶1951)은 완전히 이러한 의미로 이해되어야 한다. 왜냐하면 여기서는 오로지 문법 이론이 문제가 되지, 가령 문법을 철학적으로 규명하는 시도를 하는 것이 문제되지 않기 때문이다. 카츠가 이처럼 '철학'을 제약적으로 사용하는 것을 우리가 인정한다면 그가 그의 근대 철학 사조에 대한 서론부에서의 개관에서 다만 (카르납 등) 논리적 경험주의의 언어 비평적 사조와 (비트겐슈타인 등) 이른바 일상 언어 철학을 언급한다는 것은 오히려 용서될 수 있다. 아펠(K. O. Apel), 카시러(E. Cassirer), 크로세(B. Croce), 가다머(H. -G. Gadamer), 하인텔(E. Heintel), 회니히스발트(R. Hönigswald), 리브룩스(B. Liebrucks), 로만(J. Lohmann), 로트하커(E. Rothacker), 바이스게르버(L. Weisgerber)와 같은 이름과 연결되는 인식론적·변증법적·해석학적 영역에서 중요한 언어 철학적 논문들은 한마디도 언급되지 않았는데, 이는 포괄적인 의미에서의 언어 철학에 대해서 말한다면 용서하기 어려운 일일지도 모른다.[146]

이미 말했듯이 카츠는 어쩌면 원래 고려해야 할 영역을 처음부터 제한하고 있다. 언어 보편성의 문제를 촉진하기 위해서는 그가 인용한 두 사조가 거의 도움이 될 수 없는 것이 어렵지 않게 증명될 수 있다. 그러나 그가 그 다음에 자신의 해결 시도로 넘어가기 이전에 그 자신이 철학사에서 아마도 이용 가능한 다른 주장들을 살펴봐야 한다고 생각한다. 이러한 방법에서 촘스키가 그를 선행한 사람이다. 촘스키는 생성 문법이라는 자기 이론을 위하여 철학적 전통에 연결을 찾는 가운데, 데카르트와 포르루아얄(Port Royal) 문법과 빌헬름 폰 훔볼트를 언급하면서 그것을 찾았다고 믿고 있다.[147]

---

146) 가장 중요한 저서들만이 우리들의 참고 문헌에 인용되어 있다.
147) N. Chomsky, 1966.

물론 그는 그의 보증인들의 저서에서 자신의 이론을 전개해 나가는 데 지지가 되고 보증이 될 수 있는 단지 몇 군데만 발췌했다. 그리고 그는 가령 훔볼트의 언어 철학적 저서를 보다 광범위하게 평가하는 것을 지금까지 하지 않고 있다.

　카츠는 그의 철학사적 요약에서 데카르트의 본유 관념(eingeborene Idee)과 라이프니츠의 그에 해당하는 사상을 언급하고 있다. 특히 그러나 그는 아리스토텔레스의 범주에 의지하고 있다. 그가 보기에는 그것이 언어 보편성을 탐구한 최초의 중요한 시도이나 실패한 시도로 보기 때문이다.

　카츠는 아리스토텔레스의 열 개의 범주들을 간단히 소개하고 예를 들어 논증하고 있다. 물론 그리스 어 원전에 대해서는 보다 상세한 어떤 언급도 하지 않고 단지 영어로서만 그렇게 한다. 이러한 범주 목록들은 그 다음에 칸트의 유명한 비판적인 주석을 언급하면서 인식 이론적으로 불만족스럽고 논증되지 않은 것으로 거부된다. 카츠는 칸트의 개선안을 물론 더 상세히 언급하지 않고 있다. 보다 오래된 이러한 철학적 주장을 언급하고, 그 다음에 아주 간단히 거부하는 방법을 볼 때 우리는 결코 보다 진지한 논구를 할 생각은 없었다는 인상을 받는다. 오히려 특히나 언급된 철학자들에서 당면한 문제에 대한 어떤 대답도 발견할 수 없다는 것이 나타날 것이다. 드디어 광범위한 언어 이론의 테두리 내에서 학문적으로 지탱할 수 있는 성과를 제공해 줄 것을 약속하는 자신의 해결 제안이 그만큼 더한 비중을 얻는다.

　우리가 이러한 주장으로 나아가기 전에 아리스토텔레스가 자기의 범주를 가지고 벌써 또한 언어 보편성을 탐구하려고 했다고 카츠가 가정한다면 그는 아리스토텔레스의 의도를 오인하고 있다는 점을 언급해야겠다. 결코 그렇게 말할 수 없다. 여기서 분명히 해 두기 위해서 아리스토텔레스에게 무엇이 문제였는지, 그는 카테고리(κατηγορία)를 무엇으로 이해하는지, 그리고 그가 그의 범주 설정으로 무엇을 목적했는지를 아주 간단히 설명하겠다.

부연 설명: 아리스토텔레스의 범주에 대하여

아리스토텔레스는 어떤 실재의 대상에 대하여 어떤 일반적인 질문을 할수 있는지, 즉 어떤 실재의 대상에 대하여 어떤 일반적인 진술을 할 수 있는지를 나타내고 싶었다. 그는 개개의 대상에 속할 수 있는 최상의 궁극적인 보편 개념을 찾았다. 이때에 그는 특히나 개개의 인간, 그러나 또한 다른 생명체, 그리고 체험해 보지 않은 대상을 염두에 두고 있다.

범주의 개념은 이중적 의미 방향을 갖는다. 왜냐하면 한편으로 어떤 사물의 본질 문제, 즉 그 사물이 무엇이냐에 대해서 질문할 수 있고, 다른 한편으로는 그러나 또한 그 사물에 부여된 술어에 대하여 질문할 수 있기 때문이다. 아리스토텔레스는 일차적으로 실재적 존재(das reale Sein)를 생각하고 있다. 더 옳게 말하자면 실재적 존재자(das reale Seiende)를 생각하고 있다. 그는 자기의 그리스 어, 그리고 그 그리스 어의 진술 가능성을 분석하는 방법으로 그것을 찾고 있다. 논리적(logisch) 관점과 존재론적(ontologisch) 관점은 이때에 엄밀히 구분되지 않는다. 실재적 존재자는 그리스 어가 파악하고 나타내 주는 대로 소개된다. 아리스토텔레스가 이와 관련하여 복합어가 아니라 단순한 단어의 내용에 의지한다면 이것은 실재자는 결국 단지 구체적인 개별자 속에서만 파악될 수 있으며, 아울러 그것은 단순한 단어 내에 포착되어 있다는 그의 확신과 관계한다고 볼 수 있다.

아리스토텔레스의 사유가 자기 언어의 미리 주어진 형식을 따라 움직여 간다면, 그리고 그 결과로 그의 범주들이 결국 그 언어에서 추측된다고 말해도 된다면, 이것은 그의 시대의 그리스 문화의 특수한 관계에서 설명되어야 한다. 언어 다양성의 문제는 여전히 시야권 밖에 있다. '말한다'는 것은 우선 '그리스 어로 말한다(hellēnízein)'는 것을 의미하고, 외국인(die Barbaroi)이 말하는 것은 아직 분석할 만한 가치가 있다고 인정받지 못했다. 그러므로 아리스토텔레스가 이따금씩 언어를 언급하는 것을 가령 모든 언어에 공통적인 것에 대해서 의도적으로 진술한다는 의미로 해석한다는 것은 확실히 틀린 것이다.[148]

카츠가 이러한 중요한 관계를 분명히 보지 못했기 때문에 그는 또한 아리스토텔레스를 정당하게 평가할 수 없다. 그런데 나아가서 또한 영어로 번역된 아리스토텔레스의 개념들이 그리스 어의 의도를 분명히 밝혀 주기에 기여하지 못한다는 것도 고려되어야 한다.

카츠는 아리스토텔레스의 범주를 실체(substance), 양(quantity), 질(quality), 관계(relation), 장소(place), 시간(time), 양태(posture), 소유(possession), 능동(action), 수동(passivity) 등 다만 일상의 영어 표현을 사용하여 일컫고 있다. 그는 마지막 두 범주의 성격이 약간 의문시된다는 것을 깨닫고, 아리스토텔레스의 설명을 영어로 번역된 몇 개의 예를 들어 잠깐 언급한다. 그 다음에는 아리스토텔레스가 범주를 어떻게 구성하게 되었는지를 제시하지도 않았고, 범주 소속성이 어떻게 정확히 결정될 수 있는지도 제시하지 않았다고 아리스토텔레스를 비난한다. 그의 배열은 다만 직관적 판단에 의지하며, 그는 이들 범주가 어느 정도로, 그리고 무엇 때문

---

148) 여기에 대해서는 J. Hirschberger, [7]1963, S. 164; K. Vorländer, 1963, S. 122; J. Lohmann, 1968.

에 '그' 언어의 범주로서 인정될 수 있는지를 증명하려고 하지도 않았다고 비난한다.

그러나 바로 이것, 즉 보편적 언어 범주의 탐구는 아리스토텔레스와는 거리가 멀다. 그에게는 가장 보편적인 술어를 찾아내는 것이 문제였다. 그가 이때에 촘스키의 변형 문법의 '능력 있는 화자'와 다르지 않게 직관적으로 처리한다면, 결국 그와 같은 문제는 '직관적' 의미 이해 없이는 절대로 대답할 수 없는 것임을 통찰한 자에게는 이것이 거의 놀랄 만한 일이 아니다. 카츠 자신도 근본적으로는 거의 달리 처리하지 않는다는 것을 나중에 보게 될 것이다.

우리가 아리스토텔레스를 실제로 올바르게 평가하려면 우리는 그리스어 원전에 의거해야 한다. 왜냐하면 번역에서는 원래의 사상이 부분적으로 감추어지기 때문이다.[149] 이것은 예를 보면 가장 잘 알 수 있다. 그렇다면 우리는 아리스토텔레스가 얼마나 조심스럽고 사려 있게 자기의 심중을 표현하는지, 원전을 이미 해석하면서 그 내용을 건드리고 있는 번역에서 보다 논박할 것이 더 적을 정도로 그리스 어에서는 그의 범주가 아주 보편적으로 파악되어져 있다는 것을 인식하게 된다. 우리는 이것을 아리스토텔레스가 그의 범주를 소개하고 있는 핵심 문장에서 분명히 보여 줄 수 있다. 그는 원전에서 이렇게 말한다.

Τών κατά μηδεμίαν συμπλοκήν λεγομένων ἔκαστον ἤτοι οὐσίαν ση μαίνει ἤ ποσόν ἤ ποιόν ἤ πρός τι ἤ πού ἤ ποτέ ἤ κείσθαι ἤ ἔχειν ἤ πο ιείν ἤ πάσχειν.[150]

---

149) 나는 여기서는 H. P. Cooke의 두 개의 언어로 된 출판물과 관계한다(Aristotle, 1955).

영어 번역은 다음과 같다.

Each uncombined word or expression means one of the following things: what (or Substance), how large(that is, Quantity), what sort of thing (that is, Quality), related to what(or Relation), where (that is, Place), when(or Time), in what attitude(Posture, Position), how circumstanced (State or condition), how active, what doing (or Action), how passive, what suffering(Affection).[151]

조합되지 않은 모든 단어나 표현은 다음 중의 하나를 의미한다. 무엇이냐(혹은 실체), 얼마나 크냐(즉, 양), 어떤 종류의 것이냐(즉, 질), 무엇에 관계되어 있느냐(혹은 관계), 어디에서(즉, 장소), 언제(혹은 시간), 어떤 태도로(자세, 입장), 어떤 환경에서(상태나 조건), 얼마나 능동적으로 하느냐(혹은 능동), 무엇을 하느냐(행위), 얼마나 수동적으로 하느냐, 무엇을 겪느냐(감정).

독일어로 번역하면 다음과 같다:

Jedes ohne Verbindung gesprochene Wort bezeichnet entweder eine Substanz oder eine Quantität oder eine Qualität oder eine Relation oder ein Wo oder ein Wann oder eine Lage oder ein Haben oder ein Wirken oder ein Leiden.[152]

---

150) Ibid., S. 16/18.
151) Ibid., S. 17/19.
152) 독일어판: Aristoteles, 1968, S. 45.

결합하지 않고 말해진 모든 단어는 실체든지, 양이든지, 질이든지, 관계이든지, 어디에서이든지, 언제이든지, 상태이든지, 소유이든지, 영향을 미치든지, 영향을 받든지이다.

우리가 그리스 어 표현을 그 번역과 비교해 본다면 차이를 곧장 확인할 수 있다.

순번	그리스 어	라틴 어	영어	독일어	한국어
1	οὐσία	substantia	substance	Substanz	실체
2	ποσόν	quantitas	quantity	Quantität	양
3	ποιόν	qualitas	quality	Qualität	질
4	πρός τι	relatio	relation	Relation	관계
5	ποῦ	ubi	place	Ort	장소
6	ποτέ	quando	time	Zeit	시간
7	κεῖσθαι	situs	posture	Lage	상태
8	ἔχειν	habitus	state/condition	Anhaben/Innehaben	소유
9	ποιείν	actio	action	Tätigkeit	능동
10	πάσχειν	passio	affection	Leiden	피동

우선 그리스 어 표현이 번역에서는 부분적으로 다른 단어 범주로 빠져들어 가서 약간 다른 시각 방식으로 넘어가게 되었음을 확인할 수 있다.

그리스 어 'οὐσία(우시아)'를 우리는 아마도 독일어로 'das Seiende(존재하는 것)'로 번역한다면 가장 근접하게 번역한 것이 된다. 이러한 일반적인 형식으로는 그것으로 언급하는 것이 어떤 형식으로 나타나는지에 대해서는 아직 아무것도 예단하지 않고 있다. 아리스토텔레스가 범주를 설명하기 위하여 사용한 예들은 사실 실재의 대상물 —'ἄνθρωπος(안트로포스, 인간)'

와 'ίππος(히포스, 말)'— 을 가리키며, 또한 이미 그가 단지 그러한 실재를 염두에 두고 있다는 것이 이미 언급되었으나, 'ούσία(우시아)'라는 표현 자체에는 그와 같은 제약이 아직 함의되어 있지 않다. 왜냐하면 '존재하는 것'으로 인정될 수 있는 것은 아직 완전히 열려 있기 때문이다. 예를 들어 신과 영, 표상과 관념도 존재하는 것으로 인정하는 자는 그것들도 이 범주 아래에 이의 없이 포함시킬 수 있기 때문이다. 그는 이로써 '인간'이나 '말' 과 같은 표현과 아울러 그러한 개념도 우리가 명사(Nomen/Substantive)로 말할 수 있는 'Onomata'라는 문법적 부류로 파악하는 그리스 어와 다르지 않게 다룰 것이다.

라틴 어 번역은 원전에 완전히 일치하는가? 요하네스 호프마이스터 (Johannes Hoffmeister)의 『철학 개념 사전』(²1955)은 실체(Substanz)라는 항 목을 다음과 같은 말로써 시작한다. "라틴 어 'substantia'에서 유래, 그 아래에서 존속하는 것(그리스 어 hypokeímenon), 존속성을 가지는 것, 독자적인 것, 비독자적인 것이나 단지 다른 것에 붙어서 존속하는 것이나 우연적 속성과는 달리 독자적으로 존속하는 것, 변화하는 것이나 일시적 상황과는 달리 지속적인 것." 데카르트와 칸트의 해당 정의, 즉 자연 과학에서의 실체 개념에 대한 언급과 연장이 있는(물질적) 실체와 사유하는(영적) 실체의 구별과 대립에 대한 언급이 이어지고 있다. 그리고 마지막으로 비로소 아리스토텔레스의 범주에 대해, 즉 그리스 어 'ούσία(우시아)'의 번역으로서 실체를 설명하고 있다.[153]

'Substantia'는 그러므로 아리스토텔레스의 범주를 라틴 어로 번역한 것으로서 결코 평가되지 않고 우리가 고대 문법에서 알고 있고, 대부분

---

153) J. Hoffmeister, ²1955, S. 587.

'Subjekt(주어)'라는 용어로 우리가 재현하곤 하는 그리스 어 개념에 해당하는 말로서 평가하고 있다. 다른 한편 그 설명은 아리스토텔레스의 'οὐσία(우시아)'에 대한 사상적 근접은 포기되지 않았다는 것을 보여 준다. 어쨌든 그러나 '실체'라는 범주 개념에 추가적인 함축 의미를 부가하는 여러 성분이 그 개념 안으로 유입된다. 이는 그 개념을 이해하는 데 무조건 도움이 된다고는 말할 수 없다.

외래어로서 라틴 어 단어를 우리들의 언어 안으로 받아들여 일반어의 어휘 안으로 그 단어를 편입해 넣음으로써 그 내용은 그러나 추가적으로 영향을 받게 되었고, 아리스토텔레스에서 벗어나는 특정한 방향으로 접어들게 되었다. 'chemische Substanzen(화학적 실체)'이나 'von der Substanz leben(자기 재산으로 먹고살다)'이라는 흔히 사용하는 표현은 그 표현을 완전히 물질적 실체의 면에서 사용하는 것이며, 따라서 '소재(Stoff)'나 '물질(Materie)'에 아주 밀접한 의미로 사용된다. 철학자가 그러한 일상어의 함축 의미에서 벗어날 수는 있으나 '실체가 아리스토텔레스의 범주이다'라고 들었으나 그리스 어 표현을 모르는 자라면 오도될 것은 뻔하다. 어쨌든 그리스 어 범주 자체보다는 우리들의 번역어가 논박의 소지가 덜 있을지도 모른다. 유사한 내용의 변화가 예를 들면 '질'이라는 범주에서와 같이 다른 범주에서도 고려될 수 있다. 그 범주도 마찬가지로 오늘날의 일반어적 사용에 의하여 영향을 받았다.

이것을 여기서 더 깊이 논할 필요는 없다. 다만 아리스토텔레스를 카츠처럼 그 번역물에 의지하여 판단하는 것을 경고하고자 한다. 그리스 어 범주들을 원전의 맥락 내에서 살펴보고 이해해야 한다. 번역물들을 검토하지 않은 채 수용해서는 안 된다. 왜냐하면 번역물들은 의심할 바 없이 아리스토텔레스의 범주에 대한 현대의 불편함을 강화시켜 주는 오도적인 생각을 떠올리기 때문이다.

아리스토텔레스가 그의 범주를 자기 언어를 실마리로 하여 발견했으며, 그가 든 예가 보여 주듯이 그 범주들이 특정한 품사에 의지하고 있음은 거의 의심할 나위 없다. 그에게는 언어에 포착되어 있는 실재의 존재자를 사상적으로 포착하는 것이 문제였다는 것도 마찬가지로 의심의 여지가 없다. 이때에 개인이 얼마나 강하게 자기 질문의 표준 척도인지, 언어적 표현 가능성이 얼마나 강하게 인식을 유도하는 기능을 떠맡는지가 마지막 두 범주 'ποιεῖν(하다)'과 'πάσχειν(겪다)'에서 아주 분명히 나타난다. 'τέμνει (자르다)'와 'καίει(태우다)', 그리고 'τέμνεται(잘렸다)'와 'καίεται(불타 버렸다)'는 분명히 그리스 어 문법 범주 능동과 수동을 나타낸다.

그런데 인간에 대한 관계는 법률학 영역에서 유래한 범주에 주목한 스웨덴 언어학자 콜린더(B. Collinder)의 연구를 통하여서도 지지를 받는다.[154]

아리스토텔레스가 무엇을 하려고 했는지를 우리가 고려한다면 그의 질문과 대답은 완전히 정당한 것이며 있을 수 있는 것이다. 완전히 다른 것을 문제 삼은 카츠의 비난은 그 그리스 사상가에게는 적어도 직접 해당되지는 않는다.

카츠의 독자적 해결 시도

우리가 이제 카츠 자신이 어떤 방법으로 그 자신의 문제를 보다 잘 해결하려고 했는지 질문해 보자. 그는 언어 보편성을 탐구하는 것을 분명히 그

---

154) B. Collinder, 1968.

의 언어 이론의 과제로 삼았다. 따라서 그는 "언어의 의미 범주들은 의미론이 실체적 보편성(substantielle Universalien)으로 명세하는 그러한 의미 자질 표시의 부분 집합으로 주어진다"는 관점하에서 의미 범주의 이론을 언어 이론 속으로 이입시키고자 했다. "의미 범주들은 따라서 통사 범주나 음운론적 범주와는 구별되며, 어떤 것이 의미 범주라는 주장은 그것이 바로 개별 언어 기술을 구성하기 위한 이론적 어휘 목록의 본질적 특징이라는 경험적 주장으로서 해석될 수 있다."[155]

"'언어'(필자가 강조함)의 의미 범주와 어떤 개별 언어 L의 의미 범주"를 결정하기 위한 경험적으로 동기화된 가능성을 그는 그 다음에 그의 유명한 의미론의 테두리 내에서 보여 주려고 했다.[156] 이때에 사전 등재 내용이 출발점이 된다. 그런데 이 사전 등재 내용은 생성 문법에서는 흔히 사용하는 수형도의 나뭇가지 서술 방법에 따라 그 의미 성분들로 나뉜다. 그러므로 수형도의 하단 끝에 있는 그 실제의 의미는 특정 표지의 총액으로 해독할 수 있다. 인용도 많이 되었고, 또한 비판도 많이 받고 있지만, 카츠와 포더(Fodor)의 영어 'bachelor'[157] 분석이 바로 이런 방법을 사용한 전형적인 예인 것이다. 'bachelor'의 사전 등재 내용은 다음과 같이 분석된다. 부정 명사가 문제가 된다. 이는 두 개의 가지로 나뉜다. 첫 번째 가지는 "인간 생명체"의 가지이고, 두 번째 가지는 "동물 생명체"의 가지이다. 'human'이라는 표시를 단 매듭은 계속 세 개의 가지로 펼쳐진다. 두 가지는 남성의 인간 존재만을 포괄하고, 세 번째 가지는 여성의 인간 생명체도 허용한다.

---

155) J. J. Katz, op. cit., S. 207 f.
156) Ibid., S. 207.
157) J. J. Katz und J. A. Fodor, 1963, S. 185-191.

남성의 가지는 계속 '독신 남자(male person who has never married)'와 '기사의 종자(young knight serving under the standard of another knight)'로 나누어진다. 세 번째 가지는 '학사 학위'로 뻗어 간다. 동물로 뻗어 내려가는 가지는 '번식기에 상대가 없는 물개의 수컷(young fur seal when without a mate during the breeding time)'에 대한 명칭으로서 단지 한번 연결된다. 결론은 'bachelor'가 맥락에 따라 네 개의 서로 다른 의미를 얻을 수 있는 다의어라는 것이다. 나는 다른 곳에서 이 주장을 상세히 비판하고, 화자의 의식 속에서는 네 개의 의미를 가진 단일한 단어가 문제 되는 것이 아니라, 같은 음이지만 서로 상이한 네 개의 단어, 즉 동음이의어가 문제 된다는 것을 밝혔다.[158] 이것은 언어 습득 과정을 언급함으로써 분명하게 될 수 있다. 왜냐하면 언어 습득 과정은 일반적으로 상이한 표현은 상이한 시점에 상이한 관계 속에서 습득되어 상이한 어휘장으로 편입된다는 것을 보여 주기 때문이다.

그러나 지금과 관련하여서는 그것이 문제가 아니다. 오히려 여기서는 (물리적 대상), (살아 있는), (인간의), (남자의), (성인의), (절대로 결혼하지 아니한) 등과 같은 이론에 결정적인 메타언어적인 특성 표시가 우리의 관심을 끈다.

개개 단어를 그와 같이 의미 분석한 이후에 거기서 일반적 의미 규칙에 도달하기 위해서는 발견된 의미 표시의 조합 가능성, 즉 그들 간의 용인 가능성과 용인 불가능성을 조사한다. 이때에 특정 자질은 중첩되고 잉여적이라는 것이, 즉 여러 번 특징을 부여했거나 과잉으로 특징을 부여했음

---

158) Besprechung zu J. J. Katz/J. A. Fodor, "The structure of a semantic theory", 1963, in: H. Gipper/H. Schwarz, *Bibliographisches Handbuch zur Sprachinhaltsforschung*, Lfg. 13, 1970, Nr. 11071.

이 밝혀진다. 그래서 예를 들어 '독신 남자(bachelor)', '남자(man)', '노처녀 (spinster)', '어린이(child)', '아저씨(uncle)', '목사(priest)'와 같은 단어에서 나타나는 '인간'이라는 자질은 동시에 '물리적 대상'이 문제가 된다는 것을 함의한다. 그 역은 적용되지 않는다. 왜냐하면 모든 물리적인 대상이 '인간'일 필요는 없기 때문이다. 나타나는 모든 자질과 그것들의 모든 결합 가능성을 체계적으로 분석하게 되면 특정한 보편적 결합 규칙 내지는 잉여 규칙을 조사할 수 있게 된다. 이 규칙들은 사실 특정한 어떤 언어에서 획득할 수 있으나 모든 언어가 같은 보편적 법칙을 겪고 있다는 전제하에서는 또한 모든 자연 언어에 보편적인 것으로 간주된다.

이러한 가정은 확실히 아주 대담하나 현재로서는 그것이 이미 지지될 수 있는 것으로 증명되었다고 가정하자. 사전을 만들 때에 어휘를 자의적으로 알파벳 순으로 나열한다는 사실을 고려하여 이 주장이 아무리 논박될 수 있다 하더라도, 적어도 어떤 언어의 구성적 의미 요소들은 이러한 방법으로 체계적으로 포착될 수 있으며, 또한 일반적 규칙도 얻어 낼 수 있을지도 모른다. 그러나 이러한 방법이 인식론적으로 논증되었는가? '물리적 대상', '인간의', '가공품' 등과 같은 이론 속에 사용된 용어들이 학문적으로 동기화된 것들인가? 그것들은 갑자기 거기에 있게 되었고, 논증되지도 않았다. 아리스토텔레스는 직관적이고 학문적으로 불충분한 절차로 인하여 비난받았다. 그러나 우리는 이제 이러한 형이상학적 용어들이 마찬가지로 직관적으로 획득되었음을 확인해야 한다. 그것들은 선학문적 일상 경험에, 즉 상식적 존재론(common-sense-ontology)에 바탕을 두고 있는데, 이는 카츠가 언어 이론에 높은 수준의 요구를 하고 있는 것에 비해 볼 때는 어느 정도 놀라운 일이다.

아리스토텔레스에서와 마찬가지로 여기에서도 직관적인 선입견이 작용하고 있다. 이미 자주 언급한 바 있는 해석학의 근본적 문제성을 알고 있는 자는 이것을 결코 장애로 여기지는 않을 것이다. 왜냐하면 일반 언어가 드러내 보여 주는 직관적으로 파악되는 이해 지평 없이는 언어 이론도 전개되지 못하기 때문이다. 그런데 이것을 인정함과 동시에 이러한 이해 지평을 결정하는 의식 차원, 즉 발달 단계가 작용하게 된다. 그리고 여기서 평균 미국인 화자 내지는 평균 유럽인 화자의 상식적 존재론이 원시림에 거주하는 사람이나 현존 원시인의 상식적 존재론과 일치하는지, 일치한다면 어느 정도로 일치하는지를 물어보는 것은 당연하다. 언어 이론가가 영어 언어 상태를 분석한 것을 토대로 '가공품'으로 결정한 것이 다른 인간에게는 '유생(belebt)'인 것으로 느껴지는 등의 일이 있을 수도 있다. 전 세계의 언어를 비교해 보면 영어에서는 고려되지 아니한 그 밖의 자질이 나타날지도 모른다. 그렇다면 확실히 이론의 테두리는 확대되고 수정될 수 있다. 그러나 카츠가 접어든 길을 이용하는 것이 성공하더라도, 특히나 형식화할 수 있는 통찰에 이르더라도, 그리고 세월이 지남에 따라 이들이 연결되어 하나의 유용한 체계를 이룰지라도, '의미 보편성'으로 간주되는 것을 실제적으로 논증하려는 궁극적인 목표는 달성되지 못할지도 모른다. 왜냐하면 이를 위하여서는 여기서 약술되었듯이 언어 이론의 테두리를 훨씬 능가하는 그 밖의 숙고가 어쨌든 필요할 것이기 때문이다.

우리가 이러한 논증 문제성에 들어가기 전에 언어 보편성의 문제를 해결하기 위한 그 밖의 주장을 더 언급해야 한다.

c) 언어 보편성 분야에서 그 밖의 연구: 그린버그의 주장

지금까지는 특히 언어의 의미 측면에서의 보편성 문제나 인간 심리 측면에서의 보편성 문제를 다룬 학자들이 언급되었다. 이것은 이 책의 주제 설정과 관계가 있다. 그러나 오해하지 않도록 하기 위해 언어의 음성적 측면과 형태론적 측면의 방향으로 훨씬 많은 연구가 행해졌다는 것을 강조해야겠다. 여기에서는 현상과 결과를 측량하는 것이 보다 문제가 없을 수 있는 곳이기도 하다. 여기서 그것을 상세히 다루는 것이 우리들의 과제는 아니다.[159] 하지만 언어의 음성적 측면뿐만 아니라, 문법적 측면과 의미적 측면을 모두 고려하는 연구를 행한 한 언어학자를 언급해야겠다. 다방면에서 연구한 학자 그린버그가 바로 그이다. 그는 특히 언어 유형론 분야에서 업적을 이루었다.

그린버그의 연구는 자주 양적 관점, 특히 언어 통계학을 도입하고 있다. 언어 보편성을 탐구하기 위하여 그는 연구할 때도 이 기조에 충실하고 있다.

토마스 쉐뵈크(Thomas A. Sebeok)가 출판한 『현재 언어학의 경향(*Current trends in linguistics*)』(1966) 제3권에 실린 그의 논문「언어 보편성」은 그 학자의 풍부한 아이디어와 그의 놀랄 만한 연구 업적을 웅변적으로 증명해 보이고 있다. 여기서 그린버그는 프라하학파와 음운론의 창건자 중 한 사람인 유명한 트루베츠코이(N. S. Trubetzkoy)의 견해를 언급한다. 음운론에서 결정적인 역할을 하고 있는 자질을 지니는 것과 자질을 지니지 않는 것의 대립의 개념이 문제이다.[160] 개별 언어의 음운론 분야에서는 특정 자질의 상관관계의 출현에서, 즉 특정 음성 현상이 서로 함께 출현하는 곳에서 규칙성이 확인될 수 있다. 이때에 그렇다면 특정 자질의 결여로 말미암아 대립이 지양되는 현상, 즉 중화라는 개념이 또한 중요하다. 로만 야콥슨(Roman Jakobson)은 이미 그의 친구 트루베츠코이의 천재적 견해가

---

159) 여기에 대해서는 E. Bach und R. T. Harms, 1968을 참고하라.
160) 여기에 대해서는 N. S. Trubetzkoy, ⁴1967, S. 67을 참고하라.

문법적 범주와 의미적 범주에도 사용 가능하다는 것을 이미 보여 주었다. 그린버그는 이제 이러한 고찰 방식을 보편성 문제에, 더군다나 음성적 분야와 문법적 분야, 그리고 의미적 분야에 사용 가능한지를 검토하고 있다. 그는 매우 다양한 언어를 관계시키고, 광범위한 통계적 연구를 시도한다. 그는 특정한 음 현상, 상이한 문법적 대립(예를 들어 단수-복수-양수라는 수의 대립, 서수와 기수의 관계, 인칭 대명사의 인칭들, 직설법-접속법-희구법-조건법-명령법이라는 화법의 대립, 현재-과거-미래라는 시간 단계의 대립, 능동-수동의 대립 등), 그리고 마지막으로 친족 명칭 분야에서의 특정 대립을 다룬다. 그는 이러한 방법으로 이른바 '무표지 세트(unmarked sets)', 즉 자질이 없는 계열이 대개 '유표지 세트(marked sets)', 즉 자질을 지니는 계열보다 더 빈번히 나타난다는 것을 증명하는 것에 성공했다. 이것은 보다 빈번히 출현하는 현상이 동시에 정상적인 경우로 파악될 수 있다는 사실과 관계될 수 있다. 왜냐하면 정상적인 경우는 ―아마도 언어 경제성의 이유에서― 특별한 특징 부여를 포기하기 때문이다. 그린버그의 이러한 주장이 확실히 그 밖의 방향으로도 확장될 수 있음이 분명하다. 물론 그와 같은 보편적 언어 특징은 이 장의 처음에서 말한 것처럼 추상성의 단계가 높다. 따라서 이는 경험적으로 언어를 비교하는 데 어떤 큰 도움을 제공할 수 없다.

d) 언어 범주의 인식론적 논증 가능성의 문제에 대하여

우리는 언어를 비교하는 방법으로 세계의 모든 언어에 나타나기 때문에 보편적이라 일컬을 수 있는 문법적 범주를 조사하는 데에 이를 수 있다. 그러나 우리는 주어진 문법적·의미적 범주를 경험적으로 논증하는 일이 지금까지 추구된 방법으로는 전망이 없음을 알았다. 이러한 문제에 대하여 학문적으로 만족할 만한 대답이 가능하려면 어쨌든 언어학의 테두리를 넘어서야 한다. 여기서는 인간 존재에 대한 근본적인 물음이 문제가 되며, 그러한 근본적인 물음을 다루는 것은 인간에 대한 모든 학문들이 서로 밀접히 협력한 가운데에서만 성공할 가망이 있다. 그러므로 여기서는 기초 연구에 관심이 있는 인류학, 민속학, 철학과 심리학을 끌어들여야 한다. 학문적으로 공조 연구를 하지 않고는 안 된다.

물론 이 자리에서는 감히 이러한 거대한 과제를 다루려고 시도할 수는 없다. 그러나 나는 그 문제에 대하여 적어도 내가 보기에는 불가결해 보이는 몇 가지 숙고를 해 보고, 보다 가까이 목표에 나아갈 수 있는 길을 요약하고자 한다. 물론 이 길은 신중하고 끈기 있게 걸어가야 할 것이다.

내가 인접 학문과 협력한 가운데 인간과 언어와 사회 간의 관계를 학문적으로 규명하는 것을 어떻게 생각하고 있는지를 나는 『언어 내용 연구의 구성 요소』라는 내 졸저의 마지막 장에서 생물학자 윅스퀼의 외계론과 관련하여 보여 주었다. 거기서 말한 사상이 여기서 계속될 수 있을 것이다.

오늘날의 인간은 진화의 과정 속에서 동물적인 전 형태(Vorform)에서 점차적으로 생겨났으며, 수천 년 이상에 걸치는 '동물에서 인간으로의 이행 과정'이 있었다는 점에서는 더 이상 의심의 여지가 없다. 그 이행 과정의 중심 시기를 인류학자 게르하르트 헤베러(Gerhard Heberer)는 선신세(鮮新世)라는 약 400만 년에서 600만 년 전의 지질학적 시기로 설정한 바 있다.[161] 언어의 기원과 생성도 인간이 되어 가는 과정과 밀접히 연관이 있다. 언어는 아주 간단하게 시작되어 점차 발전했음에 틀림없다. 이때에 이러한 시작이 지구의 어느 특정 한 곳에서 시작되었느냐, 아니면 여러 곳에서 동시에 시작되었느냐는 부차적으로 중요한 문제이다. 우리는 사실 "이미 동물이었

---

161) 여기에 대해서는 G. Heberer, 1968과 F. C. Howell과 Life의 편집 1966을 참고하라.

던 시절에 인간은 언어를 가졌다"[162]는 헤르더의 고전적 말이나 "인간은 단지 언어를 통해서만 인간이다. 그러나 인간은 언어를 고안하기 위하여 이미 인간이어야만 했다"[163]라는 훔볼트의 유사한 말을 알고 있다. 그러나 그러한 동어 반복적인 진술에 우리는 오늘날 더 이상 머물러 있어서는 안 된다. 언어학자 요하네스 로만(Johannes Lohmann)이 최근에 대변했듯이[164] 마찬가지로 언어의 기원에 대한 질문이 원칙적으로 대답 불가능하다는 견해는 받아들일 수 없다.

초기 인류 단계 시절에 언어가 현존했었다는 증거를 발견하고자 하는 자는, 물론 형사처럼 정황 증거를 얻고자 힘써야 할 것이다. 그리고 우리가 문자가 없는 선사 시대에 접근하는 것은 영원히 거부된다는 강한 논거로 결코 위축되어서는 안 된다. 가설이라는 것은 인간이 되어 가는 과정에 참가한 모든 요인을 세심하게 헤아려 보고, 우리들의 문제와 관련하여 그 관여성을 검토한 이후에야 가능한 것이다.

다음의 자질과 자질 군들은 동물에서 인간으로의 이행 과정에 일반적으로 구성적인 것으로 인정되어 있다. 우선 직립 보행, 두 발을 사용하는 동물로의 이행. 앞발이 자유롭게 되는 것, 즉 동물의 집는 역할을 하는 도구에서 인간의 손으로의 변천은 그와 연관이 있다. 흉곽이 곧게 서는 것과 머리와 후두의 치환은 직립 보행과 연관이 있다. 새로운 머리 위치가 시야를 보다 자유롭게 해 주었으며, 시야를 넓혀 주었다. 이것이 시(視) 감각을 급속도로 증가시켰다. 인간의 손은 눈앞에서 발견한 대상만을 도구로 사

---

162) J. G. Herder, 1966, S. 5.
163) W. v. Humboldt, 1963, S.16.
164) J. Lohmann, 1965, S. 161.

용할 수 있었던 것이 아니라(사실 그런 것은 동물도 가능하다), 새로운 연장을 생산할 수 있었다. 이것은 다시금 단지 눈과 촉각을 거쳐서, 더군다나 중추 신경의 결정적인 역할이 있어야만 가능하다. 대뇌가 다시금 새로운 과제를 가지고 성장하게 되어 그 밖의 보다 높은 정신적인 성능을 가능하게 했다. 두개골은 이와 연관하여 변형해 가며, 성장해 가는 뇌에게 필요한 보다 큰 보호막을 만들어 준다. 이마 부위는 눈 위 부위의 뼈가 동시적으로 퇴화하는 가운데 앞쪽으로 둥글게 형성된다. 후두부(Hinterhaupt)가 완성된다. 동물적인 주둥이가 퇴화한다. 턱이 앞으로 나온다. 언어를 조음하기 위해서는 입이라는 필요한 기관이 그 특수 과제에 사용된다. 후두(Kehlkopf)가 음을 생성하기 위하여 기류를 최적으로 이용하는 복잡한 음 형성 기관으로 변형된다. 손의 성능이 성장함에 따라 중추 신경 체계의 분화와 상호 작용 속에서 지성 수준과 사고 능력이 꾸준히 증가하게 된다. 이로 인하여 불에 대한 두려움이 극복될 수 있어서 이 중요한 자연력을 인간이 이용할 수 있게 된다. 불을 제어하고 보관할 수 있는 것이 식생활의 가능성을 결정적으로 변화시킨다. 왜냐하면 이전에는 소화시킬 수 없었던 물질도 즐길 수 있게 되었기 때문이다. 굽고 끓임으로써 새로운 음식물을 준비하는 것이 가능하게 됨으로써 소화 기관의 화학적 작용이 변화한다. 이것은 다시 신경 체계, 특히 뇌세포의 형성에 도로 영향을 미친다. 야수의 치열이 인간의 치열로 된다. 무거운 턱 근육은 없어도 된다. 무거운 턱 근육을 지탱하던 두개골에 붙어 있던 뼈는 퇴화되었다.

우리가 그 본질상 단지 인공두뇌학적 과정 내지는 변증법적 과정으로서만 파악할 수 있는 장기간의 발전 과정에서 대뇌 중에서 언어에 중요한 부위, 즉 이른바 언어 중추가 형성된다. 그 대뇌 부위는 그 기능이 아주 유용한 기호 체계를 저장하고 사용하기 위한 전제가 된다. 이와 같은 상호 작용과 순환 작용과 피드백 과정에서 원인과 작용을 분명히 구분하는 일은 불가능하다.

그러나 이만큼은 의문의 여지가 없다. 인간은 직립 보행자로서 세계 무대로 걸어 나왔으며, 이는 도구를 생산할 수 있었고, 뇌의 용량이 꾸준히 증가하면서 조음된 개념어를 형성함으로써 동물적 사고 상태를 추상적 행동의 단계로 고양시켜 주는 능력을 얻게 되었다. 그런데 이 추상적 태도의 능력이야말로 인간을 궁극적으로 동물과 구분시켜 주며, 계획적 행동과 문화 창조적 행동을 가능하게 해 준다.

그런데 초기 인간에 대한 순전히 물질적인 유물이 언어의 현존에 대하여 어느 정도의 단서를 줄 수 있을까? 유인원의 두개골의 잔재와 아울러 가공의 흔적이 나타나므로 다듬었다고 말할 수 있는 연장, 돌칼 등이 발견된다면 우리는 동물적 단계를 이미 뛰어넘었다는 첫 암시를 거기서 알 수 있을 것이다. 마찬가지로 불 사용의 흔적은 그 발달 단계가 인간에 이르렀음을 시사해 준다. 왜냐하면 어떤 동물도 불을 이용할 수 없기 때문이다. 그 본래의 의미에서 도구를 생산하는 것,[164 a] 그 열을 이용하기 위하여 불을 일으키는 것, 이것들은 이미 고유하게 비동물적이라는 예견을 함의한다. 둥지를 만들고 동굴을 만드는, 본능적으로 미래를 대비하는 태도 방식을 능가하는 방법으로 순간은 여기서 이미 극복될 수 있게 되었다. 여기서는 숙고하고 계획을 짜는 것이 관여한다. 처음으로 제조된 돌칼이 말하자면 돌의 개념을 나타낸다고 말하는 것이 부당한 것은 아니다. 그런 어떤 것이 가능한 곳에서는 이미 언어적 요소가 함께 작용했음을 고려해도 된다.

---

164 a) (J. van Lawick-Goodall 등) 새로운 영장류 연구를 근거로 사람들은 인간과 동물 간의 경계선을 약간 옮겨야 할 것이다. 인간은 제2차적인 것을 만들기 위하여 도구를 이용하는 것이 성공한 곳에서 시작한다. 지금까지 침팬지는 이것을 할 수 없었다.

그런데 정신적으로 훨씬 더 나아가는 활동을 했음을 추론케 하는 유물은 비교가 안 될 만큼 더 해명적이다. 만일 어떤 유적지가 죽은 자가 매장된 곳이고, 부장품과 무기, 음식 등을 고인 옆에 함께 묻었다는 결론을 허용하는 경우라면, 확실히 여기서는 이미 사후에도 계속적인 삶이 있다는 사상이 전개되었다는 결론을 내려도 된다. 네안데르탈인의 경우가 그렇다. 그러나 이것은 언어를 소유하지 않으면 불가능한 정신의 단계를 보여 준다. 초기 인간이 동굴 벽화를 그릴 줄 알았다면 그들도 마찬가지로 언어를 소유했다는 것을 의미한다. 그들은 그것을 통하여 사냥한 짐승과 제물로 바치던 짐승 등을 상징적 형식으로 붙들어 놓으려고 했으며, 그와 더불어 정신적으로 그들의 수중에 넣으려고 시도했다. 여기서도 해당 언어적 명칭 내지는 개념, 즉 언어가 전제되어야 한다.

하지만 이로써 이러한 단계 앞에 놓여 있는 원래의 언어 기원에 대해서는 아직 아무런 말도 하지 않았다. 맨 처음 어떤 언어 수단이 전개되었느냐의 문제가 대답될 수 없는 것은 당연하다. 언어 기원에 대하여 무수한 구이론과 신이론이 있다. 그 수가 엄청 많아 수용될 수 없을 정도이다. 언어가 동물의 의성어에서 감정을 강조하는 경고음으로 나아가는 도중에 생겨났으리라는 이른바 멍멍이론(Wau-wau-Theorien)들은 인간의 언어가 통보와 의사소통이라는 동물적 형식과 구별되는 결정적 위치를 잘못 파악하고 있을지도 모른다. 헤르더는 여기서 보다 날카롭게 보았다. 그의 주장은 시대상으로 불충분할 수밖에 없는 제약에도 불구하고 주목할 만하다. 눈에 띄는 감각 인상들을 조음된 음의 인식 자질을 가지고 붙들어 이용 가능하게 되는 그 순간에 인간의 언어가 생겨났다고 본다. 이때에 그가 결정적·심리적 요인을 '사려 깊음(Besonnenheit)'이라고 일컬었는데, 이것은 원래 오성이 눈을 뜨게 된 것을 말한다. 이러한 특성을 통하여 인간으로 하여금 언어적 포착을 하도록 자극을 준 것으로 헤르더가 대표적으로 들고 있는 예, '울고 있는 양'은 선택이 좋지 못했다. 왜냐하면 어원학자들의 정보에 따르면 적어도 게르만 어 권역에서 어화(語化)하도록(단어를 만들도록) 동인을 준 것은 양의 울음이 아니라 오히려 양털인 것처럼 보이기 때문이다. 그러나 헤르더에게 무엇이 문제가 되었는가는 그의 예에서 분명하게 된다.[165] 하지만 이로써 시작의 문법적·범주적 성격에 대해서는 아직도 아무 말을 하지 않았다.

우리가 이러한 문제에서 계속 나아가려면 개체 발생사와 계통 발생사 간에 유사성이 있느냐에 대해서는 여기서 벌써 결정할 필요가 없이 어린이의 언어 습득의 첫 단계를 살펴보는 것이 유용할 수 있다. 어린이의 첫 언어 음, 즉 간단한 음소론적 구조를 가지고 조음된 첫 음형상은 즉흥적으로 전개됨을 우리는 안다. 그것들은 아직 의미가 없으나, 그 다음에 그러나 말하자면 의미를 초래한다. 더군다나 대개는 어른들이 그것에 부여하는 그 의미를 초래한다.[166] 미리 주어진 언어 체계에서부터의 조정이 그러므로 곧 작용한다. 그래서 예를 들어 'papapa', 'mamama' 유형과 같이 쉽게 조음될 수 있어서 즉흥적으로 나타나는 음들은 우리들의 언어에서 아버지와 어머니라는 의미 방향으로 가두어 넣어지게 된다. 어린이에게 범주 확정은 의미적 관점에서든, 통사적 관점에서든 아직 존재하지 않는다. 의도한 첫 언어음 속에는 단어와 동시에 문장이 씨앗 상태로 있다. 부르는 것과 호소와 질문이 함께 씨앗 상태로 그 속에 있어서 심층 심리학자 르네 슈피츠(René Spitz)는 아직 여러 개의 가(價)를 지닌 상태인 '전체 어휘

---

165) 이에 대해서는 J. G. Herder, op. cit의 1부 2장을 참고하라.
166) 여기에 대해서는 R. Jakobson, 1962 ; H. Gipper, 1969c ; H. Gipper, 1970을 참고하라.

(Globalwörter)'라고 말하고 있으나 이는 완전히 부당한 것은 아니다.[167] 분화는 비로소 나중에 일어난다. 더군다나 성인들이 그들이 소유한 언어에서부터 어린이에게 제공해 주는 언어 구조에 따라서 일어난다. 단어가 일차적이냐 아니면 문장이 일차적이냐, 명사가 1차적이냐 아니면 동사가 일차적이냐라는 해묵은 논쟁은, 그러므로 결정될 수 없는 것 같다. "모든 자연 언어 중의 아직 어떤 언어도 그들 형식의 홍수 같은 변화 속에서 당황한 적이 없다"고 한 훔볼트의 말은 그 모든 자연 언어에 적용된다.[168] 우리는 그들 모든 언어가 이미 일정하게 문법적으로, 범주적으로 형성되어 있는 것을 발견한다. 그리고 우리는 개개 언어의 역사에서부터 그 복잡한 구조 내에서 변화와 추이가 생겨날 수 있다는 것을 안다. 많은 범주들은 다른 범주보다 더 필수 불가결한 것처럼 보인다. 그래서 우리는 도처에서 구체적인 대상을 포착할 수 있는 적어도 하나의 범주를 만난다. 그러나 우리들의 관사와 같은 수반어(Begleitwörter)[34]나 문법적 어미들이 우리들의 격 어미에 상응하는 통사적 용법을 나타내기 위해서 반드시 존재할 필요는 없다.

우리가 인간 언어 세계의 상호 관계를 밝혀내고 인간의 실제 생활과 태도에서 언어의 역할을 파악하게 된다면 그때에만 아마도 어떤 범주가 필수 불가결한 것인지를 알 수 있을 것이다.

원숭이의 손이 인간의 손으로 되어 그와 더불어 그 손의 기능이 본질적으로 변화한 순간에, 그리고 그 손이 단지 '붙잡는 것(greifen)'만이 아니라 '정신적으로 붙잡는 것, 즉 이해하는 것(be-greifen)'을 배우는 순간에 그 손

---

167) R. Spitz, 1959, S. 70 f.
168) W. v. Humboldt, op. cit, S. 2.
㉞ 관사, 소유 대명사, 전치사 등.

은 완전히 다른 방식으로 구체적 대상을 '파악하기(erfassen)' 위하여 이용된다.[35] 이 자리에서 이제 야콥 폰 윅스퀼이 그의 생물학적 의미론에서 펼친 시각 방식이 생산력이 있게 된다. 발이 있는 곳에는 길이 있고, 따라서 또한 손이 있는 곳에는 잡을 것이 있고, 파지할 대상이 있다고 윅스퀼이 말한 것은 옳다. 인간의 손은 파지할 대상을 전제한다. 말하자면 손은 이미 존재하는 대상에 대응하여 성장한 것이다. 그런 대상의 경험이 인간의 생활에는 중요하다. 그래서 이들 개별 사물이 또한 언어적으로 파악된다는 것은 분명하다. 여기서 이제 이런 생활과의 근본적인 관계 속에서 해당 언어 수단의 부류, 즉 구체적으로 파악될 수 있는 이들 대상이 소속되는 범주가 필연적으로 형성된다고 봐도 된다. 따라서 시작은 기본적이고 명백한 대상과의 관계 속에 있다. 구체적인 대상이 아닌 것이 언어적으로 포착되어, 하나 혹은 그 이상의 이웃한 품사 속에 들어가 있는 어떤 언어가 있는지는 내가 아는 바가 없다. 대상의 종류와 형태에 따라 차이가 있을 수 있다. 그러나 기저 범주는 그대로 같다.

길은 언어적으로 구체적으로 파악할 수 있는 것에서 시작하여 은유와 유추를 거쳐 추상적인 것으로 나아갈 수 있다. 파악할 수 없는 것은 많은 경우에 바로 구체적인 것을 거쳐서 일어나야 한다. 파악할 수 없는 자연력은 의인화되고 실체화되어, 가령 번개를 내리치는 천둥 신으로 되며, 비로소 나중에는 현상에 대한 통찰과 거리감이 증가할 때에 세계상의 비신화화,

---

[35] 독일어 사전에는 'greifen'은 '손으로 붙잡다(in die Hand nehmen/mit der Hand nehmen)'라는 의미이며, 'begreifen'은 '정신적으로 붙잡다(geistig erfassen)' 혹은 '이해하다(verstehen)'라는 의미이며, 'erfassen'은 '어떤 것의 포괄적 인상을 의식하는 것(einen umfassenden Eindruck von et. ins Bewußtsein aufnehmen)', 혹은 '어떤 것의 본질적인 것을 이해하는 것(das Wesentliche eine Sache verstehen)'.

구체화, 대상화가 등장할 수 있다. 이것은 또한 보다 추상적이고 중립적인 언어적 시각 방식을 허용한다. 내 생각으로는 신체적 구성 계획의 전제에서, 행동하는 생명체의 실제적 조건에서부터 사람들은 만약에 있다면 보편적 언어 범주의 생성을 유도해야 할 것이다.

그 밖의 작용 관계가 암시된다. 성장과 소멸, 즉 탄생, 청년, 성숙, 노인, 사망의 체험과 경험은 확실히 인간이 지상에 존재하기 시작한 이래로 계속 인간과 강력하게 접촉해 왔고, 또한 인간을 움직였다. 마찬가지로 양성애 경험, 생식과 번식의 경험은 기본적 체험으로서 인정되어야 한다. 이때에 자연 법칙에 따른 관계가 이미 인식되어야 한다는 것은 요구되지 않는다. 오히려 여기서 계속해서 주목을 끄는 차이점이 떠오른다는 것으로 만족한다. 유생/무생, 산 것/죽은 것, 성의 양극성, 이들 모두는 인간에게 꾸준히 새로이 인상적이며 삶을 규정하며 다가온다. 여기서도 언어 분류 원칙을 형성하기 위한 중요한 출발점은 어김없이 깨어나는 인간의 의식이다. 그 다음에 이 언어 분류 원칙은 언어 체계 속에서 그에 상응하는 범주로 남게 된다. 유생성은 독자적 활동 능력이 있기 때문에 단지 취급만 될 수 있는 무생성과는 다른 판단으로 몰아간다. 따라서 그것은 언어적으로 다른 표현을 발견한다. 다른 방식으로 언어적 구조 속에 삽입된다.

그래서 행위자-행동 도식(Agens-Actio-Schema)[36]과 같은 표현으로 부르곤 하는 언어 진술 모형이 언어적으로 실현되며, [통합적(syntagmatisch) 축위에서] 우리에게 친숙한 주어와 술어의 대립과 [계열적(paradigmatisch) 축위에서] 주어 내지는 명사와 동사의 대립이 따라서 논증될 수 있다. 성 간

---

[36] 일어난 행동이 주된 문제가 되는 수동문과는 달리 행위자와 행위자가 일으킨 행동이 함께 문제가 되는 능동문의 구문.

270

의 생물학적 차이도 언어에서 부류를 형성하는 작용을 미칠 수 있다. 어휘에서 성차를 훨씬 능가하여 영향을 미칠 수 있다. 그러나 현상의 분포와 그들 간의 경계가 개별 언어에서 서로 다르다는 것을 경험은 계속 보여 준다. 그러나 내 확신에 따르면 이것은 인간 현실 경험의 공동의 뿌리에 기인될 수 있다.

우리가 여기서 언어는 그 본질상 중재라고 하는 기본 통찰을 상기해야 한다. 그러한 중재의 범주와 결과는 인간 공동체가 수천 년간 그들의 경험 세계와의 만남에서 결과한다. 따라서 언어 범주를 논증하기 위해서는 단지 요약된 포괄적 인류학적 테두리 내에서 행해질 수 있다.

나는 이로써 언어 상대성 사상을 둘러싼 논의에서 제기된 가장 중요한 논거에 대한 토론을 종결하고 이제 우리들의 주제에 대한 독자적 기여를 하고 싶다.

우리는 워프 가설이 아주 여러 가지 측면에서 조명되었으며, 인식 이론적 전제와 결과를 설명하고 평가하기 위해 많은 일이 행해졌음을 보았다.

이런 논의에 대해 논문이 많은 것과는 아주 불균형하게도 워프가 취급한 언어 사실 영역에 대한 구체적 검증 시도는 매우 적다. 그래서 내가 알기로는 오늘까지 호피 인디언 언어가 공간·시간 파악에서 다르다는 중심적 논제에 대한 상세한 검토가 없었다. 필자가 이런 문제를 맡았다. 그리고 이 문제가 완전히 풀렸다고는 할 수 없을지라도, 필자가 다음에서 전하고자 하는 필자의 지금까지의 연구 결과는 절실히 필요한 설명에 기여할지도 모른다.

제4장

호피 인디언들의 공간·시간 파악: 검증 시도

이 마지막 장에서 나는 언어 상대성 원리를 논증하기 위해서 중요한 워프의 논지, 즉 호피 인디언들의 공간-시간 파악의 이질성에 대한 논지로 돌아가서 독자적인 검증 시도를 논의하고 싶다.

　우리들의 이 특수한 문제가 편입될 수 있는 인식 범주를 만들어 내기 위하여 우선 특히 논란이 되는 시간 문제를 철학적 관점과 언어사적 관점에서 조명하는 것이 적절한 것 같다.

　이 문제에 대한 문헌들이 무수하기 때문에 이것을 증명하기 위하여 철학에 있어서 공간-시간 문제에 대한 두 권으로 된 베르너 겐트(Werner Gent)의 개관을 살펴보는 것으로 충분하다. 나는 가장 중요한 문제 제기를 잘 보여 줄 수 있는 빌헬름 페르페트(Wihelm Perpeet)의 논문을 선택했다. 적어도 언어학적인 문제와 관련하는 한 공간 문제는 본질적으로 복잡하지 않다. 왜냐하면 여기서는 본질적으로 보다 쉽게 언어적으로 객관화될 수 있는 현실 경험의 보다 실질적인(material) 측면이 문제되기 때문이다. 따라서 이 분야에 특히 관계가 있는 연구들을 언급하는 것으로 충분할지도 모른다.

1. 철학적 관점에서 시간의 문제.
빌헬름 페르페트의 논문 「시간이란 무엇인가?」

시간이란 도대체 무엇인가라는 질문은 주지하다시피 철학이 그 출발 때부터 다루어 왔던 문제이다. 나는 여기서 아우구스티누스의 말과 같이 시간의 수수께끼 같은 성질에 대한 자주 인용되는 유명한 사상가들의 말을 되풀이하거나, 대표적인 여러 입장을 개별적으로 묘사하지는 않을 것이다. 이 주제와 관련한 2차적 문헌은 무수하다.

그 대신에 적어도 호피 어에 대한 우리들의 설명이 편입될 수 있는 그 테두리를 설정하기 위하여 나는 적어도 두 고전적 질문, 즉 정신 철학적 질문과 자연 철학적 질문을 살펴보고자 한다. 그것을 위하여 나는 「시간은 무엇인가?」[169]라는 페르페트의 통찰력 있는 논문으로 되돌아 와서 동시에 이 철학적 서술에 언어학적인 주석을 붙여 보고자 한다.

페르페트는 '시간(Zeit)'과 '시간적인 것(Zeitliches)'이 동일하지 않다는 중요한 관찰에서 출발하고 있다. 시간은 길지도, 빠르지도, 억압적이지도 않으며, 시간 속의 사건이 그러하다라고 그는 주장한다. 시간이 무엇에 영향을 주는 것이 아니라, 시간 속에서 무엇이 일어나는 것이다. 그러므로 우

---

169) W. Perpeet, 1955.

리는 시간이 무엇을 행하기라도 하는 것처럼 말한다. 페르페트는 이미 그의 문제를 이처럼 설명할 때에 미리 주어진 독일어의 표현 방식 내에서 움직여 가고 있다. 그러나 동시에 현실 자체, 즉 존재하는 것을 언어를 가지고 붙잡으려는 철학자의 의도는 오인될 수 없다. 시간은 모든 시간적인 것의 근거가 된다. 시간은 모든 시간적인 것의 전제요, 조건이다. 모든 시간적인 것의 원리로서의 시간 자체는 결코 시간적인 것일 수 없다는 것이다.

그런데 여기서 원래 철학적인 문제가 제기된다. '시간은 무엇인가'라는 것은 시간적인 것에 대해서 묻는 것이 아니라, 모든 시간적인 것의 근거가 되는 조건을 알고자 하는 것이다. 무엇의 가능성의 조건에 대한 그러한 질문은 선험적 질문이다. 즉 무엇이 모든 경험에 선행하며, 그 때문에 무엇이 선험적으로 미리 주어진 것으로 인정될 수 있는지를 밝혀내려고 하는 원리적 물음이며, 조건에 대한 물음이다. 그러한 물음은 단지 사유하고 언어를 소지하고 있는 인간에게 제기될 수 있으며, 그 물음은 단지 사유로(denkend)만 파악될 수 있으며, 대답될 수 있다는 것은 자명하다. 사실 물리적 시간, 생물학적 시간, 생리학적 시간, 역사적 시간 등 시간이 나타나는 여러 형태의 현상 형식을 인간 연구의 영역 내에서 구별하는 것은 중요하며 유용하다. 그러나 이것으로 충분한 것은 아니다. 모든 이러한 시간 개념에 공통된 원리로서 근거가 되는 것, 즉 하나의 시간(die eine Zeit)을 찾고 있다. 이제 다음과 같은 질문을 할 수 있다. 모든 시간적인 것의 조건, 즉 모든 그 특수한 현상 형식의 조건인 시간 자체에 대해서는 어떻게 사유가 가능한가?

페르페트는 근대 독일 철학사에서 몇 가지 대답을 해 보려고 시도하고, 그 시도들이 얼마나 불만족스런 상태인지를 나타내고 있다. 그 언어학자가 다루고 있는 사상가들이 논증을 함에 있어서 얼마나 그들 모국어의 주어진 사유 궤도 내에서 움직여 가고 있는가가 그의 눈에 띔에 틀림이 없다. 그래서 니콜라이 하르트만은 시간을 단지 흐르는 방향이 결정된 강의 이미지 내에서만 사유할 수 있었다. 우리들의 언어는 그러나 주지하다시피 우리들로 하여금 시간이 '흘러간다(fließt)'라고 말하게 한다. 하르트만이 그의 사유 속에서 암시적인 표상 증거로서 만족하고자 한다고 페르페트는 말한다. 그가 그의 언어에서 추측한, 즉 자주적으로 생각하지 않은 이미지로 만족하고 있다고 사람들은 말할 수 있을지도 모른다. 시간은 존재론적 대상이 아닌데, 따라서 이미지로 공간화하게 되면 그 영향으로 왜곡이 생기게 된다고 페르페트는 강조한다. 우리들 언어에서는 시간이 공간화되고 실체화되어 있기 때문에 철학자 하르트만도 이처럼 미리 특징지어진 사실에 영향을 받고 있다고 말할 수 있을지도 모른다.

페르페트 자신은 하지만 언어를 능가하여 사유하려고 시도하고, 이때에 시간을 표상이 없고 이미지가 없는 개념 일반으로서 사유하는 데 큰 어려움이 있음을 보았으며, 사유 자체가 필연적으로 시간 속에서 일어나며, 시간 외부에서 아르키메데스의 점[37]을 얻을 수 없다는 사실을 통하여 이 어려움은 더욱 증대된다는 사실을 알았다. 이러한 딜레마에서 벗어나려는 테오도어 리트(Theodor Litt)의 시도를 우리는 그에 반하여 궤변적인 속임수라 일컬을 수 있을지도 모른다. 그는 실제로 전제 없이 사유한 시간이라는 개념은 폐지된 시간(die aufgehobene Zeit), 즉 시간 없음(혹은 영원성, die Zeitlosigkeit)이라는 결론에 이른다. 이 대담한 개념이 실제로 진지하게 사

---

[37] 고대 그리스의 수학자 아르키메데스는 '움직이지 않는 한 점'이 주어진다면 그 점을 받침점으로 삼아 긴 막대기를 지렛대로 이용하여 지구를 들어 올리겠노라고 주장하였다. 여기서 '아르키메데스의 점'이 유래한다. 움직일 수 없는 확실한 지식의 기초, 모든 지식을 떠받치고 있는 근본적인 토대를 일컫는다.

유될 수 있는지, 아니면 우리들 언어의 조어 가능성을 근거로 생겨나나 어떤 합리적인 재연 시도도 할 수 없는 단순히 언어적 구조가 문제 되는지 어떤지에 대해서 질문할 수 있다. 내 생각으로는 아무튼 페르페트가 모든 시도를 불만족스런 것으로 거부한 것은 옳다. 하르트만의 의미에서 대상적으로 사유된 시간도, 리트의 의미에서 없는 것으로 생각된 시간도 주제 문제의 대답에 기여할 수 없다.

시간이란 어떤 경우에도 직접적으로 파악할 수 없는 것이기에 시간적인 것, 즉 관찰 가능한 것과 경험적으로 주어진 것에 의지하는 것은 시간의 원리에 대한 질문에 대답하기 위한 접근으로서 불가피한 것이다. 페르페트는 모든 시간적인 것은 "계속 다른 것의 유동적 관상학(fluidale Physiognomie des Immer-wieder-Anders)"이 그 필연적 고유 특성이라고 보고, 이러한 특징을 증명하기 위하여 시간이 정지해 있는 완전히 변화 불가능한 세계에 대해서 생각해 본다. 여기서 실제로 일반적으로 시간적인 것을 깨닫는 것은 불가능할지도 모른다. 그래서 그와는 달리 운동한 모든 것은 시간적인 것으로 증명되며, 쉼의 상태는 엄격히 말하여 운동의 반대가 아니라 운동의 한 양식으로 파악될 수 있을지도 모른다. 왜냐하면 운동 능력이 없는 것이 쉬는 것이 아니라, 오히려 쉼은 운동에서 자유로워지는 것을 전제하기 때문이라고 페르페트는 계속한다. 그런데 여기서 저자의 논증 속에서도 언어적 동인이 확인된다. 왜냐하면 이런 해석에서 그는 의미적으로 볼 때 운동과 활동을 할 수 있는 존재자를 그 동사의 가능한 주어로 함의하고 있어서, 그 때문에 단어 내용에서부터도 운동의 특정 양식으로 일컬어질 수 있는 독일어 동사 'ruhen(쉬다)'의 현재 적용되고 있는 의미 내용에 의지하고 있기 때문이다(반대말은 '활동하다').

우리는 시간적인 것을 매개로 하여서만 시간을 가질 수 있고, 그런데 시간적인 것은 다시 그것을 우리들에게 현상으로 나타날 수 있게끔 하는 운동 조건 내지는 운동 능력과 연관이 있기 때문에, 페르페트는 모범이 될 만한 운동한 것을 찾는다. 왜냐하면 그 운동한 것에서 사람들은 그것의 조건으로 시간을 읽어 낼 수 있고 생각해 낼 수 있기 때문이다.

여기서 저자는 결국 정신 철학과 자연 철학이라는 전형적인 두 철학 사조를 도입하게 되었다.

정신 철학에서는 자신의 운동성, 즉 자신의 시간 내적 존재를 알고 있는 그 운동하는 자, 그러므로 사유하는 인간에 집중한다. 이와 같은 '나'와 관련된 철학파가 실제로 떠오른다. 왜냐하면 모든 운동자 중에서 '내'가 말할 수 있고, '내'가 생각할 수 있는 그런 운동자에게, 즉 사유하는 존재이자, 언어를 소유하고 있는 존재인 인간에게 시간 분석을 위한 특별한 지위가 부여되기 때문이다. 이와 같이 사유하는 자아로 귀거하는 것은 바로 아우구스티누스의 유명한 경구에 해당한다. "밖으로 향하지 말라, 너 자신 안으로 되돌아가라, 내가 그 순서를 모르는 시간 속에서 나는 용해된다(Noli foras ire, in te ipse redi. Ego in tempora dissilui quorum ordinem nescio)." 이러한 방법으로, 즉 인간 현 존재의 시간성에 내성적으로 귀거함으로써 라이프니츠, 칸트, 후설, 셸러와 하이데거와 같은 권위 있는 사상가들은 그 문제에 접근해 갔다. 그들의 서로 다른 대답은 페르페트에 따르면 다음과 같은 "방향이 일치하는" 공통분모를 낳을 수 있다:

시간이란 나에 의하여 산출된 시간이다. 시간은 나 이외에 아무것도 아니다. 내가 시간이다. 시간이 나 자신의 시간적 존재를 조건 짓는 것이 아니다. 나 자신이 시간을 설정하며, 시간을 가져오며, 그와 더불어 모든 시간적인 것으로 일컬어지는 것의 조건이 된다.

페르페트가 여기서 언급된 사상가들의 입장을 약간 너무 단순화시켜 요약했을지도 모른다. 그러나 시간이 체험하는 주체와 결합되어 있다는 것을 정신 철학의 중심 모티브로서 강조한다. 이것은 확실히 옳다. 이러한 관점에서 인간 정신에 부여된 역할을 페르페트는 받아들일 수 없는 것이라고 생각한다. 왜냐하면 그는 이 입장에 대한 그의 비판에서 정신이 이미 시간일 수 없듯이 시간적인 것 또한 시간이 아니라는 확신을 자신이 하게 됨을 보기 때문이다. 잡종적 자기 영웅시(hybride Selbstheroisierung)의 위험을, 즉 인간의 사유 및 행위와 결부된 역사적 시간에게 그것에 걸맞지 않는 절대성 요구를 부여하는 위험이 있다고 강조하였다.

베르그송(Bergson), 클라게스(Klages), 볼테레크(Woltereck)와, 콘라트 마르티우스(Conrad-Martius)의 그와 다른 견해를 상세히 언급하지 않고 페르페트는 그 다음에 자연 철학적 주장으로 나아간다.

오해를 야기할 수도 있는 특정한 "인문주의적" 자연 개념을 배제하는 것이 여기서 우선 필요하다. 페르페트는 "저절로 생겨나서, 사라지고, 질적으로나 양적으로 변화하고 그 장소를 바꾸는" 모든 것은 자연스런 것으로 간주해도 된다는 일반적 정의를 제안한다. 그는 "저절로(Von-selbst)"가, 보다 자세히 말한다면 "저절로 되어짐(Von-selbst-Werden)"이 자연적인 것의 근본적 특징으로 간주될 수 있다는 확신에 가치를 두고 있다. 이와 같은 "저절로"라는 개념이 문제시되지 않는 것이 아니라는 것은 분명하다. 그러나 페르페트가 그 개념으로써 노리는 것, 즉 인간에게 고대 이래로 "저절로" 일어난 것으로 나타난 관찰될 수 있는 사건(예를 들면 천체의 우주 운동)을 노리고 있다는 것을 고려한다면 그의 그 밖의 사상 행보는 있을 수 있는 위험성에도 불구하고 받아들일 수 있다.

예상할 수 있듯이 페르페트는 이 자리에서 그리스 사상가들에게로 시선을 돌렸다. 왜냐하면 그들은 '저절로 되어짐'의 사상을 플라톤의 자연

(Physis)의 개념에 구성적 요소로서 받아들여서 고전적인 방법으로 자연스럽게 운동한 것에서 시간의 개념을 얻을 가능성을 곰곰이 생각해 냈기 때문이다. 페르페트가 강조했듯이 이러한 접근이 벌써 물리학 내에서 그 자신의 방법론적 합리성을 가진다면, 이 접근은 또한 우리들의 주제 문제에 대해서도 보다 훌륭한 해명을 허용해 줄 것을 약속한다. 인간 외적인 우주적 실재에 대한 시선은 적어도 시간의 문제를 주관적 행위나 능력의 문제와 혼동하지 않도록 막아 준다.

여기서 다음 사실이 보충되어야 할지도 모른다. 확실히 인간의 외부에서 경험되고 관찰될 수 있는 것은 인식하는 주체의 가능성과, 인식하는 주체의 신체적인 설계도의 구조와, 인식하는 주체의 사고 수단의 구조와 결부된 채 있다. 그러나 판단 기준은 이번에는 모든 관찰자에게 접근 가능한 구면 내에서 찾아야 하기 때문에, 보다 쉽게 간 주관적으로(intersubjektiv) 비교되고 검증될 수 있다.

그런데 페르페트는 시간에 대한 질문에 아리스토텔레스의 고전적 대답을 다시 취하여, 그 대답 속에서 더 이상 능가할 수 없으며 포기할 수 없는 진리 동인이 보관되어(aufgehoben) 있음을 보여 주었다. 아리스토텔레스는 그의 『물리학』에서 다음과 같이 말하고 있다(△ II. 219b 1f.).

그 이전과 그 이후를 고려한 운동의 수, 이것이 바로 시간이다

(τοῦτο γάρ ἐστιν ὁ χρόνος, ἀριθμός κινήσεως κατά τό πρότερον καί ὕστερον)

자연물의 자발 운동성(Selbstbewegtheit)은 그리스 철학의 관점에서는 변화에로의 충동에 해당하며, 이 충동은 모든 선천적 존재자들이 타고난 것이다. 이 자발 운동성이 단지 공간적으로만 이해되어서는 안 된다. 모든

운동자에게 공통적 특성은 어떤 유에서부터 다른 유로(ἔκ τινος εἴς τι), 즉 어떤 마주해 있는 것에서 다른 마주해 있는 것으로 운동해 간다는 것이다. 이와 같이 그의 되어짐(Werden) 자체에서 시간의 경과(Vergehen)를 갖는 것은 "시간 내에" 있으며, "시간에 의하여 에워싸이게 된다."

페르페트에 따르면 아리스토텔레스의 기수(奇數) 정의에서는 변증법적인 사상의 최종 결과가 문제되는데, 이는 세 개의 결정적인 전환점을 가진다. 1. 자연적으로 운동한 것을 반드시 고려하는 통찰, 2. 자연적으로 운동한 것이 시간과 일치하는 것은 아니라는 통찰, 3. 만일 정신(ἡ ψυχή, 헤 프쉬케)이 또한 자기 혼자만으로 시간을 발생시킬 수 없다면 필연적으로 함께 시간을 구성한다는 통찰. 운동한 것을 정신과 연결시킴으로써 비로소 시간이 모순이 없는 개념에 이르게 된다.

그 다음에 페르페트는 아리스토텔레스의 궤변학적으로 논거를 대는 증명 방식을 모방한다. 이 자리에서 이것에 대해서는 설명하지 않겠다. 그런데 그 논증 방식에서는 논리적 논거가 사실적 논거와 밀접히 뒤엉켜 나타난다. 내가 첨언하고 싶은 것은 이때에 그리스 어의 통용되는 내용도 생각을 조종하는 것으로 눈에 띈다는 것이다.

페르페트가 거기서 끌어낸 결론이 우리에게 흥미롭다. 그는 다음과 같이 확정한다. 방법 면에서 볼 때 자연적 사건에 대하여 누가 맹목적인가라는 질문이 시간 곁을 스쳐 지나간다. 추상적 단정적(konklusiv) 사유(思惟)는 목적지에 이르지 못한다. 그러나 시간은 있다. 그렇지 않다면 시간을 측정하는 일은 없을 것이다. 볼 수 있는 우주의 경험 가능한 운동을 보는 것이 보지 않고 생각으로 연산하는 것보다는 더 성공을 약속한다. 시간과 운동은 사실 함께 속하는 것이나 동일한 것은 아니다. 왜냐하면 그렇지 않다면 운동은 변화하는 것이기 때문에 시간도 여러 시간이 있어야 할 것이기 때문이다. 시간의 원래의 본질은 따라서 오로지 운동한 것 내에서만 찾을 수 있는 것은 아니다. "시간은 어떤 것이 운동한다는 사실을 통하여 벌써 시간이 되는 것은 아니다."[170] 시간을 인식하기 위하여 '지금 말할 수 있음(Jetzt-Sagen-Können)'의 가능성이 필수적이다. 이 가능성은 정신을 전제한다. 인식 가능한 시간이 정신에 이와 같이 원천을 두고 있음에도 불구하고 시간과 우주적 운동이 동일하지 않듯이 시간과 정신은 동일한 것은 아니다. 이러한 선 숙고를 근거로 시간 개념으로 나아가는 길이 그려진다. 그 길은 객관적 요인을 주관적 요인과 반드시 연결시킨다. 이것은 또한 아리스토텔레스가 내린 정의의 결과이기도 하다.

내가 이 자리에서 덧붙이자면, 언어도 객관적 요인(경험 가능한 세계)과 주관적 요인(세계를 체험하는 인간 집단)을 그와 같이 연결시키는 것으로 이해될 수 있다.

페르페트는 이제 아리스토텔레스의 기수 정의로 되돌아가서 그것을 다음의 구성적인 요인으로 쪼갤 수 있다.

a) '운동의 수'는 세는 것, 즉 세는 어떤 사람 없이는 불가능하다. 그러므로 '누가 세는가?'라고 물을 수 있다.

b) 세는 것은 어떤 것을 보지 않고는 불가능하다. 그러므로 두 번째 질문 '무엇을 보고 세는가?'라고 질문할 수 있다.

c) 단지 셀 수 있는 것만이 세어지기 때문에 마지막으로 '무엇을 세는가?'라고 물어야 한다.

d) 여기서 세어질 수 있는 것은 대상적인 것이 아니기 때문에, 그렇다면

---

170) Ibid., S. 542.

세는 것이 어떻게 가능한가? 내지는 세는 것이 '무엇을 통하여' '시간을 젤 수(Datieren)' 있는가?

e) 이러한 방법으로 세어서 더하여지는 것이 '시간'이라면, 그렇다면 시간은 무엇인가?

첫 질문에 대한 대답은 다음과 같다. 합명제의 능력이 있는 사유하는 존재만이, 즉 정신(νοῦς, 노우스)만이 그렇게 할 수 있다. 셀 수 있는 자로서 그는 시간을 함께 결정한다. 하지만 시간을 야기하는 것은 아니다.

두 번째 질문에 대한 대답은 관찰 가능한 운동을 보고 센다고 말할 수 있다. 더군다나 가능하다면 부단하고 완전한 공백이 없는 운동을 보고 셀 수 있다. 이것은 천체의 운동이 보여 주듯이 순환 궤도에서 운동하고 있는 것이다. 그렇게 인식된 지속적으로 운동한 것이 마찬가지로 반드시 시간을 함께 결정한다.

세 번째 질문은 다음과 같이 대답할 수 있다. 구분할 수 있고 고정시킬 수 있는 단계점, 즉 현상들의 연속이 세어진다. "이전 존재와 이후 존재는 유사하나 구분 가능한 것이고, 동일자는 아니다. 그 때문에 또한 더하기 할 수 있다."[171] 셈하기 위하여 우리는 상수 단위를 필요로 한다. 이 상수 단위에 이미 '1'이라는 수가 있다. 이 수가 '1+1+1'이라고 말하는 것을 허용한다. 신칸트학파 코엔(H. Cohen)은 따라서 더하기 부호, 즉 '더하기'라고 말할 수 있는 것을 시간의 "헤럴드 지팡이(Heroldstab)"로 간주한다고 페르페트는 첨가한다.

'무엇을 통하여 세어지는가?'라는 네 번째 질문에 대하여 페르페트는 다

---

171) Ibid., S. 544.

음과 같이 말한다. '세어서 잰다'라고 대답한다. 이것은 수학 외적인 해당물이 수라는 세는 수단을 대신함으로써 일어난다. 이 수학 외적 해당물은 '지금(τό νῦν)'이다. 이와 같이 수의 유사물인 '지금'이 없이는 어떤 시간도 인식될 수 없다고 아리스토텔레스는 말한다. 그것이 시간의 시작이다(ἡ ἀρχή τοῦ χρόνου). "'정신'은 지금을 가지고 이전과 이후를 함께 센다. 그리고 그것을 통하여 그 셈은 시간 계산으로 된다."[172] "바로 그 지금이 '몇 번' 되풀이했느냐가 운동한 것이 얼마나 오래 했느냐라는 시간 계산으로 된다."[173]

따라서 '그렇다면 무엇이 시간이냐?'라는 마지막 질문에 대한 대답은 다음과 같다. 시간이란 모든 존재자의 시간 계산 가능성의 원리 바로 그것이다. 시간 내에 존재한다는 것은 시간 계산될 수 있다는 것을 말한다. 하지만 시간 자체는 확실히 시간 계산될 수 없다고 페르페트는 강조한다. 시간이란 '얼마나 오래'라고 말할 수 있는 것이 아니다. 시간은 측량할 수도, 계산할 수도 없다. 그것은 오히려 가능성의 조건, 즉 측량하는 모든 시간 계산의 선험적인 조건이다.

페르페트는 그의 숙고의 결과를 다음과 같이 요약한다. "모든 시간적인 것의 원리로서의 시간은 그 자체 시간적인 것이 아니다. 시간적인 것은 다르게 변화되어 가는 모든 것을 말한다. 이전과 이후가 구분될 수 없는 것은 시간적인 것으로 간주할 수 없다. 우리가 이것을 벌써 근사치로 항상 서로서로에 관련시켜서, '몇 번'으로 뭉쳐 두지 않았다면, 우리는 시간적인 것을 일컬을 수 없을지도 모르며, 시간에 대해서 아무것도 알 수 없을지도 모른다."[174]

---

172) Ibid., S. 544.
173) Ibid., S. 545.

이 대답이 아리스토텔레스의 정의 속에 숨겨져 있다고 페르페트는 첨언한다. 따라서 이것은 옳은 것으로, 즉 시간이라는 개념에 대해서 모순 없이 변호한 것으로 간주된다. 인류의 달력 형성의 역사를 비교 연구해 보면, 그리스 인들의 그렇게 추상적으로 보이는 대답이 실제로 얼마나 구체적이냐를 보여 줄 수 있다고 그는 말한다.

아리스토텔레스와 그의 해석가 페르페트가 숙고를 함에 있어서 그들 언어의 진술 가능성을 이용하고 있다는 것은 분명하다. 그리고 미리 주어진 언어 수단이 개념 형성의 가능성과 함께 두 학자로 하여금 새로운 사상을 말할 수 있도록 해 준다는 것이 드러났다. 그런데 새로운 사상은 철학적 진술로서 개별 언어를 능가하여 적용할 것을 요구한다. 이것이 정당한지 그렇지 못한지는 여기서 결정할 필요는 없다. 그에 반하여 나에게는 호피 어의 공간-시간 파악의 판단과 관련하여도 몇 가지 점이 붙들어 둘 만한 가치가 있는 것 같다. 그러나 나아가서 또한 몇 가지는 보충할 필요가 있다.

우주적 전제, 즉 관찰 가능한 현상들이 인간의 시간 파악에 구성적인 것으로 간주되어야 한다는 점은 중요하다. 그것들은 비록 특정한 지리적 차이(별자리를 볼 수 있는 가능성, 낮과 밤의 구분 등)를 가진다 할지라도 모든 인간에게 주어져 있다. 특히 천체의 순환 궤도와 관련이 있는 현상들의 순환적 특성이 나타난다. 우리는 이것이 호피 어에서도 결정적인 역할을 한다는 것을 보게 될 것이다.

주관적 요인, 즉 "지금 말할 수 있는(jetzt-sagen-könnend)" 인간의 정신

---

174) Ibid., S. 545.

도 중요하다. 왜냐하면 이것과 함께 볼 수 있고, 관찰할 수 있고 언어를 구사하는, 그러므로 자기의 관찰을 붙들어 둘 수 있는 살아 있는 주체의 존재가 전제되어 있기 때문이다. 이때에 어떤 단어가 '지금'의 의미에서 존재하는지 어떤지는 이차적으로 중요한 문제일지도 모른다.

호피 인디언들도 우주적 현상, 특히 태양 운행을 훌륭하게 관찰한 자들임이 드러난다. 이전과 이후의 구별 능력, 다르게 됨을 깨닫고, 나중에 되어짐을 깨닫는 것은 농경과 목축을 하는 인디언 부족들에서도 마찬가지로 전제해도 된다. 하지만 그것이 아리스토텔레스와 페르페트가 한 그러한 원칙적이고 추상적인 숙고에 반드시 이르는 것은 아니다.

그러나 인간이 시간을 체험할 수 있는 조건으로 더 이상의 것이 있다. 그리고 그 철학자가 그것을 상세히 언급하지 않기 때문에 여기서 적어도 간단한 특징만 보충하겠다. 인간이 시간을 체험할 수 있는 생물학적이고 감각 생리학적인 전제가 문제이다. 우리는 오늘날 구별할 수 있는 최소 시간 단위, 이른바 순간이라는 아리스토텔레스의 '지금'의 지속 시간은 우리들의 시각 기관의 구조에 의존한다는 것을 안다. 이러한 순간이 약 1/18초이다. 1/18초보다 더 작은 간격으로 그림을 연속적으로 눈에 제시하면 운동하는 것처럼 보인다. 이런 통찰을 영화가 이용하고 있다. 많은 동물에게서는 이 순간이 더 짧다. 그 동물들은 이른바 고속 촬영기 상태로 사물을 본다. 천재적 생물학자 에른스트 폰 베어(Ernst von Baer)는 인상적인 생각 실험에서 인간이 어떻게 세계를 체험하는가를 구체적으로 보여 주었다.[175] 인간이 만일 훨씬 더 빠르거나, 아니면 훨씬 더 느린 시간 구별 능력을 가졌다면 그에 상응하여 수명이 달라졌을 것이다.

---

175) E. v. Baer, 1962, S. 2.

나아가서 맥박과 신진 대사 등과 같이 인간의 시간 감각을 함께 결정하는 전체 계열의 생물학적 전제가 있다. 게다가 이러한 리듬은 삶이 경과해 감에 따라 변경된다는 것, 즉 갓난아이에게서는 성인의 경우, 그리고 노인의 경우와 다르다는 것이 언급될 수 있다. 사람들은 서로 다른 생의 단락에서 서로 다르게 돌아가는 인간의 '내적 시계'가 있다고 말한다. 사람들은 심리학적 시간과 생물학적 시간을 구별한다. 심리학적 시간은 우리들 체험 강도의 속성과 관계한다. 그리고 행복한 순간을 짧게, 불안과 고통의 순간을 길게 나타나게 한다. 생물학적 시간은 유기체, 즉 조직 등의 연령에 제약된 상태와 관계한다. 나는 이러한 관계를『언어 내용 연구의 구성 요소』의 제6장「시간 체험의 신체적·감각적 전제」라는 단락(439쪽)에서 보다 자세히 설명했으며, 여기서는 그곳을 참고하라고 말하겠다. 마찬가지로 나는 거기서 공간 체험의 신체적·감각적 전제를 제시했다. 그것은 시각 기관과 균형 기관의 구조와 연결되어 있어서 특정한 지구의 전제(중력 등)와 연관 있기 때문이다.

외적으로 확인할 수 있는 물리적 시간과 더불어 그러므로 '생리적 시간' 내지는 '생물학적 시간'과 '심리적 시간'이 등장한다. 이에 대해서는 특히 프랑스의 철학자 베르그송이 '지속(durée)'이라는 개념으로 언급하였다.[176] '지속'이라는 개념은 호피 인디언에게 특별한 역할을 한다고 한다.

시간 개념의 다양한 측면에 대한 이와 같은 일반적인 언급을 함으로써 우리는 특수한 문제로 다가가는 데 보다 잘 무장이 된다. 게다가 나에게는 우선 우리들 인구어의 역사의 진행 속에서 시간 동인의 특징을 언급할 필요가 있는 것 같다. 독일어의 예에서 이것을 설명하겠다.

---

176) H. Bergson, 1889.

2. 언어사적 관점에서 시간의 언어화

우리가 보여 주었듯이 시간이란 철학적으로 볼 때 비존재적 대상이다. 이것이 시간을 규정하는 것을 어렵게 한다. 시간이란 시간적인 것의 현상 형식 속에서 여러 가지 방법으로 인간에 의하여 체험되며, 출생부터 죽음에 이르기까지 인간의 인생 여정을 조정한다. 시간을 정신적으로(gedanklich) 파악하기가 얼마나 어려우냐는 시간을 개념으로 파악하려는 수 세기간의 철학자들의 노력에서 읽어 낼 수 있다. 그런데 언어사는 그와 관계하는 모든 철학적 텍스트보다 더 이전으로 돌아간다. 인도게르만 어 비교 언어학 내지는 인구어 비교 언어학은 이 영역의 여러 언어 공동체가 어떻게 시간을 언어적으로 파악하려고 시도했는지를 보여 줄 수 있다. 낮과 밤이 바뀌는 꾸준히 반복되는 체험과 계절의 경험, 특히 더운 날씨 상태와 추운 날씨 상태, 즉 여름과 겨울을 만나는 것이 중요한 출발점으로서 드러난다. 프리츠 취르히(Fritz Tschirch)는 『독일어사』 제1부에서 그것을 위하여 중요한 관찰들을 수집하였다. 특정한 지표에서 볼 때에 우리들의 문화권에서는 옛날에 밤을 낮보다 우선적으로 간주했다고 결론지을 수 있다. 물론 비록 다른 언어사가도 그렇게 결론을 내리곤 한다 하더라도 취르히가 이러한 결론을 내리게 된 첫 논거는 의심할 여지가 있다. 취르히는 '밤'이라는 단어의 우선적 지위는 모든 인구어에서 논증되어 있다고 언급하였다. 그러므로 사람들이 전문 용어로 말하듯이 완전한 인구어 단어 비교가 확립될 수 있다. 여기서 단지 다음의 증거들만을 인용하겠다.

고인도어 'nák[t]'; 그리스 어 'νύξ(nýx)', 'νυκτος(nyktós)'; 라틴 어 'nox', 'noctis'; 프랑스 어 'nuit'; 고 아이슬란드 어 'nott', 'nātt': 스웨덴 어 'natt'; 앵글로색슨 어 'neaht', 'niht'; 영어 'night'; 고트 어 'nahts'; 고고 독일

어/중고 독일어 'naht'; 러시아 어 'nóč'. 이들에게는 어근 '*nokˣ[t]'가 그 기저를 이루고 있으며, 그 어근은 이미 우리들에게 통용되는 의미를 지니고 있다. 그에 반하여 '낮(Tag)'에 대해서는 그와 같은 전반에 걸친 단어 비교는 불가능하다. 오히려 여기서는 공백이 있으며, 이 공백은 다른 어원의 여러 단어를 통하여 채워지고 있다. 취르히의 견해에 따르면 이것은 낮이라는 시간의 일반적 중요성이 덜 뚜렷한 것임을 시사한다. 우리는 특히 앵글로색슨 어 'dæg'; 영어 'day'; 고 아이슬란드 어 'dɸgr'; 스웨덴 어 'dag'; 고트어 'dags'; 고고 독일어/중고 독일어 'tag/tac'을 발견한다.

인용된 예들과 함께 독일어 단어에는 공통으로 어근 '*dhegˣh-(불타다, brennen)'가 기저이다. 그러므로 태양이 불타 오르는 시간이 문제인 것이다[이에 대하여 고 인도어 'dáhati'(불타다, brennt)를 참고하라]. 라틴 어 'dies'와 그것의 로만 어적 파생어, 예를 들어 'diurnum'을 거쳐 중재되고 있는 프랑스 어 'jour'는 확대된 어근 '*deieu-(diéu-, diu-)'로 거슬러 올라간다. 이것의 의미를 취르히는 "빛나는, 거룩하게 존경하는 하늘과 빛나는 낮"[177]으로 해석하고 있다. 그에 반하여 그리스 어(호머의 방식으로) 'ἦμαρ(êmar)', '-ατος(-atos)' 내지는 아티카 어 'ἡμέρα(hēméra)'는 'āmer-(낮, Tag)'라는 그 이전 형태로 거슬러 올라간다.

그러한 단어 비교의 일반성 내지는 공백성이 그 이유가 매우 상이할 수 있기 때문에 어떤 개념의 중요성이나 지위에 대하여 아무런 구속적인 것을 진술해 줄 수 없다. 그래서 예를 들어 진술된 중요한 표현에서 터부시하기가 가능하다. 즉 상황에 따라서는 일치 명칭(Deckbezeichnung)이 사용되어야 한다. 따라서 이 논거가 첫눈에 아무리 분명해 보인다 할지라도 다른

---

177) F. Tschirch, 1966, S. 184.

예에서 시험해 보아 견뎌 낼 수 없다면 그것은 놀랄 만한 일이 못 된다.

그에 반하여 '밤'이라는 명칭이 일몰에서 일몰까지의 기간에 대해서도, 그러므로 24시간의 기간에 대해서 사용될 수 있다고 취르히가 암시를 한 것은 보다 많은 주목을 끈다. 반면에 우리는 여기서 자정에서 자정까지로 계산하여 하루를 말하고 있다. 옛날의 표현이 내용적으로 이미 일몰을 가지고 투입되었기 때문에 그것은 또한 '전야(Vorabend)'[38]를 의미할 수 있다. '사육제(Fastnacht)'[39]의 특별한 의미는 그와 연관이 있다.

취르히의 다음 논거, 즉 쌍둥이 어법(Zwillingsformeln)[40]에서 밤이 항상 먼저 일컬어진다는 것은 이 개념이 우선적임을 말한다는 것이 여전히 더 설득력이 있다. 벌써 고 인도어에서 'naktámdivam(밤과 낮)'이라는 표현이 있었다. 호머의 작품에는 'νύκτας τε καί ἦμασ(nýktas te kaí êmar)', 라틴어에서는 'nocte et die(밤과 낮)'이다. 바울 사도의 고린도 후서 11장 25절에는 'νυχθήμερον(nychthêmeron)'이라는 표현이 발견된다. 독일어에서 중세 초까지는 'naht unde tac(밤과 낮)'이라고 말하는 것이 일상적이었다.

독일어의 'Weihnachten(성탄절)'이 아직도 분명히 보여 주듯이 축제일 계산은, 따라서 밤으로 계산하였다. 영어에서는 14일이라고 말할 때 오늘

---

[38] 직역하면 '저녁(혹은 밤) 이전 시간'일 수 있으나, 실제로는 '하루 전날 저녁(혹은 밤)'이다.

[39] 직역하면 '금식하는 밤'이나 의미는 '금식하는 날'이다

[40] '그리고'나 '혹은'으로 두 단어가 결합되어 관용적으로 사용되는 어법. 예를 들면 'heiß und kalt(냉온의)', 'auf und ab(위아래의)', 'gut und böse(선악)', 'Katz und Maus(고양이와 쥐)', 'Tag und Nacht(밤낮)'와 같이 대립 관계를 나타내든지, 'Angst und Bange(불안)', 'Art und Weise(방법)', 'Weh und Ach(고통)'에서와 같이 동의어, 'Hand in Hand(손에 손잡고)', 'nach und nach(점차)', 'Schritt für Schritt(한 발짝 한 발짝)', 'Seite an Seite(나란히)', 'Zug um Zug(한 발짝 한 발짝)'에서와 같이 일치성, 'Pech und Schwefel(콜타르와 황산)', 'Raum und Zeit(공간과 시간)', 'Wald und Wiese(숲과 초원)'에서와 같이 유사한 개념의 연상적 결합 등등 여러 가지가 있다.

날 여전히 'a fortnight' = 'fourteen nights'라고 말한다. 영어의 'sennigt' = 'seven nights'라는 표현은 고어가 되었으나 이따금씩 나타난다. 독일어에서는 일주일을 '8 (!) Tage(낮)'라고 말한다. 방언에 '오늘'이라는 의미를 지닌 'heint'가 있다. 이것은 '오늘 밤에'라는 단어인 'hînaht'에서 생겨난 것이다.

그에 반하여 다시금 취르히의 'des Nachts(밤에)'와 'am Tage(낮에)'의 구조 대립에 대한 암시는 덜 만족스럽다. 여기서 그는 전치사적 어법이 최근에 나타나고, 그에 비하여 속격 구조가 더 일찍 출현한 것으로 평가한다. 그런데 'der Nacht' 대신에 사용하는 'des Nachts' 내지는 'nachts'는 분명히 'des Tags'에 유추하여 생겨났다.[41] 우리는 오늘날 'nachts'와 'tagsüber' 내지는 'in der Nacht'와 'am Tage'라고 말한다. 시저는 켈트 족에 대하여, 타키투스는 게르만 인들에 대하여 그들이 시간을 밤으로 계산함을 증명하였다.

사람들이 옛날 시대에 밤이 이처럼 우선권을 갖는 것에 대한 이유를 묻는다면 인도 게르만 경제가 목동의 생활과 관련이 있다는 취르히의 언급을 주목할 만하다. 목동들에게 가장 중요한 때는 밤이었다. 여기서 양 떼들이 신변에 위협을 받는다. 이때에 목동들이 경계해야 했다. 예수님의 탄생에 대한 이야기는 근동 문화권에 대한 유사한 증거를 제공한다. 고 영어에서 '샛별(der Abendstern)'이 'swan(a)-steorra(Hirtenstern : 목동의 별)'라고 했다는 것은 언급할 만하다. 중세에 비로소 우리들에게 친숙한 표현인 'Tag und Nacht(낮과 밤)'이라는 표현이 일상적으로 된다. 왜냐하면 시민

---

[41] 'Tag'는 남성이므로 속격이 'des Tag(e)s'이지만, 'Nacht'는 여성이므로 'der Nacht'라고 해야 한다. 그러나 실제는 유추에 의하여 'des Nachts'로 사용되고, 거기서 파생한 부사 'nachts'라는 표현이 사용된다

문화와 도시 문화로 넘어가면서 밤은 위험 때문에 그동안 갖고 있던 우선적 위치를 상실하게 되었다.

밤이 이전에 중요했던 것이 시간 측량 수단으로서 달의 중요성을 통하여 여전히 강조되었다. 하늘의 달을 가리키는 'Mond'와 1개월을 의미하는 'Monat'는 밀접한 연관이 있다. 다음의 단어들 전부가 동일하다. 고 인도어 'más, mása-'; 그리스 어 'μήν(mến)', 이오니아 어 'μείς(meís)'; 도리스 어 'μής(mês)'; 라틴 어 'mensis'; 고 아이슬란드 어 'māni' 내지는 'mā naðr'; 스웨덴 어 'måne' 내지는 'månad'; 앵글로색슨 어 'mona' 내지는 'monad'; 영어 'moon' 내지는 'month'; 고트 어 'mena 내지는 'menoÞs'; 고고 독일어 'māno' 내지는 'mānod'; 중고 독일어 'mān(e)' 내지는 'mō nōt/mānōt'; 러시아 어 'mesjac'(아울러 luna).

인구어 *mēnōt[하늘의 달(Mond)/달의 바뀜(Mondwechsel)/12개월의 달(Monat)]가 근거가 되어 있고, 이 인구어 '*mēnōt'의 어간은 다시 '*me[d]-(이동하다, 거닐다, 구획하다, 측량하다)'로 설정할 수 있다. 따라서 하늘의 달이란 의인화된 시간 측량자, 즉 방랑자로 이해될 수 있을지도 모른다. 이로 인하여 'Mond'가 남성을 갖게 된 것도 설명될 수 있을지도 모른다. 이 계열에서 벗어나는 라틴 어의 'luna'와 그리스 어 'σελήνη(selếnē — 빛을 발하는 자, 번쩍이는 자)'는 인구어 상속 단어(Erbwort)[42]를 금기시하여 바꾸어 쓴 것으로 해석되며, 이러한 특별한 방법으로 개념의 중요성을 강조하고 있다.

바로 다음으로 높은 시간 단위로서 취르히는 보름달과 초승달 사이의 간격을 일컫고 있다. 이것은 이미 언급된 'fortnight(이 주일)'에서 표현되어

---

[42] 현대 독일어는 고고 독일어나 중고 독일어라는 중세 독일어를 거쳐서 온 것이다. 그 기원을 그런 언어에 두고 있는 현대 독일어는 상속어로 간주된다.

있다. 인도 게르만 인들이 언어군을 분화한 이후에 비로소 도달한 가장 포괄적인 단위는 '연(年)'이었던 것 같다.

'연'이라는 시간은 우선 가장 중요한 계절을 가지고, 즉 여름과 겨울로써 파악된다. 그러나 다시금 우리들에게 오늘날 친숙한 순서로가 아니라 위험을 가져오기 때문에 겨울을 우선시하고 첫 위치에 둔다. 그래서 라틴 어에서는 'hieme et aestate(겨울과 여름에; 연년 세세, 매년)'라 하고, 고 색슨 어 헬리안트에서는 'the habda…so filu wintro endi sumaro gilibd[그는 아주 많은 겨울과 여름(즉 연, 해)을 살았다]'고 되어 있다. 하지만 오늘날 우리들에게 통용되는 어순은 힐데브란트 노래에서 나오는데, 거기서도 두 계절이 1년을 나타내고 있다. 'ih wallota sumaro enti wintro sehstic ur lante(나는 이 나라 밖에서 60개의 여름과 겨울을 떠돌아 다녔다).' 중고 독일어에서는 이 바뀐 어순이 규칙이다. 'sumarlanc unt winterlanc(여름과 겨울, 즉 1년 내내)'.

1년을 둘로 분절하는 것에 대한 멋진 증거를 취르히는 1300년경 마이나우 자연 과학(Mainauer Naturlehre)[43]에서 들고 있는데, 거기서는 다음과 같이 기록되어 있다. "사람들은 1년을 둘로, 즉 겨울과 여름으로 나누나, 학자들은 그것을 4부분(계절)으로 나눈다(Daz iar teilent die liute in zwei, in den winter vnde in den sumer, abir die meister teilent ez in vier teil)."(S. 32)

여기에서도 언어 비교가 보여 주는 바는 '겨울'에 대한 단어 비교가 '여름'에 대한 단어 비교보다 더 포괄적이라는 것이다. '여름'에 대한 단어 비교에서는 언어군에 따라 분절을 확인할 수 있다.

취르히가 인구어, 게르만 어, 독일어 언어사에서 모아 놓은 이러한 증거

---

[43] 아마도 1300년경 보덴제 지역에서 쓰인 것으로 추정되며, 당시의 자연 과학적 지식을 독일어 문장으로 요약하려고 시도한 책.

들을 나는 언어와 문화가 역사의 변천 속에서 얼마만큼 밀접한 상호 관계 속에 놓여 있느냐를 분명히 보여 주기 위하여 인용했다. 오늘날 우리들에게 자명하게 보이는 것이 실은 오랜 발전의 결과인 것이다. 이러한 과정에서 그때그때마다 변화의 고유한 동인을 제공한 것이 언어인가, 아니면 문화인가를 물어본다면 우선 보기에는 문화적 발전에 그 우월성이 있는 것 같다. 그러나 매우 분명하고 명백한 이러한 해석에 동시에 첨가되어야 할 사항이 있다. 그것은 그때그때마다 통용된 숙명적 언어는 그 언어 공동체 내에서 성장한 자에게는 오늘날과 마찬가지로 이전에도 유일하게 적합한 숙명적 언어로 나타났다. 그러기에 그 언어가 그에게는 동시에 정신적으로 방향을 제시해 주는 힘, 즉 문화를 주조하는 힘을 나타내 준다는 것이다.

앞에서 시간 개념의 발전에 대해서 말한 것은 우리가 보기에 오늘날 시간적 범주와 밀접히 결합되어 있는 그 품사, 즉 많은 문법에서 독특하게 'Zeitwort(시간어)'로도 소개되고 있는 동사에 대해서 상세히 설명함으로써 보충할 필요가 있다. 하지만 이것은 힘든 일이다. 그렇게 하기에는 너무나 많은 연구 논문이 있어서 연구 상태에 대해서 일별하는 것조차 불가능한 것 같다. 그러나 적어도 어떤 다양한 방법으로 시간적인 동인이 동사와 결합될 수 있느냐를 보여 주는 것은 유용할 것이다.

첫째는 어떤 동사의 어휘적 의미, 즉 동사의 의의 구성적(sinnkonstituierend) 어휘소(Lexem)의 내용 내지는 의미소(Semantem)가 이미 시간적 요소를 포함할 수 있다. 우리가 예를 들어 'schleichen(살금살금 걷다)', 'kriechen (기다)', 'klettern(기어 오르다)', 'schlendern(어슬렁어슬렁 거닐다)', 'bummeln (어정거리다, 느릿느릿 걷다)', 'flanieren(배회하다)', 'hinken(절뚝거리며 걸어가다)', 'humpeln(다리를 절다, 비틀거리다)', 'stolzieren(으스대며 걷다)', 'waten(물을 걸어서 건너다)', 'gehen(걸어가다)', 'wandern(도보 여행하다,

등산하다)', 'marschieren(행군하다)', 'laufen(달리다)', 'eilen(서둘러 가다)', 'rasen(돌진하다)', 'rennen(달리다)', 'flitzen(질주하다)' 등과 같은 이동을 의미하는 독일어 동사(Bewegungsverben)를 비교해 본다면, 그들 속에서 수행하는 자뿐만 아니라 참여한 공간적 상태와 관련하여서도 특정한 이동의 종류만이 아니라, 빠르기 정도에 대한 어떤 것, 즉 시간의 진행에 대한 어떤 것도 진술된다는 것이 분명하게 된다.[178]

둘째로, 이미 동사 내용 속에서 동사 내용으로 파악된 사건의 진행 형태에 대한 어떤 것이 진술될 수 있다. 그래서 예를 들어 독일어에서 꽃이 'erblühen(꽃이 피다)', 'aufblühen(꽃피기 시작하다)', 'blühen(꽃이 피어 있다)', 'verblühen(꽃이 시들기 시작하다)' 혹은 'verwelken(완전히 시들다)'하다고 말할 수 있다. 이때에 사건의 등장, 진행, 그리고 종말이 일컬어진다. 이번에는 부가적인 접두어(Präfixe)의 도움으로 그렇게 된다. 목적어에서 관찰할 수 있는 사건 진행과 관련하는 그러한 사건 기술적 동사 형태를 우리는 '동작태(Aktionsarten)'라고 부른다.

가능성들이 여기서 아주 여러 가지 형태이어서 우리는 그러한 동작태를 딱 몇 개라고 말할 수 없다. 몇몇 학자들은 여기서 상이한 제안을 했다. 전문 문헌에서는 시작 동사(ingressive), 계기 동사(progressive), 종결 동사(egressive), 지속 동사(durative), 반복 동사(iterative), 반복형 동사(frequentative), 기동 동사(inchoative), 그리고 시점적 동작태(punktuelle Aktionsart) 등의 명칭이 등장한다.[179]

---

178) 이동 동사의 예는 1956년 '언어와 공동체'라는 중요한 관심사의 학회에서 W. Porzig가 다루었으나 출판되지 않았다. 나는 Duden 문법에서 그것을 다루었고(H. Gipper, ²1966, S. 456), K. Baumgärtner(1967)는 체계적 연구를 시도했다.
179) 여기에 대해서는 J. Knobloch(Hrsg.), 1961, S. 76 ff.를 참고하라.

셋째로 우리는 많은 언어에서 동사 내에 포착되어 있는 사건을 주관적으로 판단해 보려고 하는, 즉 사건을 미완으로 봐야 할지, 아니면 완성된 것으로 봐야 할지를 표현할 특정한 가능성을 확정할 수 있다. 우리는 여기서 대개 양상에 대해서 말한다.[180] 양상은 예를 들어서 슬라브 어에서는 중요한 역할을 한다. 그래서 우리는 가령 러시아 어에서 무수한 동사에 대해서 동시에 두 개의 서로 다른 부정사를 배워야 한다. 하나는 미완적(imperfektiv) 양상의 부정사이고, 다른 하나는 완료적(perfektiv) 양상의 부정사이다. 그러나 이런 의미의 문법적 양상이 없는 독일어에서도 미완적 행위와 완료적 행위가 어휘적 방법으로 표현될 수 있다. 그래서 예를 들어 가령 '(einen Kuchen) aufessen (과자를) 먹어치우다', '(einen Berg) ersteigen (산을) 올라가다', '(einen Menschen) ermorden (인간을) 살해하다', 'erstechen(찔러 죽이다)', 'erdolchen(찔러 죽이다)', '(ein Tier) erjagen (짐승을) 사냥하여 잡다', '(ein Haus) erbauen (집을) 건축하다' 등의 동사는 이미 행위의 종결을 가리키고 있다.[181] 미완적 행위는 'er ist am Schreiben (그는 쓰고 있다)'과 같이 특히 회화체로 바꿔 쓰기를 통하여 표현되는데, 이는 'he is writing'과 같은 영어의 진행형과 비교될 수 있다.

확실히 여기서 행한 바와 같이 언어학에서 동작태와 양상을 구별하는 것은 논란이 없지 않다. 여기서 여러 가지 견해와 해석이 있다. 그런데 우리가 원래의 시제(Zeitstufen/Tempora)를 더 추가한다면 문제가 더욱더 복잡해진다.

넷째로 과거, 현재, 미래라는 시제를 나타내기 위하여 문법화된, 다시

---

180) Ibid., S. 172 ff.
181) 이에 대해서는 L. Weisgerber, ³1962a, S. 308 ff.를 참고하라.

말하면 동사 체계 내에 확실히 고정된 형태들을 고려해야 한다. 신고 독일어에서 우리는 라틴 어 문법의 전형에 따라 시제를 현재, 과거, 현재 완료, 과거 완료, 미래, 미래 완료로, 즉 단순 미래와 완료 미래로 구분한다. 독일어 내지는 다른 인구어의 역사를 살펴보면 오늘날 시제 체계를 갖추기까지 결코 곧지만은 아니한 얼마나 먼 길을 걸어왔는지를 알 수 있다.[182] 발전의 초기에 원래의 시제가 생긴 것이 아니라 처음에는 오히려 행위 진행의 방법, 다시 말하면 우리가 방금 동작태와 양상이라고 불렀던 것이 고려되었다는 것이 분명한 것 같다. 비로소 점차로 시제성을 띤 관계가 더 강하게 등장했다. 그리고 우리가 고 그리스 어와 라틴 어를 비교해 본다면 그 변천은 아주 분명하게 된다. 그리스 어에서는 여전히 이른바 부정 과거(Aorist)라는 전형적 형태가 있다. 거기서는 행위를 동작태로 표현하는 것이 시제 관계와 연관되어 있다. 라틴 어에서는 엄격한 시제 구조가 우리들에게 다가온다. 그 시제 구조의 엄격한 규칙은 시제 연속(Consecutio temporum)[44]이라는 이름으로 학생들에게 두려움을 준다. 게르만 어는 비로소 늦게서야 시제 체계가 확장되었다. 독일어에서도 예를 들어 완료와 미래에서 바꿔 쓰기, 즉 완곡법의 구조를 사용하여 시제 구조가 달성되기까지 많은 어려움이 극복되어야 했다. 확실히 주의력 있는 관찰자라면 힘들지 않게 누구나 인식할 수 있듯이 실제 언어 사용에서는 결코 형식적 시제와 실제적으로 생각된 시간 관계 사이에 일치성이 존재하지 않는다. 예를 들어 미래

---

182) 이에 대해서는 F. Tschirch의 위에 인용한 책 50-64쪽을 참고하라.

44) 복합문에서 시제의 사용을 규정하는 체계인데, 주문장과 부문장 사이에는 가능한 시제 관계가 셋 있다. 종속문의 진술이 주문장과 동시적인 경우, 주문장보다 시제가 앞선 전시적인 경우, 그리고 또한 후시적인 경우이다. 독일어로 각각에 대해서 예를 든다면, 동시적: Während ich schlafe, träume ich, 전시적: Nachdem ich geschlafen hatte, bin ich aufgewacht, 후시적: Bevor ich aufwache, schlafe ich.

적인 것이 자주 현재 형태로 표현된다. 부사적 규정어가 자주 보다 엄격한 시제 사용을 하지 않아도 되도록 해 준다. 여기에다가 지역성과 관련된 특성이 등장한다. 그러나 우리는 이러한 언어 습관을 판단할 때에 시제가 시간과 아무런 관련이 없다고 너무 지나치게 주장해서는 안 된다. 하랄트 바인리히(Harald Weinrich)가 논란이 많은 『시제, 언급하고 있는 세계와 이야기하고 있는 세계』(1964)라는 그의 책에서 제기하고 있는 그와 같은 선동적인 논제는 많은 전통적이고, 너무나 고정적인 관념을 느슨하게 하는 데에는 기여하나 실제 상태를 설명하는 데에는 그러는 사이에 거의 기여하지 못한다.

예를 들어서 비현실적 사실, 가능 사실, 희망 사실을 표현하는 것으로서 접속법(Konjunktiv)과 희구법(Optativ) 같은 동사의 그 밖의 형식적 범주도 경우에 따라서는 시간적 성분도 포함할 수 있다는 것을 더 언급할 수 있을지도 모르겠다. 그래서 이른바 기원하는 화법으로서 희구법은 미래와 부인할 수 없는 친족성을 가진다.

아무리 빈틈이 많고 일시적이라도 모든 이러한 언급은 문제점들이 얼마나 다층적인지를 보여 주기에는 아주 충분하리라고 본다. 우리가 이제 언급해 보고자 하는 호피 어의 특수한 상태를 판단하기 위해서는 항상 이러한 사실을 의식하는 것이 유용할 것이다.

하지만 내가 직접 호피 인디언 보호 구역으로 여행한 것과 그 결과에 대해서 보고하기 전에 나는 우선 호피 인디언들이 자신을 말하게 하고, 공간과 시간관에 대한 가능한 관계에 따라 생활 습관과 종교관에 대한 그들의 자기 증언을 묻고 싶다.

3. 호피 인디언들의 자기 증명

a) 돈 탈라예스바의 자서전: 『태양의 추장(Sun Chief)』

인디언의 관점에서 호피 인의 생활에 대해 문자로 기록한 가장 상세한 기록물은 돈 탈라예스바의 자서전이다. 돈 탈라예스바는 올드 오라이비 출신의 태양의 씨족(Sun Clan)의 한 구성원이며, 그의 자서전은 영어로 작성되었으며, 레오 시몬스(Leo W. Simmons)가 정리한 것이다. 이 전기는 『태양의 추장(Sun Chief)』이라는 완전히는 적합하지 않은 제목으로 출판되어 그동안 여러 언어로 번역되었다. 이 책은 여러 가지 관점에서 극도로 주목할 만한 책이다. 출판가가 한 호피 인디언으로 하여금 그의 생활을 상세히 이야기하도록 움직여 놓는 데 성공한 책이다. 그 보고서는 간결성과 솔직함으로 설득력이 있다. 많은 구절 속에서 진짜 인간적 비극이 느껴질 수 있다. 단지 제목이 오도할 만하다. 돈 탈라예스바는 추장이 아니고, 아마도 그의 씨족의 지도자적인 구성원이다. 탈라예스바는 호피 어 성인데, 번역하면 "앉아 있는 꽃봉오리(sitzende Rispe)"이다. 돈이라는 스페인 어 이름은 미국 초등학교에서 그 소년에게 부여한 것이다. 전기는 그의 출생부터 50세까지 동안을 기술하고 있다. 돈은 현재 약 80세이다. 필자는 1969년 8월에 그를 만났으며, 그와 이야기할 기회를 가졌다. 그 노인은 인상적인 인물이었다.

이 책은 다음과 같은 방법으로 생겨났다. 사람들이 돈으로 하여금 자기의 생을 구두로, 글로 이야기하게 했다. 그는 미국 학교에서 영어를 배웠기 때문에 그의 역경이 많은 인생에서부터 그에게 인상적이고 감동적인 모든 것을 그려 낼 수 있었다. 예일 대학교의 시몬스 박사가 그 다음에 이 글로, 그리고 구두로 된 보고서를 함께 짜 맞추어 하나의 인생 보고서를 만들었다. 이렇게 할 때에 가능한 한 원래의 텍스트를 거의 건드리지 않았다. 편집은 우리가 읽어 낼 수 있도록 영어로 옮기는 데 국한하였다. 이 책에 증거 자료로서 붙어 있는 우리들에게는 아주 중요한 원전 자료 몇 개가, 돈이 영어를 실제로 어떻게 보고 있는지를 보여 준다. 그것은 편집 작업을 한 텍스트에서보다 더 기본적으로 작용한다. 원전에서는 명백한 정서법상의 오류를 제외하고서도 많은 문법적 오류가 발견된다. 이는 필자가 나중에 보여 주겠지만 일부는 그의 언어의 기초가 되어 있는 호피 어의 구조의 흔적으로 볼 수 있기 때문에 중요하다.

돈은 그의 회상에서 놀랄 만큼 훌륭한 기억력을 보여 준다. 그는 많은 세부적 사항을 보고하고 있는데, 이는 결코 고안해 낼 수 없는 것들이다. 이것들은 기술 문명화된 세계의 방해 요인들에 의하여 혹사되지 아니한 그의 기억력에 확실히 각인되어 있었다. 그가 그의 사생활을 얼마나 기탄없이 자유롭게 주저하지 않고 폭로하고 있는지가 바로 당혹스럽다. 그리고 호피 인들에게 그의 명성이 알려지게 된 것은 바로 이런 부끄럼 없는 솔직성 때문이었다. 사람들은 특히 그가 자기의 성 경험에 대해서 조금도 주저하지 않고 보고했다고 그를 나쁘게 생각했다. 그것에 대해서 필자가 함께 대화해 본 많은 호피 인들은 이것을 뻔뻔스런 짓으로 생각했고, 호피 인들의 생활은 돈이 묘사한 것처럼 그렇지 않다고 주장했다. 그러나 사실을 잘 아는 자가 필자에게 보증해 준 바처럼 서술의 진실성에 의심의 여지가 거의 없다. 유감스럽게도 호피 인디언에 대한 유인물에서 계속적으로 일어나듯이 물론 돈이 개인적 경험을 일반화시켰을 여지는 있다.

우리들에게 관심이 있는 것은 특히 영어 텍스트에서 호피 인디언들의 인생관이나 세계관에 대하여, 그리고 공간과 시간 파악에 대하여 보다 자세한 내용을 알아낼 수 있느냐이다. 번역 이론상으로 영어의 언어 형식에도 불구하고 그 자서전을 쓴 자의 모국어의 어떤 특성을 느낄 수 있다는 것이 아주 감사한 것 같다. 필자는 영어 텍스트를 여러 번 세심하게 읽었으며, 이와 관련하여 해명적일 수 있는 모든 부분을 표시했다. 돈 탈라예스바는 단지 호피 제사장만이 알고 있는 비밀스런 제의적인 풍습에 관한 어떤 것을 물론 단념하지 않고 그의 부족의 모든 풍습과 습관을 매우 자세히 다루고 있다. 벤저민 리 워프와 다른 백인 관찰자들도 보고한 바, 많은 것이 증명된다. 그러나 직접 쓴 이 서술 속에서 모든 세목들은 그 감동시키는 힘과 설득력이 훨씬 더 큰 것이다.

돈의 묘사에서 분명히 드러나는 것은 호피 인의 생활이 종교적 관념에 의하여 매우 지배를 받고 있다는 것이다. 인간 생활이 자연 관계 속으로 어떤 방식으로 도입되는가를 여기서 실제로 이해할 수 있다. 식물계, 동물계, 인간계는 밀접히 관련이 있으며, 확고하게 우주적 사건 속으로 심겨지게 된다. 정신력은 모든 것을 침투해 들어간다. 선한 생각은 인간에게 유익한 것을 촉진하고, 악한 생각은 손해를 야기한다. 이러한 입장에서 생겨난 생명에 대한 경외심이 호감 있게 감동을 주었다. 왜냐하면 직접 영양 섭취를 위해 이용될 때만 동물을 죽여도 된다는 데까지 나아가기 때문이다. 예를 들어 사로잡은 야생 짐승을 죽이기 전에 먼저 죄의 용서를 빌어야 했다. 왜냐하면 그 야생 짐승 속에 살아 있는 영과 신성을 괴롭혀서는 안 되기 때문이다. 선한 생각과 그에 해당하는 공통된 기도가 생명을 촉진하고 성장을 촉진한다는 신앙은 도덕적 태도와 윤리적 태도에 유리하게 작용하고 있으나, 모든 흉작이나 불운, 더구나 질병과 죽음도 악한 생각의 결과요 악령의 영향으로 해석될 수 있다는 것이 동전의 양면의 모습이다. 이것이 동료에게 그러한 악령들(두 마음) 자체이거나 악령과 연을 맺고 있다는 혐의를 두게 되는 결과를 가져온다. 마귀를 불태우고 악마를 추방하는 시절이 결코 오래전의 일이 아니며, 오늘날에도 인신공격이 잘 알려진 명예 훼손의 방법이라는 사실을 두고 보면, 우리 유럽 인들은 확실히 그러한 미신을 초월해 고상하다고 생각할 필요는 없다. 그런데 돈 탈라예스바가 네 아들이 일찍 죽자 그의 이웃들 중에 이 재앙을 야기한 자를 찾을 수 있다고 그가 확신했기 때문에 그의 이웃을 자세히 관찰하게 되었다는 것을 듣는 것은 비애를 느끼게 한다. 그래서 결코 방어할 수 없는 무고한 사람에 대해 혐의를 두게 되고 불신하게 되는 꾸준한 원천이 생겨난다. 그리하여 밀접한 친척 사이의 관계에 악영향을 미친다.

황량한 환경 조건 속에서 호피 인의 생활이 얼마나 힘들고 궁핍한지는 돈의 고유한 일상생활 묘사에서 분명히 드러난다. 옥수수, 콩, 그리고 다른 몇몇 곡식을 경작하기가 힘들고, 양과 염소를 기르는 것이 힘들기 때문에 그들의 생계를 꾸려 나가는 데 투쟁하다시피 해야 하는 인간들의 크고 작은 기쁨과 번민에 독자들도 공감하게 된다. 말과 노새와 개들이 유일하게 인간의 힘을 덜어 주는 조력자이다. 뜨겁고 비가 적은 여름과 춥고 자주 눈이 많이 오는 겨울은 항상 가축 떼를 죽음으로 위협할 뿐만 아니라 흉작을 가져와서 기아에 허덕이게 한다. 이른 아침부터 밤늦게까지 힘든 노동을 해야만 가족의 생계를 보장할 수 있다. 하지만 모든 성공은 항상 더 높은 힘에 의존하고 있다. 그래서 호피 인들의 모든 사고와 노력은 천체와 자연력으로서 1년의 운행을 조종하는 신과 영들을 유리하게 조율하는 데 맞추어져 있다는 것은 놀랄 만한 일이 아니다. 모든 의례와 춤의 원래의 근거가 여기에 있다. 생명에 필수적인 것이 번영하고 성장하는 것을 촉진하고, 훌륭한 수확을 위해 비는 것이 문제이다. 여기에다가 특히 비가 필수 불가결한 것이기 때문에 꾸준히 비가 내리도록 비는 것이 대부분의 종교적 의식과 관습의 중심이 되었다.

공간과 시간이라는 우리들의 문제와 관련하여 돈의 보고서 속에 해당 정보가 많이 나온다. 물론 영어로 되어 있다. 어떤 사건도 시간의 부사와 장소의 부사 없이는 일어나지 않는다. 종종 돈은 더욱이 묘사된 사건의 시각을 제시하기도 한다. 이처럼 분명히 서구어의 특색을 띤 서술 방식에도 불구하고 토착인 호피 인의 관점을 비춰 주는 많은 특성이 눈에 띈다. 가끔 돈은 세고 측량하는 방식과 아울러 공간과 시간을 나타내는 호피 인의 방식에 대한 명확한 암시를 주기도 한다. 이 중요한 구절들을 필자는 부록 호피 어 자료에서 인용하겠다. 나아가서 특정한 기간, 즉 특정한 수 등이 탁월한 역할을 하기도 하고 그 때문에 특별한 주목을 받는다는 사실이 눈에 띈다. 여기서는 의식과 춤의 진행에 중요한 4일, 6일, 8일과 20일이라는 기간을 특히 언급할 수 있다.

4는 이때에 의심할 바 없이 가장 중요한 수이다. 네 방위는 이것에 대한 원래의 근거일지도 모른다. 특정한 것은 네 번 행해져야 한다. 네 방향으로 지시되어야 한다. 예배 행위의 시작 단계와 종결 단계는 4일간 지속된다. 예배 의식 때 춤추는 자는 특정한 종교적 행사 이전과 이후에 나흘간 금욕하여야 한다.

비교적 큰 의식(儀式)은 대개 16일간 걸린다. 처음 8일간은 여러 종류의 예배 의식이고, 다음 8일간은 고유한 의식 행위이다. 많은 의식들은 4일간의 사냥을 통하여 더 연장된다. 그래서 전체 20일 간의 의식이 생겨난다.

20일이라는 시간은 다른 경우에, 예를 들어 아기가 출생했을 때에도 역할을 한다. 산후에 엄마는 20일간 특정한 다이어트를 하도록 엄명된다. 그리고 이 기간 이후에 신생아의 세례식이 행해진다.

4라는 수 다음으로 6이라는 수가 특별히 중요하다. 신화적 관념에서 네 방위와 더불어 추가적으로 두 개의 그 밖의 방위가 중요하다. 더군다나 위로 하늘로의 수직적 방위와 아래로 지하 세계로의 해당하는 수직적 방위, 즉 천정에서 천저로의 수직 축이 중요하다. 이 여섯 방위가 많은 예배 행위에서 주목을 받는다. 네 개의 수평적 정점뿐만 아니라 여섯 방위에 대해서도 자주 말한다. 정신계에서는 이 방위들에 돈 탈라예스바가 반복해서 언급하고 있는 '육점운인(Six-Point-Cloud-People)'이 배열되어 있다. 워프는 호피 인의 사고와 느낌 속에서 여섯 축에 특별한 의미를 부여하고 있다. 그는 수직축을 식물의 중요한 성장 방향과 관계시켜 그것을 동시에 미래를 지시하는 측면을 가지는, 그 때문에 그가 "미래의 원천(wellspring of the future)"이라고도 부른 "식물의 성장 축(growth axis of plants)"으로서 그것을 특징지었다.[183]

위와 아래가 신비하게 서로 연결되어 있다는 사실은 많은 호피 어 관습의 결과이다. 이와 관련하여 땅속에 살고 있는 뱀이 위에서 내리는 비를 데려올 수 있다는 생각은 특히 인상적이다. 그 때문에 뱀이 비를 기원하는 춤을 출 때에, 특히 그 유명한 뱀 춤을 출 때에 결정적 역할을 한다. 호피 인의 셈하기와 계산법은 많은 원시인에게서처럼 대개 그 기본 순서가 1에서 10까지(손가락의 수) 혹은 1에서 20까지(손가락과 발가락을 합한 수) 내에서 이루어진다. 오늘날에도 일부의 호피 인 마을에서는 옛날의 관습에 따라 1에서 10까지, 다른 일부의 마을에서는 1에서 20까지의 수를 세고 있다. 이보다 더 큰 수는 이를 기초로 하여 사실 조합될 수 있으나, 이런 일은 필자가 직접 확인한 바에 따르면 어려움이 없지 않았으며, 거의 흔치 않다. 이곳에 오늘날 완전히 영어가 들어왔다. 1970년과 같은 연수를 호피 인은 자기들의 언어로 구성해 보려고 결코 할 수 없을지도 모른다. 돈 탈라예스

---

183) B. L. Whorf, 1956, S. 62.

바 자신은 셈하기와 계산하기를 다음과 같이 보고한다.

나는 손가락과 발가락을 이용하여 20까지 세는 법을 배웠다. 우리는 단지 거기까지만 셀 수 있었다. 우리가 가령 44를 표현하려고 하면 우리는 '20자리가 둘하고 4'라고 말했다. 4는 행운의 수였다. 그러나 우리에게 불운의 수는 없었다. 측량할 때에 우리는 약 1인치를 말할 때에 '손가락 하나 넓이', 약 6인치를 나타낼 때에는 '엄지에서 중지까지의 폭', 발뒤꿈치에서 발가락까지의 길이를 나타내기 위해서 '발 하나(1피트)'라고 말했다. 더 넓은 거리는 걸음으로 재었다. 사물의 무게에 대해서는 현재까지 아직 거의 어떤 것을 배우지 못했다. 아침과 오후는 그림자의 방향을 통하여 결정되었고, 밤에는 달과 별의 위치를 통하여 때를 표현하였다. 며칠 뒤에 만나게 되는 약속은 낮의 수나 달의 상태 혹은 달의 수를 통하여 표현하였다.[184]

돈은 일상적인 시간 측정을 또한 자세히 언급하고 있다. 여기서 태양의 운행, 특히 태양이 그때마다 떠오르는 지점이 결정적이다. 이것이 꾸준히, 그리고 어떤 목적으로 관찰되는지를 돈은 다음과 같이 묘사한다.

그 밖의 중요한 과제는 시간이나 계절의 흐름을 그때마다 태양이 뜨고 지는 지평선에서의 점을 관찰함으로써 추적해 가는 것이었다. 1년 중 가장 짧은 날의 일출점은 태양의 겨울 집(the sun's winter home)이고 가장 긴 날의 일출점은 태양의 여름 집이라 부른다. 거의 눈이 먼 늙은 탈라셈프테와는 밖에서 이러한 목적으로 마련된 태양 씨족 집의 지붕 위에 앉아서 태양

---

184) D. C. Talayesva, 1964, S. 60 f.; 독일어 번역은 몇몇 곳에서 더 정확하게 표현하였다.

이 자기 여름 집으로 운행해 가는 것을 관찰하곤 했다. 매일 그는 새끼줄에서 하나의 매듭을 풀었다. 태양이 특정한 메사 산꼭대기 너머로 떠오를 때면 그는 설탕 옥수수, 보통 옥수수, 강낭콩, 참외, 호박, 흰 강낭콩 등을 심을 때가 되었음을 알려 주었다. 그 다음에 그는 어떤 특정한 날에 심기에는 너무 늦었음을 알려 주었다. 옛날 사람들은 경작, 수확, 사냥, 의식, 결혼식과 많은 다른 일 등 모든 일에는 그에 적합한 때가 있다고 말했다. 이러한 시점을 알게 하기 위하여 태양의 운행을 관찰하는 것이 필요하다.[185] 호웨오베키바의 남쪽에 살고 계셨던 나의 증조할아버지의 형 무우테는 태양의 추장의 최고 선임자였기에 타와몽귀(tawamongwi, 태양의 추장)라고 불렀다. 그는 일정한 위치에 앉아서 태양을 관찰하여, 언제 태양이 여름 집에 이르는지를 확인했다. 운행 중인 태양에 대해서 안내하는 것이 피리 동맹 추장의 과제였다. 태양이 여름 집에 도착하면 내 아저씨는 태양 씨족 사람들에게 이렇게 말했다. "그러므로 우리 증조부, 즉 태양신이 자기의 여름 집에 도착하였다. 그래서 이제 우리는 양을 잡아서 태양에게, 달에게, 별들에게 기도의 희생물(제물)을 바쳐야 한다. 우리는 강렬하게 우리들의 태양신에게 기도하여, 그에게 비를 보내 주도록, 그리고 우리들 들판의 곡식을 망칠 나쁜 바람을 몰아내도록 청해야 한다." 특정한 날 밤에 그는 그 다음에 기도 막대기들을 만들기 위하여 재료를 끌어모아 우리들의 특별한 태양 씨족 집 안에서 태양 씨족 남자들과 만난다. 그리고 산 담배를 피우기 위하여, 비를 청하기 위하여 기도한다. 4일 밤 내내 그는 자기 백성을 위하여 비를 요구하기 위하여 완전히 홀로 잠을 잤다.[185 a]

---

185) 이에 대해서는 다음 그림 2를 참고하라.
185 a) Ibid., S. 57 f. 개선되었다.

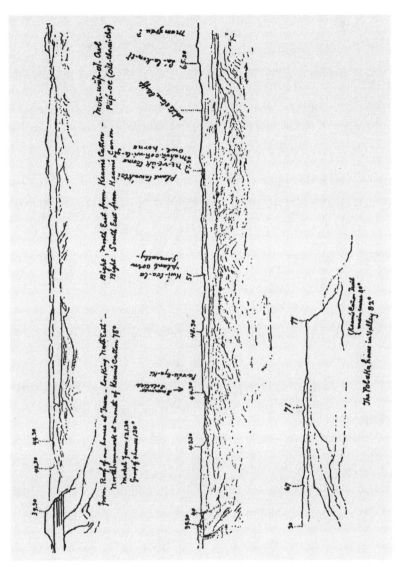

그림 2 테와(Tewa)에서 본 호피 지평선 달력. 일출의 지점이 그려져 있다. 이것들은 특정 들판 식물의 씨 뿌리는 시점을 확정하고 있다. 일출이 57.30°일 경우에는 참외를 심고, 설탕 옥수수(타와크치)를 심는다. 화이트 스톤 블러프스에서의 일출. 크위찰라에서의 일출일 경우에는 일반적인 종류의 옥수수를 심는다. ─파바우키야키, 네페우크초모, 마혼쉔윌레기(오울호른스), 몬위프쉬, 핍쉐(딜토치토). A. M. 슈티픈의 그림(*Hopi-Jounal*, 2부, 부록)

이런 내용에서 호피 인들이 얼마나 엄격하게 태양의 운행에 의하여 확정된 특정 시점을 표준으로 삼는지가 분명히 드러난다. 확실히 이와 같은 '적정 시간'을 나타내기 위한 특수한 표현도 있는지는 영어 문장을 보고는 알 수 없다.

시간을 언어적으로 어떻게 표현하는가에 대한 몇 가지 추가적인 암시를 출판인이 매끄럽게 고치지 아니한 돈의 원고의 원문에서 취할 수 있을 것이라고 생각한다. 이 원문은 미국판의 부록 D에 인쇄되어 있다. 여기서는 돈이 특히 미국 시제 사용의 규칙을 위반하고 있다는 것이 눈에 띈다. 물론 그는 보통은 과거 시제를 잘못 구사하고 있으며, 특히 음성적으로 부정형과 분명히 다른 이른바 강변화(모음 교체되는) 동사 형식을 잘못 구사하고 있다. 그가 일반적으로 과거 형식을 사용한다면 대부분 백인 미국인에 의하여서도 아주 자주 사용되는 그런 것들이다. 즉 was, were, could, went, told, said, took, got 등등이다. 그러나 이런 형식이 나타나는 같은 문장에서 바로 그와 더불어 많은 다른 동사들이 단순 현재 시제로 오고, 이때 어미 -e가 3인칭 단수에서 자주 빠진다. 돈은 과거 시제를 가리키는 영어 시간 규정어도 사용하고 있다. 그러나 그 다음에는 텍스트에서는 현재 동사 시형과 함께 쓰고 있다. 미래 시제를 그는 대개 더 잘 표현하고 있다. 이것은 한편으로는 영어의 he/she will 더하기 부정형을 만들기가 쉽다는 사실과 관계가 있을지도 모르나, 다른 하나는 호피 어 언어 사용의 특성을 암시할 수도 있다. 다음의 작은 단편이 진술한 바를 논증할지도 모른다.

Next morning we get up early in the morning and then that time we dont go to the sun and pray we work for a while untile breakfast time it was December 19th Monday morning when breakfast time we bring our food to our kiva and eat our breakfast that time I had oatmeal, and piki for my breakfastwhen we finished our meal we took our dishes and took them back to our houses and then go back and work we got to do all we can smoke pray and sing our ceremony songs and do lots of other thingit seems when we do all those things and get busy the day is much shorterafter we get through then![186]

다음날 아침 우리는 아침 일찍 일어나 그 시간에 태양에로 가서 기도하지 않고 우리는 조반 시간이 될 때까지 잠시 동안 일을 한다. 우리가 우리들의 음식을 우리들의 키바로 가져가서 조반을 먹은 때는 12월 19일 월요일이었다. 그때 나는 나의 조반으로 오트밀과 피키를 먹었다. 우리가 우리의 식사를 마쳤을 때 우리는 우리들의 접시를 가지고 우리들의 집으로 되돌아갔다. 그 다음에 되돌아가서 일을 한다. 우리가 모든 일을 다 하고 나면, 우리는 담배를 피울 수 있고, 기도할 수 있고, 우리들의 의례 행사의 노래를 부를 수 있고 많은 다른 일을 할 수 있다. 우리가 그 모든 일을 다 하고 바빠지면, 우리가 써 버린 후에는 그날은 훨씬 더 짧아진 것처럼 보인다.

우리가 실제로 돈의 전형적인 영어 오류에서 그의 모국어의 특성을 도출해 낼 수 있는지는 호피 어의 해당 분석을 한 이후에야 결정될 수 있을 것이다.

b) 호피 인디언의 삶의 여정과 의식적(儀式的) 순환

미국 학자 미솨 타이티브(Mischa Titiev)와 프랭크 워터스(Frank Waters)는

---

186) *Sun Chief*, S. 453.

호피 어에 정통한 몇 사람과 권위 있는 공동 연구를 통하여 포괄적인 자료를 근거로 이 주목할 만한 인디언 부족의 세계관과 인생관의 상세한 그림을 그렸다. 두 학자는 아마도 가장 오랫동안 중단하지 않고 거주해 온 미국의 식민지인 올드 오라이비 마을의 거주민에 집중하였다. 그러나 결과는 전체 부족을 대표할 수 있는 것으로 간주될 수 있다.[187]

필자는 여기서 네 개의 세계 생성에 관한 가장 중요한 신화와 해당 전설에 대해서는 보고하지 않고, 우리들의 주제를 위해서 특히나 중요한 사항인 자연 현상과 인간 생활의 운행에 대한 호피 인들의 상상력에 국한하고자 한다.

호피 인의 견해에 따르면 속세의 세계는 인간이 살고 있는 상부의 세계와 인간이 언젠가 거기서 나온 바 있으며, 죽으면 그리로 되돌아가게 되는 하부의 세계로 나뉜다. 하부 세계의 입구는 그랜드캐니언 근처, 호피 땅의 서쪽에 특히 태양이 지는 곳에 오늘날에도 여전히 볼 수 있는 특정한 위치에 있다. 호피 인의 생각은 이미 이러한 기본 관에서 독특한 이분법에 의하여 결정되어 있는 것 같다. 그런데 이분법은 자연 현상이 순환적으로 운행한다는 관과 밀접히 연관되어 있다.

생명을 주는 신적인 태양이 그 매일의 운행을 가지고, 범위를 더욱 확대시켜 본다면 그 매년마다의 순환을 가지고 출생부터 죽음까지 인간의 삶의 길을 상징한다. 이 사건은 많은 큰 비유 속에서 반복된다. 태양이 그때마다 떠오르는 장소는 출생의 상징으로 간주된다. 태양이 지는 곳에서는 죽음의 영역이 생각될 수 있다. 하부 세계의 거주자들, 즉 고인들에게는 그에 반하여 역의 그림이 나타난다. 태양이 만일 위에서 진다면 거기에서

---

187) M. Titiev, 1944; F. Waters, ⁶1964.

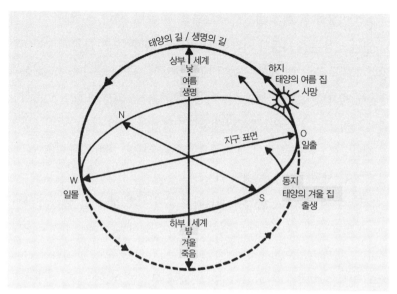

그림 3 이 그림은 타이티브의 올드 오라이비 173쪽 이하에 나오는 그림과 워터스 189쪽에 나오는 그림을 요약해서 나타내고 있다.

는 떠오른다. 태양이 상부 세계에 다시 나타난다면 거기에서는 태양이 진다. 두 세계는 그러므로 완전히 서로 일치한다. 태양년의 순환도 유사하게 이루어진다. 위에서 연이 시작하면 아래에서는 그것이 끝난다. 그래서 아래에서 여름이면 위에서는 겨울이 된다. 그리고 아래에서 겨울이면 위에서는 역으로 여름이 된다. 더 자세히 우리들의 월명으로 표현해 보자. 상부 세계에서 11월은 하부 세계의 6월이고, 마찬가지로 상부 세계의 12월은 하부 세계의 7월이며, 상부 세계의 1월은 하부 세계의 8월이 된다. 이와 같이 거울처럼 일치하기 때문에 호피 인들의 한 해의 월의 명칭 네 개가 두 번 사용된다. 특히나 하부 세계에서 해당 월이 진행될 때에는 두 번째로 사용된다.[188]

호피 인들의 한 해는 완전히 종교관을 상징하고 있다. 한 해의 아주 의미 있는 부분은 우리들의 시간 계산법으로 표현해 보면 11월 말부터 8월 말까지 지속된다. 이 시기는 동지 때에 태양의 재귀를 준비하는 시점부터 생활에 중요한 수확기까지이다. 가을철의 달들은 그에 비하여 이차적인 의미를 지닌다. 겨울 의식은 3단락으로 수행된다. 이는 세계 창조의 3단계에 해당한다. 그 다음에 세 개의 중요한 여름 의식이 뒤따르고 마지막으로 덜 중요한 세 개의 가을 의식이 뒤잇는다.

11월 말부터 12월 중순까지 계산되는 호피 인의 첫 달은 '켈-무야(Kel-muya)'라고 한다. 그 복합어의 앞부분 'kel/e'은 '새매(sparrow-hawk)'를 의미하고, 뒷부분 '무야(muya)'는 '달(Mond)' 내지 '월(Monat)'을 의미한다. 새매의 깃털은 이때에 준비하는 성년식 때에 부족의 젊은이들을 위하여 사용된다. 이 달에 들판은 봄의 식물 파종 준비를 한다. 즉 마지막 수확의 이삭, 잎사귀, 그루터기와 다발을 치운다.

12월 중순에서 1월까지에 이르는 두 번째 달은 '캬-무야(Kyá-muya)'라고 한다. '캬(Kya)'는 '매우 존경할 만한, 거룩한'이라는 의미이다.[45] 특히 거룩한 이 달에 모든 작업은 쉰다. 그 달은 동지로 가는 완전히 종교적으로 축제적인 일들로 결정되어진다.

1월에서부터 2월까지에 이르는 세 번째 달은 '파-무야(Pá-muya)'인데, 여기서 '파(Pa)'는 '축축함'을 의미한다.[46] 이미 다가오는 파종을 준비하는 데 기여하는 이 달에는 이른바 카취나(Kachina, Katchina, Katsina)[47]가 가을

---

[45] 인터넷 검색에 의하면 'to fear', 'to respect', 혹은 'to be in awe of'로 나타내는 자도 있다.
[46] 인터넷 검색에 의하면 'pa'를 'to worm up'으로 해석하는 자도 있다
188) 이에 대해서는 M. Titiev, op. cit., S 173 ff., F. Waters, op. cit., S. 189 ff., 그리고 부록에서 월명 목록(449쪽 이하)을 참고하라.

과 겨울 기간 동안을 샌프란시스코 정상에서 보내다가 다시 호피 인들에게로 되돌아온다. 여기서는 호피 인들의 생활을 계속 함께 결정하는 고인들의 영이 문제가 된다. 그들은 아주 여러 가지 가면의 형상으로 나타나서 호피 인들의 무수한 관습과 춤에 참가한다. 특히 이 카취나는 마치 우리들의 애들에게 산타클로스 할아버지나 종자 루프레히트와 같은 인물이 갖고 있는 교육적 과제가 주어져 있다.

네 번째 달(2/3월)은 '포와무야(Powá-muya)'라 한다. '포와'는 '정결'을 의미한다. 대머리 수리의 깃털의 재를 가지고 인간과 식물에 대하여 정결 의식을 수행하는 중요한 기간이다.[48] 모든 들판 식물을 대표하여 예를 들어 호피 인들의 지하 예배당인 키바스에서 미리 배양된 콩의 식물 싹에 정결 의식을 행한다.

이른 봄(3/4월)까지 이르게 되는 다섯 번째 달은 '이수-무야(Isú-muya)'이다. '이수'는 일어나는 바람 소리와 관계 있다고 한다. 즉 아직도 찬, 첫 봄바람이 일어나는, 보다 따뜻한 계절을 예고하는 달이다. 다른 해석에 따르면 '이수'는 또한 '선인장'을 의미할 수도 있다. 이렇게 해석할 경우에는 이때에는 식료품이 자주 바닥이 나기 때문에 호피 인들이 선인장도 먹지 않을 수 없다는 것을 암시하는 것이 문제 된다.

여섯째 달(4/5월)은 '퀴야-무야(Kwiyá-muya)'이다. '퀴야'는 바람막이(wind breaks)에 대한 명칭이다. 즉 나무와 덤불로써 만들어진 버팀목인데, 이것은 어린 묘목이 모래바람으로 쓰러지지 않도록 들판 위에 일렬로 세워져 있다.

---

[47] 호피 족이 믿고 있는 자연신이나 조상신. 나무 조각 인형으로 만들어 상징함.
[48] 유럽 달력의 역사에서 2월, 즉 'February'가 '정결 의식이 행해지는 달'임을 생각해 본다면, 고대 문화에서 봄이 되기 이전의 달의 어떤 공통점이 있는지도 모른다.

5월에서 6월에 이르는 일곱 번째 달은 '하키톤-무야(Hákiton-muya)', 또는 '하키돈-무야(Hákidon-muya)'라고 한다. 이는 '달을 기다리는 시간'으로 설명되며, 모종기와 관련하여 달을 관찰하는 것과 관계한다. 그와 더불어 '위무야(Uimúya, 달을 심는 오월)'라고도 불린다. 스티븐은 그 외에도 '퓌마 위이(Pümá Üyi, 설탕 옥수수)'를 제시하고 있다. 그것에 따르면 그 식물을 심는 계절과 관계한다.

서열상 여덟 번째인 다음의 여름 달(6/7월)은 다시 '켈-무야'라고 부른다. 왜냐하면 이제 이 상부 지상의 달이 하부 세계에서도 다시 되돌아오기 때문이다. 그런데 상부 세계에서는 들판 식물이 번성해야 한다. 그것을 위해서는 비가 꼭 필요하다.

아홉째 달도 다시 두 번째 달과 같이 '퀴야-무야'이다. 따라서 열 번째 달은 다시 '파-무야'이고, 열한 번째 달은 '포와-무야'이며, 마지막 달은 '이수-무야'이다.

열두 번째 달에 대해서는 '안고크-무야(Angók-muya)'라는 명칭이 또한 있다. 이는 더 자세히 설명할 수 없다. 나에게 호피 어 정보를 제공해 준 제임스 쿠총시(James Kootshongsie)는 그 표현이 옥수수 껍질과 관련이 있다고 짐작한다. 옥수수 껍질은 그 다음에 수집되어 나중에 가정에서 사용된다.

달의 명칭이 실제적 생활, 즉 자연에서와 마찬가지로 인간에게서도 같은 질서로 되어 가는 파종과 수확, 성장과 성숙과 관계함을 우리는 알 수 있다. 겨울 시간은 세 개의 커다란 종교적 관습에 의하여 결정된다. 이 관습은 호피 족들의 한 해의 핵심적 부분을 이룬다. 여기서 우선 '우우침-의식'이 문제이다['우(wu)'는 '싹이 나다, 발아하다'의 의미; '침(chim)'은 '계시하다, 공시하다'의 의미이다]. 상징적으로 여기서 창조, 특히 인간 창조의 첫 단계가 생각되고 있다. 첫 번째 불이 일어나고, 첫 생명이 생성된 시간을 생각하고 있다.

두 번째의 큰 의식에서, 아마도 호피 족의 한 해의 가장 중요한 의식에서는 동지가 그 중심적 위치에 선다. 그 두 번째 의식은 '소얄(Soyál)'이라고 부른다. '소(so)'는 '모두'라는 뜻이고, '얄(yal)'은 '해, 연'이라는 뜻인데, 이는 인간이 굳은 땅 위에 자기의 첫 거주지를 차지하고, 태양이 자신의 고정된 순환을 시작하여, 발아한 생명에게 열과 힘을 주는 창조의 두 번째 단계에 해당한다. 이제 성장을 축복하기 위하여 첫 번째 카취나가 나타난다.

월명과 같은 이름의 '포와무'라고 불리는 겨울의 마지막 의식은 특정 연령에 이른 아이들의 의례적인 정결식과 성년식에 기여한다. 이 의식은 식물의 생명이 나타나는 창조의 세 번째 단계에 해당한다.

세 개의 큰 겨울 의식은 창조의 세 단계를 상징한다. 매일 새벽이 밝아옴에 있어서도 이와 유사한 표현을 쓴다. 새벽에 대하여 호피 족은 마찬가지로 세 단계로 구별한다. '쾨양눞투(Qöyángnuptu, 자주빛 새벽 어스름)'라고 부르는 첫 번째 단계는 인간의 얼굴 모습을 처음으로 확인할 수 있는 때인 불그스름한 아침 노을을 가리킨다. '시캉누카(Sikángnuqa, 새벽의 누르스름한 빛)'는 이른 아침의 누르스름한 빛을 통하여 불린다. 이 빛은 인간의 호흡이 보일 수 있게 한다. '탈라우바(Tálawva, 새벽녘의 빨간 빛)'라고 부르는 세 번째 단계에서는 둥근 붉은 태양이 나타난다. 그 빛 속에서 인간은 완전한 크기로 자랑스럽게 나타난다(Waters, [6]1964, S. 137 인용).

그 다음에 중요한 세 개의 여름 의식이 뒤잇는다. '니만 카취나(Nimán Kachina)'라고 부르는 첫 번째 여름 의식은 이제 자기의 상부 지상의 의무, 특히 성장을 촉진시키는 것을 도운 것에 만족하고, 하부 세계에서 같은 임무를 충족시켜야 하는 카취나의 작별과 관계한다. 이 이별은 이른바 '집 춤(Home Dance)'에서 장엄하게 펼쳐진다.

이른바 '플루트 의식(Flute Ceremony)'이라고 부르는 두 번째의 여름 의식은 2년마다 '뱀-영양 의식(Snake-Antelope-Ceremony)'이라고 부르는 세 번째 여름 의식과 교대로 해당 씨족이 사는 마을에서 개최된다. 두 의식에서는 여름비를 강렬하게 기원함으로써 수확을 돕는 것이 문제이다.

'뱀-영양 의식'은 국경을 넘어서까지 호피 족을 유명하게 만든 의식이다. 여기서는 뱀 춤['추티바(Chu'tiva)'에서 'chu'a'는 '뱀'이고, 'tiva'는 '춤'이다]이 그 유명한 절정을 이루는 일련의 관습과 의례적 행위가 문제 된다. 이때에 선발된 뱀 씨족의 남자 구성원들이 입안에 살아 있는 뱀을 물고서 춤을 춘다. 그 뱀들 중에는 방울뱀도 많은데, 나는 1967년에 직접 함께 체험할 수 있었다. 방울뱀은 아시다시피 가장 독이 강한 뱀이다. 춤을 추기 전에 사막에서 여러 종류의 뱀을 잡아, 의례적으로 씻고 춤출 때까지 키바스에서 돌보며, 밤낮 기도와 의례적인 찬송으로 고유한 행사를 준비한다. 그 뱀들은 생활을 가능하게 하며, 동시에 구름과 밀접한 상호 작용 관계에 있는 어머니인 땅의 상징으로 간주된다. 그래서 그 뱀들이 비를 몰고 올 수 있다. 만일 비가 오지 않는다면 1년 농사가 헛되고 말 것이다. 여기서는 그것을 더 상세히 언급할 자리가 아니다. 그 방식으로 본다면 아마도 지구상에서 유일한 이 사건을 여러 출판물들이 다루고 있기 때문이다.[189]

1년의 순환은 세 개의 의식으로 끝을 맺는데, 이 의식들은 이른바 여성 사회에 의하여 수행된다. 이들의 이름은 라콘(Lakón), 마라우(Márawu), 그리고 오와클트(Owaqlt)이다. 여기서 특히 특정한 성적 상징에서 그것이 표

---

189) 이에 대해서는 E. R. Forrest, 1961과 거기에 나오는 관계 참고 문헌을 참고하라.

현되는 임신을 가능하도록 하는 의식이 문제 된다.

모든 이러한 의식과 의례는 워터스의『호피 인에 대한 책』에 자세히 기술되어 있고 논평되어 있다. 결론적으로 거기서는 다음과 같이 쓰여 있다:

1년의 의식은 그렇게 끝난다. 1년의 순환 속에서 아홉 개의 비교적 큰 의식이 있으며, 이들은 아홉 개의 창조의 세계를 나타낸다. 그것들은 현세 창조의 연속적인 단계를 상징한다. 모든 생명의 발아와 생성을 그리고 있는 우우침, 소얄, 포와무로 시작하여, 니만 카취나, 플루트 의식, 그리고 뱀 춤 속에서 계속 전개되어, 성숙과 결실을 상징하는 라콘, 마라우, 오와클트로 끝맺는다. 새로이 잉태하는 생명을 준비하는 것을 나타내는 여성 사회 의식은 끝나는 순환과 뒤이어 새로이 시작하는 순환 사이의 간극을 연결시켜 준다.[190]

호피 족 1년의 이와 같은 커다란 의식 순환은 호피 인디언의 생활을 수반하는 그 밖의 순환 속에서 보충되고 있고 일치점을 보여 주고 있다. 그것들 모두는 우주적이고, 지상적인 사건 법칙에 의하여, 태양의 순환과 그를 통하여 제약된 밤낮의 교대, 아울러 계절의 순서의 교대, 나아가서 그와 연관된 파종, 성장, 수확에 대한 조건에 의하여 결정되어 있다. 자연 속에서 되풀이되는 성장과 소멸은 인간 자체의 생활에서도 동일한 것이 발견된다. 인간 생활에서 출생 이후에 성장하고, 성숙하고, 노년이 되고 죽음이 뒤를 잇는다. 그리고 죽음이 끝을 의미하는 것이 아니라 하부 세계에서 새로운 시작으로 나아가기 때문에 계속적인 순환으로서의 이 사건은 인간

---

190) F. Waters, op. cit., S. 238과 내 번역서를 참고하라.

의 사고 속으로 연결된다. 그래서 생의 바퀴는 제자리걸음으로 돌아간다. 왜냐하면 달력의 의미에서 시간의 연속을 세어 날짜를 매기는 것은 호피인에게는 낯설기 때문이다.

이 자리에서 앞에서 묘사한 호피 인디언들의 순환 조건을 한번 밝혀 보는 것이 내가 보기에는 유용할 것 같다. 이 순환 조건은 모든 인간에게 원칙적으로 동일한 것으로 간주될 수 있다(이때에 우리들에게 익숙한 의미에서의 뚜렷한 밤낮 교대와 계절의 단계를 모르는 특정 지역의 예외적 상태는 제외되어야 한다). 이것은 태양의 운행과 달의 단계로 말미암아 조건 지어진 우주적 전제와 아울러 그 안으로 심어진 인간 생활을 묘사하고 있는 다음의 체

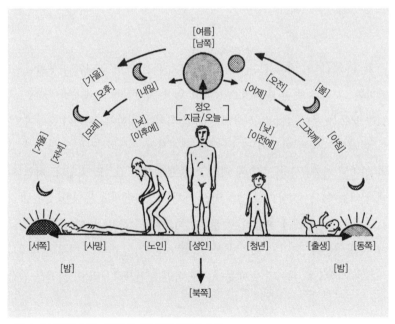

그림 4 우주적 단계 및 지상의 단계와 인간 생명의 순환

계적 그림으로 구체적으로 나타낼 수 있을지도 모르겠다.

실제의 사건은 지리적 차이와 기후 차이를 제외한다면 우리에게도 호피 족과 다르지 않게 진행된다. 그러나 관습과 언어를 통하여 사건의 강조가 다르다. 그리고 바로 이러한 차이로 인하여 그것을 바라보는 외부인들에 게는 그것이 아주 흥미롭다. 괄호 속에 들어 있는 명칭들은 그 관계를 우리들의 관점에서 바라본 것을 나타낸다. 따라서 이는 단지 설명이며, 호피 인디언들의 관점에서 본다면 일부는 이미 언급한 분절로 대체될 수 있을지 도 모른다.

4. 1967년과 1969년 두 번에 걸친 호피 인디언에게로의 여행

예비적 고찰과 질문

우리가 새로이 —그리고 더 잘 무장한 채— 호피 인디언의 이질적인 공 간-시간 파악에 대한 워프 논지로, 즉 언어 상대성 원리를 논증하기 위한 그의 주요한 논거로 되돌아갈 수 있기 전에 우리는 먼 길을, 그러나 꼭 필 요한 길을 걸어와야 했다. 이렇게 함으로써 시간과 공간의 특별한 문제성 이 명료하게 되었으며, 토착인의 진술을 참작하여 호피 인디언의 특별한 환경 조건이 설명되었다.

이제 45쪽에서 전달한 바 있는 워프의 진술을 새로이 검토해 볼 필요가 있다. 워프의 진술은 벌써 그 자체 내에서 일치하지 않으며, 많은 점에서 과장하여 말하고 있다는 점을 벌써 『언어 내용 연구의 구성 요소』 5장에서 분석하여 밝혀 주었다. 거기에서는 미국에서 워프 논지를 둘러싼 첫 학문 적 논의들에 대해서도 논평하였다.

이제 필자는 1967~1971년 이루어진 필자 자신의 검증 시도에 대해서 보고하고자 한다. 필자의 워프 분석 결과는 호피 어의 여러 곳에서 시간적인 것과 공간적인 것이 명시적으로, 그리고 함축적으로 표현되고 있음을 분명히 해 주었다. 그 이래로 근본적으로 계속 사물에 다가가는 것이 필자의 확고한 의도였다. 그것을 위한 첫 기회가 생겨났다. 1967년 여름 미국에 객원 교수 자격으로 애리조나 주에 있는 호피 인디언 보호 구역을 방문할 가능성이 열린 것이다. 물론 그렇게 방문하는 것이 호피 어에 대한 충분한 지식 없이 의미가 있을까 하는 의문이 생겨났다.

워프의 설명을 처음 접하게 되었을 때 벌써 필자는 영어를 전공하지 않는 사람이 이 과제를 떠맡아서는 안 되는 것이 아닐까 하고 자문해야 했다. 호피 어를 습득할 가능성이 없었다. 워프의 자료 이외에는 언급할 만한 가치 있는 것이 거의 없었다. 워프의 호피 어 문법 약술은 매우 간략하고 불충분하였다. 사전도 없었고 텍스트도 구하기 힘들었다. 그러나 그러한 의문 제기는 필자에게 아주 중요하여 결코 그것을 필자가 피하고 싶지 않았다. 여러 논문에서 흩어져 있는 워프의 설명을 끌어모으고 세심하게 비교하는 것이 어쨌든 가능하고 타당함에 틀림없었다. 결과는 이것이 의미 있는 일이었음을 보여 주었다. 그러나 이제 필자는 새로이 처음 질문 앞에서 있었다. 다음의 숙고가 필자의 판단을 결정지었다.

호피 족의 사고와 느낌에 실제로 충분히 접근하기 위해서는 의심할 바 없이 현장에 체재하는 것이 필요할지도 모른다. 그렇게 된다면 언어도 철저히 습득할 수 있게 될 테니까. 이렇게 하는 일이 필자에게는 당치도 않은 일이었다. 짧은 시간이나마 인디언 보호 구역을 방문한다면, 그것만으로도 필자에게는 유용할 것 같았다. 왜냐하면 그렇게 하면 적어도 호피 인디언의 생활 조건에 대한 직접적인 인상을 얻게 되어 거기서부터 이 부족에 대한 많은 설명에 대해서 더 나은 판단을 얻을 수 있을 것이기 때문이다. 특히 현장에서는 그 밖의 정보, 예를 들면 텍스트를 얻을 수 있을지를 알게 될 것이다. 필자의 첫 방문은 이러한 목적을 적어도 일부는 충족시켜 주었다. 필자는 플래그스태프에 있는 북애리조나 박물관의 관계 도서관에서 호피 족의 언어와 문화에 대한 그 밖의 기초 자료를 둘러볼 수 있었다. 인종적 자료는 사실 풍부했으나 언어에 대한 자료는 거의 아무것도 없다는 것이 밝혀졌다. 간헐적인 언급과 매우 간단한 텍스트 이외에는 아무것도 찾아낼 수 없었다.

땅과 사람과 직접 접촉하는 일이 더욱 중요했다. 그 접촉을 통하여 당장에 그 밖의 것을 말할 수 있게 될 것이기 때문이다. 필자에게는 이 한 번의 방문으로 만족하면 안 된다는 것이 분명했다. 특히나 자신의 차량 없이 매우 멀리 떨어진 이와 같은 지역에서 현장 연구가 불가능하다는 것이 드러났다. 그러나 가장 중요한 경험은 이것이다. 영어를 통하여서도 인간에 대한 접촉을 얻어 낼 수 있으며, 결정적인 요점에 대해서 재치 있게 질문을 하기만 한다면 중요한 질문에 대한 대답을 얻어 낼 수 있다는 사실이었다. 1969년 두 번째 방문 기간 동안 필자는 이것을 계획하였다. 더군다나 필자는 그때에 다음의 그 밖의 숙고에서 출발하였다.

언어학이 특별히 관심을 가지는 것은 호피 족의 공간-시간 파악에 대한 워프의 설명이 적합한지, 이와 관련한 언어 색인이 그것에 대한 믿을 만한 증거를 제공하고 있는지에 대한 엄밀한 안내이다. 그러므로 예를 들어서 기간이 표현되고 있는지, 있다면 어떻게 표현되고 있는지, 시간 표현에 대한 범주 규정이 수행될 수 있는지, 시간을 셀 수 있는지, 시간이 진술에 대한 '주체'일 수 있는지, 호피 어 동사는 과거, 현재, 미래를 말할 수 있는지, 공간-시간 은유가 있는지 등을 알아보는 것이 필요하다. 다른 말로 한다면 화자와 함께 비교적 단순한 상황들에 대하여 화자들이 자기 언어 내에서 이들 상황을 마스터하는지 어떤지, 한다면 어떻게 하는지를 확인할 수 있는 정도까지 상당한 부분까지 의사소통할 수 있다면 적어도 일부에 대해서는 대답할 수 있음에 틀림없는 그런 문제들이 문제 되고 있다. 호피 인들의 발화를 문법적으로 분석하려고 한다면 당연히 어려움이 예상될 수 있다. 왜냐하면 원어민(정보 제공자)들에게는 거의 자신의 언어에 대한 문법적 지식을 전제할 수 없기 때문이다. 이들 자연인에게는 지금까지 분명히 언어에 대한 고유한 숙고가 없었다. 단일어를 사용하는 호피 인들로부터는, 그러므로 거의 직접적인 도움을 예상할 수 없다. 단일어를 사용하는 호피 인들을 찾아보기란 오늘날에는 벌써 힘들다. 그들은 90살 이상 먹은 노인층에서나 겨우 발견할 수 있을지도 모른다(서툰 영어 몇 마디 할 줄 모르는 호피 인디언을 필자는 만나보지 못했다). 단일어를 사용하는 원어민들로부터 여기서 노출된 문제들에 대해서 믿을 만한 안내를 얻어 내려고 하는 자는 질문을 받은 자보다 호피 어를 더 잘 구사해야 할지도 모른다. 왜냐하면 그는 원어민의 언어를 수단으로 문제에 대해서 원어민과 대화를 해야 하고, 간단한 바꿔 쓰기의 도움을 빌려 언어의 구조를 파악할 수 있게 하는 보조적 설명 언어를 전개해야 할 것이기 때문이다. 필자가 아는 한 이 전제를 충족시키는 학자는 없었다.

그에 반하여 사실 호피 어를 모국어로 말하나 상황에 따라 행해질 수 있는 간단한 질문을 이해할 수 있을 정도의 영어를 적어도 할 수 있는 원어민을 발견하려고 해 본다면 본질적으로 성공할 확률이 더 높았다. 대화 상황에서 상호 의사소통이 유지되어야 한다. 이때에 오해의 여지를 없애려는 되묻는 질문도 가능하며, 해당 호피 어 표현이나 문장을 설명하고 평언하는 영어 대답에서 특수한 호피 어의 시각이 확인될 수 있도록 되어야 한다.

반드시 설명 언어인 영어 문법에서 용법을 만들어 낼 수 있어야 하는 문법적 구조와 관련한 직접적인 질문은 적어도 문법적 절차의 기본을 구사할 줄 아는 원어민에게만 유의미하다[호피 인디언 자녀들을 가르치기 위한 미국 데이 스쿨(Day School)에서 호피 인디언 선생님들이 가장 훌륭한 도움을 줄 수 있었다는 사실이 나중에 실제로 증명되었다]. 이 문법적 설명 언어가 결국 영어이어야 한다는 것은 단순히 감수해야 한다. 이 문법적 설명 언어가 호피어에 적합한지, 적합하다면 어느 정도로 적합한지, 그리고 그 설명 언어가 어떤 곳에서 수정되어야 하는지는 경우에 따라 결정되어야 한다.

이 두 번째 방법이 내게 유일하게 실현 가능한 방법이었다. 이러한 예비적 고찰을 근거로 필자는 미국 대학생들의 도움으로 질문 목록을 만드는 준비에 집중하였다. 개개의 질문에 대해서 그것은 가능한 한 간단하고 이해하기 쉬운 방법으로 접근하였다. 출발점은 가령 원어민의 연령, 호피 인들에게 직접적으로 관심의 대상일 수 있는 특정 사건의 시간과 장소, 특정 계절의 명칭, 시간, 그리고 지속 기간, 파종, 수확 등에 대한 질문들이었다. 나아가서 필자는 공간, 시간과 관계하며, 보편 인간의 관심사를 고려하는 일련의 현행 미국 어법을 수집하였다. 실제로 일련의 지성적인 원어민들은 무엇이 문제가 되는지를 재빨리 알아차리고 되묻는 질문과 수정과 설명을 통하여 대화를 능동적으로 추진하였다. 그러나 동시에 특히 젊은 이들, 일부는 플래그스태프에 있는 미국 대학에서 공부하는 원어민은 벌써 미국적 생활 습관에 매우 많은 영향을 받아서, 그들 모국어의 어휘적·통사적 가능성에 대하여 단지 엄밀하지 못한 정보만을 줄 수 있었으며, 많은 개념이나 어법을 잊어버렸다는 것을 인정하였다.

1969년 미국에 두 번째로 객원 교수로 가게 되어 필자는 이 계획을 이번에는 독일어연구학회(Deutsche Forschungsgemeinschaft)의 도움으로 실현할 수 있었다. 이제 필자는 호피 인디언 마을로 다니기 위해서, 그리고 호피 인디언의 마을을 이 마을 저 마을 들락거리기 위해서 장거리로 다니려면 반드시 자동차가 필요했기 때문에 전세로 빌릴 수 있었다. 그 외에도 필자는 필자의 계획을 적극적으로 뒷바라지해 주는 필자의 아내를 대동해 갈 수 있었다. 그런데 우리는 적어도 약간 더 오래 현장에 체재할 수 있었고, 호피 인디언들과 관계되는 많은 대화를 할 수가 있었다. 필자가 이 기초 자료를 평가해 내어 보고하기 전에, 그리고 워프의 연구에 대해서 필자가 수정을 해 놓고 논증하기 전에 필자는, 우리들의 관계를 위해서 중요하며, 부분적으로는 이미 1967년에 필자를 놀라게 한 바 있는 인상들을 간단히 묘사하고 싶다.

개인적 인상

훨씬 더 큰 나바호 인디언 보호 구역 한가운데 있는 호피 인디언 보호 구역을 방문한 모든 사람은 의심할 바 없이 이 황량한 풍경의 고독감과 이질감에 감명을 받는다. 여름 기간이 거기서는 대개 매우 건조하고 덥다. 그러나 열기는 견딜 수 있다. 왜냐하면 원래 호피 인디언 지역이 해발 1500m에서 1900m까지의 고도에 있어서 공기가 건조하기 때문이다. 그 외에도 비교적 한랭 기단이 들어오는 것이 드물지 않았다. 그리고 필자는 1967년 8월에 쉬파울로비 마을에서 눈이 뒤섞인 우박이 내리는 것을 체험한 바 있다.

호피 인디언 마을들은 바위와 같은 세 개의 구릉 위에 산재해 있다. 이 구릉은 탁자 같은 고원처럼 평지에서 돌출해 있어서 그 때문에 스페인 표현으로 '메사(Mesa)'라고 부른다.[191] 워프가 호피 어 문법 요약집에서 세 개

---

191) 487쪽 이후에 있는 부록의 지도를 참고하라.

의 메사 중에서 가운데 메사, 즉 슝고파비, 쉬파울로비, 미숑노비라는 세 개의 마을을 가진 두 번째 메사에서 사용하고 있는 토레바(Toreva) 방언과 관계하기 때문에 필자는 특히 이 지역으로 향했다. 이때에 우연한 일로 필자가 도움을 받게 되었다. 그 전에 이미 몇 해 전에 방문한 바 있는, 그리고 마을의 추장인 조(Joe)와 그의 가족을 알고 있는 독일인 친구들의 중재로 인생의 경륜이 풍부한 이 노인의 집에서, 더 자세히 말한다면 결혼한 그의 누이 엘시의 집에서 영접을 받았으므로, 호피 인디언들의 생활을 직접 들여다볼 수 있게 되었다. 호피 인디언의 삶을 들여다본다는 것은 몇 해 전보다도 더욱 어려웠던 것이다. 이러한 방법으로 직접적으로 접촉을 할 수 있게 된 것에 대해서 필자가 얼마나 기뻐했는지는 쉽게 이해할 수 있으리라. 그런데 이 기쁨은 동시에 호피 인디언들의 그 당시의 상태에 대한 징후를 나타내는 체험을 하게 됨으로써 줄어들게 되었다. 이미 언급했듯이 필자의 관심은 특히나 공간-시간 파악과 그와 연관된 사피어-워프 가설의 검증이었다. 필자의 구체적인 주안점은, 그러므로 이와 연관될 수 있는 모든 것을 향하였다. 따라서 독자는 필자가 처음으로 발걸음을 들여다 놓은 이 호피 인디언 집에서 처음으로 발견한 대상 중의 하나로서 찬장 위에 있는 낡은 괘종시계 하나를 발견했을 때 필자의 커다란 놀라움, 즉 실망을 이해할 수 있으리라. 필자의 자연적인 반응은 만일 이들도 우리와 꼭 같이 아주 일반적인 괘종시계의 시간 측량에 따라 산다면 호피 인디언이 우리와 다르게 시간을 파악한다는 사변이 어떤 의미를 가질 수 있을까 하는 것이었다. 그러나 필자는 곧 이 괘종시계가 필자의 주인의 생활 속에서 부차적인 역할 이상의 하나의 역할을 더 하고 있음을 확인하고는 안심할 수 있었다. 그것은 오히려 일종의 신분에 대한 상징이었으며, 우리가 절대적으로 필요로 하지 않으면서 소유하고 있는 물건이구나 하는 인상을 받았다. 그래서 전기가 들어오지 않았음에도 불구하고 같은 집에 낡은 냉장고도 있었다. 시계들은 호피 인디언에게서는 유일한 단 하나의 실제적 목적만을 충족시켜 주고 있었다. 그 시계가 많은 집에서 사용되었는데, 그 이유는 호피 인디언 자녀들이 특정한 시간에 그들을 메사 기슭의 미국 학교로 태우고 갈 통학 버스가 출발하는 장소까지 도착해 있어야 했기 때문이다.

필자가 확인할 수 있었던 한 적어도 이 마을의 일상생활에서는 시계들이 사용되지 않았다. 그 시계가 이 마을에서는 중요하지 않았다. 시내에서 일하는 젊은 호피 인디언들에게서 나타나듯이 일반적으로 시계의 시각과 관계되는 한 사람들은 영어를 사용한다.

뱀 씨족의 남자 구성원들이 입에 살아 있는 방울뱀을 넣고서 그들의 종교 의식적인 비를 기원하는 춤추는 의식을 행사하는 그 유명한 뱀 춤을 추는 날에 필자가 언제 이 행사가 시작되는가를 알려고 했을 때, 필자는 이 시계의 시각이 거기서 통용되는 척도가 아니라는 것을 분명히 알게 되었다. 사람들은 계속해서 다만 오후의 시간만을 가리켰다. 더 자세한 시간, 즉 근사치의 시각을 듣는 것이 불가능했다. 그래서 필자는 이른 시간에 인접한 미숑노비에 있는 춤추는 광장으로 출발하는 도리밖에 없었다. 거기서 필자는 수백 명의 구경꾼들과 함께 인내심 있게 여러 시간 동안 기다려야 했다. 그 이후에 갑자기, 돌연히, 예고도 없이 춤꾼들이 나타났으며, 광란적인 볼거리가 시작되었다. 이러한 관찰은 홀(E. T. Hall)이 『침묵의 언어(The silent language)』(1959)라는 그의 책에서 증명하고 있다. 그는 리오 그란드 근처에 살고 있는 푸에블로 인디언 속에서 성탄절 춤을 출 때에 완전히 비슷한 경험을 했다. 확실히 여기서 첨가할 사항은 사건이 언제 일어날지 아주 불확정적이라는 이러한 인상은 이른바 키바, 즉 호피 인디언들의 지하 예배당에서 의식 준비가 엄격히 고정된 관습에 따라 수행된다는 사실과 배치되는 것이었다. 종교 의식이 요구하고 있듯이 모든 준비하는 명상과 예배 행위가 아주 충족되었을 때 비로소, 시간이 성숙하며, 고유한 외적 사건이 시작될 수 있는 것이다. 참여한 자들의 '내적 시계(innere Uhren)'는 그러므로, 말하자면 전통에 의하여 결정된 특별한 속도로 돌아가는 것이다. 그것을 알지 못하는 이방인은 그릇된 인상을 얻게 된다. 그러나 아주 확실한 것은 우리들이 잘 알고 있는 그런 의미에서 시간은 이와 관련해서는 역할을 하지 못한다는 것이다. 그러나 아마도 태양과 달과 별들의 특정한 성좌, 즉 우주적으로 조건 지어진 시점들이 의례적인 행사의 많은 단계를 진행해 가는 데 중요한 것 같다.

이러한 상태를 알고 있는 많은 사람들과 무수한 대화에서 증명되었듯이 모든 백인 방문객들은 인디언들이 이와 같이 시간을 이질적으로 다루고 있는 데 깊은 인상을 받았다. 1969년 필자의 두 번째 방문 기간 중의 그 밖의 체험은 이들 인간이 시간과 공간과 관련하여 다르게 관계한다는 인상을 더욱 짙게 해 주었다. 예를 들어서 호피 인디언들과 고정된 시간 약속을 한다는 것이 불가능한 것이 증명되었다. 이러한 상황이 필자의 인내를 가혹하게 시험하였으며, 필자의 연구 활동을 심히 방해했다. 필자가 이용할 수 있는 시간은 매우 제한되어 있었다. 그래서 필자는 가능한 한 많은 원어민에게 질문을 하려고 했다. 따라서 어떤 원어민이 약속된 시간에 나타나지 않아서 가끔 여러 시간 기다리게 하거나 오지 못할 경우에는 그만큼 압박감을 받았다. 필자가 나중에 알게 되었지만 그런 일이 악의적으로 일어난 것은 아니었다. 그 이유는 만남의 약속 시간이 제약되어 있다는 느낌이 단순히 우리들에게는 친숙하겠지만 그들에게는 그것이 결여되어 있다는 데 있었다. 이것은 호피 인디언에게서만 확인할 수 있는 특성은 아니다.

오히려 비슷한 것이 확실히 북미나 남미의 다른 인디언 족에게도 적용된다. 물론 남미의 백인과 많은 다른 민족과 문화에도, 예를 들어 아랍 국가에도 적용된다. 다시금 홀의 책은 여기에 대해서 많은 증거를 제기하고 있다. 그는 동시에 이러한 이질적인 시간 감의 흔적을 해당 언어에서 발견한다는 것이 극도로 힘들고, 그의 견해에 따른다면 불가능하다고 언급하고 있다. 그 때문에 그는 인간의 행동 속에서만 드러나는 이와 같은 특성을 문화적으로 조건 지어진 '침묵의 언어' 탓이라고 보고 있다.

낯선 사람의 행동의 이질성을 개별적으로 논증하지는 못해도 그것이 아주 분명히 느껴질 수 있다는 것을 나타내기 위해서 이와 같은 보편적인 체험에 대해서 미리 보고한다. 우리는 여기서 훔볼트가 모호한 언어 현상을 기술할 때에 행한, 그리고 적절하게 다음의 말로써 기술한 관찰이 증명되었다고 생각한다.

바로 가장 중요하고 세미한 언어 연구의 어려움은 매우 자주 언어의 전체 인상에서 흘러나온 어떤 것이 사실 가장 분명하고 확신에 찬 감각을 통하여 지각되었으나, 그럼에도 불구하고 완벽하게 그것을 개별적으로 설명하고 특정한 개념으로 제한할 수 없는 데에 있다.[192]

5. 호피 어의 공간·시간 파악에 대한 워프 가설의 필연적 수정

그런데 필자가 호피 인디언의 시간-공간 파악에 대한 워프의 논지에서

---

192) W. v. Humboldt, 1968, Bd. VII, S. 48.

몇 가지를 수정하는 것이 필요하다고 제안한다면, 우선 다시 한 번 필자가 필자의 책『언어 내용 연구의 구성 요소』제5장에서 수행한 워프의 자신의 정보에 대한 분석이 벌써 특별하게 말한 워프의 주장이 과장된 것임을, 물론 틀린 것임을 증명했다는 것을 상기하라. 워프가 예를 들어「미국 인디언의 우주에 대한 모형」이라는 그의 논문에서 다음과 같이 적고 있다면, 이 문장들은 사실을 오도하고 있으며, 적어도 이 말 속에서는 부적합한 것이 있기 때문에 거부되어야 하리라.

After long and careful study and analysis, the Hopi language is seen to contain no words, grammatical forms, constructions or expressions that refer directly to what we call 'time', or to past, present, or future, or to enduring or lasting, or to motion as kinematic rather than dynamic (i.e. as a continuous translation in space and time rather than as an exhibition of dynamic effort in a certain process), or that even refer to space in such a way as to exclude that element of extension or existence that we call 'time', and so by implication leave a residue that could be referred to as 'time'. Hence, the Hopi language contains no reference to 'time', either explicit or implicit.[193]

오랜 세심한 연구와 분석 끝에 호피 어는 우리가 시간이라고 일컫는 것이나, 과거, 현재, 미래나 운동, 더군다나 동적인 의미에서가 아니라 운동학적인 의미에서의 운동(즉 특정한 절차 내에서 공간과 시간 속에서 오히려 지속적인 장소 변화로서의 운동)과 직접으로 관계하거나, 연장이나 존재 중에서 우리가

---

193) B. L. Whorf, 1956, S. 57 f.

시간이라고 일컫는 요소가 배제되고, 따라서 우리가 시간이라고 일컬을 수 있는 잔재를 남기는 방법으로 공간과 관계하는 낱말이나, 문법적 형식이나, 구문이나, 표현을 포함하고 있지 않은 것 같다. 요약하면 호피 어는 명시적으로든, 함축적으로든 시간에 대한 관계어를 포함하고 있지 않다.[194]

워프의 여러 논문에 흩어져 나오는 그 자신의 정보가 이러한 중대한 주장을 반박한다는 것을 분명히 드러내 보여 주는 워프의 책의 여러 곳을 필자는 벌써 그 당시에 보여 줄 수 있었다. 호피 어는 의심할 바 없이 공간과 시간의 상태를 나타내는 무수한 표현 가능성을 포함하고 있다. 이것은 원래 사실 예상될 수 있었다. 왜냐하면 지금까지 인간 생활에 중요한 경험 영역에 대한 표현을 완전히 포기한 언어가 있다고 알려진 바 없기 때문이다. 사실 필자는 이 문제에 대해 수년간 연구를 했지만 모든 언어적 사실을 남김 없이 분석하지는 못하였다. 하지만 호피 어에 대한 여러 출판물 속에 산재해 있는 관계 정보와 지금 손에 넣을 수 있는 호피 어 텍스트를 활용하여, 그리고 특히 호피 어 원어민과 행한 독자적인 대화를 근거로 몇 가지 문제가 상당히 해결되어서 적어도 일시적인 대답은 가능할 수 있을 정도이다. 이런 평가를 함에 있어서 1969년 말 이래로 안드레아 슈탈슈미트 여사가 필자를 도왔다. 이 자리를 빌려 필자는 그녀의 가치 있는 공동 연구에 감사하고 싶다.

필자에게 정보를 제공해 준 분[195]은 다음과 같다:

---

194) 이 번역은 기퍼가 독역한 것을 역자가 한국어로 다시 옮긴 것이다. 기퍼는 크라우서 P. Krausser (B. L. Whorf, 1963, S. 102)의 번역이 결함이 있으므로 직접 번역하고 있다고 말하고 있다.

제2메사 데이 스쿨에 근무하는 (백인) 교사 로버트 캘드웰;

제2메사 데이 스쿨에 근무하는 호피 인 여교사 오일라 엠 코야웨나;

제2메사 데이 스쿨에 근무하는 호피 인 교사 월터 코야웨나;

제2메사 슝고파비에 거주하는 애미 E. 린치 여사;

제2메사 쉬파올로비에 거주하는 엘시 요비예테바 여사;

제3메사 모엔코피에 거주하는 로이 앨버트;

제3메사 호테빌라에 거주하는 라 베르네 마사예스바 여사;

제3메사 호테빌라에 거주하는 에모리 세카쿠아프테와;

제2메사 데이 스쿨에 근무하고 있는 호피 인 여교사로서 제3메사 바카비에 거주하는 버니타 스미스 여사.

1971년 6/7월에 본에서 2주 동안 그 밖의 호피 인 원어민들을 이용할 수 있게 된 것은 바트고데스베르크의 부참사관 말로트키 박사의 호의에 찬 중재와 독일어연구학회를 통한 거듭된 재정적 지원이라는 특별히 운 좋은 상황에 힘입은 바 크다. 필자는 그 호피 인 원어민들과 수집된 전체 정보와 모든 결과를 재차 검토할 수 있었다. 원어민 제임스 쿠총시는 가장 보수적인 호피 인디언 마을인 제3메사의 호테빌라 출신으로서 의식적으로 옛 전통을 지키고 있으므로 필자에게 그만큼 더욱 도움이 되었다. 그의 호 의적인 공동 작업이 없었더라면, 그가 언어 지식이 없었더라면 중요한 수 정과 보충이 불가능했을 것이다. 그의 정보는 그 때문에 별도로 J.K.라고 표기해 놓았다.

---

195) 이 자리에서도 재차 필자의 연구를 우정을 가지고 도와준 필자의 호피 인 원어민 정보 제 공자에게 감사하고 싶다.

다음의 출판물과 텍스트를 필자는 추가적으로 평가, 활용하였다.[196]

Alexander M. Stephen, *Hopi journal*, 1936 (H. J.);

M. Titiev, *Old Oraibi*, 1944 (Titiev);

E. A. Kennard und A. Yava, *Field mouse goes to war. Tusan homichi tuuvöta*, 1944 (Field mouse);

Coyote tales, hrsg. v. NASEC (C. T.);

C. F. Voegelin und F. M. Voegelin, *Hopi domains*, 1957 (H. D.);

C. F. Voegelin und F. M. Voegelin, *Selection in Hopi ethics, linguistics and translation*, 1960;

E. A. Kennard, *Linguistic acculturation in Hopi*, 1963 (Kennard);

Robert A. Black, *Hopi grievance chants : a mechanism of social control*, 1967;

C. F. Voegelin und F. M. Voegelin, *Passive transformations from nontransitive bases in Hopi*, 1967.

결과

1. 호피 어의 범주는 필요한 경우에는 제약과 수정을 가하여 우리들이 잘 알고 있는 문법적 용어를 사용하여 기술될 수 있다는 사실에서 출발하

---

196) 괄호 안의 표기는 본문에서 사용된 약어 표기이다. 상세한 정보는 참고 문헌 목록에 나타나 있다.

여야 한다. 그래서 명사, 형용사, 동사, 부사에 대해서 말하는 것이 가능하다. 그런데 워프가 추가적으로 도입한 용어를 사용하면 마찬가지로 이득이 있다. 그러나 그의 이중 명칭 가운데 몇 가지는 포기하는 것이 바람직하다.

2. 호피 어가 동사 표현으로 강하게 기울어져 있다는 워프의 관찰, 다시 말하면 정상적으로는 다른 범주에 속하는 단어를 동사화하는 경향이 강하다는 워프의 관찰은 적합하다. 그래서 예를 들어서 명사, 형용사, 대명사와 부사는 특정한 접미사를 부가하여 동사화될 수 있다. 달리 말한다면 술어적으로 사용될 수 있는 능력을 갖게 된다. 이와 같은 품사 전환 가능성은 극도로 다방면으로 응용될 수 있다. 그것은 호피 어가 다른 것과 교환될 수 없을 정도의 유연한 특성을 띠게 한다.

3. 호피 어에는 기간을 나타내는 표현이 있다. 더군다나 워프의 견해와는 달리 명사 범주로 넣을 수 있는 그런 표현도 있다. 그 외에도 이들 명사의 몇 개는 확실히 복수로 될 수 있다. 이것은 당연히 조어 방식으로 생겨난 것이다. 특히 분명히 그것들이 단어 내 첫 자음의 중복을 통하여 형식적으로 오인할 여지가 없이 수행되는 경우에 그렇다. 그래서 예를 들면 '하루'를 나타내는 단어의 단수는 tála이고 복수는 táʼtala이다. 이 형식은 더욱이 워프 자신의 자료 속에서도 나온다(여기에 대해서는 그 밖의 예가 인용되어 있는 부록 S. 437, 468 f.를 참고하라. 동음이의어 tála와 혼동하지 마라).

4. 그와 같이 명사적으로 파악되어 있는 기간은 인구어 문장의 주격(Nominativ)으로 된 주어의 기능에 완전히 일치하는 문법 기능이나 통사 기능으로도 등장할 수 있다. 이것에 대해서 워프는 마찬가지로 분명히 이

의를 제기했다. 그래서 가령 'pas tála utúhu'u(it is a very hot summer/der Sommer ist sehr heiß/여름이 매우 덥다)'; 'tuhó'os yoho 'tíngwu(autumn gets cold/der Herbst wird kalt/가을이 추워진다)'라고 말하는 것이 가능하다. 여기서 명사 'tála(여름)'와 'tuhó'os(가을)'가 주격의 명사로 파악될 수 있다.

5. 이와 밀접히 관련하여 기간을 셀 수 있는지, 있다면 어떻게 가능한지에 대한 워프의 주장은 검토되어야 한다. 호피 어에서는 시간 표현이 우리들의 언어에서처럼 물질적 대상으로서 파악되거나 그러한 대상으로 실체화될 수 없으므로 셀 수 없다고 워프는 말한다. 사람들은 기간을 셀 때에 우리들의 언어에서처럼 기수 더하기 복수의 기간 명사를 사용하는 것이 아니라(예: 5 Tage, 5일), 서수 더하기 단수의 기간 명사를 사용한다(예: 5. Tag, 다섯 번째 날). 원래 벌써 워프의 이러한 진술은 그 자신의 해석을 제약하는 내용을 포함하고 있다. 그가 말하기를 '열흘은 아흐레보다 더 길다'라고 말하지 않고 '열흘째 날이 아흐레째 날보다 더 늦다'라고 말한다고 했다면, 적어도 이 번역 속에서 이미 이른바 존재하지 않는다는 시간 개념이 숨겨져 있기 때문에 그와 더불어 기간 자체를 셀 수 없는 것이 아니라, 다만 다른 방식으로 세고 있는 것이다.

우리가 이러한 정보를 그러나 더 자세히 검토하면 이때에 호피 어에서 우리들에게 익숙한 의미에서의 서수가 있는지의 문제가 아마도 부정적으로 대답될 수 있다는 사실을 알 것이다. 우리는 이를 당장 보여 줄 수 있다. 그런데 이것은 일부는 해석의 문제이다. 게다가 호피 어의 수사의 체계를 한번 자세히 고찰해 보자. 워프는 그의 문법 요약에서 그것에 대해서 다음과 같이 소개하고 있다:[197]

Numeratives. These include the numerals and terms like all, many. Some e.g., the first four numerals, have irregular inflections of plural and objective case, others are indeclinable. The Toreva dialect has simple numerals up through ten, and one for twenty, the others being phraselike composites following the decimal system. Oraibi has the odd feature of simple numerals up through twenty. All numerals inflect to give a pausal form, a combining form, and two forms of ordinals, which are also multiplicatives, or rather the Hopi pattern of ordinal numeration takes the place of multiplicatives. As explained under nouns, units that cannot be congregated in space, like days, repetitions, 'times', or other succesive units of the same cycle, are counted by ordinals, 'Ten days' is not, as with us, treated as an imaginary aggregate, but as the relation between two events, one on the tenth day after the other. Syntactically, cardinals are treated like defective nouns, and ordinals like adverbs.

수사. 여기서 수사라 함은 수사와 아울러 '모두', '많은' 과 같은 표현도 포괄한다. 몇 개, 예를 들어 처음 네 개의 수사는 복수와 대상격에서 불규칙적으로 굴절하며, 다른 것은 굴절할 수 없다. 토레바 방언에는 10까지 단순 수사와 20을 나타내는 하나의 수사가 있고, 반면에 그 밖의 수는 문장 형태의 합성어로 되어 있는데, 십진법을 따른다. 오라이비는 특히 20까지 단순 수사의 특성을 가진다. 모든 수사는 굴절하며, 그래서 하나의 문말 형태(文末形態, Pausa-Form)[49] 조합된 형식, 그리고 또한 배수로도 쓰이는 두 개의

---

197) B. L. Whorf, 1946, S. 178 f.

서수 형태를 생겨나게 한다. 더 정확하게 말한다면 호피 어의 서수 셈법이 배수의 위치를 점하고 있다. 명사에서 설명되듯이 날, 반복, 시간 내지는 다른 연속적인 같은 순환의 단위와 같이 공간적으로 요약될 수 없는 단위들은 서수로 셈한다. '열흘'은 우리들 언어에서와 같이 정신적으로 총계로서 다루어지지 않고 두 개의 사건, 즉 열 번째의 날과 그 다음날과의 관계로서 다루어진다. 통사적으로 기수는 불완전(defektiv) 명사와 같이 다루어지고 서수는 부사와 같이 다루어진다.

제3메사에 있는 올드 오라이비 출신인 돈 탈라예스바는 그의 생의 보고서에서 그가 20까지는 셀 수 있었으며 더 높은 숫자는 조합으로 표현할 수 있었다고 이야기하고 있다[44는 20이 둘, 더하기 4, 더 정확하게 말한다면 20을 두 배 하고 더하기 4(twice twenty, add 4)].[198]

필자의 정보 제공자들은 기본 수사(Grundzahlwortreihe)가 제2메사에서 1에서 10까지, 제3메사에서 1에서 20까지 이른다는 것을 확인해 주었다. 더 높은 수들은 이들 10이나 20으로 만드는데, 10이나 20의 배수에다가 더하기를 하여 조합한다. 하지만 비교적 젊은 정보 제공자 모두는 이들 셈 방식을 더 이상 알지 못한다는 사실이 아주 특징적이었다. 그래서 필자에게는, 예를 들어 호테빌라 출신의 젊은 정보 제공자가 75라는 수는 '3 곱하기 20 더하기 10 더하기 5'라고 표현하였다. 그러나 그 자신은 이 수를 일컬을 수 없었다. 플래그스태프 대학의 대학생으로 제3메사 모엔코피 출신의 다른 젊은 정보 제공자는 그의 아버지가 100까지 셀 수 있다고 보고하

㊽ 셈 어 문법 용어로서 한 문장이나 부분 문장, 그리고 또한 의미 단락의 마지막 단어에는 문법적 어미가 없으므로 발음되지 않는 현상.

198) 위 307쪽 참고.

였다. 그러나 그 자신은 그럴 수 없었다. 1에서 20까지의 기본 수사 자체가 제3메사의 젊은 호피 인들에게는 더 이상 현존하지 않았다. 그러므로 보다 높은 수를 형성하는 방식이 사용되지 않을 정도로 영어가 이미 여기에 깊이 침투되어 있었다. 그럼에도 불구하고 비교적 나이 든 화자들의 일부는 옛날의 수 표현 방식을 여전히 알고 있었다. 옛 전통을 의식적으로 고수하는 필자의 정보 제공자인 호테빌라 출신의 제임스 쿠총시(55세)는 필자에게 임의로 대는 숫자에 대해서도 일컬어 줄 수 있었다. 즉 우리는 함께 노력하여 그의 피동적 언어 소유를 다시 활성화시켜 400까지의 숫자를 함께 짜 맞추었다(부록 456쪽 이하를 참고하라). 단서를 붙이자면 이때에 제임스도 이들 높은 숫자를 더 이상 능동적으로 사용하지 않았다. 기본 수사의 최고 높은 수가 20이기 때문에 400까지(20을 20배)로 제한하였다. 그러나 그 체계에 따르면 우리는 더 계속해 나갈 수 있다. 제1메사(폴라카)에서 유래하며, 최근에 사용되게 된 '많은 별'을 의미하는 1000을 나타내는 수인 'súmodi'를 수용한다면 당연히 그 밖의 가능성이 열린다. 필자는 1971이라는 수를 특히 1000과 900(9×5×20)과 71(3×20+11; 부록 459쪽 참고)의 조합으로 구성하여 필자의 친구 쿠총시에게 제시했다. 실제로 그는 몇 번 숙고한 끝에 그 숫자를 알아낼 수 있었다. 그러나 영어에서는 훨씬 실제적으로 사용되지만 호피 어에서는 그렇게 어려운 숫자를 확실히 호피 인디언들은 호피 어로 형성하는 생각을 저절로는 하지 않았다.

방금 언급된 숫자들은 기수로 간주해야 한다. 그 숫자들로 셈된 명사 표현의 대상이 하나일 때는 단수로, 둘이면 양수(Dual)라는 특수한 형식으로, 셋 이상이면 복수로 쓰는데, 복수는 첫 단어 음절을 중첩해서 쓰는 것(Reduplikation)을 보고 자주 알아낼 수 있다.

워프는 기간도 이러한 기수를 가지고 연결할 수 있다는 것에, 즉 기수로 셈할 수 있다는 것에 이의를 제기하고 있다. 이 문제를 결정하기 전에 우선 그 밖의 두 개의 수사를 언급해 보자. 이들 기수와 더불어 두 번째의 수사가 있다. 이것은 접미사 '-sikis', -is, -s로 형성된다. 이것은 단어상으로 '-번'을 의미한다. 그래서 우리는 한 번, 두 번, 세 번 등의 의미를 나타내는 표현들을 갖고 있다. 이 의미는 예를 들어 여러 의례적 풍습에서 흔히 그런 일이 일어나듯이 추장이 네 번 파이프 담배를 피웠다는 것을 말하고 있는 원전 예문을 통하여 증명된다.

"Naalös ang chochonat Mongwit aw tavi(He smoked four times and then gave it to the Chief/그는 파이프 담배를 네 번 피우고 그 다음에 그것을 추장에게 주었다.)"(Field mouse, 19쪽). 혹은 "Naalös ipo yamat hotonqamuyi aw poota(Four times he went out and looked at the stars/네 번 그는 나가서 별을 보았다.)"(Field mouse, 29쪽)

빈번히 기간은 이들 수사와 결합한다. 예를 들어 동시에 가장 중요한 시간 표현인 낮과 밤, 달과 연과 같은 표현들이 이들 수사와 결합된다[필자는 독일어 표현인 Stunde(시간), Minute(분), Sekunde(초)에 해당하는 보다 작은 정항 기간을 가리키는 호피 어 표현을 확인할 수 없었다]. 날을 세는 것은 대부분 호피 인디언의 연중 행사의 여러 의식과 밀접히 연관되어 있다. 벌써 언급한 바와 같이 여기서 (4일, 6일, 8일, 20일과 같은) 특정 기간이 특별히 중요한 역할을 한다. 호피 어의 시간 파악을 평가할 때에 이것을 주목하여야 한다.

이들 경우에 수사는 '-sikis-'라는 요소와 함께 사용된다. 특히 시간 표현을 나타내는 명사의 단수형과 결합하여 사용된다. 여기서 어쨌든 단수를 취하는 것이 정당한 것 같다. 왜냐하면 몇 개의 첫 음절 중첩을 가진 복수 형태 몇 개가 그 단수에 대립해 있기 때문이다. 기존 출판물에서 영어 번역은 다음과 같다. the first, second, third day 등, 그러므로 서수 더하기 단수 형태이다. 그러나 이러한 번역은 논란의 여지가 있다. 사실 우리가 '세 번째 날(der dritte Tag 내지는 dritter Tag)' 내지는 맥락에 따라 '세 번째 날 이전/이후'로 번역하든, 보다 낱말에 충실하여 '세 번의 날(dreimal Tag)'로 번역하든 실제로는 거의 같은 결과일지도 모른다. 그러나 그것이 확실히 같은 것은 아니다. 호피 어에서 기간을 셈할 수 있느냐 없느냐와 같은 아주 미묘한 문제가 문제로 된다면 우리는 가능한 한 엄밀해야 할 것이다. 우리는 그러나 단수의 사용을 보고 이 언어에서는 숫자상의 의도, 즉 셈하려는 의도에서 날들의 연속에 대해서 말하고 있는 것이 결코 아니다라고 결론 내릴 수는 없을 것이다.

단수는 인구어 관찰자에게도 그러한 의미 결합에서 완전히 적절한 것 같다. 언급된 표현이 추가적으로 복수 형태의 그 밖의 기간과 함께 결합된 어법도 있다는 것이 놀랄 만한 일이다. 그래서 예를 들어 자료 중에 'payís tala totókya'라는 연결어가 있다. 이를 스티븐(A. M. Stephen)은 'third day sleeps'라고 번역하였다(H. J. 1273). 만일 복수의 '잠'이 문제 된다면 보다 엄밀히 말하여 우리는 아마도 '세 번의 날 잠들(dreimal-Tag-Schlafe)'이라고 말해야 할지도 모른다. 그 표현이 분명히 첫 음절을 두 번 쓰는 조어 방식을 갖고 있음에도 불구하고, 하지만 이것은 확실하지 않은 것 같다. 필자가 필자의 정보 제공자 제임스 쿠총시와 거듭 자세히 이 경우에 함께 논의를 했는데, 그는 필자에게 그가 'totókya'에서는 결코 잠을 생각하는 것이 아니라 보다 자세히는 말할 수 없지만 의례적 행사가 있는 특정한 날을 가리키는 명칭이 문제가 된다고 필자에게 확신시켜 주었다. 그의 의견에 따르면 ‘totókya’를 동사 형태 ‘tókya[wir(ihr, sie) schlafen(schlaft, schlafen)]’와 혼동해서는 안 된다. 그것에 상응하는 단수 형태는 ‘púwi[ich(du, er/sie/es) schlafe(schläfst, schläft)]’(H. J., H. J./Whorf 1307). ‘páyis púwi’는 실제로 ‘그/그녀/그것은 세 번 잔다’를 의미하고, ‘páyis tókya’는 ‘그들은 세 번 잔다’를 의미한다. 제임스는 필자에게 이제 그 밖의 형식 ‘tóotokya’를 일컬어 주고, 그것은 ‘그들이 잔다(they sleep/sie schlafen)’라는 의미라고 말했다. 그것이 맞다면 물론 오해가 경감된다. ‘totókya’라는 표현이 오로지 의례적 행사가 있는 날들(Zeremonientage)과만 관계하며, 적어도 오늘날의 이해에 따르면 잠과는 아무런 관계가 없다는 것이 틀림없다(이에 대하여 부록 465쪽을 참고하라).

여기에 제3의 방식, 더군다나 특별히 기간에 국한되어 사용되는 셈 방식이 추가되는데, 이는 마찬가지로 빈번하다. 그것은 기수가 ‘-tok’라는 요소와 결합하여 나타난다. ‘-tok’는 어원적으로 ‘tóki(밤)’와 관계가 있을지도 모른다. 아마도 거기서 말음 모음이 삭제되어 생겨났을지도 모른다. 이 경우에 ‘-tok’라는 요소의 근원이 단수 형태 ‘tóki’냐, 아니면 복수 형태 ‘tótoki’냐의 문제는 모든 언어사적인 자료가 결여하기 때문에 미해결로 남아 있어야 한다. 어쨌든 ‘lóytok’[‘lóyom(두, zwei)’ 더하기 ‘-tok’로 구성]와 같은 축약형들이 존재한다. 원래 이것은 ‘두 밤’ 혹은 ‘두 밤들’을 의미했을 것이다. 물론 ‘-tok’라는 요소의 의미는 오늘날 확실히 더 이상 살아 있지 않다. 즉 이와 같이 접미사적 용법에서 완전히 문법화되어 있다. 이것은 제임스가 필자에게 확인시켜 준바, ‘날’을 나타내는 단어를 첨가하여 ‘lóytok tála(두 번째 날)’이라고 말할 수 있다는 사실을 통하여 증명된다. ‘-tok’를 가진 결합어에 대한 영어 번역은 여러 가지이다. ‘lóytok’을 맥락에 따라서 ‘내일 다음날(day after tomorrow)’, ‘지금부터 이틀 뒤(two days hence),

두 밤(two nights)'으로 번역하고 있고, 'páytok'은 '세 번째 날(third day)' 등으로 번역한다. 이들 영어 번역도 호피 어 표현의 해석을 나타낸다. 그러나 우리가 여기서 몇 가지 정당성을 갖고 기수에 대해서 말할 수 있다 할지라도, 실제로 낮의 상태와 밤의 상태가 바뀜으로써 생겨나는 기간이 언어로 포착되어 세어지고 있다는 사실은 의문의 여지가 없다. 그러나 어원적으로 '밤'이라는 요소가 중요한 역할을 해야 한다면 이것은 이(즉 밤이라는) 기간이 정신적으로 우위에 있음을 다시 결론 내릴 수 있다. 그러므로 옛날의 인구어 유목민의 언어에서 유사하게 관찰할 수 있는 현상을 증명할지도 모른다.[199]

우리가 호피 인들에게 셀 수 있는 기간에 대해서 묻는다면 경험적으로 무엇보다도 셈된 날들을 나타내는 언급한 표현들을 듣는다. 날을 세는 방식은 워프와 같은 훌륭한 학자도 기간을 말할 때에 기수를 사용하는 것도 불가능하지 않다는 것을 알아차리지 못할 정도로 우세하게 특히 무수한 의례적 행사와 춤과 관계하고 있다. '-tok'로 셈하는 것이 하루와 밤에 국한한다는 것은 의문의 여지가 없으며, 언급한 바와 같이 어원적으로 함께 논증될지도 모른다. 하지만 '-sikis'로 셈하는 것은 다른 기간을 계산할 때도 가능한 것 같다. 이것은 우리가 '-번'이라는 의미를 생각한다면 이해될 수 있다. 그래서 스티븐에서는 벌써 'soshyáshañava' 내지는 'susyásangava(일 년)', 단어 그대로 번역한다면 '연 한 번'(H. J. 1039), 그리고 'lüshyáshañava' 내지는 'lösyásangava(이 년)', 단어 그대로 번역한다면 '연 두 번'(H. J. 1039), 그 때문에 연을 단수로 쓴 것도 이해될 수 있다. 그러나 스티븐에서는 'shükyáshañava' 내지는 'sukyásangava(일 년)'이라

---

199) 위 293쪽 참고.

는 표현도 나타난다(H. J. 1039). 그러므로 기수 'súka(하나)'가 나타난다. 그에게는 'návai müⁿyáwüh shülᯇuti[six months without (names)](이름이 없는 6개월)'라는 표현도 자료로 제시되어 있다(H. J. 1262). 여기서 다시금 기수 'návai'가 더군다나 단수 형태로 등장한다.

제임스는 필자가 여러 번 간곡히 질문하자 사람들이 날, 달, 연을 또한 기수로도 셀 수 있다고 확인해 주었다. 그는 그가 든 예문에서 대부분 단수 형태의 기간을 사용했다. 그가 '달(월)'을 셀 때에 대상을 세는 것과 같은 셈 방식을 사용한다는 것은 놀랄 만한 일이다. 그러므로 양수(Dual)를 제시한다. 'súka múyaw(u)(1개월)', 'lóyöm múyawt(2개월)', 'páyom múmuyawt(3개월)'. 3개월은 두어 첩용 복수를 사용하고 있다. 이것은 그런데 모든 관점에서 워프가 주장한 것에 모순된다. 여기서 확실히 해 두자면, 경험에 따르면 모든 설문 응답자가 가끔씩 유동적이어서, 녹음기에 따르면 그 이전에 수용했던 형식을 다음날에는 거부했기 때문에 필자는 같은 질문을 다른 날에 되풀이해 보았다. 이미 자주 언급했듯이 의례적인 날을 셀 때는 단수로 세는 것은 우세하다 할지라도 언급된 여러 가지 가능성이 주어진다는 것은 확실한 것 같다.

이와 같은 호피 어 표현 방식에서 단수를 사용하는 것에 대해서 정상적으로는 우리가 거의 의식하지 못하지만 우리가 독일어에서도 비슷한 셈 방식이 나타난다는 것을 생각한다면 덜 놀랄 것이다. 독일어에서도 무게를 나타내는 'Pfund(파운드)', 길이를 나타내는 'Fuß(피트)'의 경우에는 하나 이상의 수일 때에 기수와 결합시킨다 할지라도 단수 형태로 내버려 둔다. 가령 5파운드의 버터나 5피트를 '5 Pfund Butter', '5 Fuß'라고 하지 '5 Pfunde'나 '5 Füße'라고 하지 않는다. 하지만 '5 Meilen', '5 Ellen'이라고 한다. 만일 '5 Füßen'이라고 한다면 신체의 일부인 발이 다섯 개가 문제

된다는 것이지 길이 단위인 피트를 나타내는 것은 아니다. 또한 'Wieviel Uhr ist es(몇 시 입니까?)'라는 어법도 여기서 언급할 필요가 있다.

우리가 인구어에서 수사의 용법을 검토해 본다면, 우리는 많은 그 밖의 속성을 만나게 된다. 우리가 가령 러시아 어를 생각해 보자. 러시아 어에서는 기수가 5부터 명사, 형용사, 그리고 대명사의 속격 복수와 결합된다. 그러나 다른 한편 보다 높은 수에서도 22, 23, 24와 같이 끝수가 2, 3, 4라면 속격 단수가 사용된다. 하지만 그 때문에 아무도 이들 상이한 표현 방식 사이에 세는 방식과 관련하여 정신적으로 그와 관련한 차이가 있다는 생각을 하지 않을 것이다. 이 영역에서 우리들의 서구 언어에서도 우리가 정상적으로는 깨닫지 못하는 많은 특성이 있다. 예를 들면 독일어에서 21을 적혀 있는 숫자와는 달리, 읽을 때에 'ein-und-zwanzig(1+20)'와 같이 일의 자리 수를 십의 자리 수보다 먼저 일컫는 기이한 독일어 셈 방식이 있다.[200]

6. 호피 어에서는 하루의 시각을 나타내는 여러 가지 표현 방식이 있다. 독일어의 시간의 부사 'gestern(어제)', 'heute(오늘)', 'morgen(내일)' 등에 해당하는 표현도 있다(부록 448쪽 이하 참고).

하루의 시각에 관한 한 일출과 일몰이 특별히 주목을 받고 있다는 점이 눈에 띈다. 아침 여명기를 3단계로 구별하고 있고, 저녁 여명기는 더 세분된다. 정오 시간도 자세히 명칭된다. 시각과 관계없이 낮의 단계는 태양 상태를 근거로 자세히 기술될 수 있다. 물론 첨언되어야 할 사실은 단지 늙은 호피 인디언에게만 친숙한 이들 명칭은 현대의 발전 도상에서 위협을

---

200) L. Hammerich, 1966 참고.

받고 있으며, 모두가 젊은 세대에게는 더 이상 통용되지 않는다는 것이다 (부록 444쪽 참고).

'오늘'은 '지금'의 의미를 지니는 표현을 통하여 재현될 수 있으나, 우선 '태양'이나 '낮'을 의미하는 단어를 통하여서도 재현될 수 있다. 의미론적 관계는 태양을 일컫는 표현 'táwa'가 동시에 태양빛을 일컫는 표현이나 낮의 밝음을 나타내는 표현으로 사용되어 '낮', '오늘의 낮', 즉 '오늘'의 의미로 사용될 수 있다.

'távok'는 '어제'를 의미한다. 그러나 'tóki(밤)'라는 형태가 '지난 밤'의 의미로 사용된다. 그러므로 의미적으로 마찬가지로 '어제'를 나타낸다.

시간 규정어 'qávo(내일)'는 의미적으로 내일의 시점과 관계하는 여러 개의 접미사와 결합될 수 있다. 영어의 'day before yesterday(그저께)'와 'day after tomorrow(모레)'에 상응하는 표현들도 있는지 질문하자 정보 제공자들이 필자에게 우리가 벌써 '두-밤' 내지는 '두 번째 밤'으로, 영어 번역으로는 'second day'로 알고 있는 표현인 'lóytok'을 일컬었다. 그러므로 이때에 각기의 현재 관계에서 출발하여 날짜를 셈하는 것이 문제이다. 상응하여 그렇다면 그 밖의 표현 'páytok'도 '삼일(전과 후)'의 의미로 투입될 수 있다. 과거와 미래에 대한 그때그때마다의 맥락 관계는 특정 불변화사를 덧붙임으로써 분명하게 될 수 있다(부록 449쪽). 그러므로 우리는 이들 경우에도 완전히 도움을 받을 수 있다. 독일어는 이때에 물론 더욱이 'vorvorgestern(그끄저께)'과 'überübermorgen(글피)'과 같은 표현들을 허용하는 조어 가능성을 근거로 특별히 다행스런 상태에 있다. 그에 반하여 영어는 이때에 바꿔 쓰기 내지는 의역을 해야 한다.

7. 나아가서 호피 어에서는 시간 표현의 전 계열이 있는데, 이들은 대부

분 부사적 특성을 지니고 있다(부록 421쪽 이하 참고). 특히 강조할 수 있는 것은 일련의 이들 표현은 1차적으로는 공간 부사인데, 은유적으로 시간 부사로서 기능한다는 점이다. 그러므로 워프의 주장과는 달리 우리가 우리들의 언어에서 볼 수 있는 이른바 공간-시간 은유가 있다. 그러므로 이들 은유적 용법은 더 이상 그 자체로서 느껴지고 지각될 필요는 없다. 이러한 관점에서 'Zeitraum', 'Zeitspanne', 'ein langer/kurzer Zeitabschnitt' 등과 같은 표현들[50]이 더 이상 눈에 드러나지 않는 것과 꼭 마찬가지로 호피 인디언들에게도 그렇다. 그렇지만 맥락을 통하여 우리는 가령 ep/ef'e(방언적 변이체)가 공간적인 의미로 '그곳(dt. da)'으로 이해해야 할지, 아니면 시간적인 의미로 '그때(dt. da)'로 이해해야 할지를 분명히 알아낼 수 있다. 포르치히가 말한 것처럼 더 이상 은유 그 자체로서 느껴질 수 없는 은유가 은유이기를 중지한 것이냐의 문제는 여기서 결정할 필요는 없다. 워프와 우리가 공간-시간-은유로 이해하는 것이 호피 어에서 이의 없이 나타난다는 점은 확실하다.

8. 호피 어에서는 사건을 시간적으로 과거, 현재, 미래로 표현하는 여러 개의 언어적 표현 가능성이 있다. 즉 전시성(前時性)이나 동시성과 아울러 미래적인 것이 표현될 수 있다. 물론 호피 어에서는 우리들에게 친숙한 삼분 시제가 우세하지 않고, 오히려 이분 시제가 우세하다. 그런데 그럴 경우에 현재와 과거가 형태적으로는 구별되지 않고 있으며, 미래는 하지만 형태적으로 분명히 구별된다. 이와 같이 시제를 정신적으로 두 개로

---

[50] 독일어 Raum(공간, 방), Spanne(뼘), Abschnitt(단락)는 공간적 개념이며, Zeitraum, Zeitspanne, Zeitabschnitt는 '기간'을 의미한다.

분할하는 것은 —단순히 이야기를 알려 주는 것을 통해서든 이야기 불변화사를 사용해서든 보고나 이야기에서 과거 시제를 나타내는 것을 허용해 주는데— 특히 호피 어에서 매우 중요한 특징일지도 모른다. 이는 워프가 그의 분석에서 그가 가령 시제를 '사실적(factual) 시제', '현재–과거(present-past) 시제' 혹은 '보고적 시제(reportative)' 등과 '미래 시제' 내지는 '기대 시제(expective)'라고 말했다면 적어도 암시적으로 인정하고 있다. 사실 그의 언어 자료 해석은 영어 문법에서와 같은 의미에서 시제에 대해서는 말할 수 없다는 결과에 이른다. 그럼에도 불구하고 특정한 동사 형태가 분명히 시제로 해석될 수 있다.

의심할 바 없이 사건을 시간적으로 판단하거나 여러 과정을 정신적으로 연결할 때에 아주 풍부한 형태를 가진 호피 어 동사가 결정적 역할을 한다. 필자는 이 자리에서 세부 항목에 대해서는 말하고 싶지 않다. 왜냐하면 필자의 여성 제자 안드레아 슈탈슈미트(Andrea Stahlschmidt)는 이 특수한 문제를 곧 출간될 그의 학위 논문에서 다루고 있기 때문이다. 이 책의 부록에 '호피 어 동사에서의 시제'라는 제목으로 첫 잠정적인 결과를 그녀가 제시해 놓고 있다.

그러나 여기서는 이 정도는 이야기되어도 될 것 같다. 현재 시제와 과거 시제[즉 독일어의 현재 완료 내지는 미완 과거(Imperfekt) 내지는 과거의 의미에서 과거 시제] 사이의 언어적 구별은 없으며, 또한 있을 필요도 없다. 왜냐하면 모든 현재적 진술과 현재 관련적 진술은 상황 관계 내지는 맥락을 근거로 혹은 문장 불변화사를 문장 시작 위치에 추가적으로 사용하여 과거로 옮겨질 수 있기 때문이다. 우리가 가령 다음과 같이 보고한다면 우리는 더욱이 독일어에서 모방할 수 있다.

'Gestern komme ich am Bahnhof vorbei, da sehe ich, wie ein Mann einer alten Frau die handtasche entreißt. Dann läuft er weg. Darauf fällt die Frau in Ohnmacht…

어제 필자는 역을 지나간다. 그때 어떤 남자가 어떤 노파로부터 핸드백을 탈취하는 것을 본다. 그 다음에 그는 달아난다. 그 이후 그 노파는 실신하여 쓰러진다…'

우리가 전형적인 이야기 불변화사라고 일컬을 수 있는 이런 종류의 특히 빈번한 불변화사는 대개 '~라고 한다(it is said)'로 번역되는 'yaw'라는 단어이다. 이 번역은 물론 극도로 오해의 소지가 있다. 물론 틀렸다. 왜냐하면 여기서 결코 '말하다(sagen)'라는 동사의 형태가 문제 되고 있는 것이 아니고, 당연히 불변화사가 문제가 되고 있기 때문이다. 이것은 우리가 사실 '전해졌다(es ist überliefert)', '보고되었다(es wird berichtet)'로 바꿔 쓸 수 있으나, 그것으로 번역할 수는 없다. 이 불변화사는 많은 이야기 속에서 거의 모든 문장에서 나타나며, 이와 같은 빈번하고 가끔은 바로 판에 박힌 듯한 용법으로 우리들에게 친숙한 어린이와 같은 이야기 방식을 상기시키는데, 그것은 지속적으로 '그리고 그 다음에(und dann)─그리고 그 다음에─그리고 그 다음에'와 같은 방식으로 일어난다. 그런데 정보 제공자들로부터 여기에서 동사 형식이 문제 되는 것이 아니라 불변화사가 문제 된다는 것에 대한 확증을 얻어 내기가 결코 쉬운 일은 아니었다. 플래그스태프(Flagstaff) 대학을 다니며 무수한 호피 어 소설의 저자이며 번역가로서 두각을 나타내는 한 정보 제공자는 'it is said'라는 번역은 미국 언어학자들에서 유래하나 염두에 둔 의미와 매우 근접한다고 말했다.

이와 관련하여 불변화사 'pay'와 'ep'가 언급될 수 있다. 이들은 과거 진술에서 자주 나타나며 행위가 시점 이전에 존재했음을 강화할 수 있다. 과거 이전의 시점도 형태적으로는 특징지을 수 있다는 것을 언급해야 한다.

모든 미래적인 것은 동사의 형태론 속에서 단단히 고정된 특별한 형태 요소를 통하여 언어적으로 특징지어진다. 여기서 미래적인 것은 넓은 의미에서 이해되어야 한다. 그것은 일반적으로 가능한 것, 소망하는 것, 희망하는 것, 염려하는 것, 즉 아직 등장하지 아니한 것도 포괄할 수 있다. 이것은 동사 접미사 '-ni'를 통하여 표현된다. 이 접미사는 다양한 품사에 붙을 수 있으며, 이 품사를 동사화하고, 따라서 동시에 술어적 용법이 가능하도록 해 준다[이와 같은 미래의 '-ni'와 구별되어야 하는 것은 두 번째 '-ni'이다 (Whorf: Annex). 이 두 번째 '-ni'는 많은 경우에 동사화에 추가적으로 와서 '-nini' 형태로 나타날 수 있다]. 한 여성 정보 제공자는 그것을 위하여 'nu hálay (I am happy; nu=나; hálay=행복한)'라는 문장을 변형시켰다. 대명사 주어와 술어적 형용사로 이루어진 그와 같은 문장 형식은 다른 언어에서도 잘 알려져 있는 것이다.

주목할 만한 것은 이 문장에 이미 언급된 공간-시간 은유 'ep(그때/그러면)'를 추가함으로써 과거 시제로 '나는 행복했다(I was happy)'의 의미가 된다는 것이며, 방금 언급한 접미사를 형용사 'hálay'에 붙임으로써 해당 미래 형식, 즉 'nu hálayni(I shall/will be happy)'가 형성된다는 것이다. 그 여자 정보 제공자는 이때에 'qávo(tomorrow)' 혹은 'asón(soon)' 등과 같은 시간의 부사를 임의 보충어로써 분명히 추가했다. 즉 과거 관계는 (독자적인) 이야기 불변화사(Erzählpartikeln)를 임의적으로 첨가함으로써 분명하게 되며, 미래는 술어 형용사에 동사에서도 흔한 어미를 접미사로 붙임으로써 형성될 수 있다는 것이다. 시간 관계가 이때에 분명하다.

이와 관련하여 이야기에서 소망하는 것, 희망하는 것, 의도하는 것, 즉 아직 일어나지 아니한 것에 대해서 보고하는 곳에서 동사 형태가 따라서 '-ni'라는 형태로 특징지어진다는 사실을 특별히 언급할 만하다. 이것은 하지만 결코 같은 문장에서 정상적으로 과거 관련적인 이야기 불변화사가 등장하는 것을 배제하지 않는다. 'yaw', 'pay' 등과 동사 접미사 '-ni'는 완전히 서로 결합할 수 있다. 이와 같이 조합하게 되면 이야기가 미래적인 것, 아직 일어나지 아니한 것을 표현하게 된다. 여기서 특히 분명한 것은 사건의 시간 관련은 우선 동사에 의하여 생겨난다는 것이다. 그리고 그 동사에 문장 불변화사와 이야기 불변화사가 아마도 다양한 경우로 하위 배열될 수 있다. 이 자리에서 언급해 두고자 하는 것은 이 증거가 310쪽이 보여 주듯이 돈 탈라예스바가 그의 자서전적 기록문에서 저지른 영어 오류에 아주 적합하다는 것이다.

9. 비록 워프뿐만 아니라 필자의 정보 제공자가 이것을 부인했다 할지라도 호피 어에서는 더욱이 '시간' 자체에 대한 표현이 있거나 적어도 있었던 것처럼 보인다. 문제의 단어는 스티븐의 『호피 어 저널(Hopi Journal)』에서는 'sháto(time)'로서(H. J. 1288) 언급되었고, 예를 들어 복합어 'nonóbshato(food time)'가 그 증거이다. 같은 원전에서 나오듯이 워프는 마찬가지로 'sáto'라는 이 표현을 알고 있다. 그런데 그는 그것을 명사로 특징지었다. 물론 여기서는 번역이 빠졌다. 제자 슈탈슈미트는 이 의미 요소 '시간'이 오늘날도 여전히 잘 알려져 있으며, 스티븐의 글에 나오는 호피 어 단어 'hísat' 내지는 'híshato(once, one day, ancient, some time ago 등)'에 포함되어 있다고 추측한다. 그리고 이것은 필자가 보기에도 사실인 것 같다. 여기서는 'sáto'가 부정 대명사이자 의문 대명사인 'hi(n)'와 결합이 문제 될 것이다.

10. 워프의 매우 중요한 주장을 필자는 유감스럽게도 지금까지 검증할 수 없었다. 그가 '주관적(subjective) 현실' 혹은 '드러내는[manifesting, 혹은 드러나지 아니한(unmanifested)] 현실'과 '객관적(objective) 현실' 혹은 '드러난(manifested) 현실'이라고 말한 두 개의 서로 다른 현실의 측면을 구별하는 것에 대한 그의 설명이 문제이다. 호피 인의 사고에 중요한 이른바 이와 같은 이분주의가 워프의 견해에 따르면 전체 언어에 침투해 있으며, 따라서 원래 텍스트에서도 눈에 띔에 틀림없을지도 모른다. 지금까지 필자는 이를 지지하는 어떤 증거를 발견하지 못했다. 그리고 필자가 이에 대하여 질문한 정보 제공자들은 더 이상 필자를 도울 수 없었다. 물론 그들은 분명히 필자의 이와 관련한 질문의 의미를 이해하지 못했다. 하지만 호피 인의 사고가 이분법적이라는 워프의 해석은 호피 인은 우리처럼 시간의 삼분성(三分性)에서 출발하고 있는 것이 아니라 모든 미래 관련적인 것이 형식적으로 모든 다른 것(즉 과거와 현재)과 구분되는 이분성에서 출발하고 있다고 8번에서 언급한 사실과 관련이 있을지도 모른다.

떨어져서 일어나는 모든 사건은, 특히 그것에 대한 보고가 비로소 나중에 일어날 수 있다는 상황을 근거로 동시에 과거적인 것으로 간주되는 방식으로 시간적인 것이 공간적인 것과 연산을 할 때에 연결되어 있다는 워프의 언급을 마찬가지로 증명할 수 없다.

호피 인디언들의 공간 파악에 대한 워프의 진술도 마찬가지로 검토되어야 할지도 모른다. 이에 대하여 호피 어가 우리들에게 익숙한 언어와 차이나는 점이 이 부문에서 덜 눈에 띄는 것으로 워프 자신에 의해서도 판단되었다는 것을 언급해야 하겠다.

호피 어에서는 공간 관계에 대한 많은 표현이 있다. 이들의 일부는 우리는 범주적으로 부사나 후치사로서 분류할 수 있다. 워프는 '처소어(Locators)'라는 범주에 대해서 말하며, 이것을 완전히 하나의 용어로 사용한다. 우리가 이들 표현을 그 의미에 따라 공간 체계 속에 끼워 맞추면, 우리에게도 친숙한 3차원적 공간 관념이 근거가 되고 있음을 알 수 있다(부록 394쪽 이하 참고).

그 외에도 명사, 형용사, 대명사의 문법적 형태에서 여러 격이 처소 기능을 충족시키고 있다는 것을 덧붙일 수 있다. 이것들은 워프가 처소격(Lokativ), 방향격(Allativ), 침투격(Illativ), 탈격(Ablativ)이라고 부르는 격들이다.[201][51] 그 다음에 그러나 또한 워프의 이른바 처소 긴장격(Locative tensive), 처격(Adessive), 부분사(Partitive), 그리고 동반격(Sociative).[202] 특히 두드러지는 것은 처소어(Locators)도 부분적으로는 특정 접미사를 덧붙여서 동사화될 수 있으며, 그렇게 가능하게 된 서술적 용법을 통하여 그 사용 영역을 현저히 확대시킬 수 있다는 것이다.

호피 어에서 어떤 공간적 관계가 특히 주목을 받을 수 있는가를 물어본다면 그 부족의 특별한 지리적 생활 조건들을 염두에 두면 도움이 된다. 경작지가 있으며 목축들이 풀을 뜯고 있는 넓은 광야 평지 저 높이에 있는 메사(Mesa)의 암석 구릉 위에서의 생활은 '위[oben(on top of)]'와 '아래[unten/unter(down-below)]'의 의미에서의 표현들이 필요하며, 실제로 빈번히 사용된다. 이는 계획된 하루 일과에 대한 의사소통을 수월케 하기 위해서이다.

---

201) B. L. Whorf, 1946, S. 166 참고.

51) 처소격은 Inessive case(in), Illative case(into), Adessive case(on), Ablative case(out of), Allative case(onto) 등이 있다.

202) Ibid., S. 168.

모든 관찰자들은 태양의 운행을 통하여 결정된 네 방위가 호피 인의 생활에서 두드러진 역할을 한다는 점에서는 의견이 일치하고 있다. 여기에 화자의 입장에서 위로 천정으로, 아래로 천저 방향으로의 두 수직 방위가 첨가된다. 이 여섯 방위가 의례적 행사에서 자주 언급된다. 이미 언급한 바 있는 호피 인의 신화학에서 중요한 '육운인(six-cloud-people)'도 생각해 보라.

호피 인들의 가옥의 공간적 관계를 판단하기 위한 워프의 개별 관찰에 관한 한 그중에 많은 것은 적합한 것 같으나, 다른 일부는 의문의 여지가 있어 보인다. 필자의 정보 제공자들은 필자에게 부엌, 침실, 거실에 대한 명칭을 일컬어 줄 수 없었다. 이것은 현존 공간이 일반적으로 그와 같은 목적에 따라 분할을 결정한 것이 아니라는 사실 때문일지도 모른다. 집이 작은 경우에는 가끔은 단지 하나의 공간만 존재하며, 이 안에서 사람들은 밤낮으로 기거하며 또한 먹고 잤다. 여러 공간이 이용 가능하더라도 때때로 여러 공간이 높이 위치해 있는, 사다리를 통하여 도달할 수 있는 고층 건물이 이용 가능하였더라도 확실히 목적에 따라 결정된 것은 흔치 않았다. 여름에는 더위 때문에 위에서 잤으며 ―오늘날에도 여전히 거기서 잔다― 경우에 따라서는 평평한 지붕 위에서 잤으며, 겨울에는 아래에서, 쉽게 난방을 할 수 있는 공간에서 잤다. 따라서 특정한 공간 명칭 대신에 '안, 밖, 옆, 이쪽, 저쪽' 등과 같은 공간 명칭이 나타난다[특히 'ápave(inside)'(H. D. D 2. 6./J. K.: 'on this side', 'inside', 'inner room')과 'ípove(right outside)'(H. D. D 3. 6./J. K.: 'outer room', 'outside', 'on the other side')가 빈번하다]. 필요한 방향 감각을 충분히 보장하는 장소 부사가 문제이다. 근대의 가옥에서 부엌, 침실, 거실에 관한 한 문화 변용(Akkulturation) 현상이 문제 되며, 이로 인하여 해당 영어 명칭도 유입되어 있다. 자주 따로 놓여 있는 창고[tu'óyki(store room)]에 대한 특별한 명칭과 전형적 호피 인의 옥수수 빵을 굽는 방[túmcoki(piki house)]에 대한 특별한 명칭이 있다. 무수한 키바들이 특수한 명칭을 지닌다. 더군다나 여기서 대부분 소속 씨족 명이 첨가된다. 키바가 대부분 지하의 예배당(Zeremonienhaus)에 대한 고유한 호피 어가 아니라는 워프의 주장을 필자는 증명하지 못했다.

장소 명칭은 절대로 주격으로 오지 않고, 그러므로 진술의 문법적 주어로 나타나지 않으며, 오히려 단지 해당 처소격으로만 사용된다는 워프의 논평도 논박의 여지가 있다. 호피 인들은 필자에게 그것에 이의를 제기하는 예문을 일컬어 주었다. 예를 들면 'pam suyavo[멀리 떨어져 있다(it is far away/es ist sehr weit weg)]', 'yaw hisat Oraibi yesiwa[오래전에 오라이비가 살았다(long ago Oraibi was populated/vor langer Zeit war Oraibi bewohnt)]' 등.

필자의 지금까지의 검토의 결과에 한한 한, 아직 일시적이긴 할지라도, 즉 계속된 언어 분석을 통하여 보충되어야 하지만, 언급된 수정은 센세이션을 일으킨 워프의 논제 중의 어떤 것이 도대체 여전히 남아 있으며, 이것이 언어 상대성 원리의 가설을 여전히 유지하기에 충분한지의 문제를 증명하기 위하여 아마도 충분히 중대한 것이다. 결론을 이야기하면 부정적 대답을 함축하는 것 같다. 그러나 그 밖의 숙고 없이 이미 그러한 단정적 결론을 내리는 것은 성급한 일일지도 모른다. 문제는 진술한 것에 따라서 볼때 우선 보이는 것보다는 훨씬 더 복잡하고 힘들지도 모른다. 이러한 숙고를 할 때에 절대로 잊어서는 안 될 것은 인간 존재에 근거해 있는 공간과 시간의 범주가 절대로 언어 자료에서만 유추될 수 없다는 점이다. 만일 특정 인간 사회의 공간-시간관을 파악하고 평가하려면 오히려 전체 인류학적이고, 우주적이며, 문화적 관계가 함께 고려되어야 한다.

여기서 우리는 호피 인디언 부족의 특별한 상황을 함께 고려해야 한다. 즉 이미 인간의 생활, 의례적 행사의 한 해, '삶의 길'에 대해서 말하고 있는 그 모든 것을 함께 고려해야 한다.

나아가서 함께 생각해야 할 점은 모든 자연 언어는 발화 공동체의 생활 경험의 추상적·선택적 수단을 나타낸다는 점이다. 그 수단의 의미적 구조는 고립적으로 이해되어서는 안 되며, 언어 외적 현실을 통한 보충, 즉 아마도 더욱이 그것을 통한 수정을 필요로 한다.

호피 인디언의 세계상은 그 부족의 전체 경험의 결과이다. 그들 언어의 의미 구조에서 읽을 수 있는 특수한 세계관은 정신적 여과 과정과 분절 과정의 결과이며, 그 과정의 속성은 단지 언어 외적으로 검증할 수 있는 사실을 배경으로 하여 뚜렷이 나타낼 수 있고 인식할 수 있다.

우리가 공간-시간 문제를 그것이 소속하는 이와 같은 전체 문화 맥락 속에서 생각한다면 다른 옛날의 농부 문화에서도 비슷한 방식으로 관찰하여 파악한 것이 문제된다는 것을 인식할 수 있다. 시간관의 순환적 성격이 그 특징이다. 이는 우주적 사건, 특히 태양의 운행, 밤낮의 교대, 달의 상태와 되풀이되는 계절의 순환으로 인한 것이다. 호피 인디언의 생활은 이와 같은 자연 사건 속으로 아주 엄밀한 방식으로 통합되어 있고, 그 자연 사건에 종속되어 있기 때문에, 우리는 벌써 이러한 낯선 사고방식 속으로 들어가 사고하는 몇 가지 수고를 하고 있다. 다른 한편 우리들에게는 이와 같은 관계가 근본적으로 물론 미지의 것은 아니다. 기술이 무한히 발달하여 그 영향을 받고 있는 상태에서 우리가 농부나 목축업자와 같이 자연과 결부된 사람들과 마찬가지로 동일하게 밤과 낮, 여름과 겨울을 뚜렷이 차이 나게 강하게 체험하지는 못한다 할지라도, 우리가 우리들의 인공적인 조명으로 밝혀진 작업장, 공장, 사무실, 가게를 떠나자마자, 그리고 우리도 우주적 법칙의 지배를 받고 있는 자연 속에서 산다는 것을 상기하게 되자마자, 이와 같은 자연적 실제가 계속해서 영향력 있게 우리들의 의식 속에 등장한다.

호피 인들에게는 ―적어도 얼마 전까지는 여전히 그랬다― 일출의 관찰이 부족의 모든 활동성을 결정하는 전제이다. 여기서 아주 원시적인 방식으로 공간, 시간, 운동이 고전적-아리스토텔레스의 의미에서 서로 함께 연결되어 있으며 상호 의존적이라는 것이 나타난다. 이른바 포고 추장(Crier Chief)은 떠오르는 태양이 수평선의 특정한 점에 도달했다면 주민들이 무엇을 해야 할지를 오늘날에도 공표한다. 하지와 동지는 여전히 호피 인디언들의 생활에서 결정적인 날짜들이다.

호피 인들의 월명의 순서는 이미 언급했듯이 순환적 시간 진행의 표상을 역설하고 있다. 전체 12개월 중의 첫 4개월은 1년의 진행 속에서 다시 8월에서 11월의 명칭으로 되돌아가고, 지구 표면에서의 사건이 거울과 같이 지하 세계에서 되풀이된다는 것을 시사한다. 동시에 이와 같은 순환적인 전체 시간 개념은 이 세상의 사건이 이분법주의적이라는 기본 개념과 결부되어 있다. 일 년의 바퀴는 영원히 반복하며 돈다. 그러나 앞으로 굴러가는 것이 아니다. 도는 것은 계산되는 것이 아니라, 한결같이 같은 위치에서 돈다. 상상적 시간선 위에서 전진을 느낄 수 있는 것이 아니라, 오히려 꾸준히 나중에 되어짐(ständiges Späterwerden)을 느낀다는 워프의 관찰은 그것에 적합하다.

텔레비전이 인디언 보호 구역 내로 들어와서 달에까지 우주 비행하는 것에 대해서 보도하는 오늘날에도 그 사람들이 이 모든 것을 여전히 실제로 믿는지 어떤지를 말하기는 어렵다. 확실히 여기서 우리들의 기독교적 신앙관의 생명성과 관여성에 대한 의심과 마찬가지의 의심이 제기된다. 옛날 호피 인 문화의 위기 상황이 슝고파비에서 1969년 8월에 호피 인들의 위대한 춤의 날에 완전히 두드러지게 필자의 눈앞에서 전개되었다. 바깥 광장에서는 나비 춤과 옥수수 춤이 수 세기 전의 옛날의 의식으로 개최되었다. 여기서는 세월이 흡사 그대로 멈춰 있는 것 같았다. 그러나 필자의 아내와 필자가 그 다음에 우리가 잘 아는 호피 인 여교사의 집 안으로 식사 초대를 받았을 때 우리가 놀랍게도 몰몬교라는 기독교 분파를 신봉하고, 밖의 이교도적 사건을 거부하는 이 가정이 텔레비전 수상기 앞에 앉아서 달 착륙 보도를 지켜보고 있는 것을 우리는 확인해야 했다. 여기서 완전히 분명한 것은 호피 인들이 오늘날 아주 참된 의미에서 두 세계 사이의 방랑자이며, 순수 호피 인의 세계상을 가졌다고는 이제는 거의 말할 수 없다는 것이다. 주민들의 다수는 계속해서 옛날의 전통 편에 여전히 있고, 호피 인의 정신적 생활의 가장 중요한 부분은 여전히 지하의 키바와, 거기서 수행되는 의례적이고 의식적인 행위의 한적함 속에서 연출되는 것 같았으며, 이방인의 관찰자의 눈에서 아주 벗어나 있었다.

꾸준히 메사 위에 살고 있고, 가령 그 나라의 미국 도시에서 생계를 추구하지 않는 그런 호피 인들에게는 오늘날에도 그들이 그들의 외계와 외계의 조건에 상당히 통합되어 있다는 것이 적용될지도 모른다. 즉 그들에게 동형의 물리적이며 측정 가능한 우리들의 시간 개념에 해당하는 시간 개념을 발전시킬 수 있게 한 그와 같은 자연 현상에 대한 거리감을 그들은 아직 발견하지 못했다. 확실히 이러한 관계들도 흔들리게 된다. 오늘 전기 불빛이 메사에 도달했다면, 이것이 완전히 광고 방송을 하는, 소비 사고에 젖어 있는 미국의 텔레비전이 진입한다면, 애들이 코카콜라와 껌뿐만 아니라 그 나라에서는 일상적인 만화책 시리즈가 풍부히 공급된다면 옛날의 관념은 더 이상 존속될 수 없다. 호피 마을에 주민들의 생활에 필수적인 강우에 의존하지 않도록 하는 저수탑과 저수지가 설치된다면 호피 인들의 의례적 한 해를 결정하는 예배 행위, 기도, 춤도 근본적으로는 불필요한 것이 될 것이다. 왜냐하면 이것들은 지금까지는 마을 공동체가 비를 청하기 위해서 했기 때문이다.

그런데 우리가 이러한 발전을 부족의 생활 조건이 바람직하게 수월하게 하는 것으로 환영하거나 지지하든지, 아니면 대체할 수 없는 옛날 문화재의 상실로 슬퍼해야 하든지 간에 이 문화가 몰락해 가고 있다는 사실에는 아무런 변화가 없다. 다시 싹이 트는 인디언 민족주의, 인디언 권력 운동(die Red-Power-Bewegung)도 아마도 지속적으로는 그것에 아무런 변화를 줄 수 없을 것이다. 장단점을 가진 강대한 미국 문화의 영향이 너무나 크다. 양자, 즉 옛 전통의 보존과 현대 기술 세계로의 연결을 우리는 동시에 가질 수 없다.

호피 언어는 살금살금 다가오는 이러한 위기의 영향을 받지 않는 것이 아니다. 미국식 영어에서 개인적이고 사적인 영역에까지 이르는 무수한 단어를 차용한 것에서 이른바 문화 변용의 결과를 볼 수 있다. 아직도 살아 있는 옛날 관에 대한 이미지를 얻기 위해서는 우리는 오늘날 벌써 사용되지 않고 있는 개념과 표현을 고려해야 한다. 호피 어의 세계는 여전히 옛날 전통에 의하여 주조되었으며, 옛날 전통의 흔적은 결국에는 그들의 언어라는 매개물 속에 가장 지속적으로 확정되어 있다.

호피 어는 모든 이러한 특성을 당장에는 보여 줄 수 없다. 문화적 생활과 사회적 생활의 전체 관계에서 비로소 언어적 사실도 특정한 위치가를 얻는 것이다. 단지 전체 문화 맥락을 고려할 때에만이 공간 파악과 시간 파악도 알아낼 수 있을 것이다. 그 다음에는 다음의 언어 소여는 관여적인 것으로 드러난다.

1. 사고와 행동을 결정하는 기간을 낮과 밤(밤이 우월하다는 암시와 함께), 달과 연이라는 단위에 국한한다. 특히 달력의 형태로 계속 진행되는 셈에는 관심이 없다. 이것은 동시에 호피 인디언이 그들의 나이에는 관심이 없거나 적어도 관심이 없었다는 것을 의미한다. 늙은 호피 인들은 그들이 몇 년도 며칠에 태어났는지 자세히 말할 수 없다. 즉 그들이 몇 살인지를 모른다. 아마도 그들은 기준일로서 예를 들어 '제1차 세계 대전 전에', 'X 씨가 미국 대통령이 되었을 때' 등과 중요한 사건을 일컬어, 이 사건들이 대충의 날짜를 짐작하도록 해 준다. 모든 자녀들이 미국 학교에 다녀서 영어를 배우는 오늘날 그것은 당연히 변화되었다.

2. 특히 4, 6, 8, 16, 20과 같은 수를 예로 들 수가 있듯이 문화적으로 조건 지어진 특정한 기간이 우월성을 보인다. 의례적 행사의 대부분이 이와 같은 20일 단위라는 수의 진행 속에서 움직이고 있다는 것이 특징적이다. 20일 단위 수 진행은 동시에 몇몇 마을에서는 기본 수사를 나타낸다. 4방위 혹은 6방위의 중요성은 태양의 진행이 생활을 아주 결정한다는 것을 강조하고 있다.

3. 호피 인디언들이 한 해의 의례 행사를 나누고 있는 월 명칭은 인간 생활의 순환을 종교적으로 파악하고 있다는 것을 반영한다. 이러한 사건의 순환적 특징은 월 명칭 네 개를 반복하는 것을 통하여 강조된다. 명칭 자체는 여기서 가령 수가 순서 원리로서 여겨지는 것이 아니라, 대부분은 파종, 성장, 수확과 아울러 자녀들을 씨족의 삶 속에 분절해 넣는 것과 관계하는 제시된 의식적 행위가 절대적 우위를 가진다는 것을 보여 준다.

4. 모든 사고와 행위가 미래적인 것으로 나아가는 것은 ―대개는 좋은

수확을 희망하는 것으로 나타난다— 대부분의 의례적 행위와 춤에서만 분명한 것이 아니다. 그것은 언어적으로 자주 사용된 미래 접미사 -ni의 중요한 기능을 통하여서도 증명된다.

어떤 것이 학문적으로 증명된 것으로 타당하려면 행동 주자들이 요구하는 바의 호피 인디언의 시간 느낌이 우리와 다르다는 것이 그들의 언어 외적 태도에서도 읽을 수 있는지, 있다면 어느 정도인지의 질문에 대해서는 필자는 감히 대답하지 않겠다.

어쨌든 필자는 인간과 인간의 관습을 관찰하는 것만으로는 아마도 우리가 강조한 그러한 특성을 거의 추론할 수 없었을지도 모른다. 아마도 호피 보호 구역의 모든 방문자는 이 사람들의 시간 관계가 우리와는 다르다는 필자의 인상을 증명할 수 있을 것이다. 호피 인 생활의 옛 관습과 옛 규정에 그들이 시간적으로 강하게 결속되어 있음에도 불구하고, 자연 사건의 순환 속으로 통합되어 있음에도 불구하고, 그들에게는 우리가 더 이상 알지 못하는 정도로 여전히 이용 가능한 시간이 있다. 호피 인디언들은 절박하다든지, 바쁘다든지, 서둘러야 한다는 것을 모른다. 필자가 직접 체험했듯이 그들은 사막에서 자유로이 돌아다니는 말들 중 한 마리를 찾기 위하여 하루 종일을 보낼 수 있다. 그들은 중요한 사건과 축제에 완전히 전념할 수 있다. 그들이 행하는 것을 그들은 집중력을 갖고 끈기 있게 행한다. 춤추는 날에 노인과 노파조차도 우리 백인 관찰자들이 느끼기에는 단조로운 춤을 일정한 리듬에 따라 아주 태양이 작열하는 데에도 여러 시간씩 수행하는 것을, 더군다나 종종 무거운 가면과 의상을 입고 춤추는 것을 우리들로서는 거의 이해하기가 어렵다. 확실히 이것은 북아메리카의 모든 인디언 부족에게는 아니라 할지라도, 다른 인디언 부족, 아마도 남아메리카의 인디언 부족에게도 적용될 수 있을지 모른다. 그러나 이것은 우리가 그 밖의 해명과 비교 가능성을 얻기 위해서 그들의 시간-공간 파악도 보다 자세히 연구해야 한다는 요구를 함에 틀림없다.

결론적 판단을 내리기에는 필자의 짧은 인상이 결코 충분치 않다고 필자는 분명히 생각한다. 하지만 필자가 여기에 제시한 결과가 워프의 정보를 한 걸음 더 넘어서게 하며, 소명이 있는 학자들로 하여금 이 문제를 계속 연구하도록 아마도 보다 새로이 고무시킬지도 모른다. 미국인이 아닌 필자에게 특별하게 느껴지는 것이 다른 원주민 언어 전문가에게는 덜 이상하게 느껴질 수도 있다. 우리가 아무것도 모르는 한 우리가 진짜다라는 옛날의 경험이 여기서 진실로 판명될 수 있다.

예를 들어서 한스 옌젠(Hans Jensen)의 비교적 오래된 논문 「특히 동사에서 시간 파악을 위한 언어 표현(Der sprachliche Ausdruck für Zeitauffassungen insbesondere am Verbum)」(1938)은 큰 주의를 요한다. 거기서 다음 장은 호피 어 증거 자료를 평가하는 경우 조심하도록 경고한다.

동사에서 원래의 시제 형태(II A)와 관계하는 이와 같은 수정은 완전히 다르다. 이것을 위하여 원시인의 언어에서 언어 수단은 대부분 불분명하고 온전하지 않게 형성되거나 결코 존재하지 않는다. 이러한 사실은 시간 인식 형태를 형성함에 있어서 결여하고 있음을 추론하게 한다. 그래서 가령 북아메리카의 다코타 언어에서는 현재 시제와 과거 시제를 위해 동시에 단지 하나의 시제만 있다. 미래는 단지 kta(예상하다)를 가지고 바꿔 쓰기를 통하여서만 정확하지 않게 표현될 수 있다. 치키토[Chikito(S.-A.)]에서 'ng-tomoe-ka'는 '나는 묶는다(현재), 나는 묶었다(과거), 나는 묶을 것이다(미래)'를 의미한다. 구라니[Guraní(S.-A)]에서 'a-yukā'는 '나는 죽인다(현재), 나는 죽었다(과거, 현재 완료), 나는 죽였었다(과거 완료)'를 의미한다. 바카이리(Bakaïri) 어의 형태에 대해서 슈타이넨(V. D. Steinen)은 다음과 같이 말하고 있다: "-se-형태와 -he-형태가 우세하게 현재와 미래에 속한다. 어간 형태와 어간 + ta형태에서, -le와 -dile에서는 현재와 과거의 차이가 존재하지 않는다." 이 언어에서 'kxopaleka uta-le eti-na'가 1. '어제(kxopaleka) 나는 집으로 갔다.' 2. '내일(kxopaleka) 나는 집으로 갈 것이다'를 의미한다. 여기서 시간 차이가 동사 형태에서나 부사에서 표현되지 않고 있다. 그린랜드어는 사건이 중단하지 않고 일어나는지, 아니면 잠시 동안 일어나는지, 항상, 일찍 혹은 두 번째로, 등등과 같이 일어나는지를 표현하기 위하여 여러 가지 수단, 즉 화법적 행위 양태를 포함하고 있는 반면에, 독일어의 현재 시제나 과거 시제를 나타내기 위해서 특징 없는 동일한 동사 형태를 사용한다.[203]

일부는 그 자료가 아주 오래된 것이기에 적합한지, 또 옌젠이 옳게 해석했는지는 불확실할지도 모른다. 그러나 시간의 이분은 분명히 유일한 것도 아니고, 파악할 수 없는 것도 아니다. 하랄트 바인리히(Harald Weinrich)는 특별한 이유가 있었다 할지라도 이것을 시제와 관련한 그의 책에서 마찬가지로 분명히 강조하고 있다. 그는 물리학에서 현재(to nýn), 즉 지금을 과거와 미래 사이의 경계(péras)로서만 특징지은 아리스토텔레스를 언급하고 있다. 그는 또한 카시러(E. Cassirer)도 언급하고 있다. 카시러는 아프리카 어인 에베(Ewe) 어와 솸발라(Schambala) 어를 다른 종류의 시간 이분의 예로서 인용하고 있다. 그는 이때에 아프리카 어 전문 학자 베스터만

---

203) H. Jensen, 1938, S. 299 f.

(Westermann)과 뢸(Roehl)에 의지하고 있다. 언어 원자료를 검토하지 않고 수행하여 경솔한 판단을 하고 있으며, 나아가서 워프의 정보와 관계하여 몇 가지 오류를 포함하고 있는 바인리히의 슈펭글러(Spengler), 워프, 그리고 호피 인디언에 대한 설명[204]은 물론 문제의 해명을 위해서 기여하지 않는다.

모든 이러한 정보를 검토하는 것이 우리들의 과제일 수는 없다. 오히려 이러한 암시가 세계의 언어에서 시간 파악의 가능성에 대한 충분한 사진을 얻기 위해서는 무엇을 수행해야 할지를 분명히 해 줄 것이다. 비로소 그제야 호피 어의 특별한 상태를 충분히 판단하는 것도 가능할 것이다.

---

204) H. Weinrich, 1964, S. 302-313.

제5장

회고, 결과, 전망

우리가 이제 이른바 사피어-워프 가설과 언어 상대성 원리에 대한 문제와 관계하고 있는 문제점들을 여러 각도에서 조명하였으며, 철학자, 심리학자, 사회학자, 인류학자, 인종학자, 언어학자들이 제시한 수많은 논거들을 제기하고, 서로 대비시켜 검토해 보았다. 우리는 벤저민 리 워프의 너무도 용감한 말과 항상 모순이 없지 아니한 그의 서술 방식을 통하여 어떤 오해를 낳았고, 잘못 해석하도록 하게 했는가를 보았다. 비평가들도 일부는 그들이 너무도 과격하게 거부함으로써 가끔은 과녁을 빗나갔다.

워프 논제가 국제적으로 논의되는 가운데 많은 것이 해명될 수 있었다. 워프의 인식론적 전제는 결정적인 대목에서 불충분한 것으로 드러났다. 인식을 상대화하는 이론들의 가능성에 대한 문제와 그와 연관된 순환 논증의 위험에 대한 문제는 특정한 극단적 입장을 포기한다면 대답할 수 있다. 아담 샤프의 포괄적 서술은 인식 과정에서 인간 개체와 사회와 연관된 주관적 요소들을 인정하게 하였다. 그와 더불어 마르크스주의의 반영론과 이른바 관념주의의 언어관 사이에 중재가 될 수 있었다. '언어적 세계상', '(학문적 혹은 과학적) 세계상', '(이데올로기적) 세계관'이라는 개념들을 정확히 규정하고 구별함으로써 워프가 잘못 생각한 여러 관찰 차원들을 구분할 수 있었다. 개념 자체의 개념을 보다 자세하게 규정하는 것, 즉 개념의 언어 관여성을 강조하는 것, 그리고 개념을 단어 의미나 단어 내용의 개념과 구분하는 것이 특히 절박한 것으로 드러났다. 이러한 방법으로 사고 과정에서 언어가 참여하는 여러 가능성을 더 잘 판단할 수 있었다. 이와 관계하여 시금석으로 간주된 번역 문제는 극단적 판단에서 벗어나, 보다 현실적 판단을 하도록 할 수가 있었다. 나아가서 언어와 철학 사이의 관계와 아울러 언어와 문화 사이의 관계가 많은 학자들이 가정해 왔던 것보다 더 뒤얽혀 있다는 것이 드러났다. 모든 언어의 공통된 특징, 가정된 언어 보편성, 그리고 사실적 다양성 사이의 관계에 대한 문제도 인류학적·언어 철학적 관점을 고려하여 보다 조심스럽게 다루고, 보다 객관적으로 판단할 수 있게 하는 보다 넓은 범주 속으로 갖다 놓을 수 있었다. 마지막으로 호피 인디언들의 공간-시간 파악의 중심적 문제를 해명하기 위해 독자적 시도를 해 보았다. 그래서 호피 인디언도 시간을 사실 독특하긴 하지만 이해할 수 있는 방식으로 체험한다는 것이 증명되었다고 간주해도 된다. 그들의 시간 관념은 여러 가지 관점에서 옛날 농부 문화의 관을 닮았다고 말할 수 있다.

이와 같은 해명, 바로잡음, 제약이 이제 언어 상대성 원리가 있느냐 없느냐 하는 우리들의 테마 문제에 대답하도록 해 주는가?

오늘날의 연구 상태와 나타난 어려움을 고려할 때 '예', '아니오'로 간단히 대답할 수는 없다. 그러나 수정된 대답은 시도해도 된다.

1. 언어 상대성 원리에 대한 벤저민 리 워프의 진술

무수한 논의를 한 이후에 처음에 인용한 워프의 언어 상대성 원리에 대한 두 말을 돌아보면 우리는 이제 다음 사실을 확인할 수 있다.

언어적 세계상(sprachliches Weltbild, 훔볼트의 의미에서 sprachliche Weltansicht)이라는 개념에 대해서 설명하고 있는 것을 고려할 때, 워프의 논제의 첫 말은 따라서 적합하지 않다고 말할 수 있다. "만일 그들의 언어적 배경이 유사하거나 어떤 방식으로든 공통분모를 갖지 않는다면, 모든 관찰자가 같은 물리적 사태를 접해도 동일한 세계상으로 나아가는 것은 아니다"라고 워프가 말했다면, 그는 일차적으로 언어의 내용 속에 있는 세계의 소여 양태와 관계하는 것이 아니라, 이차적으로 획득될 수 있는 자연과 경험 세계의 관계에 대한 통찰과 관계한다. 이러한 방식으로 생겨난 세계상은 그 세계상을 구성하고 형성하게 하는 언어의 의미 잠재성에서 직접 파생될 수 있는 것이 아니다. 아마도 언어 구조는 이차적으로 획득된 여러 가지 세계상과 세계 구도에 영향을 줄 수 있다. '소박한(einfach)' 원시인의 경우에는 언어적으로 미리 주어진 것과 생각된 것 사이의 관계, 그리고 '언어적 세계상'과 이차적으로 생각해 낸 세계상 사이의 관계가 큰 현대 문명과 산업 사회에서보다 확실히 훨씬 더 밀접하다. 소박하고 자연에 가까운 상태에서는 사고와 언어의 결합 관계가 자명한 실재이며, 언어에 대한 비판적 거리 두기를 할 수 없는 반면에, 전 스펙트럼의 비판적 학문을 이용할 수 있는, 보다 발달된 사회는 공통 언어(Gemeinsprache)의 과학 이전의 이해 지평을 능가하여 세계를 다양하게 학문적으로 해석하는 구상을 하게 되는 통찰을 얻을 수 있다. 언어 관습에 반하여 생각하고, 그것을 능가하여 생각하고, 메타언어 차원과 전문 용어를 도입함으로써 일반 언어의 이해 지평을 상당히 확대하고, 감각의 제약을 받는 인식 가능성의 한계조차 연기하는 것이 여기서는 가능하게 된다.

약간 달리 들리는 언어 상대성 원리에 대한 워프의 두 번째 말도 새로운 해석을 필요로 한다. 여기서는 "매우 서로 다른 문법을 가진 언어를 사용하는 사람들은 이 문법을 통하여 외관적으로는 서로 비슷한 관찰을 전형적으로 서로 다르게 관찰하게 되고, 서로 다르게 평가하게 되며, 따라서 이들은 관찰자로서 서로 등가적이 아니며, 세계에 대해 어떻게든 서로 상이한 견해에 이르게 된다"고 말한다. 워프가 여기서 '문법'이라고 일컫는 것을 우리가 의미적 구조를 포함한 언어 전체로 이해한다면, 각기 서로 다르게 의미를 분절하고, 각기 생활에 중요한 의미 영역에서 어휘 분화를 서로 다르게 하는 것이 언어 사용자의 주의력과 자주는 또한 식별할 수 있을 정도로 행동을 조종하는 영향을 미치는 한에서는 워프의 말이 맞다. 하지만 상이한 파악이 완전히 사이가 벌어지도록 하지 못하도록 해 주는 인간 경험의 중요한 조절적 원리가 있다는 제약을 곧장 덧붙여야 한다. 이러한 조정 원리를 한편으로는 인간의 생물학적 공통 전제 속에서, 다른 한편으로는 인간 외적 자연과 대상 세계의 구조 속에서 찾을 수 있다. 이때에 강조되어야 할 점은 오늘날의 학문적 인식의 상태에서는 자연은 사건의 천변 만화경적인 흐름으로 특징지어질 수 있는 것이 아니다. 오히려 인간 정신이 비로소 고안한 것은 아니지만, 인간 정신이 발견한 복잡한 질서와 구조의 조직체로 특징지을 수 있다. 각기 달성한 언어의 발달 단계와 아울러 그와 연관된 정신 문화적 수준, 그리고 인간의 의식 단계가 어떤 통찰이 가능하며, 그 통찰을 어떻게 말할 수 있을 것인가를 함께 결정한다. 인간은 "어느 정도 서로 다른 세계관에 이르게 된다(somewhat different views of the world)"는 워프의 결론적 말은 '어느 정도(somewhat)'라는 작은 단어 속에서 모든 엄밀한 해석을 배제하는 불안 요인을 갖고 있다. 왜냐하면 이 '어느 정도'라는 말이 무슨 의미인가를 자세히 아는 바로 거기에 좌우되기 때문이다. 우리가 '세계관(views of the world)'이라는 표현을 여기서 독일어 번역에서 일어나듯이 아주 보편적으로, 즉 세계에 대한 가능한 생각, 견해, 관념 등을 언급하는 것으로 이해하고, 언어 결정론적 폐쇄적 세계상의 의미로 이해하지 않는다면 ─언어 결정론적 폐쇄적 세계상의 의미라면 제약되어야 할지도 모른다─ 우리는 그런 말에 완전히 동의할 수 있다. 왜냐하면 그런 종류의 언어적 영향은 생각 가능할 뿐만 아니라 이미 무수한 경험적 언어 연구를 통하여, 그리고 추가적인 심리학적 테스트를 통하여 증명되었기 때문이다.

2. 극단적 입장의 거부

우리가 이러한 해석을 한 이후에 다시 워프 기본 논제의 두 표현으로 되돌아가 본다면 우리는 그가 여기서 근본적으로는 결코 엄격한 의미에서의 언어 상대성 원리를 말한 것이 아니라고 말해야만 한다. 워프의 생각은 오히려 비로소 여러 가지 다른 진술 속에서 더 심하게 그러한 상대성 원리로 나아간다. 여러 다른 진술에서 그는 훨씬 더 과격해져서 서로 다른 언어를 사용하는 화자는 서로 다른 세계 속에 살며, 언어가 세계 경험을 결정하며, 따라서 서로 다른 언어 세계들 사이에 존재하는 차단막은 원칙적으로 정신적 경계선이 된다는 주장을 하게 된다. 너무 심각한 결론을 내림에 틀림없을지도 모르는 그와 같은 극단적 견해에 반하여 당연히 진지하게 이의가 제기되었다. 그러한 언어의 중재적 성격을 크게 오인한 그와 같은 '범

언어적(panlinguistisch)'인 논제가 분명히 잘못된 것으로 봐야 한다. 그리고 우리는 그것을 이후 학문적 논의에서 완전히 배제해야 할 것이다. 워프의 명예가 손상되지 않도록 하기 위하여 물론 당장에 그가 이러한 과격한 입장을 일관되게 주장한 것은 아니라는 점을 첨언해야 한다. 오히려 그가 직접 더 완화된 입장을 취하고 있는 곳을 충분히 제시할 수 있다.

3. 상대성 사상의 이성적 핵심

중재적 견해가 진리에 더 가깝다. 왜냐하면 이는 인식 과정에 참여하는 모든 요인을 더 잘 고려하기 때문이다. 우리가 이러한 요인들을 끌어들인다면 상대성 사상은 대표적인 이성적 핵심 사항으로 환원될 수 있다. 이러한 관점 아래에서 다음과 같이 말해도 된다.

언어로 객체화되어, 그와 더불어 학문적인 분석이 가능하게 된 모든 인간의 생각은 '상대적'이다. 즉 그가 표현할 때에 수단으로 사용하는 그 언어의 진술 수단과 진술 가능성에 관계를 맺고 있다. 이는 증명할 수 있다. 생각이란 바로 미리 주어진 문법 구조, 어휘 구조, 그리고 통사 구조라는 테두리 내에서 형상을 얻을 수 있다는 기본적이고 근본적인 의미에서 이것은 타당하다. 하지만 근본적으로 보잘것없는 이러한 결론과 더불어 이것이 무엇을 말하고 있으며, 이런 방법으로 어떤 특별한 판단을 말하고 있는지는 아직 결정될 수 없다.

그러나 생각의 자유에 관한 한, 모든 개인적인 생각은 간주관적인 (intersubjektiv), 그리고 초개인적으로 타당한 의사소통 수단, 즉 주어진 언어 규범을 거쳐 중개되어야 한다는 것을 고려해야 한다. 따라서 언어는 개체와 공동체 간의 교점이 된다. 언어라는 사회적 대상 구조물이 개인의 진술에 어떻게 작용하는가는 모든 관계 요인들을 매우 세밀하게 전체 분석을 함으로써만 알 수 있다. 여기서 상황 관계, 화자의 진술 의도, 청자의 이해 수준과 이해를 위한 준비성, 말하는 대상, 이러한 진술을 가능하게 하는 언어적 수단 등이 고려되어야 한다. 완전하고 학문적으로 지탱할 수 있는 분석이 얼마나 어려운지는 분명하다. 우리는 이러한 방향에서의 대부분의 주장이 높은 요구에 결코 부응하지 못함을 고백해야 한다.

4. 개체와 공동체 및 일반성과 특수성의 교점으로서의 언어

일상적 언어 사용, 즉 특수한 과제와 사고 요구 밖에서의 인간들 간의 의사소통 과정에 관한 한 여기서 시인 후고 폰 호프만슈탈(Hugo von Hofmansthal)의 말이 타당하다. 그의 말이 학문적 진술보다 사실을 보다 유연하고, 보다 적절하게 특징짓고 있다.

찬도스 경이 베이컨 경에게 보내는 유명한 가공의 편지에서 그 시인이 언어에 대한 자신의 무력함에 대하여 그가 절망하고 있음을 표현하기 7년 전에 다음과 같이 쓰고 있다. "…말이 인간의 폭력에 시달리는 것이 아니라, 인간이 말의 폭력에 시달린다…우리가 입을 연다면 항상 수천 명의 죽은 자들이 함께 말한다."[205] 이 마지막 문장에서 모든 화자는 역사적으로 적재된 자료를 이용해야 하며, 그는 미리 각인된 많은 개념에 반하여 그의 개인적 생각을 관철시켜야 한다는 것을 특히 두드러지게 강조하고 있다.

---

205) 이와 관련하여 H. Gipper, 1967, S. 407을 참고하라.

철학자 브루노 리브룩스(Bruno Liebrucks)는 언어 구조물 이면에, 즉 화자가 말하는 것 이면에 "언어 자체, 즉 제2의 화자가 한 명 더 서 있다"[206]고 말함으로써 같은 관계를 주목시키고 있다. 언어는 이른바 전승받은 의미를 말하고 있어서 모든 발화는 이중의 관점에서 해석될 수 있다. 첫째는 화자가 무엇을 말하려고 하는지, 그가 무엇을 의도하고, 생각하고 있는지를 물을 수 있다. 이것을 위해서는 자세한 맥락 분석이 필요하다. 유사점(Parallelstellen)이 중요할 수 있다. 둘째는 선택된 언어 수단을 근거로 무엇을 말하고 있는지, 즉 각기의 타당한 언어 규범을 근거로 무엇이 내용적으로 실현된 것으로 간주되는지가 검토될 수 있다. 어원적 의미 관계, 즉 더 이상 살아 있지 않은 의미 관계를 끌어들여서 위험한 과잉 특성화로 나아가는 해석을 경계해야 한다. 철학자 하이데거가 휠더린(Hölderin)과 트라클(Trakl)의 시를 해석한 것이 이러한 절차의 증거이며, 동시에 이 길의 위험성을 보여 준다. 보편성과 특수성의 교점으로서의 언어는 앞서 형성된(vorgeprägt) 모든 보편 개념이 구체적 발화에서 특정한 것을 말할 수 있으며, 그와 더불어 특수한 것으로 된다는 것을 통하여 화자의 의도에 다가간다. 하지만 양자 간의 간섭 현상을 고려해야 한다. 확실히 생각한 것과 말한 것 사이의 차이, 미리 주어진 것과 의도한 것과의 차이가 실제로 현저하지 않거나 인식할 수 없는 인간 발화의 넓은 영역을 상상할 수 있다. 잠재적으로 가능한 것과 실현 가능한 것 사이의 긴장이 한도 내에서 일어나는 한 그것은 문제가 없다. 보다 까다로운 정신적 과정에서는, 보다 엄밀하게 사상적으로 작업을 해야 할 경우에는 그 갈등을 분명히 느낄 수 있

---

206) B. Liebrucks, 1964 ff., Bd. 1, S. 38. 이와 관련하여 같은 책 S. 295도 참고하라. 여기에 "그가 여기서 무엇을 말했는지를 그는 예감할 수 없었다"라는 J. G. Hamman의 말이 나온다.

어서 심각한 표현의 어려움에 직면하게 된다. 작가가 변별적 부호를 사용하거나 바꿔 쓰기나 그 밖의 추가적 설명을 함으로써 정상적인 언어 사용과 구별할 필요를 느끼는 곳에서는 어디서나 이것을 인식할 수 있다. 우리는 그러한 경우에 사상가나 시인이 어떤 사상을 표현하기 위해 사투를 했다고 말하곤 한다. 통용되고 있는 언어 사용의 규범이 얼마나 방해적일 수 있는가는 특히나 보편 언어의 어떤 표현이 특정한 의미 내용을 가지는 개념으로 고양되어야 하는 경우에 분명해진다. 그렇다면 거의 항상 관습적 내용이 관철되고, 그 내용이 모든 특수화하려는 의도를 무시해 버린다. 이는 보편 언어에서 파생한 세계상(Weltbild)이라는 표현과 계속 혼동되는 언어적 세계상이라는 개념에도 마찬가지로 적용된다.

5. 언어 제약성 정도의 차이

인간의 사고가 언어의 제약을 받느냐 하는 핵심적인 질문은 이와 같은 복잡한 사태를 고려할 때 제약을 어느 정도로 받느냐 하는 문제로 바뀌어야 한다. 왜냐하면 이 제약성은 여러 요인에 좌우될 수 있기 때문이다. 이러한 요인들에 대해서 보다 자세히 규정되어야 한다. 이때에 경직된 입장을 대변할 것이 아니라, 여러 가지 매개 변수와 극단적 가능성들 사이에서 유동적인 스펙트럼을 보여 줄 수 있음을 고려해야 한다. 우리가 이미 인용한 것으로 되돌아간다면 인류학적인 전체 틀의 윤곽을 그려서, 개개의 문제들을 그 전체 틀 안에 포함시킬 수 있다.

6. 인간 언어의 근원과 과제

호모 사피엔스는 증명할 수 있듯이 원래 동물적 근원을 가지지만, 거기서 나와서 구어를 형성함으로써 그가 살고 있는 세계에 정신적으로 접근할 수 있게 되었으며, 이러한 방법으로 결국 동물의 단계를 능가하게 될 수 있었다. 의미를 구성함으로써, 그리고 그 의미가 조음된 어음에 결합됨으로써 세계가 이용 가능하게 되고, 동시에 사고가 현실적 상황으로부터 독립될 수 있었다. 그와 더불어 사건과 미래적인 사실에 대한 반성의 가능성이 열린다. 언어 기원의 출발점이 유일한지 어떤지, 단일 발생이 문제 되는지, 아니면 다원 발생이 문제 되는지를 우리는 모른다. 최초의 언어 유물들은 하지만 이미 언어의 다양성이 아주 현저했음을 보여 주고 있으며, 근본적인 유형의 다양성을 보여 주고 있다.

모든 인간의 육체적·감각적 전제들은 오늘날 원칙적으로 동일한 것으로 간주된다. 그 때문에 우리는 특수한 지구상의 생활 조건, 마찬가지로 보편적 생활 조건에 밀접하게 상호 관계를 맺고 있는 생물학적 보편성이 있다고 말해도 된다. 종(種)의 생명과 생존을 보장하는 인공두뇌 공학적 특성의 기능 순환(Funktionskreis)[52]이 문제된다. 그러나 이러한 보편적 인류 차원에서 벌써 인종적·지리적·기후적 종류의 많은 다양성이 있다. 이런 다양성이 심리적 관점에서도 영향을 줄 수 있으며, 아울러 언어에 영향을

---

[52] 생물학자이자 동물학자인 야콥 폰 윅스퀼(Jakob Johann von Uexküll, 1864~1944)이 수립한 이론으로서, 행동 연구에서 외계의 특성과 동물에서의 반응 유발 간의 상관관계에 주된 관심을 갖는다. 그의 이론을 설명하고 있는 그림에 따르면 자질 보유자(Merkmalträger)로서의 외계는 인지계(Merkwelt)를 거친 후 수용자(Rezeptor)의 인지 기관(Merkorgan)으로 접수되며, 이는 다시 수용자의 행동 기관(Handlungsorgan)을 거치면서 영향자(Effektor)로서 작용계(Wirkungswelt)를 거쳐 자질 보유자에게 영향을 미친다.

줄 수 있다. 그래서 언어 양식을 만들어 낼 수 있는 체험 능력과 기질과 이해 능력 등의 차이가 있다. 레비(E. Lewy)와 요하네스 로만(J. Lohmann)과 같은 학자들이 언급한 바 있는 큰, 지리적으로 지나친 언어 유형의 형성도 그와 같은 다양성과 연결됨에 틀림없다.

7. 모든 자연 언어의 근본적 성능

모든 언어는 고유한 방식으로 언어 공동체에 중요한 경험 세계의 순간들을 포착한다. 더군다나 그래서 (단어의 아주 광의의 의미에서) 모든 기억된 대상들과 (사건의 진행 등) 체험된 모든 과정은 일정한 방식으로 개념적으로 분절되고, 요약되어, 언어 기호라는 복잡하고 체계적인 구조물을 이룬다. 이러한 언어 전체는 추가적으로 다양한 수평적·위상적 하부 체계와 계층으로, 그리고 수직적·사회적 하부 체계와 계층으로 나뉘고 분화될 수 있다. 이들 체계와 계층들은 서로 관계를 맺고 있을 뿐만 아니라, 경우에 따라서는 대립을 이루기도 하고, 이른바 언어 장벽으로 나타날 수도 있다. 이런 분류가 어떤 종류인가는 해당 인간 집단의 역사적·사회적 조건, 각기 도달한 문화적·의식적 수준에 달려 있다.

모든 언어는 세계 포착의 목적을 위한 분절된 의미로서, 그리고 파트너 간에 이러한 의미를 전달하기 위한 분절된 의미로서 파악될 수 있다. 모든 언어는 개인의 의사 표현을 위하여, 자신과 다른 사람을 위한 정보를 위하여, 인간들 사이의 의사소통과 이해를 위하여 개인에게 기여한다.

어떤 언어 속에 나타난 세계의 소여 양태, 즉 언어를 가지고 수행된 일차적 세계 해명을 '언어적 세계상(sprachliche Weltansicht 혹은 *sprachliches*

Weltbild)'이라 부를 수 있다.

철학적으로 말한다면 "세계 이해의 선험적 의미-아프리오리", 즉 "자연
언어의 사고 형태로 된 아프리오리 합명제"(K. O. Apel)가 문제 된다. 역사
적으로 점점 늘어난 인간 집단의 세계 경험은 그들의 언어 속에 보존되어
있으며, 이것은 모든 의식적인 개인의 사고를 위한 전제가 된다. 언어 습
득의 과정을 통하여 미리 주어지는 언어 체계는, 보다 자세히 말한다면,
유효한 언어 규범은 집단의 구성원들에 의하여 받아들여진다. 그래서 개인
의 학습 조건이 서로 상이함에도 불구하고 언어 전제는 아주 충분한 공통
성을 가지게 되어, 서로 함께 언어로 의사소통하고, 함께 무엇에 대해서 대
화하는 것이 가능하게 된다.

8. 언어 체계, 언어 구조, 언어 기호의 구성

언어 체계, 언어 구조, 언어 기호의 구성은 보편 인간적 전제와 연관되
어 있다. 모든 언어 속에는 의의(Sinn)가 조음된 음과 음 결합체(소쉬르의
signifiant)라는 유연한 자료에 연결된다. 언어 기호 내지는 단어 속에는 음
과 내용이 지속적으로 서로 함께 연결되어 있다. 그 때문에 불변적인 것
은 아니다. 모든 단어 내용(소쉬르의 signifié)은 언어 외적 대상, 즉 제네바
의 언어학자 소쉬르가 'chose réelle(실재물)'라고 일컫는 것을 정신적으로
포착하는 목표를 갖고 있다. 인접하는, 의의 친족의 기호들의 구조 속으로
그것이 편입해 들어감으로써 단어 내용은 하나의 위치가(位置價, 소쉬르의
'valeur')를 얻게 된다. 이 위치가는 인접하는 내용에 의하여 함께 결정된다.

언어음과 의의가 결합하게 되는 것은 대상이 주는 수많은 인상 중에서

화자에게 특징적으로 나타나는 그러한 인상들이 사상적으로 선택되고 규칙에 따라 조합되는 방식으로 단지 그렇게 일어날 수 있다. 의성적 표현, 즉 음을 그대로 그린 표현들이라는 의미에서 직접적인 음과 의의의 결합은 사실 항상 가능하긴 하나, 보다 발전된 언어 체계 속에서는 비교적 드물다. 언어가 어떤 대상의 모든 측면을 절대로 동시에 포착할 수 없기 때문에 언어는 반드시 제한적·추상적으로 처리해야 한다. 언어는 그래서 항상 선택하고, 분절하고, 평가한다. 이러한 평가는 평가하는 자가 언어가 아니라 화자라는 암시와 함께 자주 논란이 된다. 평가가 항상 개인에 의하여 실현되어야 한다는 점에서는 이것이 맞다. 언어 자체가 무엇을 행하는 것이 아니라, 그것을 사용하는 인간이 무엇을 행한다는 것도 분명한 사실이다. 그럼에도 불구하고 언어를 '행위자(Agens)'나 '동작자(Movens)'의 양태로 고찰하는 것이 비이성적인 것은 아니다. 왜냐하면 단어 내용 속에 보존된 평가와 함축적 의미가 언어 사용을 통하여 초개인적인 타당성을 획득하기 때문이다. 그 때문에 예를 들어서 특정한 단어들이 어의의 경멸적 의미를 갖는지, 아니면 그렇지 않은지, 그리고 특정한 화법이 특정한 상태에서 허용되는지, 그렇지 않은지는 개체의 기분에 좌우되는 것이 아니다.

언급한 이유에서 나오는 결론은 어떤 언어 수단도 자립적이거나 자족적일 수 없다는 것이다. 고립된 언어 수단과 고립된 언어 내용도 없다. 모든 언어 수단은 체계 속에서, 즉 타당한 규범 내에서 그 자리를 갖는 것이다. 이 규범은 의의 우주(Sinnkosmos)로서, 즉 모든 표현된 맥락에 선행하여, 그것을 비로소 가능하게 하는 '전체적(global)' 맥락으로 간주해야 한다.

모든 언어는 원칙적으로 중재자(Vermittlung)이다. 이것을 절대로 잊어서는 안 된다. 더군다나 인간(주체)과 세계(객체), 인간과 인간(주체-주체), 인간과 언어(주체-중재 수단) 사이의 중재자이다. 우리가 중재의 한쪽 극을 말소시킨다면 중재자는 붕괴하고 만다. 언어의 이러한 기능이 인식되고 인정된다면 사고에 미치는 언어의 영향을 과잉 해석하는 위험은, 즉 범언어주의(Panlinguismus)[53]라는 공포의 유령은 단번에 추방된다.

9. 현대의 사유에서 언어의 도구주의화

인류 역사에서 아주 늦게, 즉 비로소 20세기에 유럽 지역의 인간들은 언어 비평적으로 사유하고, 언어의 가능성과 한계에 대해서 반성할 수 있도록 해 주는 현대적 방식의 언어에 대한 거리 두기를 할 수가 있었다. 언어와의 결합이 비로소 한번 느슨하게 되었다면 언어는 그만큼 쉽게 다룰 수 있는 사유의 수단으로 될 수 있었다. 새로운 인식 관심이 전승받은 언어 관념에 역행하는 관찰을 가능하게 했다. 그러므로 전승받은 언어 관념을 능가하는 것이 필요하게 되었다. 특히나 자연 과학의 영역에서는 이미 언급한 바 있듯이 언어가 열어 주는 이해 지평을 훨씬 능가하는 통찰과 인식을 할 수 있게 되었다. 그러나 이론을 형성하고 실험을 계획할 때에 항상 언어적 전제가 방향 제시적이었다. 새로 발견된 존재 영역은 그것이 새로운 개념, 은유, 이미지의 도움으로도 포착될 수 있다면 그때에 비로소 정

---

[53] 울리히 슈타인뮐러(Ulrich Steinmüller)(1978, 15쪽)에 따르면, "언어를 가지고 인간의 사고와 특히 행동을 지배하고 조종하려는 노력은 베츠(W. Betz)가 '범언어주의(Panlinguismus)라고 부르는 언어 이론에 그 이론적 토대를 가지고 있다. 그것은 워프나 바이스게르버에서도 유사하게 발견되는 거의 언어 마법적 관념에 바탕을 두고 있다. 여기서는 세계와 인간의 사상을 형성하는 것은 바로 언어라는 것이다. 미리 주어진 언어 형식이 어떤 언어 공동체의 세계관과 인식 가능성을 결정짓는다. 언어에 대한 통치력을 장악하여 변화시키면서 언어 속으로 간섭하는 자는, 따라서 인간의 사상과 인간의 행동에 대한 통치력을 갖게 되는 것이다."

신적으로 정복된 것으로 간주될 수 있었다. 왜냐하면 정상적인 구체성에서 벗어난 아주 추상적인 이론조차도 언어적이고 개념적인 지주를 필요로 한다. 더욱이 수학 공식도 언어적 현상이다. 단지 비교적 높은 추상성의 단계에 있을 따름이다.

근대에 특히 이른바 엄밀 과학이 성공하고, 그러한 엄밀 과학적 관이 우월하다는 인상 아래에서는 언어가 순수 명칭 기능으로 심각하게 축소되었다고 말할 수 있을 정도로 언어의 도구적 성격이 전면에 부상하게 되었다. 이와 같은 극단적인 언어의 도구주의화(die Instrumentalisierung der Sprache)와 더불어 언어의 다른 중요한 성격을 소홀히 하고 과소평가하게 되는 현상이 나타나게 되었다.

언어의 인지적 측면과 사회적 측면에 현대 사회의 주도적인 인식 관심이 아주 놓여 있어서, 인간이 존재하기 위하여 마찬가지로 중요한, 언어의 울림 형태에서 표현되는 감정적 측면이 간과될 지경에 이르렀다. 인간은 그러나 자기의 언어를 가지고, 언어 속에서 생각할 뿐만 아니라, 언어 속에 있는 인간의 모든 정신적 계층과 함께 살아간다. 그의 언어의 음성적 울림 습관, 언어의 리듬, 언어의 울림 진행이 그가 편안함을 느끼는 정신적 기후, 분위기를 만들어 낸다. 언어의 문체를 위해서도 의미가 있는 언어의 이와 같은 중요한 측면은 언어 상이성을 판단할 때에 현재의 언어학적 학술 연구 활동에서보다 훨씬 더 큰 역할을 함에 틀림이 없을 것이다.[207]

언어 상대성 원리에 대한 질문에서도 이러한 관점이 도외시되어서는 안 될 것이다.

---

207) 이와 관련하여 필자는 파리의 Guillaume Hermann으로부터 계속 단서를 얻었다. 이 자리에서 필자는 귀중한 대화를 나누어 준 데 대해서 그에게 감사하고 싶다.

10. 주제 질문에 대한 가능한 대답

언급한 모든 요인을 고려할 때 우리는 따라서 우리들의 주제 질문에 대한 적절한 대답을 할 수 있게 된다.

모든 인간의 사유는 주어진 조건에 부합할 때에만 형상을 얻을 수 있는 한, 인간의 사유는 구사하는 언어 체계와 그 체계의 의미 구조의 표현 가능성에 '상대적(relativ)'이다. 보다 높은 수준의 추상적 사유는 그 때문에 인공적 상징 체계를 만들어 냄으로써 일상 언어(Gemeinsprache)에서 해방될 수 있다. 하지만 완전히 언어 독립적으로까지는 되지 않는다. 왜냐하면 일상 언어의 이해 지평을 결국 무시할 수는 없다. 일상 언어의 이해 지평은 의사소통과 이해 가능성의 마지막 조건으로 머물기 때문이다.

'상대성(Relativität)'이라는 말은 '일정한 관계 속에 있다(in einer bestimmten Beziehung stehen)'는 말 그 이상도, 그 이하도 아니다. '상대성'과 '상대적(relativ)'이라는 단어는 여기서는 경멸적 함축 의미를 띠지 않는 가치 중립적인 관계 개념이다. 그에 반하여 '상대주의(Relativitismus)'는 경멸적인 개념일지도 모른다. 그런 점에서 이와 관련하여 가능하다면 '상대주의'라는 개념은 사용을 피하여야 한다.

인간의 사유가 구사하는 언어와 관련하여 대상화된다면, 인간의 사유는 구사하는 언어와 함께 정신적으로 결정될지도 모른다는 것을 의미하지는 않는다. '상대성'이 '결정론(Determinismus)'을 의미하지는 않는다. 인간 정신은 구사하는 언어의 유한한 수단을 무한히 사용할 자유를 갖고 있다. 하지만 인간 정신이 언어로 무엇을 표현하더라도 완전한 독립성과 절대성에 이를 수는 없다. 이와 같이 제약된 의미에서, 그리고 수정된 의미에서 언어 상대성 원리를 말해도 된다. 언어 상대성 원리는 의사소통을 위해서 노력하고, 평화의 세계에서 살기를 원하는 인간 사회 사이의 극복할 수 없는 차단막을 열어젖히지는 못한다. 오히려 그와 같은 이해 가능성의 조건이 인식되지 않는 한 참된 이해는 불가능하다는 것을 주목하게 한다. 모든 이해가 언어를 전제로 한다는 것에 대한 통찰은 이에 속한다. 고전 물리학을 타당하지 못하게 하지 아니하고, 확보된 인식에 근거를 무너뜨리지 아니하고, 오히려 반대로 고전 물리학을 비로소 가능하게 한 아인슈타인의 통찰과 꼭 마찬가지로, 인간의 사유 과정과 인식 과정에서 언어의 역할을 고려하는 것도 인간이 보다 나은 자기 인식과 지속적인 의사소통을 위하여 보다 견고한 기초를 쌓는 것을 도울 수 있다. 인간이 어느 정도로 서로 다른지를 그들이 인식할 때 비로소, 객관적 진리에 이르는 많은 동등한 권한을 지닌 주관적 길이 있다는 것과 언어는 이러한 정상에 오르기 위한 필수 불가결한 안내자라는 것을 인간이 알 때 비로소, 인류가 점점 더 절박하게 다가서게 된 그 존재 문제가 해결될 수 있다.

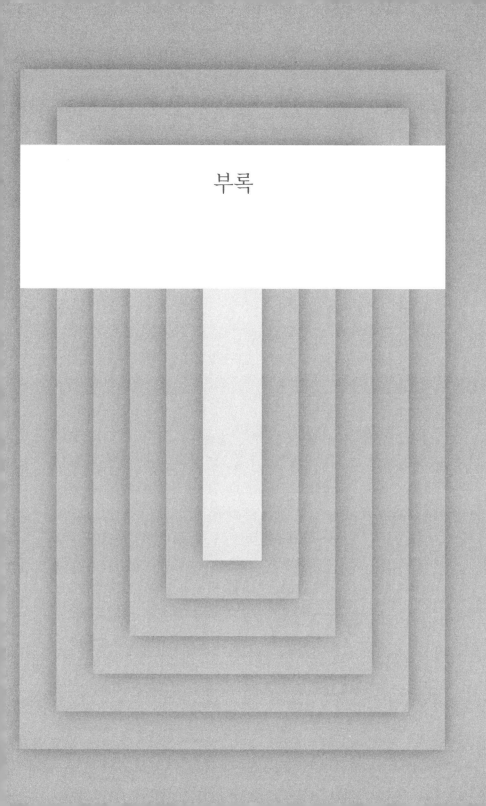

부록

호피 어 자료

공간과 시간 관계를 나타내는
호피 어의 표현 수단

발음에 대한 참고 사항 및 호피 어 자료에 대한 설명

공간 규정어와 시간 규정어에 대한 다음의 호피 어 표현 목록은 이들 영역에서 언어적인 가능성이 풍부하다는 인상을 전해 주게 될 것이다. 여기에 있는 것들은 단지 이미 전문 문헌에서 나와 있거나 필자 자신의 정보 제공자가 말해 준 형태와 화법만을 모아 놓은 것이며, 결코 있는 모든 것을 다 끌어모아 놓은 것은 아니다. 가장 오래된 원전은 1885~1894년 사이에 출판된 스티븐(A. M. Stephen)의 『호피 어 저널(*Hopi Journal*)』에서 인용했다. 가장 최근의 정보에 대해서는 필자는 1971년 7~8월 사이에 본에 방문한 필자의 정보 제공자 제임스 쿠총시(James Kootshongsie)에게 감사한다. 자료는 그러니까 지난 86년간의 시간대에 걸쳐 있다. 세 개의 메사(Mesa) 모두가 포착되어 있다. (수사의 영역에서) 소수의 예외가 있긴 하지만 방언 차이, 특히 음성 차이[예를 들어서 제2메사: ef/efe(거기에), 제3메사: (ep/epe)]는 여기서 고려하지 않았다. 연세가 많은 언어 능력이 있는 화자조차 전체 수용된 표현을 여전히 알고 있거나 자유자재로 구사할 수 있다고 생각할 수는 없다. 비교적 젊은 정보 제공자는 사실 가끔씩 특정한 표현이 여전히 있으나 그들 자신은 알 수 없다는 것을 증명해 보였다. 오늘날의 청년들은 점점 더 심하게 미국의 영향을 받고 있으며, 언어적 문화 변용 현상을 보였다. 그래서 옛날의 호피 어 수 체계가 이미 기본 수사를 제외하고는 상당히 사용되지 않고 있다. 그래서 보다 이전의 형태도 제시해 보이는 것이 그만큼 더 중요해 보였다. 쿠총시(55세)는 인디언 보호 구역 호피 마을인 호테빌라(Hotevilla, 제3메사) 출신인데, 오늘날에도 여전히 살아 있는 언어재(言語材)를 훌륭하게 구사하는 대표자로 간주된다. 하지만 그도 몇몇 비교적 오래된 자료들이나 몇몇 다른 메사의 자료들은 증명할 수 없었다. 이것들은 °을 가지고 표시하였다.

여기에 끌어모아 놓은 것은 특히 어휘 자료를 증명하는 것이 문제가 되기 때문에 발음을 어떻게 하는지 상세히 설명하는 것은 포기하였다. 서로 다른 원전에서 유래하는 정보들을 쓸 때에는 최근에 북애리조나 보충교육 연구소(Northern Arizona Supplementary Education Center: NASEC)가 출판한 호피 어 교재에서 흔히 사용한 정서법 관례를 따랐다.

다음에서 간략한 설명을 덧붙인 것은 독일어 독자들이 호피 어를 발음하게 될 때에 약간 수월하도록 하고, 그들에게 호피 어가 독일어 언어 관습과 어느 점이 다른가를 보여 주기 위해 그렇게 했다. 더 자세한 정보를 원하는 자는 푀겔린(C. F. Voegelin)이 쓴 『호피 어 관련 방언 연구를 위한 음소 표기법(Phonemicizing for dialect study with reference to Hopi)』이라는 책에서 호피 어의 상세한 발음 분석을 볼 수 있을 것이다.

1. 모음

장음과 단음은 표시하지 않았으나 주 강세는 ' ´ '로 표시했다.

철자	발음
e	대부분 개음, 독일어의 'Säge'에서와 같은 장음[54]이나 'Bett'에서와 같은 단음[55] 혹은 'Liebe'의 끝 음절에서와 같이 악센트 없는 음절에서의 음.[56] 호피 어 표현 tévenge'e[그는 서쪽으로 간다(er geht nach Westen)]는 tä:vängö'ö/'tɛ:veŋə'ə/로 발음된다.
u	길든 짧든 간에 입술을 뒤로 당기고, 즉 비원순 모음으로 발음한다. 그러므로 'gut'에서와는 달리 발음되며 오히려 입술을 옆으로 당기고/i/로 발음한다면 'Luther'의 발음과 유사하다.[57]

2. 이중 모음

ai	Kaiser의 ai음이다.[58]
oi	Häuser의 äu음이다.[59]

---

[54] 한글 모음 'ㅐ'
[55] 한글 모음 'ㅔ'
[56] 한글 모음 'ㅓ'
[57] 한글 모음 'ㅡ'
[58] [ai]

aw, ew, iw, uw	독일어의 a, e, i, u 다음에 후속 모음 u를 덧붙여 발음한다. 예를 들어 yaw(it is said), 자주 나타나는 이야기 불변화사 já^u.[59]

3. 자음

c	독일어의 파찰음 z를 발음할 때 필자는 이중 자음 'ts'. 7을 나타내는 호피 어 단어 'cánge'는 꼭 독일어의 'Zange'처럼 발음된다.[60]
ch	독일어의 'tsch'와 같이 발음[61]
k와 q	호피 어는 두 개의 k-자음을 갖고 있는데 쓰기는 'k'와 'q'로 두 가지로 쓴다. 양자는 독일어의 'k'음과 같지 않다. 호피 어 'k'는 더 앞쪽에서(경구개음 palatal), 'q'는 더 뒤쪽에서 발음된다(구개음 uvular). 'p, t, k' 설명을 참고하라.
ky (+모음)	'kj'로 발음된다.
ny (+모음)	'nj'로 발음된다.
p, t, k	독일어 두음에서 이 음들을 발음할 때 자주 일어나듯이 대기음으로 발음하면 안 된다. 영어에서도 자주 일어나는 그러한 '경음'은 백인들이 호피

---

59 [ɔy]

60 한글 모음의 'ㅏ우', 'ㅔ우' 혹은 'ㅐ우', 'ㅣ우', 'ㅜ우'

61 한글 자음의 'ㅊ' 혹은 'ㅉ'과 유사하나 독일어는 한글에서보다 더 앞쪽, 즉 이빨 가까이에서 생성된다.

62 영어의 [tʃ]

어를 조음할 때에 전형적인 실수로 자주 웃음거
리가 된다. 유성음 'b, d, g'는 호피 어에서는 드
물고 'p, t, k'에 대립 기능을 갖고 있지 않기 때
문에 어쨌든 잘못된 대기음을 내지 않도록 하자
면 오히려 이 '연음'으로 발음하도록 조언할 만하
다. 호피 어 음은 가령 'Bein'과 'Pein', 'Deich'와
'Teich', 'Greis'와 'Kreis'의 중간음이다. 그러나
무성음이다. 모음 사이에 있는 철자 'b'는 대부분
꼭 'v'처럼 발음되므로 주의해야 한다. 가령 지명
'Oraibi'는 'Oraivi'로 발음된다.

q	'k'의 설명을 참고하라.
r	짧게 굴린다.
s	두음에서조차 항상 무성음이므로 독일어와는 다 르다(독일어는 s 뒤에 모음이 뒤따르면 대부분 유 성음으로 난다).
sh	'sch'[63]와 같이 발음된다.
t	'p, t, k' 설명을 참고하라.
y	모음 앞에서 'j'로 발음된다. 그렇지 않으면 'i'로 발음된다.
'	독일어의 두음(예: 'Achtung)뿐만 아니라 간음 (예: Ver'ein)에서 자주 나타나듯이 모음이 처음 소리를 시작할 때 경하게 내는 것을 말한다. 이른 바 후두 성문 파열음(Kehlkopfknacklaut, glottal stop)이다. 호피 어에서 이 음은 단지 간음에서

---

63 [ʃ]

그 예가 주어진다. 그러나 두음과 말음에서도 나타난다.*

호피 어 자료에서 사용된 약어 목록

1. 출처 관련

(C.)	Corpus의 약자. 자료가 현존 자료(텍스트와 인터뷰 등)에서 따온 것이다.
(H.D.)	Ch. F. Voegelin/F. Voegelin의 *Hopi Domains*를 가리킨다.
(H.J.)	A. M. Stephen의 *Hopi Journal*을 가리킨다.
(H.J./Whorf)	B. L. Whorf의 *Hopi Journal*을 가리킨다.
(J.K.)	J. Kootshongsie를 가르킨다.
(Titiev)	M. Titiev의 *Old Oraibi*를 가리킨다.
(Waters)	F. Waters의 *Book of the Hopi*를 가리킨다.
(Whorf HL)	B. L. Whorf의 *The Hopi language, Toreva dialect*를 가리킨다.
°	J. Kootshongsie에 의하여 증명되지 아니한 자료를 말한다.

---

* 이 자모음 발음 힌트를 작성할 때에 친절하게 조언해 준 필자의 동료 콜러(Klaus Kohler) 교수께 감사드린다.

2. 문법 사항 관련

특별히 문법적 단서를 강조한 것은 호피 어에서 공간·시간 파악의 판단과 관계하고 있다(4장 5절 참고). 이들은 연구 상태를 근거로 단지 그러한 문법적 표시가 충분히 논증된 것으로 보이는 형식들에만 첨가되어 있다. 이 말은 그 밖의 표시되지 아니한 형식들도 언급된 범주에 속할 수 있다는 것을 배제하지 않는다.

Abl.	Ablativ(탈격)
All.	Allativ(향격)[64]
Ill.	Illativ(장소 이동격)
Loc.	Locativ(처소격)
M	Raum-Zeit-Metapher(공간−시간 은유)
N	Nomen/Substantiv(명사)
Pl.	Plural(복수)
Sg.	Singular(단수)
V	Verb(동사) 내지는 동사화된, 즉 서술적 형태

---

[64] 장소나 사람 쪽으로 방향을 나타내는 격.

매우 중요한 장소 규정어

호피 어는 일련의 공간 관계를 인칭 대명사나 지시 대명사에서 파생시킬 수 있다. 워프는 해당 형식을 격으로 나타내고 영어 용어 locative, allative, illative, ablative라고 불렀다. 출발점으로서 그는 고립적으로 나타나지 않는 특정 대명사의 기저를 설정한다. 다음에 모아 놓은 것은 일련의 그 밖의 기저를 도입함으로써 워프의 해석과 연결된다. 다만 형태가 풍부하다는 것을 개관할 수 있도록 하고자 하며, 문법적 논박의 여지가 없음을 요구하지는 않는다. 여기서 그 밖의 연구의 판단을 기다린다. 이 서술을 할 때에 고립된 형태에서부터는 그 형태들이 맥락 속에서 어떻게 사용되는지가 항상 충분히 분명하게 유추될 수 있는 것이 아니라 부족함을 감수해야 한다. 이것이 정보 제공자를 통한 그 검증을 어렵게 한다. 우리는 계속해서 재질문과 '그것은 당신이 그것을 어떻게 사용하느냐에 달려 있습니다'라는 논평을 고려해야 한다. 단순 상황 관련 문장에서는 형태들은 하지만 대부분 큰 어려움 없이 인정되고 또한 보다 쉽게 문법적으로 규정될 수도 있다.

1. 방위

kwini-(-북쪽, 북-, 북쪽의-)라는 기저에서 파생

kwiníwi	(H. J. 1191, 1241: northwest, north, direction of sunset at summer solstice, cardinal direction which corresponds to northwest, but is often identified with north).
V	(H. J./ Whorf 1241: verb, is northwest)

(Gipper : Haupthimmersrichtung, Richtung des Sonnenuntergangs bei der Sommerson- nenwende, genau : Nordwesten, oft mit Norden indentifiziert. 주된 방위 중 하나, 하지 때에 일몰의 방향, 바로: 북서, 자주 북쪽을 가리키기도 한다)

kwinívaq   (C.) pointing to the north

[Gipper : nach Norden (weisend). 북쪽으로 (가 리키면서)]

kwiníwyak   V   (H. J. / Whorf 1241 : adjective-verb, ist northwest).

(Gipper : nordwestlich. 북서쪽의)

kwiníwiq-´a(~ya)   V   (H. J. / Whorf 1241 : adjective-verb, is north).

[J. K. : I'm(you're, he/she's)/~we(you, they)'re going north, answer to the question 'Where are you going?' etc.].

[Gipper : Ich(du, er/sie/es) gehe(gehst, geht)/wir(ihr, sie) gehen(geht, gehen) nach Norden ; Antwort auf die Frage : Wohin gehst du? etc. 나/너/그/그녀/그것/우리/너희들/그 들은 북쪽으로 간다 ; '너/그/그녀/그것/우 리/너희들/그것들은 어디로 가니?'라는 질문에 대한 대답]

kwiníngyaq   (J. K. : from north).

(Gipper : von Norden her. 북쪽에서부터)

kwiníngyaq pítu/öki   V   [J. K. : I'm(you're, he/she's)/~we(you, they)'re coming from north].

[Gipper: Ich(du, er/sie/es) komme(kommst, kommt)/wir(ihr, sie) kommen (kommt, kommen) von Norden. 나(너, 그/그녀/그것)/우리(너희들/그들)은 북쪽에서 온다]

téveng-(-서쪽, 서-, 서쪽의-)라는 기저에서 파생

tévyünga, tévyunga
(H. J. 1191, 1304: cardinal direction which corresponds to the southwest, but is often identified with west).

(Gipper: Haupthimmelsrichtung, genau: Südwesten, oft mit Westen identifiziert. 주된 방위 중의 하나. 바로: 남서쪽, 자주 서쪽을 가리 키기도 함)

tévenga, teveng-
(H. J./ Whorf 1304: noun and adjecktive).

tévenge'e(~-ya)   V
[H. D. A 9.1.: he's(they're) going west].

[J. K.: I'm(you're, he/she's)/~we(you, they)'re going west; answer to the question: Where are you going? etc.].

[Gipper: Ich(du, er/sie/es) gehe(gehst, geht)/wir(ihr, sie) gehen(geht, gehen) nach Westen; Antwort auf die Frage: Wohin gehst du?, etc. 나는(너/그/그녀/그것/우리/너희 들/그들은) 서쪽으로 간다; '너는(그/그녀/그 것/우리/너희들/그들은) 어디로 가니?'라는 질 문에 대한 대답]

távang'a	V	(J. K.: in the west, stationary: where it's located; answer to the question: Where have you been?, etc.).
		(Gipper: im Westen; Antwort auf die Frage: Wo warst du?, etc. 서쪽에, '너/그/그녀…는 어디에 있었니?'라는 질문에 대한 대답)
távanq'-e(~-ya)	V	[J. K.: I'm(you're, he/she's)/~we(you, they)'re coming from west].
		[Gipper: Ich(du, er/sie/es) komme(kommst, kommt)/~wir(ihr, sie) kommen (kommt, kommen) von Westen. 나는(너/그/그녀/그것/우리/너희들/그들은) 서쪽에서 온다].
távangkw		(H. D. A 9.1: from the west).
		(Gipper: von Westen her. 서쪽에서부터)

tatöq-(-남쪽, 남-, 남쪽의-)라는 기저에서 파생

tátyuka, tátyuko		(H. J. 1191, 1301: southeast, direction of sunrise at winter solstice, cardinal direction which corresponds to the southeast, but which is often identified with the south).
		(Gipper: Haupthimmelsrichtung, Richtung des Sonnenaufgangs bei der Wintersonnenwende, eigentlich Südosten, oft mit Süden identifiziert. 주된 방위 중의 하나, 동지 때에 해가 뜨는 방향, 원래 남동쪽, 자주 남쪽을 가리킴)
tátök	V	(H. J./Whorf 1302: adjective-verb and

adverb, is southeast.

[Gipper: (ist) südostwärts. 남동쪽으로]

tátöka,tátöök　　　　　(H. J./ Whorf 1302: noun, southeast).

(Gipper: Südosten. 남동쪽)

tátöq-'a(~-ya)　　　V　　[H. D. A 9.1.: he's(they're) going south].

[J. K.: I'm(you're, he/she's)/~we(you, they)'re going south].

[Gipper: Ich(du, er/sie/es) gehe(gehst, geht)/wir(ihr,sie) gehen(geht, gehen) nach Süden. 나/너/그는…남쪽으로 간다]

tátyaq　　　　　　　(J. K.: from south).

(Gipper: von Süden her. 남쪽에서부터)

tátyaq-'e(~-ya)　　　V　　[J. K.: I'm(you're, he/she's)/~we(you, they)'re coming from south)].

[Gipper: Ich(du, er/sie/es) komme(kommst, kommt)/~wir(ihr,sie) kommen(kommt, kommen) von Süden. 나/너/그는…남쪽에서 온다]

hópoq-(-동쪽, 동-, 동쪽의-)라는 기저에서 파생

hópoko　　　　　　(H. J.: 1191, 1221: northeast, place of sunrise at summer solstice, cardinal direction which corresponds to northeast, but is often identified with east).

(Gipper: Haupthimmelsrichtung, Richtung des Sonnenaufgangs bei der Sommerson-

		nenwende, genau : Nordosten, aber oft mit Osten identifiziert. 주된 방위 중의 하나, 하지 때에 일출 방향, 바로 : 북동쪽, 그러나 자주 동쪽을 가르킴)
hópok		(H. J. / Whorf 1221 : noun, adjective).
hópoq-´a(~-ya)	V	[H. D. A 9.1. : he's(they're) going east]. [J. K. : I'm(you're, he/she's)/~we(you, they)'re going east]. [Gipper : Ich(du, er/sie/es) gehe(gehst, geht)/~wir(ihr, sie) gehen(geht, gehen) nach Osten. 나/너/그는…동쪽으로 간다]
hópaq-´e(~-ya)	V	[J. K. : I'm(you're, he/she's)/~we(you, they)'re coming from east]. [Gipper : Ich(du, er/sie/es) komme(kommst, kommt) / ~wir(ihr, sie) kommen(kommt, kommen) von Osten. 나/너/그는…동쪽에서 온다]

o-(그 위에, 높이, 위에)라는 기저에서 파생

óva, óve	Loc.	(C.) high, in the zenith, above (Gipper : hoch, oben, im Zenit. 높은, 위에, 정점에서) (H. D. A 9.2. : above, on top). (H. J. / Whorf 1268 : in the zenith, high). (H. J. 1268 : high, zenith).
sus´óva		(C.) right, directly above (Gipper : genau oben. 바로 위에)

óvaqaˈe, susˈóvaqaˈe		(C.) topmost
		(Gipper: höchst, oberst. 가장 높은)
		(H. D. A 9.2.: topmost).
ómi	All.	(C.) up, upward, to the zenith
		(Gipper: aufwärts, zum Zenit. 위쪽으로, 정점 쪽으로)
		(H. J./ Whorf 1267: up, upward, to the zenith)
ómik, ómiq	Ill.	(C.) high up, in, into the zenith
		(Gipper: hoch oben, nach oben, im Zenit. 높이 위에, 위쪽으로, 정상에서)
		(H. J./ Whorf 1267: into or in the zenith, high up).
ómiq-ˈa(~-ya)	V	[J. K.: I'm(you're, he/she's)/~we(you, they)'re going above].
		[Gipper: Ich(du, er/sie/es) gehe(gehst, geht)/~wir(ihr, sie) gehen(geht, gehen) nach oben, aufwärts. 나/너/그는…위쪽으로 간다]
	V	(H. J./ Whorf 1267: verb, goes up).
ómiyuka, omyuka		(H. J. 1267: zenith, above).
		(Gipper: Zenit, oben. 정상, 위)

at-(아래에, 아래, 깊이)라는 기저에서 파생

átkya, átˈk(y)a, átˈkyaa		(C.) down, below, nadir
	Loc.	(Gipper: unten, tief, Nadir. 아래에, 깊은, 천저)
		(H. J./ Whorf 1204: low place, underworld, below).

(H. J. 1204: nadir, below, underworld).

(Gipper: Nadir, unten, 'Unterwelt'. 천저, 아래에, 지하 세계)

átkyami   All.   (C.) down, below

(Gipper: unten, unter, hinunter. 아래에, 아래, 아래로)

(H. J. 1204: below place).

(H. J./ Whorf 1204: below).

[J. K.: going below or to a lower level(short distance)].

átk(y)amiq   Ill.   (C.) down, below

(Gipper: unten, unter. 아래에, 아래)

(H. D. A 9. 2: down).

(H. J./ Whorf: below).

[J. K.: going below or to a lower level(longer distance)].

átkamiq-´a(~-ya)   V   [J. K.: I'm(you're, he/she's)/~we(you, they)'re going below].

[Gipper: Ich(du, er/sie/es) gehe(gehst, geht)/~wir(ihr, sie) gehen(geht, gehen) nach unten. 나/너/그는…아래쪽으로 간다]

átk(y)aq   (C.) down, below(looking down from top)

[Gipper: unten, unter(von oben herunterblickend). 아래에, 아래(위에서 아래로 보면서)]

átkyaqa´e, sus´átkyaqa´e   (C.) underneath, bottommost; it is down below

(Gipper: tiefst, unterst, darunter; es ist da

unten. 가장 깊은, 가장 아래의, 그 가운데, 그것
은 저 아래에 있다)

(H. D. D 2. 6., A 9.2: underneath, bottommost).

(J. K.: lowest level).

°átö   (H. D. D 2. 6.: under).

V   [H. J./ Whorf 1204: adj. v. (is) low, in a low
or deep position].

(Gipper: unter, befindet sich in einer tiefen
bzw. tieferen Position. 아래, 낮은 위치, 내지는
보다 낮은 위치에 있다)

átpep   (C.) below it

(Gipper: unter etwas. 어떤 것 아래에)

(H. J. 1204: below it).

그 밖의 방향 정보

nánanivo   V   (H. J./ Whorf 1259: verb, is directed to or
pertains to all directions)(H. J. 1259: all the
directions).

[Gipper: alle Himmelsrichtungen, in alle(n)
Himmelsrichtungen. 모든 방위, 모든 방위로]

nánan'ivoq'a(~~ya) V   [H. D. A 9.1: he's(they're) going in all directions].

[Gipper: er geht(sie gehen) in alle Richtungen.
그/그들은 모든 방향으로 간다]

nánan'ivoq   V   (J. K.: coming from/going to all directions).

(Gipper: aus allen Richtungen kommend, in
alle Richtungen gehend. 모든 방향에서 오는,

모든 방향으로 가는)

enévoqa   (H. D. A 9.1: direction between directions, as between north and west, east and south).

(Gipper: Richtung zwischen den Himmels-richtungen, wie zwischen Nord und West oder Ost und Süd. 북쪽과 서쪽 사이 혹은 동쪽과 남쪽 사이와 같이 방위들 사이의 방향)

enévoqʼ   V   (J. K.: I'm going in all directions, answer to the question: Where are you going?).

(Gipper: Ich gehe in alle Richtungen, Antwort auf die Frage: Wohin gehst du? '너 어디로 가니?'라는 질문에 대한 대답으로서 모든 방향으로 간다)

2. 대명사 기저에서 온 장소 규정어

inú-[nú/núʼu(나, ich)]라는 기저에서 파생한 것

inúʼpe, inúʼve Loc.(at, in)   (Whorf HL 166: Loc. der Basis *inú-*).

(C.) at/in me

(Gipper: bei, in mir. 나에게, 내 속에)

(H. D. A. 12. 2.: *úm inúpe pútu.* 네가 나보다 더 무겁다)

inúmi, inúmiʼi   All.(to)   (Whorf HL 166: Loc. der Basis *inú-*).

(C.) at/to me, in front of me, before me, in front of me, beyond me

	(Gipper: zu mir, auf mich zu, vor mich hin, über mich hinaus. 나에게로, 나를 향하여, 내 앞쪽으로, 나를 능가하여)
	(H. J./ Whorf 1224: to me).
	(H. J. 1224: to me).
inúmiq, inúmiqa, inúmiq´a	(Whorf HL 166: Ill. der Basis *inú*-).
Ill.(into)	(C.) onto me
	(Gipper: auf mich hin/zu. 나를 향하여)
inúngaq, inúngaqö	(Whorf HL 166: Abl. der Basis *inú*-).
Abl.(from, in)	(C.) from me.
	(Gipper: von mir, von mir weg. 나로부터, 나로부터 떨어져서)
inútpik	(C.) below me, in front of me
	(Gipper: unter mir, vor mir. 내 아래에서, 내 앞에서)
inútpip	(J. K.: before me).
	(Gipper: vor mir. 내 앞에서)
yápinútpip	(J. K.: beyond me).
	(Gipper: jenseits von mir. 나의 저편에서)
imópe	(J. K.: in front of me).
	(Gipper: vor mir, mir gegenüber. 내 앞에서, 내 맞은편에서)

itámu-(ítam-우리), ú(um-너), umú[um(a)-너희들]라는 기저에 대한 비슷한 파생 계열이 있다. 자주 하지만 인칭 대명사와 지시 대명사의 3인칭의 기저에 대한 파생어들이 있다. 다음에 요약한다.

pá-[pam-그(er)/그것(es)/그녀(sie), 저(jenes), 저기(dort)]라는 기저에서 파생한 것

pev, pépe, pév'e　　Loc.	(Whorf HL 167: Loc. der Basis *pá-*).
pép, pépe, pép'e, pépeq	(C.) there, at, in
	(Gipper: dort, bei, in. 거기에, -에)
	(H. D. 2.6.: *pép* there, *pép'e* right there).
pángso, pángso'o　All.	(Whorf HL 167: All. der Basis *pá-*).
	(C.) over there, to there(J. K.: short distance)
	[Gipper: dort drüben, nach dorthin (kurze
	Entfernung). 저 너머에, 저리로 (조금 떨어져 있음)]
	(H. D. 2. 6.: over there).
pángsok, pángsoq　Ill.	(Whorf HL 167: Ill. der Basis *pá-*).
	(C.) to, toward there (J. K.: longer distance)
	[Gipper: nach dorthin, darauf zu (weitere
	Entfernung). 저쪽으로, (멀리 떨어져 있음)]
pángaq, pángk, pángq	(Whorf HL 167: Abl. der Basis *pá-*).
Abl.	(C.) from there, there off
	(Gipper: von dort, von dort weg. 저기서부터,
	저기서 떨어져서)
pángkw, pángqö	(H. D. D 2. 6.: from there).
pang	(C.) around there, along there
	(Gipper: irgendwo dort herum, dort entlang.
	그 주위로, 거기를 따라서)
pángqay	(C.) around there.
	(Gipper: irgendwo dort herum. 그 주위로)
	(H. D. D 2.6.: around there).

páypangaʼa		(H. D. D 2.6.: right along there).
		(Gipper: genau dort entlang. 바로 거기를 따라서)

á-(3인칭 단수 인칭 대명사)라는 기저에서 파생

év, épe, évʼe	Loc.	(Whorf HL 166: Loc. der Basis *á*-).
ép, épe, épeq		(C.) at, in, there, etc.
		(Gipper: in, an, bei, dort, etc. -에)
		(H. D. D 2.6.: *ép* in there).
		(H. J. 1241: *ep* there).
		(H. J./Whorf 1214: *épe*, postposition, at, at it; adverb, there).
aw, áwʼi	All.	(Whorf HL 166: All. der Basis *á*-).
		(C.) to him, to it
		(Gipper: zu ihm, zu ihm hin. 그에게로, 그쪽으로)
ak, aq ákwa, ákwʼa	Ill.	(Whorf HL 166: Ill. der Basis *á*-).
		(C.) to it, into it, to him
		(Gipper: zu ihm hin, darauf zu. 그에게로, 그 것에로)
ángaq, angk, angkw, angq, ángaqö, ángqö		(Whorf HL 166: Abl. der Basis *á*-).
		(C.) from him/it, in it
	Abl.	(Gipper: von ihm, von ihm weg, darin. 그로 부터, 그것으로부터, 그 안에)
		(H. D. D 2.6.: angkw from there).
ang		(C.) around, along
		(Gipper: rundum, rundherum, entlang. 주위에, 따라서)

		(H. J./Whorf: adverb, thereon, thereupon, thereto, thereover, all around).
		(Gipper: darauf, dazu, darüber, rundherum)
áhoy		(C.) back, trun back, reverse
		(Gipper: zurück, rückwärts. 뒤로, 뒤쪽으로)
	V	(H. D. A 12. 7.: *áhovi námtöku'u* —turn around and face this way; B 7. 1. 1: *áhoyi* — he went back).

yá-(u, u'u- 이, 여기 있는 그)라는 기저에서 파생

yev, yépe, yév'e, Loc.		(Whorf HL 167: Loc. der Basis *yà-*).
yep, yépe, yápiq, yépeq		(C.) here, in, at, etc.
		(Gipper: hier, in, bei. etc. 여기에, -에서)
		(H. D. D 2.6.: *yép, yép'e* —right here)
pew, péwi, péw'i All.		(Whorf HL 167: All. der Basis *yá-*).
		(C.) here, to here
		(Gipper: hierher, in Richtung auf hier. 이리로, 이쪽 방향으로)
	V	(H. J./Whorf 1278: *pew*, adverb, to here, to this, hither, over here, here; *péwi*, imperative, come here!).
		(Gipper: hierher usw., Imperativ: Komm hierher! 이리로, 이리로 오라)
	V	(H. J. 1278: *pe'wüi* —come here).
		(H. D. D 2. 6.: *péw* —here).
yuk, yúkiq, yúkiqa,		(Whorf HL 167: Ill. der Basis *yá-*).

yúkiqˊa	Ill.	(C.) right here, right this way, etc.
		(Gipper: gerade, genau hier, genau so, etc. 바로 여기에, 바로 그렇게)
		(H. D. D 2. 6.: *yúqiq*—this way).
yangk, yángaq	Abl.	(Whorf HL 167: Abl. der Basis *yá-*).
		(C.) from here, here off
		(Gipper: von hier, von hier weg. 여기서부터, 여기서 떨어져서)
		(H. D. D 2. 6.: *yankw*—from here).
yáng, yangˊa		(C.) around here, along here
		(Gipper: hier herum, hier entlang. 여기 주위에, 여기를 따라서)
		(H. D. D 2. 6.: around here).
páˊyángˊa		(C.) right along here, right there
		(Gipper: gerade hier entlang, genau dort. 바로 여기를 따라서, 바로 거기에)
		(H. D. D 2. 6.: right along here).
páyyángˊa	V	(J. K.: it's right here).
		(Gipper: es ist genau hier. 그것이 바로 여기에 있다)

ayá-[가까운 의미: 저쪽(jenseitig), 장소(Ort), 위치(Stelle)]라는 기저에서 파생

ayám, ayámo, ayámˊo		(Whorf HL 167: Loc. der Basis *ayá-*).
	Loc.	(C.) yonder, place, over there
		(Gipper: jenseits, Ort, Stelle, dort drüben. 저편에, 장소, 위치, 저 너머에)

ayó, áyó'o	All.	(Whorf HL 167 : All. der Basis *ayá-*).
		(C.) to the place, aside, away
		(Gipper : zu jenem Ort, beiseite, weg, fort. 저 곳으로, 옆에, 떨어져서)
		(H. D. D 2.6. : *ayó'o*—aside, away).
ayák, ayákwa, ayák'wa		(Whorf HL 167 : Ill. der Basis *ayá-*).
	Ill.	(C.) to, into the place, over there
		(Gipper : zu jenem Ort hin, dort drüben. 저곳 으로, 저 너머로)
ayáq, ayángqö	Abl.	(Whorf HL 167 : Abl. der Basis *ayá-*).
		(C.) there off, from the place
		(Gipper : von dort, von jenem Ort weg. 거기서 부터, 저기서 떨어져서)
ayé		(H. D. D 2. 6. : place over there).
ayáq'a	V	(J. K. : I have been over there, answer to the question : Where have you been?).
		(Gipper : ich bin dort drüben gewesen-, Antwort auf die Frage : Wo bist du gewesen? '너 어디 갔다 왔니?'에 대한 대답으로서 '나는 저 너머에 갔다 왔다')

워프가 문법적으로 해석한 언급된 예문에 유추하여 그 밖의 기저의 주장도 받아들일 수 있는 것 같다.

háq(a)-(비한정의 의문사)라는 기저에서 파생

háqam	Loc.	(C.) where, somewhere, Where have you been?

(Gipper: wo, irgendwo, Wo bist du gewesen? 어디에, 어딘가에, 너 어디에 갔다 왔니?)

(H. D. D 2.5.: where, somewhere).

(H. J./ Whorf 1215: where, wherever, anywhere, somewhere, where is).

(H. J. 1215: where is).

háqami	All.	(C.) to where, wither, Where're you going?

(Gipper: wohin, irgendwohin, Wohin gehst du? 어디로, 어딘가로, 너 어디로 가니?)

(H. D. D 2.5.: to where, wither).

háqe	(C.) around there, somewhere around

(Gipper: dort ungefähr, irgendwo dort herum. 그 주위에, 그 주위에 어딘가)

háqaq(o)	Abl.	(C.) from where, from somewhere

(Gipper: von wo, von irgendwo. 어디에서부터, 어디에서든부터)

háqamo	(C.) where, from where, Where have you been?

(Gipper: wo, von wo, Wo warst du? 어디에서, 어디에서부터, 너 어디에 있었니?)

ac-[위(oben, über, auf)]라는 기저에서 파생

ácva, ácve, °ácpe	Loc.	(C.) over, above, on top (of)
		(Gipper: oben, über, darüber, auf-. 위에, 너머에, 그 위에)
		(H. D. D 5. 2.: on top).
ácvak		(C.) on it (connected with it)
		[Gipper: darauf (in Berührung damit). (그것과 접촉하여) 그 위에]
ácmi, ácmiq, ácvi	All.	(C.) on, upon, to the top
		(Gipper: auf. 위에)

3. 여러 장소 규정어(알파벳 순으로 나열)

ácava		(C.) middle, between two things
		(Gipper: Mitte, zwischen zwei Dingen. 중간에, 두 사물 사이에)
		(H. D. D 2. 6.: between).
áklami	All.	(C.) near of, to the side of (person or thing)
		[Gipper: nahe bei, in die Nähe von (in bezug auf Personen oder Dinge). 근처에, (사람이나 사물과 관계하여) 가까이에]
áklap, áklep	Loc.	(C.) near, beside, next to (one person)
		[Gipper: nahe, neben, nächst, in der Nähe (in bezug auf eine Person). 가까이에, (사람과 관계하여) 근처에]

| ákle | Loc. | (C.) near of, by, etc. |

ákle   Loc.   (C.) near of, by, etc.
                (Gipper: in der Nähe von, bei, etc. 의 근처에,
                옆에)
                (H. D. D 2. 6.: beside it).

ákwayn(y)ap   (C.) behind (somebody or any living thing)
                [Gipper: hinter (jemand oder irgendeinem
                Lebewesen). 어떤 누구 뒤에나, 어떤 생명체 뒤에]

amúcavak   (J. K.: between more things).
                (Gipper: zwischen mehreren Dingen. 여러 사
                물 사이에)

ámuklap   (J. K.: near, beside, next to more than one
                person).
                [Gipper: nahe, neben, nächst, in der Nähe (in
                bezug auf mehr als eine Person). 가까이에, 옆
                에, 바로 옆에, (한 사람 이상과 관계하여) 근처에]

°ánave   (C.) around
                (Gipper: rundherum, um…herum. 주위에, …
                주위에)

ánawit   (H. D. D 2. 6.: along/J. K.: along a course or
                path).
                [Gipper: weiter, vorwärts, entlang (eines Wegs
                oder Pfades). 계속, 앞으로, (길을) 따라서]

ang   (C.) around
                (Gipper: rundum, um, entlang. 주위에, 둘레
                에, …를 따라서)
                (H. J./ Whorf 1204: adverb, thereon, thereupon,

		thereto (indicating location not confined to one point, thereover, all around), sometimes =thereamong, in the midst).
áng'a	V	(C.) around here, it's there, it exists. (Gipper: hier herum, es ist hier, existiert. 여기 주위에, 여기에 있다, 존재한다)
ápavak		(J. K.: in the inner room). (Gipper: im Wohnraum. 거실에)
ápave	Loc.	(C.) inside (Gipper: innen. 내부에) (H. D. D 2. 6.: inside).
°ápi		(C.) far off (Gipper: weit weg, weit fort. 멀리 떨어져, 멀리 떠나서) (H. D. D 2. 6.: off in the distance).
épewa		[H. D. D 2. 6.: against/J. K.: also in opposition to (if you disagree with somebody)]. [Gipper: gegen, gegenüber (auch im übertragenen Sinn, sich gegen jemanden wenden). 대하여, 마주하여, (전승된 의미로도, 누구에 대항하다)]
háipo		(C.) not far, near (Gipper: nicht weit weg, nahe. 멀리 떨어지지 않아서, 가까이에)
ípo		(C.) outside (of the house, the reservation, etc.)

[Gipper: außen, außerhalb (des Hauses, des Reservats, etc.) 밖에, (집, 인디언 보호 구역의) 외부에]]

ípoq   V   (C.) (going) out, outside(J. K.: of the house or shelter)

[Gipper: nach außen, außerhalb (des Hauses oder Unterschlupfs gehen). 밖으로, (집이나 숙소의) 밖으로(가다)]

ípove   Loc.   (C.) outside of the house, the yard/(J. K.: in the outer room)

[Gipper: außen, außerhalb des Hauses, des Hofes (im Neben(wohn)raum). 밖에, 집이나 뜰의 밖에]

°kák'a   (H. D. D 2. 6.: to there, far away).

(Gipper: dorthin, weit fort. 그리로, 멀리 떨어져서)

mómi   All.   (C.) to, toward the front, first

(Gipper: zur Vorderseite, nach vorn, zuerst. 앞쪽으로, 앞으로, 처음)

mómiq   Ill.   (C.) to, into, in the front (of things or persons)

[Gipper: vornhinein, auf die Vorderseite zu (von Dingen oder Personen). 앞으로, 사물이나 사람의 앞쪽으로]

(H. D. D 2. 6.: toward the front).

násavak   (J. K.: center or middle).

(Gipper: Zentrum oder Mittelpunkt. 중앙이나 중심점)

násave	Loc.	(C.) in the middle, center
		(J. K.: seldom used, usually kiva's name).
		[Gipper: in der Mitte, im Mittelpunkt, im Scheitelpunkt (selten gebraucht, gewöhnlich Kivabezeichnung). 가운데에, 중심에, 정점에 (드물게 사용되며, 통상 키바 명칭)]
	V	(H. D. A 12. 5.: it's in the middle).
		(Gipper: es ist in der Mitte. 그것이 가운데에 있다)
násavi		(C.) middle, center
		(Gipper: Mitte, Mittelpunkt, Scheitelpunkt. 가운데, 중심점, 정점)
		(H. J. 1260 / H. J. / Whorf 1260: midway, center).
°népeq		(C.) side by side
		(Gipper: nebeneinander, Seite an Seite. 나란히 옆에, 어깨를 대고)
pápi		(C.) from there on
		(Gipper: von dort aus, von da ab. 거기에서부터)
pepéhaq		(H. D. D 2. 6.: over there, formerly there).
		(Gipper: dort drüben, ehemals dort. 저 너머에, 이전에 거기에)
pútngak		(H. D. A 12. 5.: right arm, right side).
		(Gipper: rechter Arm, rechte Seite. 오른팔, 오른쪽)
pútvak		(J. K.: to the, on the right; the right side is

evil, for it has no heart, it's clever and strong, but lacks wisdom).

(Gipper: rechts; die rechte Seite ist böse, denn sie hat kein Herz, sie ist schlau und stark, es fehlt ihr aber an Weisheit. 오른쪽, 오른쪽은 나쁘다. 왜냐하면 오른쪽은 심장이 없기 때문에. 오른쪽은 영리하고 강하다. 그러나 지혜가 결여되어 있다)

súnasave	Loc.	(C.) right, just in the middle

(Gipper: genau in der Mitte. 한가운데에)

susnásavaq

(J. K.: right in the center).

[Gipper: genau in der (die) Mitte. 한가운데에, 한가운데로]

su(s)yávo

(C.) far away, far off

(Gipper: weit entfernt, weit fort. 멀리 떨어진, 멀리 떨어져서)

(J. K.: farest).

(Gipper: am weitesten entfernt. 가장 멀리 떨어진)

súyngak

(J. K.: to the/on the left; the left side is good, for it contains the heart, it's awkward but wise).

[Gipper: links; die linke Seite ist gut, denn sie enthält das Herz, sie ist ungeschickt (linkisch!), aber weise. 왼쪽에, 왼쪽은 좋다. 왜냐하면 왼쪽은 심장을 포함하고 있기 때문이다. 왼쪽은 노련하지 못하나(서투르나) 지혜가 있다]

súyngkw		(H. D. A 12. 5.: left arm, left side).
		(Gipper: linker Arm, linke Seite. 왼쪽 팔, 왼쪽)
yávo		(C.) far away, far off
		(Gipper: weit entfernt, weit fort. 멀리 떨어진, 멀리 떨어져서)
		(H. D. A 10. 2.: far off).
°yóp'a		(H. D. D 2. 6.: beyond).
		(Gipper: jenseits. 건너편에)
yúmosa		(H. D. D 2. 6.: straight ahead).
		(Gipper: geradeaus, vorwärts. 똑바로, 앞으로)

4. 양 정보(알파벳 순으로 나열)

°ca'		(C.) little, short, few
		(Gipper: wenig, wenige, klein, kurz. 적은, 작은, 짧은)
		(H. D. A 11. 2.: few).
cáko	V	[H. J./ Whorf 1207: adjective, verb, (is) small].
		(H. J. 1207: small).
cáqa		(H. D. A 11. 2.: small area, as field).
		(Gipper: kleine Fläche, wie etwa ein Feld. 가령 들판처럼 작은 평지)
cáva		(C.) short, small
		(Gipper: kurz, klein. 짧은, 작은)
		(H. D. A 11. 2.: short)

	V	[H. J. / Whorf 1207: adjective, verb (is) short].
		(H. J. 1207: short).
hísa		(C.) how much, how many; few in number
		(Gipper: wieviel, wie viele; wenig, wenige. 얼마나, 적은)
		(H. D. A 11. 2.: how many, uncertain quantity).
		(H. J./ Whorf 1217: adverb interrogative and quantitative, how much, how long).
		(H. J. 1217: how many, how much, how long until).
hísa'haqamo	V	(H. D. A 11. 2.: about how much/J. K.: how much is it?).
		(Gipper: wieviel ungefähr, wieviel ist es? 대략 얼마, 얼마요?)
hísai		(C.) very small, minute; how much?
		(Gipper: sehr klein, winzig, sehr wenig; wieviel? 매우 작은, 근소한, 매우 적은; 얼마나?)
hísaihoya		(C.) very small, not enough
		(Gipper: sehr klein, sehr wenig, nicht genug. 매우 작은, 매우 적은, 충분하지 않은)
		(H. D. A 11. 2.: small, uncertain quantity).
hísakis		[H. D. A 11. 2.: few, less than ten; several, more than ten in reference to children, dogs; many(in reference to year)].
		(Gipper: wenige, weniger als zehn; mehrere, mehr als zehn in bezug auf Kinder, Hunde;

viele, in bezug auf Jahre. 적은, 10보다 적은;
애들이나 개와 관련해서는 10보다 많은; 연과 관
련하여 많은)

kyásta

(C.) many, plenty, mostly referring to people
or other living things

[Gipper : viel, viele (meist in bezug auf
Menschen oder andere Lebewesen). (대부분
인간이나 다른 생명체와 관련하여) 많은]

(H. D. A 11. 2. : many).

V   [H. J./ Whorf 1242 : adjective, verb, (are)
many].

(H. J. 1242 : plenty, many).

nála

(C.) alone, single, referring to one person

[Gipper : einzeln, allein (in bezug auf eine
Person). (사람과 관련하여) 단독의, 홀로]

(H. D. A 11. 2. : only one).

nanáltya   V   (H. D. A 11. 2. : there're alone).

(Gipper : sie sind allein, die einzigen. 그들은
홀로다. 유일한 자들이다)

níti

(C.) enough, a lot

(Gipper : viel, genug. 많은, 충분한)

V   (H. J./ Whorf 1263 : verb, has much, has a
great many things, is rich, has too much).

nítiwta

(C.) a lot, much, more, too much

(Gipper : eine Menge, viel, noch mehr, zu
viel. 많은, 더욱 많은, 너무 많은)

	V	[H. D. A 11. 2.: much, more(woman speaking)]. (H. J./ Whorf 1263: verb, has or is in too great quantity, has too much, have too much or are too many). (H. J. 1263: much).
pámsa	V	(H. D. A 11. 2.: he's the only one). (Gipper: er ist der einzige. 그는 유일한 사람이다)
pétingwu	V	(C.) they become fewer (Gipper: sie werden weniger. 그들은 적어지고 있다)
pétu		(C.) some, not all of it, few (refers to living things) [Gipper: einige, nicht alle, wenige (in bezug auf Lebewesen). (사람과 관련하여) 몇몇의, 모두가 아닌, 적은] (H. D. A 11. 2.: some).
púmasa	V	(H. D. A 11. 2.: they're the only ones). (Gipper: sie sind die einzigen. 그들은 유일한 자들이다)
sos, sóso		(C.) all, everything (Gipper: alle, alles. 모두, 모든 것) (H. J./ Whorf 1296: adjective, noun, all). (H. J. 1296: sóshü, soshüi—all).
sósok		(H. D. A 11. 2.: all, everything). (Gipper: alle, alles. 모두, 모든 것)

sósok híta		(C.) every kind
		(Gipper: alle Arten von. 모든 종류의)
		(H. D. A 11. 2.: every kind).
sósoyam		(H. D. A 11. 2.: all, everybody).
		(Gipper: alle, jeder. 모두, 각자가)
wuhak(a)		(C.) much, many, a lot
		(Gipper: viel, eine Menge. 많은, 많은 양의)
		[H. D. A 11. 2.: much, more(man speaking)].
	V	[H. J./ Whorf 1318: adjective, verb, (is) much, (are) many, and noun, much, large quantity].
		(H. J. 1318: many).
wu(l)haq hita		(H. D. A 11. 2.: lots of things).
		(Gipper: große Mengen von bestimmten Dingen. 많은 양의 특정한 사물)

매우 중요한 시간 규정어

5. 개관(알파벳 순으로 나열)

áhoy	M	(C.) back (in time)
		(Gipper: zurück, früher. 되돌아가는, 이전의)
ángsakis		(C.) often; as often as, each time.
		(Gipper: oft, so oft wie, jedesmal wenn. 자주, -만큼 자주, 할 때마다)
		(H. D. A 10. 2.: often).

ápi	M	(C.) on, i.e. do something on, continue doing something
		(J. K.: not lazy, ambitious, serving its purpose)
		(Gipper: weiter, d. h. etwas weiter tun, fortfahren etwas zu tun; nicht faul, strebsam, zweckdienlich. 계속, 즉 어떤 것을 계속하다. 어떤 것을 하기를 계속하다. 게으르지 아니한, 노력하는, 목적 달성에 기여하는)
ásakis		(C.) every, every time
		(Gipper: jedesmal, immer. 매번, 항상)
áson		(C.) soon, later on
		(Gipper: bald, später. 곧, 나중에)
		(H. D. A 10. 2.: soon).
		(H. J./ Whorf 1204: adv. soon, after a short time).
		(H. J. 1204: ásoni by and by).
ep	M	(C.) there/then, at particular time or date
		(Gipper: dort/dann, zu einer bestimmten Zeit. 거기서/그때에, 특정한 시간에)
		(H. D. D 2. 6.: in there).
		(H. J./ Whorf 1214: adv. there).
		(H. J. 1214: there).
éphaqam	M	(C.) sometimes; at that time
		(Gipper: zuweilen, ab und zu, zu der Zeit. 가끔, 이따금, 그때에)
ephaqámtiq	M/V	(C.) sometimes, now and then, not always

		(Gipper: zuweilen, dann und wann, nicht immer. 가끔, 항상은 아닌)
háqam	M	(C.) where, there/when, then
		(Gipper: wo, irgendwo, dort/wann, irgendwann, dann. 어디서, 어떤 곳에서든, 거기서/언제, 언제든, 그 다음에)
		(H. D. D 2. 5.: where, somewhere).
		(H. J./ Whorf 1215: pronoun interrogative and indefinite, where, wherever, anywhere, somewhere).
	V	(H. J. 1215: where is).
°háyoma		(H. J. 1215: about two hours after noon).
		(Gipper: ungefähr zwei Stunden nach Mittag. 정오가 지난 뒤 대략 두 시간)
hísa	M	(H. J./ Whorf 1217: adverb, interrogative and quantitative, how much, how long).
		(Gipper: wieviel/wie lange. 얼마나/얼마나 오래)
		(H. J. 1217: how many, how much, how long until).
		(Gipper: wie viele, wieviel/wie lange bis. 얼마나/얼마나 오랫동안?)
hísa tóki	M	(H. J. 1217: how many days hence).
		(Gipper: wie viele Tage von jetzt an. 지금부터 며칠간)
hísat		(C.) when, once, one day, at one time, before,

ancient, long ago, in former days

(Gipper: wann, einmal, eines Tages, zu irgendeiner Zeit, vor langer Zeit, alt, ehemalig. 언제, 한번, 어느 날, 어떤 때이든, 오래전에, 오래된, 이전의)

[H. D. A 10. 2.: °(with a short i) when—near in time, °(with a long i:) when—distant in time; A 12. 8.: *hisáto*—old].

(H. J./ Whorf 1217: adverb temporal, for some while, usually but apparently not necessarily referring to the past; a while ago, some time ago. Refers usually to short or moderate lengths of time, but also to things done in the far tribal past, anciently, in former days).

(H. J. 1217: *hisáto*—ancient)

hísat háqam		(J. K.: a long time ago).

(Gipper: vor langer Zeit. 오랜 시간 전에)

hísatiniq	V	(C.) after some while had passed

(Gipper: nachdem eine Weile vergangen war. 잠시가 흐른 뒤에)

hísatniq	V	(C.) after some while had passed

(Gipper: nachdem eine Weile vergangen war. 잠시가 흐른 뒤에)

hísatniqʼe	V	[J. K.: What time is it?(Literally: how much is it?)].

[Gipper: Wie spät(wieviel Uhr) ist es?

		(Wörtlich: wieviel ist es?) 몇 시입니까?(단어 그 대로의 뜻은 '얼마입니까?')]
hísatniqʼe	V	(C.) after some while had passed (Gipper: nachdem eine Weile vergangen war. 잠시가 흐른 뒤에)
hísatnoq	V	(C.) after some while had passed (Gipper: nachdem eine Weile vergangen war. 잠시가 흐른 뒤에)
hísava	M	(J. K.: short(of thing or person), also of song, story etc.). [Gipper: kurz, klein (Gegenstand oder Person), auch in bezug auf Gesang, Geschichte, etc. 짧은, 작은(대상이나 사람), 노래나 역사 등과 관련해서도 사용]
hísavo	M	(C.) short time/short distance (Gipper: kurze Zeit/kurze Entfernung. 짧은 시 간/조금 떨어져 있음) (H. D. A 10. 1.: in a little time, in short space; A 10. 2: short time in future, short space).
hísavoniq	M/V	(C.) after a short time had passed (Gipper: nachdem kurze Zeit vergangen war. 짧은 시간이 흐른 뒤에)
hísavonit	M/V	(C.) after he did that for a short time (Gipper: nachdem er das für kurze Zeit getan hatte. 그가 그것을 잠시 동안 한 이후에)
hísavoti	M/V	(H. D. A 10. 2.: he lasted a short time).

		(Gipper: er/sie/es dauerte für kurze Zeit. 그/그녀/그것이 잠시 동안 지속되었다)
huqáltok		(C.) two nights ago, day before last night (Gipper: vor zwei Nächten, zwei Nächte vorher, Tag vor der letzten Nacht. 두 밤 전에, 두 밤 이전에, 이틀 밤 이전의 날)
ic, íci/ich, íchi		(C.) early (Gipper: früh, früh am Morgen. 일찍이, 아침에 일찍이) (H. D. A 10. 2.: early, promptly).
	V	(H. J./ Whorf 1224: verb, hastens, comes swiftly, apparently used only as an exclamation: may it hasten, hurry up). (H. J. 1224: hasten).
löytok		(C.) two days ago/in two days (Gipper: vor zwei Tagen/in zwei Tagen. 이틀 전에, 이틀 있다가) (H. D. A 11. 1.: day after tomorrow). [H. J./ Whorf 1246: adjective, noun, (in) two nights]. (H. J. 1246: two days hence).
°masímhi	N	(C.) gray twilight (J. K.: Second Mesa). (Gipper: Dämmerung. 여명) (H. J./ Whorf 1250: noun, gray twilight). (H. J. 1250: last of twilight).
masíphi	V	(H. D. A 10. 1.: it's greying, getting dark).

		(Gipper: es dämmert, es wird dunkel. 어두워 지다)
míhi	N	(C.) night
		(Gipper: Nacht. 밤)
		(H. D. A 10. 1.: night).
	V/N	(H. J./ Whorf 1250: verb, is at night; noun, night, nighttime).
		(H. J. 1250: tonight, night).
míhiq		(C.) at night
		(Gipper: nachts. 밤에)
míhiq·e		(J. K.: tonight).
		(Gipper: heute abend. 오늘 밤)
°míhiyuk		(H. J. 1250: tonight; 1254: tonight).
		(Gipper: heute abend, heute nacht. 오늘 저녁, 오늘 밤)
móti	M	(C.) first, at first
		(Gipper: zuerst, anfangs; erster. 처음에, 시초에, 첫번째의)
		(H. D. A 11. 1.: first).
	V	[H. J./ Whorf 1251: adjective, verb, (is) first].
		(H. J. 1251: first).
mótima	M/V	(C.) he goes first
		(Gipper: er geht an der Spitze. 그는 선두에서 간다)
		(H. D. A 11. 1.: he's the first one going along)
		(H. J./ Whorf 1251: goes first, comes first).

[H. J. 1251: (goes) first].

mótiniq	M/V	(C.) when he was first

(Gipper: als er an der Spitze war. 그가 선두에 있었을 때)

mótiniqe	M/V	(C.) because he was first, he's going to be the first

(Gipper: weil er erster, Gewinner war; er ist im Begriff, der erste zu sein. 그가 선두, 승자였을 때; 그는 막 선두였다)

mótitani	M/V	(C.) he will be first

(Gipper: er wird der erste sein. 그가 일등이 될 것이다)

múyaw(u) (Sg.)	N	(C.) moon, month

(Gipper: Mond, Monat. 달, 월)

(H. D. A 3.: month).

(H. J. 1254: moon).

múmuyaw (Pl.)	N	(H. J./Whorf 1254: moons, months).
nálöstiqat	V	(C.) after he did that the fourth time

(Gipper: nachdem er das zum vierten Mal getan hatte. 그가 그것을 네 번째로 한 이후에)

nálötok	(C.) in four days/four days ago/the fourth day

(Gipper: in vier Tagen. 4일 후에/ vor vier Tagen. 4일 전에/ der vierte Tag. 4일째에)

(H. D. A 11. 1.: fourth day).

nánakavo, nánakavoni	(J. K.: day after day).

		(Gipper: Tag für Tag. 날마다)
náqavo		(C.) day after day
		(Gipper: Tag für Tag. 날마다)
		(H. D. A 10. 1.: day after day).
nat		(C.) while, for a little while
		(Gipper: während; eine kurze Weile. 동안, 잠시 동안)
		(H. D. A 10. 2.: while, for a little while, not yet, yet).
nátkya		(C.) still, up to today
		(Gipper: noch. 아직/immer noch. 여전히/bis heute. 오늘까지)
°nátok		(C.) now, today
		(Gipper: jetzt, heute. 지금, 오늘)
°níkyang		(C.) while (Conjunction)
		[Gipper: während (Konjunktion) 동안(접속사)].
		(H. D. A 2. 7.: perhaps so, and so).
nimán-totókya	N	(C.) last day/night before dance-day
		(Gipper: letzter Tag/Nacht vor dem Niman-Tanztag. 지난날/니만 전날 밤, 즉 춤추는 날 전날 밤)
		(H. D. A 10. 1.: night before Niman dance).
nonópsati		(J. K.: time to eat).
		(Gipper: Essenzeit. 식사 시간)
nonópsato	N	(H. J. 1042: food time; 1288: food time).
		(Gipper: Essenzeit. 식사 시간)

pánis	(H. D. A 10. 2. : always, very characteristically).
	(Gipper : immer, in bezeichnender Weise. 항상, 특징적인 방법으로)
pásat	(C.) then, and then
	(Gipper : dann, und dann. 그 다음, 그리고 그 다음)
	(H. D. A 10. 2. : then).
pay	(C.) so, now, and then, etc.
	(Gipper : so, nun, jetzt, und dann, etc. 그래서, 이제 지금, 그리고 그 다음에 등)
	(H. D. A 10. 2. : this moment, the next moment, already, then, and, but).
	(H. J./Whorf 1272 : adverb a) now, already, often used as a sign of present time; b) and now, and next, in narrative, and sometimes to denote immediate future; c) sometimes as interjection, right, that's right now; often an introducer of sentences and clauses, uses very idiomatic, does not mean 'very').
pay hísat	(C.) long ago
	(Gipper : vor langer Zeit. 오래전에)
	(H. J. 1272 : long ago, ancient, very old, from the ancients).
pay yaw	(C.) and then it is said (not literally!)
	[Gipper : Erzählpartikel : und dann sagt man, ist überlierfert (nicht wörtlich!) 이야기 불변화

사: 그리고 그 다음에 사람들이 말한다, 전해져
오는 이야기이다(문자 그대로는 아니다)]

(H. D. A 10. 2.: then maybe, then it is said).

páyistiqat	V	(C.) after he did that the third time

(Gipper: nachdem er dies zum dritten Mal
getan hatte. 그가 이것을 세 번째로 한 이후에)

páytok		(C.) in three days/three days ago/third day

(Gipper: in drei Tagen/vor drei Tagen/der
dritte Tag. 3일 있다가, 3일 전에, 세 번째 날)

(H. D. A 11. 1.: third day).

pépehaq hísat	M	(C.) long ago, once upon a time

(Gipper: vor langer Zeit, es war einmal. 오랜
시간 전에, 옛날 옛적에)

(H. D. D 2. 6.: once upon a time).

pí'ephaqam	M	(C.) about there, about that time

(Gipper: da herum, um diese Zeit herum. 그
주위에, 이 시간 주위에)

píw		(C.) again, also, repeated

(Gipper: wieder, wiederum, auch, ebenfalls,
wiederholt. 다시, 다시금, 또한, 마찬가지로, 반
복해서)

(H. D. A 10. 2.: again).

píw hísat		(C.) next time

(Gipper: das nächste Mal. 다음번)

píwni	V	(C.) I (you, he/she)'ll do it again

[Gipper: Ich(du, er/sie/es) werde(wirst, wird)

es nochmals tun. 나/너/그/그녀/그것은 그것
을 다시 할 것이다]

píwniniq	V	(H. D. A 10. 2.: repeatedly).

(Gipper: wiederholt, zu wiederholten Malen.
반복해서, 되풀이한 번수로)

pú', pú'u   (C.) so, now, then, etc.

(Gipper: so, nun, jetzt, dann, etc. 그래서, 이
제, 지금, 그 다음에)

(H. D. A 10. 2.: so, now).

(H. J./ Whorf 1285: adverb, then, at that time,
contemporaneously, immediately thererafter).

(H. J. 1285: now, today).

pú'natoq/pú'unato   (H. D. A 10. 2./J. K.: just now).

(Gipper: jetzt, gerade jetzt. 지금, 바로 지금)

pú'u se'elhaq   [J. K.: just a second ago(not literally)].

(Gipper: unmittelbar soeben. 바로 방금)

pú'yaw   (C.) and then it is said(not literally!)

[Gipper: Erzählpartikel: und dann sagt man,
ist überliefert(nicht wörtlich!) 이야기 불변화사:
그리고 그 다음에 사람들이 말한다, 전해져 내려
오는 이야기이다.(단어 그대로의 뜻은 아님)]

(H. D. A 10. 2.: so maybe, so it is said, and
then).

qávo   (C.) tomorrow

(Gipper: morgen. 내일)

(H. D. A 10. 1.: tomorrow).

(H. J. 1225: tomorrow).

qávo tálawvaq	V	(C.) tomorrow morning

(Gipper: morgen früh. 내일 아침에)

qávomi		(H. D. A 10. 1.: toward tomorrow).

(Gipper: auf den morgigen Tag zu, hin. 내일을 향하여)

qávongvaq	V	(C.) °when tomorrow has begun, next day

(Gipper: der morgige Tag hat begonnen, am nächsten Tag. 내일의 날이 시작되었다. 다음날에)

(H. D. A 10. 1.: from tomorrow until the next day).

qöyángnuptu	V	(H. J./ Whorf 1237: verb, gray dawn appears).

[H. J. 1237: white(gray) dawn].

(Gipper: helle Morgendämmerung. 밝은 아침여명)

°sáto	N	(H. J./ Whorf 1288: time).

(H. J. 1042, 1288: time).

(Gipper: Zeit. 시간)

sé´el		(H. D. A 10. 1.: earlier today, this morning).

(Gipper: heute morgen, früher am Tag. 오늘아침에, 낮에 일찍이)

sé´élhaq	M	(H. D. A 10. 1.: a while back, just a little while ago).

(Gipper: vor kurzer Zeit. 얼마 전에)

[J. K.: pú'u se'élhaq: just a second ago (not literally!)].

(Gipper: unmittelbar soeben. 바로 방금)

sikyángnuptu	V	[H. J./ Whorf 1294: verb, rises yellow (of the dawn)].

(H. J. 1042, 1294: yellow dawn).

(Gipper: gelbliche Morgendämmerung. 누런 빛의 아침 여명)

sóngwamö   (H. D. A 10. 2.: finally, towards the end).

(Gipper: endlich, gegen Ende. 결국, 끝 무렵에)

son hísat   (C.) never, never again

(Gipper: niemals, nie wieder. 절대로, 절대로 다시는)

súcep   (C.) always, often

(Gipper: immer, oft. 항상, 자주)

(H. D. A 10. 1.: in eternity, always).

(H. J. 1291: blessings, many thoughts; much, continual, constant, always).

suíc talávay   (J. K.: just early before sunrise).

(Gipper: unmittelbar vor Sonnenaufgang. 일출 직전에)

súshaqam   M   (C.) once in a while, at once

(Gipper: auf einmal, plötzlich. 갑자기)

(H. D. A 10. 2.: once in a while).

sústawa   (J. K.: today).

(Gipper: heute. 오늘)

sú(u)tawanasave   M/N   (C.) sun right in the middle i.e. noon

(Gipper: am Mittag. 정오에)

sú(u)tawanasavi M/N

(C.) sun right midway i.e. noon

(Gipper: Sonne in der Mitte ihres Laufes, d.h. Mittag. 운행 중에 한가운데에 있는 태양, 즉 정오)

sútokihaq

(H. D. A 10. 1.: middle of the night).

(Gipper: Mitte der Nacht, Mitternacht, mitten in der Nacht. 밤의 한 중앙, 자정, 한밤에)

tála(Sg.) N

(C.) day

(Gipper: Tag. 낮)

(H. D. A 10. 1.: light, daylight, day).

(H. J. 1299: light, day).

V

[H. J./ Whorf 1299: adjective, verb, (is) bright light, illuminated; noun, light, day].

(Gipper: helles Tageslicht und künstliches Licht. 밝은 낮의 빛과 인공적 빛)

tála N

(C.) summer(낮을 의미하는 tála와 동음이의어)

(Gipper: Sommer. 여름)

tálaa

(H. J. 1039, 1299: summer).

tála'á/tála'tí V

(C.) it is summer

(Gipper: es ist Sommer. 여름이다)

(H. J./ Whorf 1299: adjective, verb, is summer).

tála'iwma V

(H. D. A 4. 4.: getting on toward spring).

(Gipper: es geht auf den Sommer zu, d.h. es ist Frühling. 여름을 향하여 가다. 즉 봄이다)

tálangvaq V

(C.) when summer has begun, when summer came

(Gipper: wenn der Sommer gekommen ist,

begonnen hat. 여름이 왔다면, 시작했다면)

(H. D. A 4. 4.: beginning to be summer).

tálatini   V   (C.) it will be summer

(Gipper: der Sommer wird kommen, es wird Sommer sein. 여름이 올 것이다, 여름이 될 것이다)

talávay(i)   N   (C.) dawn, morning

(Gipper: Morgendämmerung, Morgen. 아침 여명, 아침)

(H. D. A 10. 1.: dawning, morning, beginning of daylight).

                   V/N   (H. J./ Whorf 1300: verb, is morning, dawn; noun, morning).

(H. J. 1042: all painted with the light of morning; 1300: dawn).

(J. K.: whole morning before noon/a.m).

[Gipper: der ganze Vormittag(bis 12 Uhr). (12시까지) 오전 내내]

°taláwva   V   (C.) beginning of day, morning

(Gipper: Morgen, Beginn des Tages. 아침, 낮의 시작)

(H. D. A 10. 1.: dawning, morning, beginning of daylight).

°talöngnima   V   (H. D. A 10. 1.: he's looking forward to the next day).

(Gipper: er freut sich auf den nächsten Tag. 다음날을 벌써 기뻐하다)

°tamyungava		(H. J. 1039 : spring).
		(Gipper : Frühling. 봄)
tápki	N	(C.) evening
		(Gipper : Abend. 저녁, 밤)
		(H. D. A 10. 1. : evening).
		(H. J. / Whorf 1298 : sunlight-house, sun close to his house; time of an hour before sunset).
		(H. J. 1042, 1298 : sun close to his house, about an hour before sunset).
tápkimi	N	(C.) towards evening, late afternoon
		(Gipper : gegen Abend, später Nachmittag. 저녁 무렵, 오후 늦게)
		(H. D. A 10. 1. : towards evening).
tápkimiq	N	(C.) towards evening
		(Gipper : gegen Abend. 저녁 무렵)
°tápki(w)q	V	(C.) when evening came
		(Gipper : als, nachdem der Abend gekommen war. 밤이 왔을 때, 밤이 온 이후에)
tásupi		(H. J. / Whorf 1301 : twilight).
		(H. J. 1042, 1301 : twilight).
		(Gipper : Zwielicht. 황혼)
tá˙tala(Pl.)	N	(H. J. / Whorf 1299 : days, noun, plural).
		(Gipper : Tage. 여러 날)
tátalöngqat	V	(C.) day after day
		(Gipper : Tag für Tag. 날마다)
tátwa(Pl.)	N	(H. J. / Whorf : noun, plural, suns).

		(Gipper: Sonnen. 태양들)
távok		(C.) yesterday
		(Gipper: gestern. 어제)
		(H. D. A 10. 1.: yesterday).
táwa	N	(C.) sun
		(Gipper: Sonne. 태양)
		[H. D. A 10. 1.: sun; (American) clock; day, today].
		(H. J./ Whorf 1302: sun).
		(H. J. 1302: sun).
táwa áhoy	M/V	(H. J. 1302: sun turns back to winter or summer home).
		(Gipper: die Sonne kehrt zurück in ihr Winter-oder Sommer-Haus. 태양이 그 겨울로, 혹은 여름집으로 돌아가다)
tawákuyiva	V	(H. J. 1302: sun emerges, sunrise).
		(Gipper: die Sonne Kommt hervor, Sonnen-aufgang. 태양이 나타나다. 일출)
táwanasáp'iwmaq	M/V	(C.) towards noon, by noon
		(Gipper: gegen, um Mittag. 정오에, 정오경에)
táwanasaptiq	V	(C.) when the sun is at noon
		(Gipper: wenn die Sonne im Mittag steht. 태양이 정오에 오게 되면)
táwa násave	M/N	(H. D. A 10. 1.: noon, middle of day).
		(Gipper: Mittag, Mitte des Tages. 정오, 낮의 한 가운데)

táwa násavi	M/N	(C.) sun midway i.e. noon
		(Gipper : Mitte des Sonnenweges, d.h. Mittag. 태양 길의 중앙, 즉 정오)
		(H. J. 1260 : táwa náshabi : sun in the center, noon ; 1302 : sun middle of midway i.e. noon).
táwaóve	M/V	[H. J. 1042, 1302 : sun-up, °(about twenty minutes high), sun is up].
		(Gipper : die Sonne ist aufgegangen, °steht ungefähr zwanzig Minuten hoch. 태양이 떴다. 대략 20분의 높이로 떠 있다)
	V	[J. K. : sun is (still) up, you (still) have sun to do something before it gets dark, it refers to both a.m. and p.m.].
		[Gipper : es ist noch hell (zum Arbeiten), morgens und abends. 아침과 저녁에 (일하기엔) 아직 밝다]
táwa páki	V	(H. J. 1042, 1302 : sunset after it has set, sun gone in).
		(Gipper : nach Sonnenuntergang, die Sonne ist untergegangen. 일몰 이후에, 태양이 졌다)
táwa pákito	V	(H. J. 1042, 1302 : sunset, as it is setting, sun going in).
		(Gipper : während des Sonnenuntergangs, die Sonne ist dabei unterzugehen. 일몰 동안, 태양이 막 지려 하고 있다)
táwa súhimu		(H. J. 1302 : sun handsome, referring to sunrise)

(Gipper: die Sonne ist stattlich, in bezug auf den Sonnenaufgang. 태양의 일출과 관계하여 태양이 장엄하다)

°tawásungni
[H. D. A 10. 1.: dawn, orange(?) light as sun come up].

[Gipper: Morgendämmerung, orangefarbenes(?) Licht der Morgendämmerung. 아침 여명, 아침 여명 시의 주황빛]

táwayáma　　V
(H. J. 1042, 1302: sunrise, sun comes out).

(Gipper: Sonnenaufgang, die Sonne geht auf. 일출, 태양이 뜨다)

tévep
(C.) all day long, a long time

(Gipper: den ganzen Tag lang, lange. 온종일 동안, 오랫동안)

(H. D. A 10. 1.: in a time period).

tévep táwanit
(H. D. A 10. 1.: all day long).

(Gipper: den ganzen Tag lang. 온종일 동안)

tévep tókinawit
(H. D. A 10. 1.: all last night).

(Gipper: die ganze letzte Nacht. 지난 밤 내내)

tóki(Sg.)　　N
(C.) night, last night

(J. K.: the light or fire is out).

[Gipper: Nacht, gestern abend(das Licht oder Feuer ist aus). 밤, 어제 저녁(빛이나 불이 꺼졌다)]

(H. D. A 10. 1.: last night).

　　　　　　V
(H. J./ Whorf 1306: verb, a night elapses, noun, night).

(H. J. 1306: night).

°tókila(Pl.)	N	(H. J./ Whorf 1306: nights).
		(Gipper: Nächte. 여러 밤)
°tókilhta(Pl)	N	(H. J. 1306: nights).
tókyep		(C.) all night long.
		(Gipper: die ganze Nacht hindurch. 밤새도록)
		(H. D. A 10. 1.: all night).
tömö	N	(C.) winter
		(Gipper: Winter. 겨울)
		(H. J./ Whorf 1311: winter).
		(H. J. 1308, 1311: winter).
tömö˙ö	V	(H. D. A 4. 4.: it's winter).
		(Gipper: es ist Winter. 겨울이다)
tömö˙iwma	V	(H. D. A 4. 4.: getting on toward winter).
		(Gipper: es geht auf den Winter zu. 겨울로 향해 가다)
tömöngvaq	V	(H. D. A 4. 4.: beginning to be winter).
		(Gipper: der Winter kommt, es beginnt Winter zu werden. 겨울이 오다, 겨울이 되기 시작하다)
tóngva		(C.) late, late morning
		(Gipper: spät, spät am Morgen. 늦은, 아침에 늦게)
		(H. D. A 10. 1.: late morning).
		(H. J. 1042. 1312.: sun about two hours high, sunshine ererywhere).
totókya(Pl.?)	N	(C.) °all the sleeps i.e. day/night before the

dance-day

(Gipper: all durchschlafenen Nächte, d.h. der Tag bzw. die Nacht vor dem Festtag. 자면서 보낸 모든 밤들, 즉 축제 전날 낮이나 밤)

(H. J. 931, 1307 etc.: all the sleeps referring to ceremonial day count).

tuhó'os	N	(C.) autumn

(Gipper: Herbst. 가을)

(H. D. A 4. 4.: autumn).

(H. J. / Whorf 1306: tuhómuyaw—September-October moon).

(H. J. 1038, 1306: tuhóos mü'iyáwu—Basket carrying moon, September-October moon).

úyis	N	(C.) spring, early summer, planting time

(Gipper: Frühling, Frühsommer, Pflanzzeit. 봄, 이른 여름, 식물의 때)

(H. D. A 4. 4.: early summer, planting time).

úyisti	V	(J. K.: now it is time to plant).

(Gipper: jetzt ist es an der Zeit zu pflanzen. 이제 경작을 할 시간이다.)

wúlhaq yáasangva	N	(J. K.: many years).

(Gipper: viele Jahre. 여러 해)

wúyavo	M	(C.) long time, long distance

(Gipper: lange Zeit, große Entfernung. 오랜 시간, 멀리 떨어져 있음)

wúyavoniq	M/V	(C.) some time later

		(Gipper: nach einiger Zeit. 얼마 후에)
wúyavotiq	M/V	(C.) some time had passed
		(Gipper: einige Zeit war vergangen. 얼마의 시간이 흘렀다)
wúyavo-to/~-toti	M/V	(H. D. A 10. 2.: he/they lasted a long time).
		[Gipper: er/sie/es (sie) dauerte (dauerten) eine lange Zeit. 그/그녀/그것/그들이 오랜 시간 지속하였다]
wúyavoˑo	M	(H. D. A 11. 2.: long time, space, as far distant).
		(Gipper: lange Zeit, große Entfernung. 오랜 시간, 멀리 떨어져 있음)
wúyoˑo	M	(H. D. A 11. 2.: old, ancient).
		(Gipper: alt, uralt, ehemalig. 오래된, 아주 오래된, 옛적의)
yas		(H. D. A 10. 1.: next year).
		(Gipper: nächstes Jahr. 다음 해)
yáasangva(Sg.)	N	(J. K.: year).
		(Gipper: Jahr. 연)
yásangwu(Sg.)	N	(H. D. A 10. 1.: year).
yáshangava(Sg.)	N	(H. J. 1039: year).
yásmiq		(H. D. A 10. 1: toward the coming year).
		(Gipper: auf das nächste Jahr hin. 새해를 향해)
yáyasangva		(J. K.: year after year).
		(Gipper: Jahr auf Jahr. 해마다)
yáyasangwu(Pl.)	N	(H. D. A 10. 1.: years).
		(Gipper: Jahre. 여러 해)

6. 하루의 시각

아침

qöyángnuptu	gray dawn.
	(Gipper: graue Morgendämmerung. 회색의 아침 여명)
sikyángnuptu	yellow dawn.
	(Gipper: gelbe Morgendämmerung. 누런 아침 여명)
°tawásungni	orange (?) dawn.
	(Gipper: orangefarbene(?) Morgendämmerung. 주황빛의 아침 여명)
°tawá súhimu	sun ready to rise.
	(Gipper: Sonne unmittelbar vor Sonnenaufgang. 일출 직전의 태양)
suíc talávay	just early before sunrise.
	(Gipper: unmittelbar vor Sonnenaufgang. 일출 직전)
táwayáma	sun comes out i. e. sunrise.
	(Gipper: die Sonne geht auf, Sonnenaufgang. 태양이 뜨다, 일출)
tawákuyiva	sun emerges i. e. sunrise.
	(Gipper: die Sonne wird sichtbar, Sonnenaufgang. 태양이 보이다, 일출)
talávay(i)	morning just after sunrise, also whole morning before noon, a.m.

	(Gipper: Morgen unmittelbar nach Sonnenaufgang, auch gesamter Vormittag. 일출 직전 아침, 또한 전체 오전)
táwaóve	sun is up, about twenty minutes high.
	(Gipper: die Sonne ist aufgegangen, ungefähr zwanzig Minuten hoch. 태양이 뜨다, 약 20분 높이로)
°taláwva	morning, day begins.
	(Gipper: Morgen, der Tag beginnt. 아침, 낮이 시작하다)
tŏngva	late morning, sun about two hours high.
	(Gipper: später Morgen, die Sonne steht ungefähr zwei Stunden hoch. 늦은 아침, 태양이 약 2시간 높이로 떠 있다)

정오

nonópsat-i/-o	food time.
	(Gipper: Essenszeit. 식사 시간)
táwanasáp'iwmaq	towards noon, by noon.
	(Gipper: gegen Mittag. 정오경)
táwanasavi/táwanasaptiq	noon.
	(Gipper: Mittag. 정오)
sú(u)tawanasav-i/e	right noon, just noon.
	(Gipper: gerade Mittag. 바로 정오)
°hayoma	afternoon, about two hours after noon.
	(Gipper: Nachmittag, ungefähr zwei Stunden

nach Mittag. 오후, 정오 후 대략 2시간)

저녁

tápkimi	towards evening, late afternoon.
	(Gipper: gegen Abend, später Nachmittag. 저녁 무렵, 늦은 오후)
tápkimiq	towards evening.
	(Gipper: gegen Abend. 저녁 무렵)
táwa pakíto	sun is setting.
	(Gipper: die Sonne geht unter. 일몰하다)
tápki	evening.
	(Gipper: Abend. 저녁)
táwa páki	sun has set.
	(Gipper: die Sonne ist untergegangen. 일몰했다)
°tápki(w)q	evening has come.
	(Gipper: der Abend ist gekommen. 저녁이 왔다)
tásupi	twilight.
	(Gipper: Zwielicht. 황혼)

밤

masíphi	grey twilight.
	(Gipper: graue Abenddämmerung. 회색 저녁 여명)
°masímhi	last of twilight.
	(Gipper: das letzte Zwielicht des Abends. 밤의 마지막 황혼)

míhi	night.
	(Gipper: Nacht. 밤)
míhiq	at night.
	(Gipper: nachts. 밤에)
tóki	night, last night.
	(Gipper: Nacht, letzte Nacht. 밤, 늦은 밤)
sutókihaq	middle of night.
	(Gipper: Mitternacht. 자정)

7. 날의 연속

(그끄저께)

páytok	three days ago.
	(Gipper: vor drei Tagen, vor-vorgestern. 3일 전, 그끄저께)

(그저께)

lóytok	two days ago.
	(Gipper: vor zwei Tagen, vorgestern. 이틀 전, 그저께)
huqáltok	two nights ago, day before last night.
	(Gipper: vor zwei Nächten, Tag vor der letzten Nacht. 이틀 밤 전에, 지난 밤 전날)

(어제)

távok	yesterday. (Gipper: gestern. 어제)
tóki	last night. (Gipper: gestern abend. 어제 저녁)

(오늘)

táwa	today. (Gipper: heute. 오늘)
pú´u	now, today. (Gipper: jetzt, heute. 지금, 오늘)
°nátok	now, today. (Gipper: jetzt, heute. 지금, 오늘)
pú´(u)natok	just now. (Gipper: gerade jetzt, in diesem Augenblick. 바로 지금, 이 순간에)
°míhiyuk	tonight. (Gipper: heute abend. 오늘 저녁에)
míhiq´e	tonight. (Gipper: heute abend. 오늘 저녁에)

(내일)

qavómi	toward tomorrow. (Gipper: auf den morgigen Tag hin. 내일을 향하여)
qávo	tomorrow.

	(Gipper: morgen. 내일)
qavóngvaq	°tomorrow has begun; next day.
	(Gipper: der morgige Tag hat begonnen, der nächste Tag. 내일이 시작했다. 다음날)
qávo tála(w)vaq	tomorrow morning.
	(Gipper: morgen früh. 아침 일찍이)

(모레)

löytok(-ni)	in two days, second day.
	(Gipper: in zwei Tagen, der zweite Tag, übermorgen. 이틀 있다가, 두 번째 날, 모레)

(글피)

páytok(-ni)	in three days, third day.
	(Gipper: in drei Tagen, der dritte Tag, über-übermorgen. 3일 후에, 제3일, 글피)

8. 월명(Titiev 174, H.J. 1037f. 참고)

kél-muya	November(Titiev)
	kélmúya—Nov. / Dec. hawk moon, most respected moon(Waters)
	kéle müʳiyáwüh—Nov. sparrow hawk, novice initiate(H. J.)
	(Gipper: November, Monat des Falken,

der Monat, dem die meiste Ehrerbietung entgegengebracht wird, in dem die Novizen eingeführt werden. 11월, 매의 달, 가장 많은 경의를 표하는 달, 수련녀를 받아들이는 달)

kyá-muya   December(Titiev)

kamuya—Dec.(Waters)

kya müʳiyáwüh—Dec. most worthy, sacred moon(H. J.)

(Gipper: Dezember, äußerst würdiger, heiliger Monat. 12월, 가장 위엄이 있고 거룩한 달)

pá-muya   January(Titiev)

pámuya—Jan. water moon(Waters)

pa müʳiyáwüh—Jan. moisture moon, return of the kachina(H. J.)

(Gipper: Januar, Wassermonat, Monat der Feuchtigkeit, Rückkehr der Kachinas. 1월, 물의 달, 습기의 달, 카치나의 귀환)

powá-muya   February(Titiev)

póvamúya—Feb. purification moon(Waters)

powá müʳiyáwüh—Feb.; powátota: teh purification with ashes on buzzard feather(H. J.)

(Gipper: Februar, Monat der Reinigung, Läuterung. 2월, 청소의 달, 정화의 달)

isú-muya   March(Titiev)

isumúya—March whispering noises of breezes (Waters)

ǘshü mü'iyáwüh—March; *üshǘshüta*: to whistle low, under the breath, or *üshü, üsheh*: cactus(H. J.)

(Gipper: März, Monat der wispernden Geräusche des Windes, des leisen Pfeifens, oder auch Monat des Kaktus. 3월, 바람이 소리를 내며 우는 달, 나직한 피리소리 나는 달, 선인장의 달)

kwyá-muya   April(Titiev)

kwiyamúya—April windbreaker moon(Waters)

kwiyáo mü'iyáwüh—April; *kwiyáo*: wind breaks(H. J.)

(Gipper: April, Monat, in dem die Felder durch Windbrecher vor dem Wind geschützt werden. 4월, 바람을 깨는 자가 들판의 바람을 막아 주는 달)

hákiton-muya   May(Titiev)

hakidonmúya—time-of-waiting-moon; *úimuya*—May planting moon(Waters)

hakíton mü'iyáwüh—May, waiting moon, also called *pümá ǘyi mü'iyáwüh*—sweet corn moon(H. J.)

(Gipper: Mai, Monat des Wartens, oder auch Monat, in dem das süße Maiskorn gepflanzt wird. 5월, 기다림의 달, 단 옥수수 낱알을 심는 달)

kél-muya   June(Titiev)

kélmúya—June(Waters)

ǘüsüa mü'iyáwüh—June, planting moon,

also called *úyi mü'iyáwüh*—plant moon, also
kéle mü'iyawüh—novice moon(H. J.)
(Gipper: Juni, Monat des Pflanzens, der Aussaat.
6월, 식물의 달, 씨 뿌리는 달)

kyá-muya	July(Titiev)

kamuya—July; *talá'muyaw*—July / Aug.
summer moon(Waters)
kya mü'iyáwüh—July; wíkya: hoe, they are
now hoeing among their plants(H. J.)
(Gipper: Juli, Monat, in dem auf den Feldern
zwischen den Pflanzen gejätet bzw. gehackt
wird. 7월, 들판에서 식물들 사이에 김을 매거나
괭이질하는 달)

pá-muya	August(Titiev)

pámuya—Aug.; *toho'osmúyaw*—July / Aug.
harvest moon(Waters)
pa mü'iyáwüh—teh summer rain moon,
August; teh names *múzriüyi* and *kawáio úyi* are
indifferently applied to August and September
in reference to beans and watermelons ripening
in these moons(H. J.)
(Gipper: August, der Regenmonat des Sommers.
8월, 여름의 비 오는 달)

powá-muya	September(Titiev)

póvamúya—September(Waters)
nashán mü'iyáwüh—September, *náshana*:

to eat to repletion, referring to abundance of fruits(H. J.)

(Gipper: September, Monat des Überflusses. 9월, 풍부한 달)

angók-muya	Oktober(Titiev)
isú-muya	*tühóosh mü^{r}iyáwüh*—October, *tǘhota*: carrying the burden basket(*hoápüh*); also called *hüǘki mü^{r}iyáwüh*—corn husking moon; and also *ǘshü mü^{r}iyáwüh*(H. J.)

(Gipper: Oktober, Monat des Lasttragens, oder auch Monat, in dem der Mais enthüllst wird. 10월, 짐을 운반하는 달 혹은 옥수수의 껍질을 벗기는 달).

9. 계절

봄

°támyungava	spring.
	(Gipper: Frühling. 봄)
tála˙iwma	getting on toward summer i.e. spring.
	(Gipper: es geht auf den Sommer zu, d.h. es ist Frühling. 여름을 향하여 가다. 봄이다)
úyis	early summer, planting time.
	(Gipper: Frühsommer, Zeit der Aussaat. 초여름, 파종기)

여름

tála	summer.
	(Gipper: Sommer. 여름)
tálaʾa/tálaʾti	it is summer.
	(Gipper: es ist Sommer. 여름이다)

가을

tuhóʾos	autumn.
	(Gipper: Herbst. 가을)
tömöʾiwma	getting on toward winter i.e. autumn.
	(Gipper: es geht auf den Winter zu, d.h. es ist Herbst. 겨울을 향하여 가다, 즉 가을이다)

겨울

tö́mö	winter.
	(Gipper: Winter. 겨울)
tö́möʾö	it is winter.
	(Gipper: es ist Winter. 겨울이다)
tö́möngvaq	winter has begun, has come.
	(Gipper: der Winter hat begonnen. 겨울이 시작되었다)
°powámuya	winter season.
	(Gipper: die Winterperiode(Februar). 겨울 시기(2월))

문장:

pas tálaa utúhu'u   it is hot in the summer(C.)

(Gipper: im Sommer ist es heiß. 여름에 날이 덥다)

pas utúhu tálaa   it is a hot summer(C.)

(Gipper: das ist ein heißer Sommer. 더운 여름이다)

yaw pu'l ólma tálatini   it will be now a good summer(C.)

(Gipper: das wird ein wirklich guter Sommer werden. 정말 훌륭한 여름이 될 것이다)

pas lóma tálaa   it is a good summer(C.)

(Gipper: das ist ein guter Sommer. 훌륭한 여름이다)

...yaw tálangvaq,   when summer has begun, he used to go and
pám máktongwu   hunt(C.)

(Gipper: wenn der Sommer begonnen hatte, pflegte er auf die Jagd zu gehen. 여름이 시작했을 때 그가 사냥하러 가곤 했다)

tuhó'os yóho'ningwu   it is cold in the autumn(C.)

(Gipper: es pflegt kalt zu sein im Herbst. 가을에 춥곤 하다)

tuhó'os yoho'tíngwu   autumn gets cold(C.)

(Gipper: der Herbst pflegt kalt zu werden. 가을이 춥게 되다)

10. 수와 셈 방식

호피 어 수 체계에 대한 다음 정보는 호피 어에서는 기간을 계산할 수 있느냐, 할 수 있다면 어떻게 계산하느냐 하는 논란이 많은 문제를 판단하는 데 중요하다.

(가)수

súka	1 (C.)	(H. D. A 11. 1.: one)
lö́yö(m)	2 (C.)	(H. D. A 11. 1.: two)
		(H. J./Whorf 1246: two)
páyo(m)	3 (C.)	(H. D. A 11. 1.: three)
		(H. J./Whorf 1273: three)
nálöyö(m)	4 (C.)	(H. D. A 11. 1.: four)
		(H. J./Whorf 1258: four)
		(H. J. 1258: four)
cívot	5 (C.)	(H. D. A 11. 1.: five)
návay	6 (C.)	(H. D. A 11. 1.: six)
		(H. J./Whorf 1262: six)
		(H. J. 1262: six)
cánge	7 (C.)	(H. D. A 11. 1.: seven)
		(H. J./Whorf 1208: seven)
		(H. J. 1208: seven)
nánal	8 (C.)	(H. D. A 11. 1.: eight)
		(H. J./Whorf 1259: eight)
		(H. J. 1259: eight)
pépt	9 (C.)	(H. D. A 11. 1.: nine)

pák(u)t	10 (C.)	(H. D. A 11. 1.: ten)	
		(H. J. 1262: ten)	
sús	1번, 1. (C.)		
ló(y)s	2번, 2. (C.)	(H. D. A 11. 1.: twice)	
		(H. J. / Whorf 1246: second, second time, twice)	
		(H. J. 1246: second)	
páyis	3번, 3. (C.)	(H. D. A 11. 1.: three times)	
		(H. J. /Whorf 1273: third, three times)	
		(H. J. 1273: third)	
nálöys	4번, 4. (C.)	(H. D. A 11. 1.: four times)	
		(H. J. /Whorf 1258: fourth, four times)	
		(H. J. 1258: fourth)	
civótsikis	5번, 5. (C.)	(H. D. A 11. 1.: five times)	
naváysikis	6번, 6. (C.)		
cangáisikis	7번, 7. (C.)		
nanaísikis	8번, 8. (C.)		
pevésikis	9번, 9. (C.)	(H. D. A 11. 1.: nine times)	
pák(u)tsikis	10번, 10. (C.)		

해당 술어는 다음과 같이 형성될 수 있다:

sús-ta(등등)   I(you, he/she) do(does/did) it once.
[Gipper: Ich(du, er/sie/es) tue(tust, tut)/ tat(tatest, tat) es einmal, etc. 나/너/그/그녀는 그것을 한 번 한다/했다]

sús-ta-ni(등등)

I(you, he/she) shall/will it once.

[Gipper: Ich(du, er/sie/es) werde(wirst, wird) es einmal tun, etc. 나/너/그/그녀/그것은 한 번 그것을 할 것이다]

요구나 명령으로서도: You must (have to) do it once!—Du wirst (mußt) es einmal tun! 너는 그것을 한 번 할 것이다(해야 한다)!

11에서 20 사이의 다음의 수사는 단지 제3 메사에만 적용된다. 보다 젊은 세대의 정보 제공자들은 20까지 기본 수사를 이미 더 이상 몰랐다. 나의 자료는 나의 정보 제공자 에모리 세카쿠아프테와(Emory Sekaquaptewa, 호테빌라)와 제임스 쿠총시(호테빌라)가 제공한 것이다. 모든 그 밖의 수에 대한 정보는 제임스 쿠총시 덕분이다. 하지만 그는 분명히 단지 피동적으로 구사했으며, 능동적으로는 거의 사용하지 않았다.

púvi'üs	11 (C.)
öýsa	12 (C.)
páng(a)kap	13 (C.)
pöyopaq	14 (C.)
pápcivot	15 (C.)
súokop	16 (C.)
rókop	17 (C.)
páukop(páyokop?)	18 (C.)
nárykop	19 (C.)
súnat	20 (C.)
súnat* súk síikaita	21 (20, 거기에다 1)

súnat lö́y(k) síikaita	22	(20, 거기에다 2)
súnat páy(om) síikaita	23	(20, 거기에다 3)
súnat nálöy síikaita	24	(20, 거기에다 4)
súnat cívot síikaita	25	(20, 거기에다 5)
súnat návay síikaita	26	(20, 거기에다 6)
súnat cánge síikaita	27	(20, 거기에다 7)
súnat nánal síikaita	28	(20, 거기에다 8)
súnat pépt síikaita	29	(20, 거기에다 9)
súnat pákt síikaita	30	(20, 거기에다 10)
lö́k súnat	40	(2 곱하기 20)
lö́k súnat pákt síikaita	50	(2 곱하기 20, 거기에다 10)
paíp sunát	60	(3 곱하기 20)
		(-is나 sikis 속의 -s는 s 앞에서 p로 이화된다)
paíp sunát pákt síikaita	70	(3 곱하기 20, 거기에다 10)
paíp sunát pákt	75	(3 곱하기 20, 거기에다 5)
cívot síikaita		
nálöp súnat	80	(4 곱하기 20)
nálöp súnat pákt síikaita	90	(4 곱하기 20, 거기에다 10)
civótsikip sunát	100	(5 곱하기 20)
civótsikip sunát	110	(5 곱하기 20, 거기에다 10)
pákt síikaita		
naváysikip súnat 혹은	120	(6 곱하기 20)
civótsikip súnat		(5 곱하기 20, 거기에다 20)
súnat síikaita		

---

* 'sunat'의 강세가 유동적이다.

naváysikip súnat	130	(6 곱하기 20, 거기에다 10)
pákt síikaita		
cangáisikip súnat	140	(7곱하기 20)
cangáisikip súnat	150	(7곱하기 20, 거기에다 10)
pákt síikaita		
nanáisikip sunát	160	(8곱하기 20)
nanáisikip sunát	170	(8곱하기 20, 거기에다 10)
pákt síikaita		
pevésikip súnat	180	(9곱하기 20, 거기에다 10)
pevésikip súnat	190	(9곱하기 20, 거기에다 10)
pákt síikaita		
pakútsikip súnat	200	(10곱하기 20)
pakútsikip sunát	210	(10곱하기 20, 거기에다 10)
pákt síikaita		
pápcivotsikip súnat	300	(15곱하기 20)
sunátsikip súnat	400	(20곱하기 20)

그 밖의 수는 체계에 따라 가능하나 확실히 흔하지는 않다.

Elsie Yovyetewa 여사(제2메사)는 20(sunat)도 알고, 30(paifpakt, 3 곱하기 10), 40(nalufpakt, 4 곱하기 10), 60(navaysikifpakt, 6 곱하기 10), 100(paktsikifpakt, 10 곱하기 10)과 같은 더 높은 숫자도 일컬었다.

에모리 세카쿠아프테와가 필자에게 일컬어 준 '1000'에 대한 새로운 표현은 'súmodi'였는데, 이것은 '수많은 별들(many stars)'을 의미하며, 제1메사의 어떤 마을의 사람들(폴라카 인)에서 유래한다고 하는데, 제임스 쿠총시도 사실 알고 있었으나 친숙하지는 않았다. 이것이(?) 보다 높은 수를 형성할 때에 훨씬 수월하게 해 줄지도 모른다. 나는 'súmodi'를 기반으로 하여 1971이라는 수를 구성해 보려고 시도했다. 1000과, 그리고 '900'은 9×5×20, 71은 3×20에 11, 그래서 'súmodi pevésikip civótsikip súnat paip súnat pǔvi'us síikaita'라는 수를 만들어 냈다. 이 표현을 그 다음에 제임스 쿠총시에게 제시하고 이 수가 뭔지 알아맞혀 보라고 요청했다. 약간 애를 쓴 끝에 그는 이 수를 알아맞히었다. 이것은 바로 코세리우(Coseriu)가 말한 '언어 규범(Norm)', 즉 언어 사용이 이러한 가능성을 결코 다 보여 주지는 않는다 할지라도 체계가 작동하고 있음을 말해 준다.

11. 기간 계산

다음의 날짜 계산에서 주목해야 할 것은 과거와 미래에 대한 관계가 특정 불변화사나 의미를 추가함으로써 분명해질 수 있다는 것이다. 가령 독일어에서 시간적 의미로 쓰인 'da(그때)'나 '그 다음에(dann)'에 해당하는 'háqam(there/when)'을 추가함으로써 시간 관계가 분명해진다. 자주는 약간 불특정한 '약(etwa)'의 의미로, 불변화사 'ép/e'를 통하여 과거에 대한 관계가 분명해지고, '-ni'라는 어미를 통하여 미래에 대한 관계가 분명해진다. 다음 문장이 이것을 보여 준다.

Nálötoq háqam Wínslow épe.
(영) I have been to Winslow about four days ago.
(독) Ich war vor etwa vier Tagen in Winslow.
　　나는 약 4일 전에 윈슬로에 다녀왔습니다.

Nálötoq éphaqam Wínslow áwni.
(영) I'm going to Winslow in about four days.
(독) Ich gehe/fahre in etwa vier Tagen nach Winslow.

나는 약 4일 뒤에 윈슬로에 갑니다.

'당신은 언제 윈슬로로 가십니까?'[(영)When are you going to Winslow?/(독)
Wann gehst/fährst du nach Winslow?]라는 질문에 대한 대답으로서
Nálötoq háqamni Wínslow.
(영) I'll go to Winslow in about four days.
(독) Ich werde in etwa vier Tagen nach Winslow gehen/fahren.
　　나는 약 4일 뒤에 윈슬로로 가려고 합니다.

'당신은 언제 윈슬로로 가실 것입니까?'[(영)When will you go to Winslow?/
(독)Wann wirst du nach Winslow gehen/fahren?]라는 질문에 대한 대답으로서
Wínslow nálötokni.
(영) I'll go to Winslow in four days.
(독) Ich werde in vier Tagen nach Winslow gehen/fahren.
　　나는 4일 뒤에 윈슬로로 가려고 합니다.

낮이나 밤

lóytok	(C.) second day, in two days, two days ago
	(Gipper: zweiter Tag, in zwei Tagen, vor zwei
	Tagen. 두 번째 날, 이틀 후에, 이틀 전에)
	(H. D. A 11. 1.: day after tomorrow).
	[H. J./ Whorf 1246: adj. n.(in) two nights]
	(H. J. 1246: two days hence).
páytok	(C.) third day, in three days, three days ago
	(Gipper: dritter Tag, in drei Tagen, vor drei
	Tagen. 제3일에, 3일 후에, 3일 전에)

	(H. D. A 11. 1.: third day).
nálöytok	(C.) fourth day, in four days, four days ago
	(Gipper: vierter Tag, in vier Tagen, vor vier
	Tagen. 제4일에, 4일 후에, 4일 전에)
	(H. D. A 11. 1.: fourth day).
civótok	(C.) fifth day, in five days, five days ago
	(Gipper: fünfter Tag, in fünf Tagen, vor fünf
	Tagen. 제5일에, 5일 후에, 5일 전에)
	(H. D. A 11. 1.: fifth day).
naváytok	(C.) sixth day, in six days, six day ago
	(Gipper: sechster Tag, in sechs Tagen, vor
	sechs Tagen. 제6일에, 6일 후에, 6일 전에)
	(H. D. A 11. 1.: sixth day).
cangétok	(C.) seventh day, in seven days, seven days
	ago
	(Gipper: siebenter Tag, in sieben Tagen, vor
	sieben Tagen. 제7일에, 7일 후에, 7일 전에)
	(H. D. A 11. 1.: seventh day).
nanátok	(C.) eighth day, in eight days, eight days ago
	(Gipper: achter Tag, in acht Tagen, vor acht
	Tagen, 제8일에, 8일 후에, 8일 전에)
	(H. D. A 11. 1.: eighth day).

날

sústala	(C.) one day
	(Gipper: ein Tag. 하루)

	(H. J. / Whorf 1292: on one day; the first day).
	(H. J. 1292: first day).
löystala	(C.) two days
	(Gipper: zwei Tage. 이틀)
	(H. J. 1246: second day).
payístala	(C.) three days
	(Gipper: drei Tage. 사흘)
	[H. J. / Whorf 1273: adj. v. (it is) three days, three days have elapsed since any given date, it is the fourth day after a given date].
	(H. J. 1273: third day).
nálöystála	(C.) four days
	(Gipper: vier Tage. 나흘)
	(H. J. 1258: fourth day).
civótsikis tála	(C.) five days
	(Gipper: fünf Tage. 닷새)
naváysikis tála	(C.) six days
	(Gipper: sechs Tage. 엿새)
cangáisikis tála	(C.) seven days
	(Gipper: sieben Tage. 이레)
nanáisikis tála	(C.) eight days
	(Gipper: acht Tage. 여드레)
°nanáltala	(H. D. A 11. 1.: after eight days, when eight suns appear).
	(Gipper: nach acht Tagen, wenn achtmal die

	Sonne aufgegangen ist. 여드레 후, 태양이 여덟 번 뜰 때)
pevésikis tála	(J. K.: nine days).
	(Gipper: neun Tage. 아흐레)
pakútsikis tála	(J. K.: ten days).
etc.	(Gipper: zehn Tage. 열흘)

12. 특정한 의식일

의식일은 대부분 4배수로 계산한다[sústala — 첫 날(the first day), lőystala — 둘째 날(the second day), payístala — 셋째 날(the third day), nálöystála — 넷째 날(the fourth day)]. 이때에 여러 가지 변수가 가능하다. 많은 의식일은 게다가 특별한 명칭을 갖는다.

payístala totókya	(H. J. 1273: third day °sleeps).
	(J. K.: three days before the dance).
	(Gipper: drei Tage vor dem Tanz. 춤추기 3일 전)
páitok totókya	(H. J. 1273: third °sleeps).
	(J. K.: three days before the dance).
	[Gipper: drei Tage(der dritte Tag) vor dem Tanz. 춤추기 3일 전에(세 번째 전날에)]
payistotókya	(H. J. 1273: pl. third °sleeps).
	(H. J./ Whorf 1273).
	(Gipper: drei Tage vor dem Tanz. 춤추기 3일 전에)

komóktotókya	(H. J. 1233: word carrying °sleeps, referring to third day of a ceremony ⟨kóhü—wood, mókta—bundled on back, totókya—°pl. for sleep).
	(H. J./ Whorf 1233: verb, they sleep having bundled wood).
	(J. K.: wood carrying day).
	(Gipper: Holztragetag, Tag, an dem Holz und anderes Brennmaterial zum Piki-Backen und Feuermachen zusammengetragen wird. 나무를 옮기는 날, 즉 piki를 굽거나 불을 지피기 위하여 나무나 땔감을 옮기는 날)
piktotókya	(J. K.: piki making day).
	(Gipper: Tag, an dem Piki gebacken wird. 피키를 굽는 날)
nimán totókya	(H. D. A 10. 1.: night before Niman dance).
	[Gipper: Nacht (Tag) vor dem Niman-Tanz (home dance), an dem die Kachinas heimkehren und verabschiedet werden. 카치나스가 돌아와서 이별하는 니만 춤추는 전날 밤(낮)]
soskahímüi	(H. J. 1296: all do nothing, referring to second day of ceremony).
soskahíme	(H. J./ Whorf 1296: phrase: all do nothing, description of second day of ceremony; all do nothing).
súskahim	(J. K.: all do nothing).

	(Gipper: alle tun nichts, Ruhetag während der Zeremonien. 모든 사람들이 아무것도 하지 않는다. 의식 행사 동안 쉬는 날)
tíkivee, tíkive, tikiveni	(H. J. 1305: dance).
	(J. K.: dance day)
	(Gipper: Tanztag. 춤추는 날)
tóktai yüngwu	(H. J. 1306: sleepless assembly, 〈*tóki*—night, *táita*—open eyed, i.e. sleepless, *yŭnwu*—assembled, the third night of ceremony, the songs are continued through the night, all members assemble, all night singing assemblage)
	(Gipper: schlaflose Nachtversammlung, dritte Nacht einer Zeremonie, in der sich alle Teilnehmer versammeln und ihre Gesänge fortsetzen. 잠을 자지 않고 밤에 모이는 날, 모든 참여자들이 모여서 노래를 계속 부르는 의식의 셋째 날 밤)

13. 대상과 기간 셈 방식

(다음에 인용된 예들은 여러 가지 가능성에 대해 개관해 볼 수 있게 할 것이다)

súka táqa	(Sg.)	one man.
		(Gipper: ein Mann. 한 사람)
löyöm táqat	(Dual)	two men.

		(Gipper: zwei Männer. 두 사람)
páyom táataqa	(Pl.)	three men.
		(Gipper: drei Männer. 세 사람)
wúlhak(is) táatakt	(Pl.)	many men.
		(Gipper: viele Männer. 많은 사람)
súka múyaw(u)	(Sg.)	one month.
		(Gipper: ein Monat. 한 달)
lŏyöm múyawt	(Dual)	two months.
		(Gipper: zwei Monate. 두 달)
páyom múmuyawt	(Pl.)	three months.
		(Gipper: drei Monate. 세 달)
wúlhak(is) múmuyawt		many months.
	(Pl.)	(Gipper: viele Monate. 많은 달)

súka tála	(tála Sg.)	one day.
		(Gipper: ein Tag. 하루)
sústala		one day.
		(Gipper: ein (einmal) Tag. 하루, 한 번 날)
lŏyöm tála		two days.
		(Gipper: zwei Tage. 이틀)
lŏystala		two days.
		[Gipper: zwei (zweimal) Tage. 이틀, 두 번 날]
lŏytok		the second day.
		(the day before yesterday/after tomorrow)
		[Gipper: der zweite Tag(이틀째), vorgestern(그 저께)/übermorgen(모레)]

468

lôytok tála	the second day.
	(Gipper: der zweite Tag. 이틀째)
páyom tála	three days.
	(Gipper: drei Tage. 3일)
payístala	three days.
	[Gipper: drei(dreimal) Tage. 삼일, 세 번 날]
páitok	the third day.
	(Gipper: der dritte Tag. 세 번째 날)
páitok tála	the third day.
	(Gipper: der dritte Tag. 세 번째 날)
wúlhak(is) tála	many days.
	(Gipper: viele Tage. 많은 날)
súka yá(a)sang(a)va	one year.
(yá(a)sang(a)va Sg.)	(Gipper: ein Jahr. 일 년)
súsy(a)asang(a)va	one year.
	[Gipper: ein(einmal) Jahr. 일 년, 한 번 연]
lôyöm yá(a)sang(a)va	two years.
	(Gipper: zwei Jahre. 2년)
lôysyá(a)sang(a)va	two years.
	[Gipper: zwei (zweimal) Jahre. 2년, 두 번 연]
páyom yá(a)sang(a)va	three years.
	(Gipper: drei Jahre. 3년)
páyis yá(a)sang(a)va	three years.
	[Gipper: drei (dreimal) Jahre. 3년, 세 번 연]
wúlhak(is) yá(a)sang(a)va	many years.
	(Gipper: viele Jahre. 많은 해)

yayásang(a)va   (Pl.)   year after year.

                                 (Gipper: Jahr auf Jahr. 해마다)

14. 호피 어에 나타난 미국식의 시각

백인 미국인과 교제를 통하여 최근에는 시각도 이따금씩 주목을 받고 있다. 호피 인들은 더군다나 그들의 언어와 그들의 사고 관습에 일치하는 방식으로 시각을 표현하는 자신들의 가능성을 발전시켰다. '몇 시입니까(What time is it?)'라는 질문은 'Hísatniq'e[얼마요? Wieviel ist es?)]로 표현한다. 오전과 오후의 분기점으로서 미국식 시간 계산을 위해서 중요한 시점인 12:00시는 'Bahánna táwanasapti[백인들의 점심시간(white man's dinnertime)]'으로 부르고 호피 인들의 점심시간(Hópi táwanasapti)인 13:00시와 구별한다. '지금은 12시입니다'는 'pú táwanasapti[지금은 점심시간 입니다(now (it's American) dinner time)]'로 표현된다. 시간의 분들은 각 5분씩 요약되어 계산한다. 그래서 정시 이후에 첫 5분은 1로, 다음 5분, 즉 정시 이후 10분은 2로, 15분은 3으로, 20분은 4로, 25분은 5로 부른다. 그러니까 '12시 5분'은 'táwanasapti súka api rúpakiota[점심시간 후 1 지남(dinner time, one past—beyond/ Mittagszeit, eins danach/vorbei)]', '12시 10분'은 'táwanasapti lóyom api rúpakiota[점심시간 후 2 지남(dinner time, two past-beyond)]' 등으로 표현한다. 30분이 되면 한 단락이 된다. 그래서 'táwanasapti násamiqrúpakiota[점심시간 후, 절반 지남(dinner time, half past/Mittagessenszeit, ein halb danach/später)]'라고 말한다. 35분부터는 역으로 계산한다. '12시 35분'은 'cívot natsukaq'kapítu[1에 아직 5(25분)가 미치지 못했다] 등으로 표현한다. '14시'는 'lökaq'pítu(2에 도달했다)', '자정'은 sútokihaq[자정이다(it's midnight)]'로 표현한다. 이와 같은 시간 규정에서 호

470

피 인디언의 시간 느낌과 아무런 관계가 없는 순수한 동화 현상이 일어나고 있음이 분명하다. 그러나 이때에도 자신의 고유한 사고방식의 어떤 것이 관철되고 있다는 것이 특징적이다. 더군다나 1분에서 60분까지의 복잡한 계산이 1에서 5까지의 보다 단순하고 친숙한 계산 방식으로 대체되고 있는 한에서 그렇다.

이상의 내용은 쿠총시 씨의 진술에 따른 것이다.

호피 어 동사에서의 시제

기퍼가 1969년 여름 호피 인디언에게로 간 그의 2차 여행 기간 동안에 작업한 호피 인디언 어 텍스트의 상세한 구조 분석과 호피 인디언들과의 해당 인터뷰 활용은 우리들의 시간관과는 다른 시간관에 대한 해명이 우선 호피 어 동사 사용 방식에서 연구되어야 한다는 결과를 낳았다.

우리들에게 친숙한 인도게르만 어에서 상당히 똑같은 상태이다. 그러나 여기서는 아마도 보다 더 강하게 형성된 추상화 능력을 근거로, 즉 지속 (Dauer), 과거(Vergangenheit), 동시(Gleichzeitigkeit) 등과 같은 추상 명사화를 통하여 추가적인 표현 가능성이 만들어진 반면에, 호피 어에서는 그런 종류의 보조 수단을 포기해야 한다. 나아가서 호피 어휘재를 우리에게 익숙한 명사, 대명사, 형용사, 동사, 부사, 불변화사 등과 같은 범주 내지는 품사에 따라 분류하는 것은 사실 원칙적으로 가능하기는 하나 꾸준히 제약을 받고 수정되어야 한다. 물론 어원론적인 기본 의미를 고려하지 않고는 거의 받아들여질 수 없다. 이러한 어려움은 워프(B. L. Whorf)가 적절하게 관찰했듯이 호피 어는 그들 세계를 언어화(Versprachlichung)할 때에 우세하게 동사적으로 파악하고 있다는 호피 어의 현저한 특성과 관계한다. 왜냐하면 접미사를 붙여서, 즉 직접적이든 연결어(Bindeglied, Whorf는 'Annex'라는 단어로 표현)를 거쳐서든 간에 단어에 형태 요소를 붙여서, 다른 경우에는 문장에서 특정한 위치를 통하여 모든 품사는 술어적 용법으로 사용될 수, 즉 동사화될 수 있기 때문이다.

이와 같이 호피 어는 거의 무제한적으로 동사 조어 가능성을 갖고 있다. 그 결과는 많은 다른 사실과 더불어 호피 어 동사는 그 때문에 'sein', 'haben', 'tun', 'werden', 'gehen', 'kommen' 등의 의미의 동사 없이 지낼 수 있다는 것이 사실인 것 같다. 그렇더라도 해당 내용을 표현할 수가 있다. 호피 인디언에게도 많이 이용되는 이들 내용은 적합한 명사, 대명사, 부사를 동사화함으로써 전체적으로 대신할 수 있다.

명사 내용과 동사 내용 간의 밀접한 결합의 다른 특성은 예를 들어 목적어 명사를 우리들의 타동사와 비교할 수 있는 일련의 동사의 내용 속으로 끌어들이는 것에서 나타난다. 이에 대한 특별히 구체적인 예는 '먹는다'에 해당하는 호피 어 동사이다. 계열(Paradigma), 즉 동사의 형태들은 세 개의 보충적(suppletive) 동사가 하나의 형태를 가지고 형성된다. 더군다나 이때에 먹는 사람이 한 사람인지, 아니면 여러 사람인지, 먹히는 대상이 하나인지, 아니면 여러 개인지가 구별된다. 구체적인 경우에 먹히는 대상이나 대상들이 당연히 일컬어져야 한다. 먹히는 대상 명사를 언급하는 것과 그 수는, 하지만 이들 개개 동사의 내용 속에 포함되어 있다. 다음에서 S는 주어와 주어의 수를 나타내고, O는 목적어와 목적어의 수를 나타낸다. 그러면 다음의 도식이 생겨난다.

주어	독일어 동사 essen	목적어		호피 어
S (단수의 주어)	isst	(자동사)		tumoyta
S	isst	O	(단수의 목적어)	sowa
S	isst	OOO	(복수의 목적어)	nösa
SSS(복수의 주어)	essen	(자동사)		nonova
SSS	essen	O	(단수의 목적어)	soswa
SSS	essen	OOO	(복수의 목적어)	nönösa

이 자리에서 호피 어에 얼마나 동사적 시각이 침투되어 있는가를 보여 주며, 그 동사 조어 가능성이 우리들 언어를 얼마나 능가하는가를 보여 주는 더 많은 예들을 인용할 수가 있을 것이다. 그러나 언급만 하는 것으로 만족하겠다. 그것은 호피 어의 시간관을 해명하기 위해서는 동사의 형태 범위에 대해서 물어볼 필요가 있다는 것을 분명히 하기 위해서이다.

호피 어 동사에서 시간 관련 요소에 국한하려는 원래의 우리들의 구조 약술을 하기 전에 호피 어의 동사 형태 범위의 태에는 능동태와 수동태가 있으며, 타동사화하는 사역 동사가 있으며(워프: "…자동사나 비동사 기저에서 타동사를 만든다"), 수에는 단수, 양수(Dual), 복수가 있다는 것을 미리 언급해야 한다. 가령 많은 언어에서는 이것이 이른바 동작 양태와 화법의 도움을 받아 일어나듯이 나아가서 사건 진행과 그 서로 간의 순서 배열을 자세히 규정할 수 있는 특정한 가능성이 있다. 그것에 대해서 여기서 언급하지 않겠다. 이제 호피 어 동사의 시제 요소를 보다 자세히 언급하기 위해서 3개의 형태 범위를 서로서로 구분하는 것이 필요하다. 여기서는 그것을 잠정적으로 시제(Zeitsphären, Tempora), 동작 양태시(Aktionsarten: Zeit), 관계시(Relative Zeit)라고 부르겠다.

1. 시제

이 첫 형태 범위에서 인도게르만 어 화자는 과거, 현재, 미래라는 삼분 시제(三分時制)에 해당하는 도식을 예상할 것이다. 어떤 언어가 그 동사 체계에서 시간 진행에 있어서 기본적인 단계인 이러한 표현 영역을 포기할 수 있다는 것을 언어학자가 아닌 사람들은 거의 생각할 수 없을 것이다. 워프조차도 이 점에서 호피 어 동사에서는 시간에 대한 관계가 존재하지 않는다고 주어진 자료를 해석해야 한다고 생각했을 정도로 호피 어 언어 자료 결과에 놀란 것 같다. 워프의 해석은 하지만 논란의 여지가 있다. 우리는 그의 생각에 일치하지 않는다. 하지만 그가 이와 관련한 결론을 결코 경솔하게 내리지 않은 점은 받아들일 수 있다. 사실 언어적 사실들은 호피 인디언들의 기본적 의식이 우리들의 의식에 결정적 일탈을 보여 준다. 과거, 현재, 미래라는 우리들에게 친숙한 삼분 시제 대신에 과거+현재와 미래라는 이분 시제(二分時制)가 나타난다. 호피 동사의 형태론 속에 고착되어 있는 조어 방식은 가령 'pam wuwa(그는 생각한다/er denkt, 그가 생각했다/er dachte)'와 같은 단순 문장에서 나타나듯이 맥락에서 생겨난 동사 형태를 과거나 현재에 배열하는 것을 허용하지 않는다. 그에 반하여 접미사 '-ni'를 가진 'pam wuwani(그는 생각할 것이다/er wird denken)'라는 문장에서의 동사 형태는 분명히 미래를 가리키는 것으로 특징지어진다.

호피 어는 현재가 없다고 하든지, 아니면 과거가 없다고 하는 결론을 내려서는 안 된다. 그 대신에 호피 어는 문맥 내에서는 사건을 '이전'이나 '현재'의 시간 역에 정위시킬 수 있다는 것이 강조되어야 한다. 오히려 우리는 과거와 현재의 구별을 생각뿐만 아니라 언어적으로 완전히 구별할 수 있지만, 이러한 구별을 충분히 중요한 것으로 생각하지는 않아서 그것을 동사 체계의 형태론 속에서도 문법화하지 않는 언어 공동체의 사고방식을 가지려고 애써야 한다.

인도게르만 어의 화자에게는 그러한 방식으로 문법화된 시간 파악이 아마도 불충분하게 생각될 것이다. 잠시 숙고해 본다면 이러한 사고방식의 응결성과 내적 완결성을 더 잘 이해하는 데 도움이 될 수 있다.

그것을 위해서 시간이라는 매개 변수를 실험 물리학의 영역 속에서 고찰해 보자. 특정 사건 진행의 모든 관찰은 관찰자의 감각적 지각 능력과 결부되어 있다고 말해도 된다. 출발점이자 최종적인 진리 기준으로서 감각적 지각이 관찰 자료를 고정시킬 수 있게 한다. 우리는 이것을 측량(Messung)이라고 부른다. 자세한 날짜나 시간으로 고정할 수 있는 '현재'나 '현재적 시점'은 측량을 하기 위해서는 바로 마지막으로 가능한 관찰 시점이다. 이 관찰점은 질적으로는 결코 임의의, 보다 이전의 '과거의' 관찰점과 구별되지 않는다. 현재를 특별히 우선시하고 그것을 과거와 구별하는 것은 필수적인 것도, 의미 있는 일도 아니다.

나아가서 시간적으로 관찰된 사건 이전에 놓여 있는 사건은 원칙적으로 이후의 사건에 영향을 미칠 수 있을지도 모른다[208]고 사람들이 소박한 자연 묘사에서 가정하듯이, 모든 사건은 인과적으로 제약된 연속적인 사건들의 하나의 성분으로 간주될 수 있다는 관점하에서 어떤 사건을 시간 속에 한정하는 문제를 고찰해 보자. 인과성 원리는 서로 다른 시간대에 완결된 어떤 체제의 상태들 사이에 분명한 관계가 존재한다는 것을 요구한다. 완결된 어떤 체제의 한 상태가 특정 시점에 완전히 알려진다면, 사람

---

208) 이것과 이하의 사실에 대해서는 H. Franke 편: *Das Lexikon der Physik*, Stuttgart : Franckh [3]1969를 참고하라.

들은 그 체제의 상태를 이전이나 이후의 모든 시점에서 원칙적으로 계산할 수 있다. 사건을 시간 속에 한정하는 우리들의 문제와 관계하여서는 이렇다. 어떤 완결된 체제 내에서는 최종적으로 가능한 관찰 시점에 이르기까지의 모든 사건은 '가능성의 조건'으로 간주될 수 있을지도 모른다. 이것이 있을 수 있는 사건과 최종적으로 가능한 관찰 시점의 저편에 있는 '가능성'의 대안적 사건에 영향을 미친다. '가능성의 조건'은 과거와 현재에 해당하며, '가능성'은 미래에 해당할지도 모른다. 이러한 관점하에서도 '과거의' 사건에 대한 '현재의' 사건의 특권과 질적 차별성은 거의 논증될 수 없을지도 모른다.

마지막으로 우리에게 익숙한 삼분 시제를 나, 즉 인식 주체에 대한 그 의존성과 관계를 고찰해 보자. 모든 다른 객체 사건에 비하여 사건의 특별한 경우로서, 특별히 부각되는 사건으로서의 나를 지나치게 강조하지 않고는 '현재' 의식은 생각할 수 없을지도 모른다. 이미 페르페트가 그의 아리스토텔레스 해석에서 언급한 '지금 말하는 나', 즉 흡사 지속적인 현재 속에서 시간 선을 따라 움직이는 그 나만이 사건을 현재의 사건, 과거의 사건, 미래의 사건으로 구분할 것을 요구한다. 그러므로 주어는 기준점이며, 거기서부터 시간은 현재라는 병행성을 지닌 시간과 그 기준점에 대한 전시성(前詩性)을 지닌 시간으로 구분된다. 호피 인디언에게는 하지만 그 무수한 신화적 이야기와 일상의 이야기에서 볼 수 있듯이 경험의 지각 가능한 객체에 비하여 주어에게 그와 같은 특별한 지위를 부여하지 않는 것 같다. 오히려 동물이든, 살아 있는 것으로 이해하는 정령들이든 간에 마을 공동체 내의 모든 생명체에게도 이웃이나 씨족 구성원과 같은 규칙에 따라 교제해야 하는 호피 인의 지위가 부여된다. 이런 면에서 보아도 우리들의 주체 중심적인 문화에서 흔한 삼분 시제를 사용할 본질적인 이유가 없는 것 같다.

호피 어에서는 그러므로 우리에게 익숙한 삼분 시제 대신에 1) 과거+현재와 2) 미래적인 것 내지는 가능한 것으로 이분 시제가 등장한다.

1)에 대하여: 모든 정상적인 술어는 명칭된 사건을 과거에서부터 현재 시점까지 이르는 시간 단락으로 쪼갠다. 그 내용이 분명히 과거에 일어난 것으로 보이는 이야기에서 과거는 추가적으로 대부분 문장 서두에 사용된 'yaw'나 'pay'와 같은 이야기 불변화사를 통하여 암시될 수 있다.

2)에 대하여: 아직 등장하지 아니한 사건과 관계하는 모든 진술은 예상하는 것이든, 희망하는 것이든, 기원하는 것이든, 염려하는 것이든, 일반적으로 미래에 가능한 어떤 것과 관계하는 것이든 간에 접미사 '-ni'를 사용하여 표현된다. 예를 들어서 영어의 조건 시제에서 나타나듯이 이것은 과거에서 볼 때에 미래적인 것으로 간주되는 행위나 상태와 관계하는 조건적 진술에도 적용된다.

언급한 이분 시제에 추가적으로 호피 어는 보편타당한, 그러므로 어느 정도 시간과 관계없는 진술을 표현할 가능성을 갖고 있다. 이것은 접미사 '-ngwu'(Whorf: nomic)를 사용하여 일어난다. 이 접미사는 제한된, 상대적 보편타당성을 특징짓는 데 기여하며, 따라서 두 시간 영역보다도 상위적인 것으로 이해될 수 있든지, 과거+현재 내지는 미래적인 것 속으로 끼어들어가는 것으로 이해될 수 있다.

2. "동작 양태시"

이제 다룰 형태 범위는 여기서 언급된 내용이 개개 언어에서 서로 다른 방식으로 표현될 수 있다 할지라도 인도게르만 어 화자가 모르지 아니하는 것이다. 우리가 전통 언어학에서 양상이라고 알고 있는 것, 즉 사건의 진행(미완 과거, imperfektiv), 혹은 완료나 종결(완료, perfekt)을 고려하여 행위 진행의 주관적 판단과는 달리 사건 양태의 보다 객관적인 판단, 즉 우리가 동작 양태라고 부르곤 하는 것이 문제된다. 호피 어는 시간과 관련하여 사건을 판단하는 동작 양태 접미사를 다섯 개로 구분할 수 있다. 이들은 부분적으로는 서로 간에 조합될 수 있을 뿐만 아니라 이미 다룬 동사 접미사와도 조합될 수 있기 때문에 동작 양태를 두 개의 커다란 시제 속으로, 내지는 시간을 초월하는 보편타당성의 영역으로 추가적으로 분류하는 것이 가능하다. 우선은 세 개의 지속적(durative) 동작 양태가 일컬어질 수 있다 (Whorf는 durative aspect, progressional aspect, continuative aspect로 분류함).

1. a. 지속적(durativ) 동작 양태: 명시되지 아니한 지속을 나타낼 때. 가령 pam wuwa(그는 생각한다/er denkt), pam wuwanta(그는 곰곰이 생각한다/er denkt nach).

   b. 진행적(progressional) 동작 양태: 사건의 시점의 미래 방향으로 지속될 때. 가령 pam hangwa(그는 도랑을 판다/er gräbt), pam hangwanma(그는 도랑 파는 것을 계속한다/er fährt fort zu graben).

   c. 연속적(kontinuativ) 동작 양태: 주관적 느낌에 따라 지나치게 오래 지속되는 것을 강조할 때. 가령 pam hanqawu(그는 비판한다/er kritisiert), pam hinqawlawu(그는 계속해서 불평한다/er nörgelt und nörgelt und nörgelt).

나아가서 기동적(ingressiv) 동작 양태와 호피 어에 특징적인 반복적 (iterativ) 동작태가 나타난다[워프는 후자를 분절적 양상(segmentative aspect) 이라고 불렀다].

2. 기동적 동작 양태: 상태나 행위를 시작할 때. 가령 'pam wunima(그는 춤을 춘다/er tanzt)', 'pam wunimantiva(그는 춤추기 시작한다/er beginnt zu tanzen)'.

3. 반복적 동작 양태: 짧은 주기로 규칙적으로 반복되는 사건일 때. 가령 'pam yokta(그는 머리를 숙인다/er neigt den Kopf)', 'pam yokokota(그는 머리를 끄덕인다/er nickt)'.

3. "관계시(Relative Zeit)"

세 번째의 형태 범주에는 두 개 혹은 그 이상의 사건들이 시간적으로 서로 관계를 맺고 있는 것을 나타낸다. 통사적 연결 구조 속에서, 내지는 경우에 따라서는 그 통사적 연결 구조를 넘어 의미 관계 속에서 하나 이상의 사건이 표현되자마자 호피 어에서는 이들 사건 서로 간의 시간적 관계가 주어져야 한다. 이것은 특정한 동사 접미사의 도움으로 일어난다. 그 외에도 이러한 관계 속에서 시간 부사가 나타난다면 이 부사는 과잉 특성화, 즉 잉여 현상으로 간주된다. 이들 규칙에는 예외가 없으며, 일컬어진 사건이 어떤 시간 영역에서 설정될 것인가는 잉여적이다.

이 규칙 체계 사용의 엄격성이 인구어 화자에게는 여기에 인용된 시제 관계와 더불어 또한 여전히 논리적인 관점들이 작용하기 때문에 그만큼 더욱 놀라우며, 아마도 그 복잡성과 함께 그만큼 더욱 혼란스러울 것이다.

나아가서 동일한 행위 수행자의 경우와 두 사람이나 그 이상의 행위자의 경우는 구별된다. 게다가 한 사건이나 다른 사건의 주관적으로 느끼는 우월성이 표시될 수 있다. 첫눈에 호피 어가 여기서 그들 시제의 빈약함을 보상하기라도 하는 것처럼 보일지도 모른다. 그러나 다시금 강조되어야 할 점은 호피 어에는 시간을 분명하게 규정할 수 있는 가능성이 결코 결여되어 있지 않고, 우리가 가령 독일어나 프랑스 어나 영어 동사를 가지고 구성할 수 있는 모든 시간 관계가 호피 어에서도 다른 수단으로 표현될 수 있다는 점이다. 호피 어를 따르기 위해서는 무엇보다도 우리의 관습에서 기인하는 색각의 차단막을 극복해야 한다. 모든 사건을 시간적으로 주어에서 상대화시키고, 주어와 객체 혹은 객체 사건 사이의 관계를 우선적인 것으로 간주하는 관습의 차단막 말이다.

이미 암시한 바와 같이 호피 인디언들은 여기서 달리 느낀다. 그의 삶은 객체와 객체 사건에 의하여 결정되고 함께 유지되며, 사건에 대한 주체의 영향력 행사의 가능성은 단지 인지적인 침투의 영향일지라도 적다. 호피 인디언에게는 자연 현상의 우주적 관계 속에서 주체를 객체보다 우위에 둘 이유가 없다. 사실 그들도 우리들처럼 주체와 객체를 구별은 한다. 그러나 모든 평가를 하지 않는다. 결과적으로 사건을 시간과 관계시키는 일이 주체라는 영원한 현재와 관련하여 일어나는 것이 아니라, 사건 자체와 관계하여, 즉 주체가 행위자냐, 아니면 객체가 행위자냐를 고려하지 않고 일어난다. 이 사건이 우위이냐, 아니면 저 사건이 우위이냐의 문제는 순전히 화용적, 즉 실제와 관련한 관점에 따라 판단된다.

우리가 서로 다른 사건들 간의 시제적 관계뿐만 아니라 논리적 관계를 직접 고찰하고, 우리에게 친숙한 방법 없이 관계 주체에 대해서 고찰하는 우선 이러한 생각의 발걸음을 걸어갔다면, 이 세 번째 형태 범위의 규칙 체계를 이해하기는 어렵지 않을 것이다. 두 개 혹은 그 이상의 사건의 경우에 동일한 행위자에게는 다음의 시간 관련 배열 접미사가 나타난다.

1. -t: 서로 논리적 관계나 인과적 관계에 있지 아니한 사건의 순서. 그러한 사건 계열에서는 모든 동사는 임의로 구성될 수 있는 마지막 동사를 제외하고 이 접미사를 갖는다. 예를 들어 *öyit* ayo' hoyo(nachdem er satt war, ging er zur Seite/그가 배가 부른 후에 그는 옆으로 갔다); pu' yaw pasat Cha'akmongwi chongoi *takchokyat* nalöys ang *chochonat* Mongwit aw tavi(dann füllte der Crier-Chief seine Pfeife und zündete sie an, rauchte viermal und reichte sie dann dem Chief/그 다음에 부추장이 그의 담뱃대에 담배를 채우고 불을 붙여 네 번 피우고 그것을 그 다음에 추장에게 전달했다).

2. -qe: 서로 논리적 관계나 인과적 관계에 있는 사건들의 순서. 그러한 사건의 계열에서는 모든 동사가 임의로 구성될 수 있는 마지막 동사를 제외하고 이 접미사를 갖는다. 예를 들어 Isaw *warikqe* akwlep sungnuptu(der Koyote rannte auf ihn zu und hielt neben ihm an/코요테가 그에게 달려와서 그 옆에서 멈췄다); pi itam *sutokyaqe* ung qa tataynaya(weil wir es vergassen, weckten wir dich nicht auf/우리가 그것을 잊었기 때문에 우리는 너를 깨우지 못했다).

3. -kyang: 사건의 동시성. 일반적으로는 두 사건 이상이 동시에 진행되는 것으로 가정되지 않는다. 양자 중 하나, 우선시되는 것으로 느껴지지 않는 것은 이 접미사를 갖고, 다른 것은 임의로 구성된다. 예를 들어 pan *wunimantikyang* kivai akw hoyoyotima(während er in dieser Weise tanzte, fuhr er fort, sich auf sein Haus zuzubewegen/그가 이러한 방식으로 춤을 추면서, 그는 그의 집으로 이동해 가는 것을 계속

했다）; yaw taqa *tawkyang* paslawu(der Mann sang, während er das Feld bestellte／그 남자는 들에서 일하는 동안에 노래를 불렀다).

여러 행위자와 둘 혹은 그 이상의 사건의 경우에는 모든 경우에 접미사 '-q'가 나타난다. 이 접미사는 각 의미 관계에 따라 1에서 3까지의 전체 내용을 대신하며, 우선적으로 느껴지지 아니한 사람의 행위를 나타낸다. 두 사건 이상의 경우에 우선적으로 특징지어진 사람의 행위는 이전처럼 1에서 3까지의 접미사를 가지고 구성되어야 한다. 예를 들어 'noq yaw Isaw Cha'akmongwit *tsa'lawq* yaw navota(der Koyote hörte den Crier-Chief, während der seine Ankündigung machte／우는 추장이 통지를 하는 동안에 코요테가 우는 추장의 이야기를 들었다)'; 'noq yaw Isaw, Orayvi tavangqoyva sutsep *maknumngwuqe*, Cha'akmongwit *tsa'lawq* yaw navota(weil er immer westlich von Oraibi zu jagen pflegte, hörte der Koyote den Crier-Chief, während der seine Ankündigung machte／왜냐하면 그가 항상 오라이비의 서쪽에서 사냥을 하곤 했기 때문에 우는 추장이 통지를 하는 동안에 코요테는 우는 추장의 이야기를 들었다)'

이와 같은 동사 분석에서 호피 인디언들의 시간 파악에 대해서 어떤 해명을 얻었는지를 요약해 본다면 다음과 같이 확인될 수 있다.

우선 우리 인구어 사용자들이 동사를 가지고 표현할 수 있는 시간 관계를 호피 어로도 번역될 수 있다는 것을 확인할 수 있다. 호피 어 동사는 우리와는 다르다 할지라도 우리에게 친숙한 인도게르만 어 동사와 마찬가지로 어떤 사건을 시간 속에서 엄밀하게 한정할 수 있다. III에서 제시된 상대적 시간 규정의 가능성을 우리가 고려한다면 호피 어에서는 우리가 흔히 사용하는 것보다도 더 엄밀한 정보가 계획되고 있다고 말해도 된다.

둘째로, 우리가 주체의 현재 의식에 결부되어 시간을 병행적(현재), 전시적(前時的, 과거), 후시적(後時的, 미래)으로 삼분하고 있는 반면, 호피 어는 이와 같이 파악된 시간 영역에 언급된 이분(二分) 시제가 등장한다. 이러한 방식은 기준점으로서 주체에게 다른 객체에 비한 어떤 우월적 위치도 부여하지 않는다. 다만 아직도 실현되지 아니한 미래적인 사실을 실제로 존재하는 것, 즉 현재적인 것이나 과거적인 것과 구분한다. 이와 같은 이분 시제는 어떤 시간 영역이 결여되어 있다는 의미에서 결함이 있다거나, 정확성이 떨어진다는 의미에서 불충분한 것으로 해석되어서는 안 되며, 주체의 존재 내지는 사건이 모든 다른 존재 내지는 사건에 비하여 특별한 것으로 평가하지 아니하는 어떤 문화 내에서 일관성이 있는(folgerichtig) 것이며, 마찬가지로 통일성이 있는(kohärent) 것으로 간주되어야 한다.

셋째, 우리는 호피 어 동사의 형태론에서 시간 관련적 동작 양태를 발견한다. 즉 사건을 통사적 관계나 시간 속에 한정하지 않고, 그것의 지속, 빈도, 진행 상태와 관련하여 특징지을 수 있는 가능성이 있음을 발견한다. 일컬어진 사건의 보편타당성과 제한된 보편타당성에 대한 정동사 자체 내에 포함된 진술의 가능성도 여기에 속한다.

마지막으로 흥미 있고, 그 연장과 결과에서 아마도 독특한 동사 접미사의 체계가 언급되어야 한다. 이 체계는 두 개 혹은 그 이상의 사건을 통사적 관계 내지는 의미 관계 내에서 논리적·인과적·시간적으로 연결시킨다. 전체 13개의 접미사 중에서 세 개 내지 여섯 개는 시간 관계를 나타낸다. 동시성, 후시성, 그리고 서로 구별된 두 종류의 전시성. 사건에 의하여 직접 생산된 시간에 대한 이러한 관계의 예외 없는 엄밀성은 우리로 하여금 워프에 의하여 가정된 호피 어에는 시간 개념이 없다(Zeitlosigkeit)는 추론을 하게 하는 것이 아니라, 호피 인디언의 의식은 오히려 시간에 사로잡힌 듯함(Zeitbesessenheit)을 추론케 한다. 그리고 이와 같은 시간에 사로잡혀 있음은 아마도 삶을 위협하며 동시에 삶을 유지시켜 주는 외계와의 내적 관계 속에서 있다. 왜냐하면 외계는 바로 항상 되풀이되는 자연 사건의 영원한 회귀라는 사건이기 때문이다.

안드레아 슈탈슈미트(Andrea Stahlschmidt)

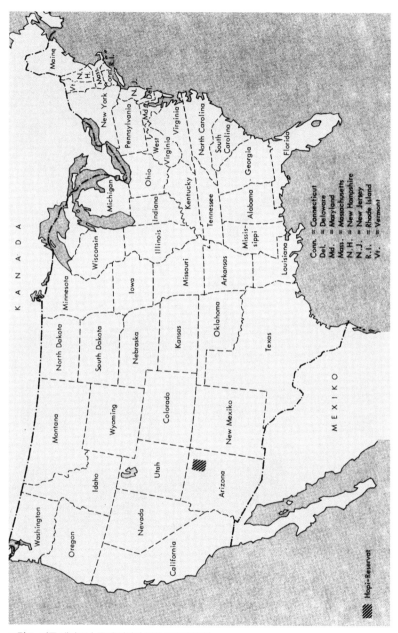

그림 5 미국 애리조나 주의 인디언 보호 구역의 위치

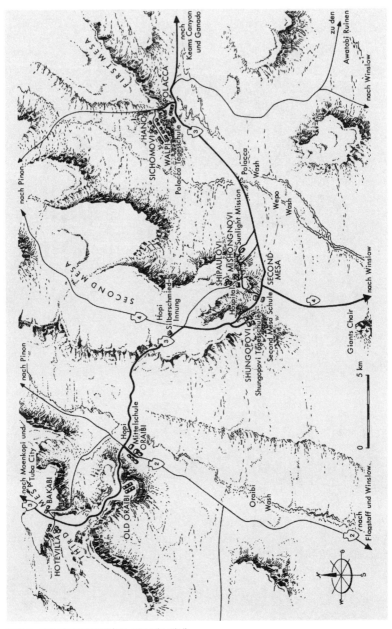

그림 6 호피 인디언의 마을(제1, 제2, 제3 메사)

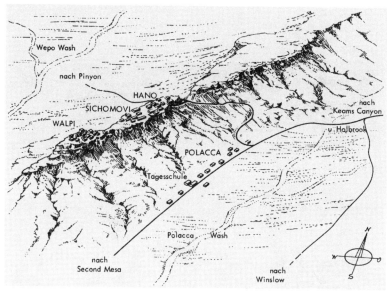

그림 7 제1 메사

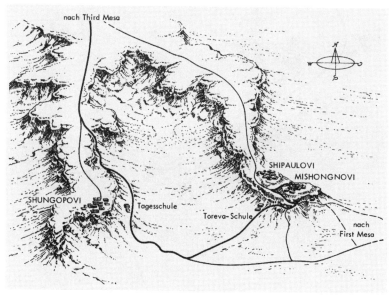

그림 8 제2 메사

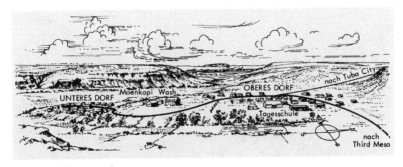

그림 9 믄카피(Moenkopi)

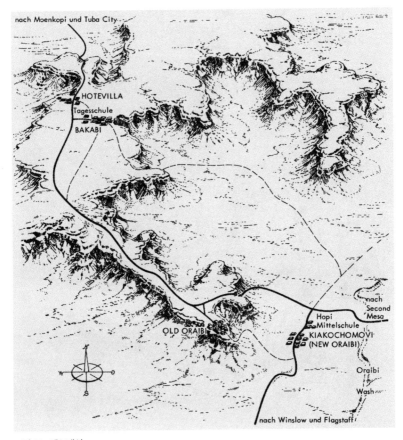

그림 10 제3 메사

참고 문헌

Aaron, R. I., *The theory of universals*, Oxford: Clarendon Press 1952.

Adelung, J. C., *Mithridates oder allgemeine Sprachkunde mit dem Vater Unser als Sprachprobe in bey nahe fünfhundert Sprachen und Mundarten*, Berlin: Vossische Buchhandlung 1806–1817, 4 Teile; 2. Teil (1809) bearbeitet von Johann Severin Vater.

Apel, K. O., "Die Idee der Sprache bei Nikolaus von Cues", in: *Archiv für Begriffsgeschichte*, Bd. 1, 1955, S. 200–221.

Ders., "Der philosophische Wahrheitsbegriff als Voraussetzung einer inhaltlich orientierten Sprachwissenschaft", in: *Sprache-Schlüssel zur Welt, Festschrift Leo Weisgerber*, Düsseldorf: Schwann 1959, S. 11–38.

Ders., "Kann es ein wissenschaftliches 'Weltbild' überhaupt geben? Die theoretische Wissenschaft der Gegenwart in erkenntnisanthropologischer Sicht", in: *Zeitschrift für philosophische Forschung* 16, 1962, S. 26–57.

Ders., *Die Idee der Sprache in der Tradition des Humanismus von Dante bis Vico*, Bonn: Bouvier 1963.

Ders., "Die erkenntnisanthropologische Funktion der Kommunikationsgemeinschaft und die Grundlagen der Hermeneutik", in: *Information und Kommunikation, Referate und Berichte der 23. Internationalen Hochschulwochen Alpbach 1967*, Hrsg. S. Moser, München/Wien: R. Oldenbourg 1968, S. 163–171.

Aristoteles, *Kategorien. Lehre vom Satz, (Organon I/II). Porphyrius: Einleitung in die Kategorien*, Hamburg : F. Meiner 1968.

Ders., *The organon. The categories. On interpretation*, by Harold P. Cooke. *Prior analytics*, by Hugh Tredennick. London: Heinemann/Cambridge (Mass.): Harvard Univ. Press 1955.

Bach, E., und Harms, R. T., *Universals in linguistic theory*, New York/Chicago/San Francisco: Holt, Rinehart and Winston 1968.

Baer, K, E. von, "Welche Auffassung der lebenden Natur ist die richtige? und wie ist diese Auffassung auf die Entomologie anzuwenden?", in: *Reden*, Erster Theil, St. Petersburg 1864, S. 251–275. Neudruck als Beiheft zu Bd. 3 der *Grundlagenstudien aus Kybernetik und Geisteswissenschaft*, Quickborn bei Hamburg: Schnelle 1962.

Barnett, L., *Einstein und das Universum*. Mit einem Vorwort von Albert Einstein. Frankfurt/M.: S. Fischer 1952.

Basilius, H., "Neo-Humboldtian ethnolinguistics", in: *Word* 8, 1952, S. 95–105.

Baudouin de Courtenay, J. I. N., *Einfluß der Sprache auf Weltanschauung und Stimmung*, Warszawa 1929. Sonderdruck aus: Prace Filologiczne, XIV.

Baumgärtner, K., "Die Struktur des Bedeutungsfeldes", in: *Satz und Wort im heutigen Deutsch. Probleme und Ergebnisse neuerer Forschung, Jahrbuch 1965/1966*, Düsseldorf: Schwann 1967, S. 165–197.

Beauvoir, S. de, *Le deuxième sexe*, Paris: Nouvelle Revue Française [44]1949.

Beneš, B., *Wilhelm von Humboldt, Jacob Grimm, August Schleicher. Ein Vergleich ihrer Sprachauffassungen*, Winterthur: Keller 1959.

Berger, P., und Luckmann, Th., *Die gesellschaftliche Konstruktion der Wirklichkeit. Eine Theorie der Wissenssoziologie*, Frankfurt a. M.: S. Fischer 1969.

Bergson, H., *Essai sur les données immédiates de la conscience*, Paris: Alcan 1889.

Bertalanffy, L. von, "An essay on the relativity of categories", in: *Philosophy of Science* 22, 1955, S. 243-263.

Bierwisch, M., "Strukturalismus. Geschichte, Probleme und Methoden", in: *Kursbuch* 5, 1966, S. 77-152. (Kritik an Weisgerber und Whorf, S. 135-137).

Black, M., *Language and philosophy. Studies in method*, Ithaca (N. Y.): Cornell Univ. Press 1949. ²London: Cumberledge.

Ders., "Linguistic relativity. The views of Benjamin Lee Whorf", in: *The Philosophical Review* 68, 1959, S. 228-238.

Ders., *The labyrinth of language*, London: Pall Mall Press 1968.

Boas, F., *Handbook of American Indian languages. Introduction*, Washington: Government Printing Office 1911, Part I, S. 5-83.

Ders., *Race, language, and culture*, New York: Macmillan 1940.

Bocheński, J. M., Church, A., und Goodman, N., *The problem of universals. A symposium*, Notre Dame (Indiana): Univ. of Notre Dame Press 1956.

Böhme, G., *Über die Zeitmodi. Eine Untersuchung über das Verstehen von Zeit als Gegenwart, Vergangenheit und Zukunft mit besonderer Berücksichtigung der Beziehungen zum 2. Hauptsatz der Thermodynamik*, Göttingen: Vandenhoeck & Ruprecht 1966.

Bollnow, O. F., "Wilhelm von Humboldts Sprachphilosophie", in: *Zeitschrift für deutsche Bildung* 14, 1938, S. 102-112.

Bright, J. O., und Bright, W., "Semantic structures in Northwestern California and the Sapir-Whorf-Hypothesis", in: *American Anthropologist* 67, no. 5, part 2 (Special Publication), 1965, S. 249-258.

Bright, W., *Sociolinguistics. Proceedings of the UCLA Sociolinguistic Conference, 1964*, The Hague/Paris:Mouton 1966.

Brown, R. L., *Wilhelm von Humboldt's conception of linguistic relativity*, The Hague/Paris: Mouton 1967.

Brown, R. W., *Words and things*, Glencoe (Ill.): The Free Press 1958.

Ders., "Linguistic determination and the part of speech", in: *Psycholinguistics, a book of readings*, Hrsg. S. Saporta, New York: Holt, Rinehart and Winston 1961, S. 503–509.

Brown, R. W., und Lenneberg, E. H., "A study in language and cognition", in: *Journal of Abnormal and Social Psychology* 49, 1954, S. 454–462.

Ders., "Studies in linguistic relativity", in: E. Maccoby u. a., Hrsg.: *Readings in social psychology*, New York: Holt [3]1958, S. 8–18.

Brutyan, G. A., "A Marxist evaluation of the Whorf hypothesis", in: *ETC., A Review of General Semantics* 19, 1962, S. 199–220.

Carmichael, L., Hogan, H. P., und Walter, A. A., "An experimental study of the effect of language on the reproduction of visually perceived forms", in: *Journal of Experimental Psychology* 15, 1932, S. 73–86.

Carnap, R., *Der logische Aufbau der Welt*, Berlin-Schlachtensee: Weltkreis Verlag/Leipzig: Meiner 1928.

Carroll, J. B., "Linguistic relativity, contrastive linguistics, and language learnings", in: *International Review of Applied Linguistics in Language Teaching* 1, 1963, S. 1–20.

Ders., *Language and thought*, Englewood Cliffs (N. J.): Prentice-Hall 1964.

Carroll, J. B., und Casagrande, J. B., "The function of language classifications in behaviour", in: *Readings in social psychology*, E. Maccoby u. a., Hrsg., New York: Holt, Rinehart and Winston [3]1958, S. 18–31.

Cassirer, E., *Philosophie der symbolischen Formen*, Berlin: Bruno Cassirer 1923–1929. Neudruck: Wissenschaftl. Buchges. 1953/54.

Chang, Tung-sun, "A Chinese philosopher's theory of knowledge", in: *ETC., A Review of General Semantics* 9, 1952, S. 203–226.

Chase, St., *Power of words. About the latest findings in communication, semantics, meaning: how to deal with an increasingly complicated world*, London: Phoenix House 1955.

494

Chomsky, N., *Cartesian linguistics*, New York: Harper & Row 1966.

Christmann, H. H., "Beiträge zur Geschichte der These vom Weltbild der Sprache", in: *Akademie der Wissenschaften und Literatur, Abhandlungen der Geistes- und Sozialwissenschaftlichen Klasse*, Jahrgang 1966, Nr. 7, Wiesbaden: Vlg. der Akademie der Wissenschaften 1967, S. 441–469.

Church, J., *Sprache und die Entdeckung der Wirklichkeit. Über den Spracherwerb des Kleinkindes*, Frankfurt am Main: S. Fischer 1971.

Collinder, B., "Woher kamen die aristotelischen Kategorien?", in: *Folia Linguistica, Acta Societatis Linguisticae Europaeae* 2, 1968, S. 153–159.

Conrad-Martius, H., *Die Zeit*, München: Kösel 1954.

Coseriu, E., *Sprache, Strukturen und Funktionen. 12 Aufsätze zur Allgemeinen und Romanischen Sprachwissenschaft*, in Zusammenarbeit mit H. Bertsch und G. Köhler. Hrsg. von U. Petersen, Tübingen 1970.

Croce, B., *Aesthetik als Wissenschaft vom Ausdruck und allgemeine Sprachwissenschaft. Theorie und Geschichte*, Tübingen: Mohr 1930.

Dilthey, W., *Die geistige Welt. Einleitung in die Philosophie des Lebens, 1. Hälfte. Abhandlungen zur Grundlegung der Geisteswissenschaften*, Stuttgart: B. G. Teubner/Göttingen: Vandenhoeck & Ruprecht ²1957.

Doroszewski, W., *Slownik języka polskiego*, Warszawa: Polska Akademia Nauk 1966 ff.

Dozier, E. P., "The Hopi-Tewa of Arizona", in: *University of California Publications in American Archaeology* (Berkeley/Los Angeles: Univ. of California Press) 44, 1954, No 3, S. 259–376.

Driver, H. E., *Indians of North America*, Chicago/London: The Univ. of Chicago Press ²1969.

DUDEN, *Etymologie. Herkunftswörterbuch der deutschen Sprache*. Der große Duden, Bd. 4, Mannheim: Bibliographisches Institut 1963.

Ebbecke, U., *Johannes Müller, der große rheinische Physiologe. Mit einem Neudruck von Johannes Müllers Schrift "Über die phantastischen Gesichtserscheinungen",*

Hannover: Schmorl & von Seefeld 1951.

Eggan, F., "The Hopi Indians. A selected and annotated bibliography", in: *San Vicente Foundation Inc. Publication* 1, S. 1–14 (O. J.).

Einstein, A., *Mein Weltbild*, Hrsg. C. Seelig, Frankfurt a. M.: Verlag Das goldene Vlies 1955.

Einstein, A., und Infield, L., *Die Evolution der Physik von Newton bis zur Quantentheorie*, Hamburg: Rowohlt 1956.

Eliade, M., *Das Heilige und das Profane. Vom Wesen des Religiösen*, Hamburg: Rowohlt 1957.

Fearing, F., "An examination of the conception of Benjamin Whorf in the light of the theories of perception and cognition", in: *Language in culture*, Hrsg. H. Hoijer, Chicago: Univ. Press 1954, S. 47–78.

Feuer, L. S., "Sociological aspects of the relations between language and philosophy", in: *Philosophy of Science* 20, 1953, S. 85–100.

Fiesel, E., *Die Sprachphilosophie der deutschen Romantik*, Tübingen: Mohr 1927.

Finck, F. N., *Die deutsche Sprache als Ausdruck deutscher Weltanschauung*, Marburg: Elwert 1899.

Fishman, J. A., "A systematization of the Whorfian hypothesis", in: *Behavioral Science* 5, 1960, S. 323–339.

Flavell, J. H., "A test of the Whorfian hypothesis", in: *Psychological Reports* 4, 1958, S. 455–462.

Forrest, E. R., *The snake dance ... of the Hopi Indians*, Los Angeles: Westernlore Press 1961,

Fraisse, P., *Psychologie du temps*, Paris: Presses Universitaires de France 1957.

Frege, G., "Sinn und Bedeutung", in: *Zeitschrift für Philosophie und philosophische Kritik*, N. F. 100, 1892, S. 25 ff, Auch in: *Funktion, Begriff, Bedeutung*, Hrsg. G. Patzig, Göttingen: Vandenhoeck & Ruprecht 1962.

Freyer, H., *Theorie des objektiven Geistes. Eine Einleitung in die Kulturphilosophie*,

Berlin/Leipzig: Teubner ²1928.

Gadamer, H.-G., *Wahrheit und Methode. Grundzüge einer philosophischen Hermeneutik*, Tübingen: Mohr 1960.

Gastil, R. D., "Relative linguistic determinism", in: *Anthropological Linguistics* 1, 1959, S. 24–38.

Geckeler, H., *Strukturelle Semantik und Wortfeldtheorie*, München: W. Fink 1971.

Gelb, A., und Goldstein, K., "Psychologische Analysen hirnpathologischer Fälle, über Farbamnesien nebst Bemerkungen über das Wesen der amnestischen Aphasie überhaupt und die Beziehungen zwischen Sprache und dem Verhältnis zur Umwelt", in: *Psychologische Forschung* 6, 1925, S. 127–199.

Gelhaus, H., u. a., "Der Begriff Tempus—eine Ansichtssache?", in: *Beihefte zur Zeitschrift Wirkendes Wort*, Düsseldorf: Schwann Verlag 1969.

Gent, W., *Die Philosophie des Raumes und der Zeit. Historische, kritische und analytische Untersuchungen. Die Geschichte der Begriffe des Raumes und der Zeit von Aristoteles bis zum vorkritischen Kant (1768)*, Bonn: Cohen 1926.

Ders., *Die Raum-zeit-Philosophie des 19. Jahrhunderts. Historische, kritische und analytische Untersuchungen. Die Geschichte der Begriffe des Raumes und der Zeit vom kritischen Kant bis zur Gegenwart*, Bonn: Cohen 1930.

Gipper, H., *Die Durchnahme von Shakespeare's "Macbeth" im Deutschunterricht der Oberstufe unter Berücksichtigung neuerer Forschungsergebnisse und sprachvergleichender Gesichtspunkte*, 1. Jahresarbeit als Studienreferendar am Stiftischen Gymnasium in Düren (Rhld.) 1954 (unveröffentlicht).

Ders., "Die Farbe als Sprachproblem", in: *Sprachforum, Zeitschrift für angewandte Sprachwissnschaft* 1, 1955, S. 135–145.

Ders., "Muttersprachliches und wissenschaftliches Weltbild", in: *Sprachforum, Zeitschrift für angewandte Sprachwissenschaft* 2, 1956, S. 1–10.

Ders., "Über Aufgabe und Leistung der Sprache beim Umgang mit Farben", in:

Die Farbe, Göttingen/Berlin/Frankfurt: Musterschimidt-Verlag 6, 1957, S.
23–48.

Ders., "Muttersprachliche Wirkungen auf die wissenschaftliche Begriffsbildung
und ihre Folgen", in: *Archiv für Begriffsgechichte*, Bonn: Bouvier 1964 a, S.
243–259,

Ders., "Purpur. Weg und Leistung eines umstrittenen Farbworts", in: *Glotta* 42,
1964 b, S. 39–69.

Ders., "Denken ohne Sprache?", in: *Wirkendes Wort* 14, 1964 c, S. 145–156.
Auch in der Aufsatzsammlung mit demselben Titel, Düsseldorf: Schwann
1971.

Ders., "Wilhelm von Humboldt als Begründer moderner Sprachforschung", in:
Wirkendes Wort 15, 1965, S. 1–19.

Ders., *Sprachliche und geistige Metamorphosen bei Gedichtübersetzungen. Eine
sprachvergleichende Untersuchung zur Erhellung deutsch-französischer
Geistesverschiedenheit*, Düsseldorf: Schwann 1966 a.

Ders., "Der Inhalt des Wortes und die Gliederung des Wortschatzes", in: *Duden-
Grammatik*, Mannheim: Bibliographisches Institut [2]1966 b, S.419–464.

Ders., "Der Beitrag der inhaltlich orientierten Sprachwissenschaft zur Kritik der
historischen Vernunft", in: *Das Problem der Sprache. Achter Deutscher
Kongreß für Philosophie, Heidelberg 1966*, München: Fink 1967. Auch in
der Aufsatzsammlung: Denken ohne Sprache?, Düsseldorf: Schwann 1971.

Ders., "Wilhelm von Humboldts Bedeutung für die moderne Sprachwissenschaft",
in: *Die Brüder Humboldt heute, Abhandlungen der Humboldt-Gesellschaft*,
Mannheim: Verlag der Humboldt-Gesellschaft 1968, S. 41–62.

Ders., *Bausteine zur Sprachinhaltsforschung. Neuere Sprachbetrachtung im
Austausch mit Geistes-und Naturwissenschaft*, Düsseldorf: Schwann [2]1969 a.

Ders., "Zur Problematik der Fachsprachen. Ein Beitrag aus sprachwissenschaftlicher
Sicht", in: *Festschrift für Hugo Moser*, Düsseldorf: Schwann 1969 b, S. 66–81.
Auch in der Aufsatzsammlungs: Denken ohne Sprache?, Düsseldorf:

Schwann 1971.

Ders., "Sprachwissenschaftliche Grundlagen für die Hörgeschädigtenerziehung", Erlangen: Siemens Aktiengesellschaft 1969 c.

Ders., "Sprachwissenschaftliche Voraussetzungen für den Aufbau der Sprachinhalte im Gehörlosenunterricht", in: *Tagungsbericht der XXIII. Bundesversammlung des Bundes Dentscher Taubstummenlehrer 1970*, S. 4-20.

Ders., "Stichwort 'Bezeichnung'", in: *Historisches Wörterbuch der Philosophie*, Hrsg. J. Ritter, Bd. 1(A-C) Basel/Stuttgart: Schwabe & Co. 1971 a.

Ders., "Polysemie, Homonymie und Kontext", in: *Grammatik, Kybernetik, Kommunikation, Festschr. A. Hoppe*, Bonn: Dümmler 1971 b, S. 202-214.

Gipper, H., und Schwarz, H., *Bibliographisches Handbuch zur Sprachinhaltsforschung. Schrifttum zur Sprachinhaltsforschung in alphabetischer Folge nach Verfassern mit Besprechungen und Inhaltsnachweisen*, Teil I, Bd. 1 (Buchstabe A-G) Köln/Opladen: Westdeutscher Verlag 1967, Bd. 2, Lfg. 8-14 (bis Kn) 1967 ff.

Greenberg, J. H., "Concerning inferences from linguistic to nonlinguistic data", in: *Language in culture*, Hrsg. H. Hoijer, Chicago: Univ. Press 1954, S. 3-19.

Ders., *Universals of language*, Cambridge (Mass.): MIT-Press 1963.

Ders., "Language universals", in: *Current trends in linguistics*, Hrsg. Th. A. Sebeok, Bd. 3 : Theoretical foundations, The Hague/Paris: Mouton 1966, S. 61-112.

Habermas, J., "Erkenntnis und Interesse", in: *J. Habermas, Technik und Wissenschaft als Ideologie*, Frankfurt a. M.: Suhrkamp 1968, S. 146-168.

Haering, Th. L., "Das Problem der naturwissenschaftlichen und der geisteswissenschaftlichen Begriffsbildung und die Erkennbarkeit der Gegenstände", in: *Zeitschrift für Philosophische Forschung* 2, 1947, S. 537-579.

Hall, E. T., *The hidden dimension*, New York: Doubleday 1966.

Ders., *The silent language*, Greenwich: Fawcett Publ [9]1967.

Hallowell, A. I., "Temporal orientation in Western civilization and in a preliterate society", in: *American Anthropologist* 39, 1937.

Ders., "Ojibwa ontology, behavior, and world view", in: *Culture in history, Essays in honor of Paul Radin*, New York: Columbia Univ. Press for Brandeis Univ. 1960, S. 19-52.

Hammerich, L., *Zahlwörter und Zahlbegriff*, Mannheim: Dudenverlag 1966.

Hanawalt, N. G., und Demarest, J. H., "The effect of verbal suggestion in the recall period upon the reproduction of visually perceived forms", in: *Journal of Experimental Psychology* 25, 1939, S. 159-174.

Hard, G., *Die 'Landschaft' der Sprache und die 'Landschaft' der Geographen. Semantische und forschungslogische Studien*, Bonn: F. Dümmler 1970.

Hartmann, P., *Sprache und Erkenntnis. Zur Konstitution des explizierenden Bestimmens*, Heidelberg: C. Winter 1958.

Ders., "Die Berücksichtigung der Zeit in der Sprache", in: *Der Deutschunterricht* 4, 1958, S. 47-75.

Haym, R., *Wilhelm von Humboldt. Lebensbild und Charakteristik*, Berlin: Gaertner 1856. Neudruck: Osnabrück: Zeller 1965.

Heberer, G., *Homo — unsere Ab— und Zukunft. Herkunft und Entwicklung des Menschen aus der Sicht der aktuellen Anthropologie*, Stuttgart: Deutsche Verlagsanstalt 1968.

Heberer, G., Kurth, G., und Schwidetzky, I., *Anthropologie*, Frankfurt a. M.: Fischer Bücherei 1959.

Heidegger, M., *Sein und Zeit*, Tübingen: M. Niemeyer [10]1963.

Heintel, E., "Sprachphilosophie", in: *Deutsche Philologie im Aufriß*, Hrsg. Wolfgang Stammler, Berlin: E. Schmidt [2]1957, Band 1, Spalte 563-620.

Ders., "Gegenstandskonstitution und sprachliches Weltbild", in: *Sprache — Schlüssel zur Welt*, Festschrift Leo Weisgerber, Düsseldorf: Schwann 1959, S. 47-55.

Heisenberg, W., "Sprache und Wirklichkeit in der modernen Physik", in: *Wort und Wirklichkeit. Sechste Folge des Jahrbuches Gestalt und Gedanke*, München: Oldenbourg 1960, S. 32-62.

Henle, P., *Language, thought, and culture*, Ann Arbor (Mich.): The Univ. of Michigan Press 1958.

Herder, J. G., *Abhandlung über den Ursprung der Sprache* (1772), neu hrsg. von H. D. Irmscher, Stuttgart: Reclam 1966.

Herman, D. T., Lawless, R. H., und Marshall, R, W., "Variables In the effect of language on the reproduction of visually perceived forms", in: *Psycholinguistics, a book of readings*, Hrsg. S. Saporta, New York: Holt, Rinehart and Winston 1961, S. 537-551.

Hermann, E., "Sprache und Erkenntnis", in: *Nachrichten von der Akademie der Wissenschaften*, Göttingen, N. F. 2, 4, 1939, S. 95-113.

Hirschberger, J., *Geschichte der Philosophie. Altertum und Mittelalter*. Basel/Freiburg/Wien: Herder ⁷1963.

Hoberg, R., *Die Lehre vom sprachlichen Feld*, Düsseldorf: Schwann 1970.

Hockett, Ch. F., "Chinese versus English. An exploration of the Whorfian thesis", in: *Language in culture*, Hrsg. H. Hoijer, Chicago: Univ. Press 1954, S. 106 bis 123.

Hönigswald, R., *Grundfragen der Erkenntnistheorie. Kritisches und Systematisches*, Tübingen: Mohr 1931.

Hörmann, H., *Psychologie der Sprache*, Verbesserter Neudruck, Berlin/Heidelberg/New York: Springer 1970.

Hoffmeister, J., *Wörterbuch der philosophischen Begriffe*, Hamburg: F. Meiner ²1955.

Hofstätter, P. R., *Gruppendynamik—Kritik der Massenpsychologie*, Hamburg: Rowohlt 1957.

Hoijer, H., "The relation of language to culture", in: *Anthropology today*, Hrsg. A. L. Kroeber, Chicago 1952, S. 554-586.

Ders., "The Sapir-Whorf-hypothesis", in: *Language in culture*, Hrsg. H. Hoijer,

Chicago: Univ. Press 1954, S. 92–105.

Ders., "Semantic patterns of the Navaho language", in: *Sprache — Schlüssel zur Welt, Festschrift Leo Weisgerber*, Düsseldorf: Schwann 1959, S. 361–373.

Ders., (Hrsg.) *Language in culture. Conference on the interrelations of language and other aspects of culture*, Chicago: Univ. Press ²1955

Holmberg, A., Kraemer, S., Lastra, Y., und Zerulis, V., "From U.S. publications dealing with language and culture (The Whorfian Hypothesis)", Abstracts 660–674 zu den Arbeiten von M. Black (1962), R. W. Brown/E. H. Lenneberg (1958), J. B. Carroll/J. B, Casagrande (1958), F. Fearing (1954), L. S. Feuer (1953), R. D. Gastil (1959), H. Hoijer (1954), D. H. Hymes (1961), C. Kluckhohn (1951), E. H. Lenneberg (1954 bis 1955), J. Lotz (1955), Y. Malkiel (1956), G. L. Trager (1959), L. von Bertalanffy (1955), J. T. Waterman (1957), in: *International Journal of American Linguistics* 31, 1965, S. 249–258.

Howell, F. C., und die Redaktion von LIFE, *Der Mensch der Vorzeit*, TIME-LIFE International (Nederland) N.V. 1966.

Humboldt, W. von, *Wilhelm von Humboldts gesammelte Schriften*, Hrsg. Königlich Preußische Akademie der Wissenschaften, 17 Bde., Berlin: B. Behr 1903 bis 1936. Nachdruck: Berlin: de Gruyter 1968. *Schriften zur Sprachphilosophie*, Hrsg. A. Flitner und K. Giel, Werke in 5 Bänden, Bd. 3, Darmstadt: Wissenschaftlihe Buchgesellsdiaft 1963,

Ders., "Ueber das vergleichende Sprachstudium in Beziehung auf die verschiedenen Epochen der Sprachentwicklung", in: ibid., S. 1–25.

Husserl, E., *Edmund Husserls Vorlesungen zur Phänomenologie des inneren Zeitbewußtseins*, Hrsg. M. Heidegger, Jahrbuch für Philosophie 9, 1928.

Hymes, D. H., "On typology of cognitive styles in language (with examples from Chinookan)", in: *Anthropological Linguistics* 3, 1, 1961, S. 22–54.

Ders., *Language in culture and society. A reader in linguistics and anthropology*, New York/Evanstone/London: Harper & Row 1964.

Ders., "Two types of linguistic relativity (with examples from Amerindian ethnography", in: *Sociolinguistics*, Hrsg. W. Bright, The Hague/Paris 1966, S. 114-158; "Discussion": S. 158-167.

Jakobson, R., *Kindersprache, Aphasie und allgemeine Lantgesetze*, Frankfurt a. M.: Suhrkamp 1969.

James, H, L., *The Hopi Indians, Their history and their culture*, Caldwell (Idaho): The Caxton Printers 1956.

Jánoska, G., *Die sprachlichen Grundlagen der Philosophie*, Graz: Akademische Druck-und Verlagsanstalt 1962.

Jensen, H., "Der sprachliche Ausdruck für Zeitauffassungen, insbesondere am Verbum", in: *Archiv für die gesamte Psychologie* 101, 1938, S. 289-336.

Kainz, F., *Psychologie der Sprache*, 5. Bd., 1. Teil: "Psychologie der Einzelsprachen I", Stuttgart: F. Enke 1965.

Ders., *Psychologie der Sprache*, 5. Bd., 2. Teil: "Psychologie der Einzelsprachen II", Stuttgart: F. Enke 1969.

Katz, J. J., *The philosophy of language*. New York/London: Harper & Row 1966.

Ders., *Philosophie der Sprache*, Frankfurt a. M.: Suhrkamp 1969.

Katz, J. J., und Fodor, J. A., "The structure of a semantic theory", in: *Language* 39, 1963, S. 171-210, u. ö.

Kennard, E. A., *Little Hopi*, United States Department of the Interior, Bureau of Indian Affairs, Division of Education, Lawrence (Kansas): Haskell Institute 1948.

Ders., *Field mouse goes to war. Tusan homichi tuuvöta*, A Publication of the Branch of Education, Bureau of Indian Affairs, Lawrence (Kansas): Haskell Institute 1944, ill. von A. Yava.

Ders., "Linguistic acculturation in Hopi", in: *International Journal of American Linguistics* 29, 1963, S. 36-41.

Klaus, G., *Spezielle Erkenntnistheorie. Prinzipien der wissenschaftlichen Theorienbildung*, Berlin: VEB Deutscher Verlag der Wissenschaften ²1966.

Kluckhohn, C., "Moenkopi variations from Whorf's Second Mesa Hopi", in: *International Journal of American Linguistics* 21, 1955, S. 150-156.

Ders., "Notes on some anthropological aspects of communication", in: *American Anthropologist* 63, 1961, S. 895-910.

Kluckhohn, C., und Leighton, D., *The Navaho*, rev. ed., revisions made by L. H. Wales and R. Kluckohn, New York: Daubleday 1962.

Kluge, F., *Etymologisches Wörterbuch der deutschen Sprache*, bearbeitet von Walther Mitzka, Berlin: De Gruyter [20]1967.

Knobloch, J., *Sprachwissenschaftliches Wörterbuch*, Heidelberg: C. Winter 1961 ff.

König, J. "Die Bezeichnung der Farben. Umfang, Konsequenz und Übereinstimmung der Farbenbenennung, philologisch-historisch betrachtet, sowie experimentell-psychologisch untersucht", in: *Archiv für die gesamte Psychologie* 60, 1927, S. 129-204.

Koll, H. G., "Critères, méthodes et exemples pour l'étude des rapports entre langue et 'pensée nationale' dans la Romania, notamment en français", in: *Actas del XI Congreso Internacional de Lingüistica y Filología Románicas, Madrid 1965*, Madrid: C.S.I.C. 1968, S. 921-949.

Ders., "'Dynamische' und 'scatische' Ausdruckstendenzen im Englischen im Vergleich zum Deutschen und Französischen", in: *Interlinguistica. Sprachvergleich und Übersetzung, Festschr. Mario Wandruszka*, Tübingen: Niemeyer 1971, S. 457-482.

Koschmieder, E., *Zeitbezug und Sprache. Ein Beitrag zur Aspekt-und Tempusfrage*, Leipzig/Berlin: Teubner 1929.

Ders., "Sprache und Weltbild", in: *Beiträge zur Sprachkunde und Informationsverarbeitung*, Hrsg. A. Marchl, Heft 3, München/Wien: Oldenbourg H. 3, 1964, S. 8-18.

Kroeber, A. L. (Hrsg.), *Anthropology today. An encyclopedia inventory prepared under the chairmanship of A. L. Kroeber*, Chicago (Ill.): Univ. Press 1952.

Kroeber, A. L., und Kluckhohn, C., *Culture. A critical review of concepts and definitions, with the assistance of Wayne Untereimer and appendices by Alfred G. Meyer*, Cambridge (Mass.): The Museum 1952.

Landmann, M., *De homine. Der Mensch im Spiegel seines Gedankens*, Freiburg/München: K. Alber 1962.

Ders., *Philosophische Anthropologie. Menschliche Selbstdeutung in Geschichte und Gegenwart*, Berlin: de Gruyter ^{2}1964.

Lee, D. D., "Conceptual implications of an Indian language", in: *Philosophy of Science* 5, 1938, S. 89 bis 102.

Ders., "A primitive system of values", in: *Philosophy of Science* 7, 1940, S. 355-379.

Ders., "Linguistic reflection of Wintu thought", in: *International Journal of American Linguistics* 10, 1944, S. 181-187.

Leisegang, H., *Denkformen*, Berlin: de Gruyter ^{2}1951.

Leisi, E., *Der Wortinhalt. Seine Struktur im Deutschen und Englischen*, Heidelberg: Quelle & Meyer ^{4}1971.

Lenneberg, E. H., "Cognition in ethnolinguistics", in: *Language* 29, 1953, S. 463-471.

Ders., "A note on Cassirer's philosophy of language", in: *Philosophy and Phenomenological Research* 15, 1954/55, S. 512-522.

Lenneberg, E. H., und Roberts, J. M., "The language of experience", in: *Psycholinguistics, a book of readings*, Hrsg. S. Saporta, New York: Holt, Rinehart and Winston 1961, S. 493-502.

Lévi-Strauss, C., *La pensée sauvage*, Paris: Plon 1962.

Ders., *Strukturale Anthropologie*, Frankfurt a. M.: Suhrkamp 1967.

Lévi-Strauss, C., Jakobson, R., Voegelin, Ch. F., und Sebeok, Th., *Results of the conference of anthropologists and linguists*, Baltimore: Waverly Press 1953.

Liebrucks, B., *Sprache und Bewußtseins* 6 Bde., Frankfurt a. M.: Akademische Verlagsgesellschaft 1964 ff.

Lipps, H., *Untersuchungen zu einer hermeneutischen Logik*, Frankfurt a. M. : V. Klostermann 1938.

Lohmann, J., "Sein und Zeit, Sein und Wahrheit in der Form der Sprache", In: *Lexis* 2, 1949, S. 105-143.

Ders., "Das Verhältnis des abendländischen Menschen zur Sprache", in: *Lexis* 3, 1952, S. 5-49.

Ders., *Philosophie und Sprachwissenschaft*, Berlin: Duncker & Humblot 1965.

Ders., "Theorie und Praxis im Lichte der europäisdien und allgemeinen Begriffsgeschichte", in: *Philosophisches Jahrbuch* 76, 1968, S. 1-22.

Longacre, R. E., "Review of Wilbur M. Urban's 'Language and reality' and Benjamin Lee Whorf's 'Four articles on metalinguistics'", in: *Language* 32, 1956, S. 298-308.

Lotz, J., "On language and culture", in: *International Journal of American Linguistics* 21, 1955, S. 187-189.

Lurija, A. R., und Judowitsch, F. Ja., *Die Funktion der Sprache in der geistigen Entwicklung des Kindes*, Düsseldorf: Schwann Verlag 1970.

Luther, W., *Weltansicht und Geistesleben. Versuch einer wissenschaftlichen Grundlegung der philosophischen Sprachanalyse an Beispielen aus der griechischen Geistesgeschichte von Homer bis Aristoteles*, Göttingen: Vandenhoeck & Ruprecht, 1954.

Ders., *Wahrheit, Licht und Erkenntnis in der griechischen Philosophie bis Demokrit. Ein Beitrag zur Erforschung des Zusammenhangs von Sprache und philosophischem Denken, Archiv für Begriffsgeschichte*, Bd. 10, Bonn: Bouvier 1966.

Maclay, H. St., *Language and non-linguistic behaviour: an experimental investigation*, New Mexico: Dockstader 1957.

McQuown, N., "Analysis of the cultural content of language materials", in: *Language and Culture*, Hrsg. H. Hoijer, 1954, S. 20-31.

Malinowski, B., "The problem of meaning in primitive languages", in: C. K.

Ogden und J. A. Richards, *The meaning of meaning*, London: Routledge & Kegan Paul ³1930.

Ders., *Eine wissenschaftliche Theorie der Kultur und andere Aufsätze*, Zürich: Pan-Verlag 1949.

Malkiel, Y., "Language in culture", in: *International Journal of American Linguistics* 22, 1956, S. 77-84.

Marcus, H., *Die Fundamente der Wirklichkeit als Regulatoren der Sprache*, Bonn: Bouvier 1960.

Mathiot, M., "Noun classes and folk taxonomy in Papago", in: *American Anthropologist* 64, 1962, S. 340-350.

Merleau-Ponty, M., *Phénoménologie de la perception*, Paris: Gallimard 1945.

Miller, R. L., *The linguistic relativity principle and Humboldtian ethnolinguistics. A history and appraisal*, The Hague/Paris: Mouton 1968.

Mounin, G., "Á propos de 'Language, thought, and reality' de Benjamin Lee Whorf", in: *Bulletin de la Société de Linguistque de Paris* 56, 1961, Fasc. 1, S. 122-138.

Müller, K., "Raum und Zeit in der Sprache", in: *Wissenschaftliche Beihefte zur Zeitschrift des Deutschen Sprachvereins* 50, 1938, S. 69-115.

Nagata, S., *Modern transformations of Moenkopi pueblo*, Chicago: Univ. Press 1970.

Nequatewa, E., *Truth of a Hopi. Stories relating to the origin, myths and clan histories of the Hopi*, Flagstaff: Museum of Northern Arizona 1967.

Neubert, A., "Kulturanthropologische Metalinguistik und semantischer Positivismus. Eine kritische Darstellung der Hypothese Benjamin Lee Whorfs", in: *Zeitschrift für Phonetik, Sprachwissenschaft und Kommunikationsforschung* 15, 1962, S. 301 bis 328.

Öhman, S., *Wortinhalt und Weltbild. Vergleichende und methodologische Studien zur Bedeutungslehre und Wortfeldtheorie*, Stockholm: Norstedt & Söner 1951.

Ders., "Theories of the 'linguistic field'", in: *Word* 9, 1953, S. 123–134.

Ders., "Der Sinnbezirk von 'Spiel' im Deutschen und im Schwedischen an Hand von Huizingas Homo Ludens", in: *Sprache — Schlüssel zur Welt*. Festschrift Leo Weisgerber, Düsseldorf: Schwann 1959, S. 332–353.

O'Kane, W. C., *Sun in the sky. The Hopi Indians of the Arizona mesa lands*, Norman (Oklahoma): University of Oklahoma Press [3]1957.

Ders., *The Hopis. Portrait of a desert people*, Norman: Univ. of Oklahoma Press [4]1969.

Olshewsky, Th. M.(Hrsg.), *Problems in the philosophy of language*, New York/Chicago: Holt, Rinehart and Winston 1969. (Linguistic relativity, S. 737–740).

Ortiz, A., *The Tewa world. Space, time, being, and becoming in a pueblo society*, Chicago/London : The Univ. of Chicago Press 1969.

Osgood, Ch. E., "Studies on the generality of affective meaning systems", in: *American Psychologist* 17, 1962, S. 10–28.

Ders., "Eine Entdeckungsreise in die Welt der Begriffe und Bedeutungen", in: *Grundfragen der Kommunikationsforschung*, Hrsg. W. Schramm, München: Juventa 1964, S. 39–54.

Osgood, Ch. E., Suci, G. J., und Tannenbaum, P. H., *The measurement of meaning*, Urbana: University of Illinois Press 1957.

Pensa, M., *Das deutsche Denken, Untersuchungen über die Grundformen der deutschen Philosophie*. Erlenbach-Zürich: E. Rentsch o. J.

Percival, K., "A reconsideration of Whorf's hypothesis" Paper, Univ. of Wisconsin-Milwaukee, o. J.

Perpeet, W., "Was ist Zeit?", in: *Studium Generale* 8, 1955, S. 531–545.

Podestà, H., *Physiologische Farbenlehre*, Leipzig: Unesma 1922.

Pokorny, J., *Indogermanisches etymologisches Wörterbuch*, Bd. 1, Bern/München: Francke 1959.

Politzer, R. L., "On some eighteenth century sources of American and German

'Linguistic relativism'", in: *Weltoffene Romanistik*, Festschrift A. Kuhn, Innsbruck: Sprachwissenschaftliches Institut 1963, S. 25-33.

Pollak, W., "Linguistik und Literatur. Zu Harald Weinrich, 'Tempus, besprochene und erzählte Welt'", in: *Zeitschrift für Romanische Philologie* 84, 1968, S. 380-480.

Prentice, W. C. H., "Visual recognition of verbally labeled figures", in: *American Journal of Psychology* 67, 1954, S. 315-320.

Quine, W. V. O., "Logic and the reification of universals", in: *From a logical point of view*. Hrsg. W. V. O. Quine, Cambridge (Mass.): Harvard 1953, S. 102-129.

Ders., *Word and object*, Cambridge (Mass.): MIT Press/New York/London: J. Wiley 1960.

Reichenkron, G., "Zeit und Raum von der Sprachgeschichte aus gesehen", in: *Universitätstage 1960*, Veröffentlichungen der Freien Universität Berlin 1960, S. 55-70.

Révész, G. (Hrsg.), *Thinking and speaking*. A symposium, Amsterdam: North-Holland Publ. Co. 1954.

Rothacker, E., *Philosophische Anthropologie*, Bonn: Bouvier 1964.

Ders., *Zur Genealogie des menschlichen Bewußtseins*, Bonn: Bouvier 1966.

Rother, S., "Sprache als Selbst-und Weltverständnis. Didaktische Gesichtspunkte zur Behandlung sprachphilosophischer Probleme im Sprachunterricht des Gymnasiums", in: *Das Problem der Sprache. Achter deutscher Kongreß für Philosophie*, Hrsg. H.-G. Gadamer, München: W. Fink 1967.

Ruprecht, B. E., "Die Sprache im Denken W. v. Humboldts", in: *Die Wissenschaft von deutscher Sprache und Dichtung. Festschrift für F. Maurer*, Stuttgart: 1963, S. 217-236.

Ryle, G., "Systematically misleading expressions", in: *Logic and language*, First Series, Hrsg. A. Flew, Oxford: Blackwell 1952, S. 11-36.

Sapir, E., "Herders 'Ursprung der Sprache'", in: *Modern Philology* 5, 1907/08, S. 109-142.

Ders., "The status of linguistics as a science", in: *Language* 5, 1929, S. 207–214. Neudruck in: *Selected writings of E. S. in language, culture, and personality*, Hrsg. D. G. Mandelbaum, Berkeley/Los Angeles: Univ. of California Press/ London: Cambridge University Press 1949, S. 160 bis 166.

Ders., *Selected writings in language, culture, and personality*, Hrsg. D. G. Mandelbaum, Berkeley/Los Angeles: Univ. of California Press/London: Cambridge Univ. Press 1949.

Saporta, S. (Hrsg.), *Psycholinguistics, a book of readings*, New York: Holt, Rinehart and Winston 1961.

Schaff, A., *Sprache und Erkenntnis*, Wien/Frankfurt/Zürich 1964.

Ders., *Język a poznanie*, Warszawa: Państwowe Wydawnictwo Naukowe 1964.

Ders., *Einführung in die Semantik*, Berlin: VEB Deutscher Verlag der Wissenschaften 1966.

Ders., *Essays über die Philosophie der Sprache*, Frankfurt: Europäische Verlagsanstalt/Wien: Europa Verlag 1968.

Schmidt-Hidding, W., u. a. (Hrsg.), *Kultur und Zivilisation. Wortvergleichende und wortgeschichtliche Studien*, München: M. Hueber 1967.

Schneider, F., *Kennen und Erkennen. Ein Lehrbuch der Erkenntnistheorie*, Gütersloh: C. Bertelsmann 1949.

Schüngel-Straumann, H., *Tod und Leben in der Gesetzesliteratur des Pentateuch unter besonderer Berücksichtigung der Terminologie von 'töten'*, Diss. Bonn 1969.

Schulte-Herbrüggen, H., *El lenguaje y la visión del mundo*, Santiago: Universidad de Chile 1963.

Schwarz, H., "Leitmerkmale sprachlicher Felder. Ein Beitrag zur Verfahrensweise der Gliederungsforschung", in: *Sprache—Schlüssel zur Welt, Festschrift Leo Weisgerber*, Düsseldorf: Schwann 1959, S. 245–255.

Ders., "Gegenstand, Grundlagen, Stellung und Verfahrensweise der Sprachinhaltsforschung, erörtert an den Gegebenheiten des Wortschatzes", in: H. Gipper/H. Schwarz: *Bibliographisches Handbuch zur Sprachinhaltsforschung*, Köln/Opladen: Westdeutscher Verlag, Bd. 1, 1967, S. XV-LXVI.

Sekaquaptewa, H., und Udall, L., *Me and mine. The life of Helen Sekaquaptewa as told to Louise Udall*, Tucson (Arizona): The Univ. of Arizona Press 1969.

Simmons, L. W. (Hrsg.), *Sun Chief. The autobiography of a Hopi Indian*, New Haven/London: Yale Univ. Press [6]1966.

Smith, H. L., jr., *An outline of Metalinguistic Analysis*, Washington, D. C.: U. S. Dep. of State, Foreign Service Inst. 1952.

Snell, B., *Die Entdeckung des Geistes*. Studien zur Entstehung des europäischen Denkens bei den Griechen, Hamburg: Claassen [3]1955.

Specht, E. K., *Sprache und Sein. Untersuchungen zur sprachanalytischen Grundlegung der Ontologie*, Berlin: W. de Gruyter 1967.

Spence, N. C. W., "Linguistic fields, conceptual systems, and the Weltbild", in: *Transactions of the Philological Society* 1961, S. 87-106.

Spicer, E. H. (Hrsg.), *Cycles of conquest. The impact of Spain, Mexico, and the United States on the Indians of the Southwest 1533-1960*, Tucson: The Univ. of. Arizona Press 1962.

Spitz, R. A., *Nein und Ja. Die Ursprünge der menschlichen Kommunikation*, Stuttgart: Klett 1959.

Stegmüller, W., "Das Universalienproblem einst und jetzt", in: *Archiv für Philosophie* 6, 1956, S. 192-225, und 7, 1957, S. 45-81.

Steinthal, H., *Die Sprachwissenschaft Wilhelm von Humboldts und die Hegel'sche Philosophie*, Berlin: F. Dümmler 1848.

Stephen, A., *Hopi journal*, Hrsg. E. C, Parsons, 2 Bde., New York: Columbia University Press 1936.

Stern, C., und Stern, W., *Die Kindersprache. Eine psychologische und sprachtheoretische Untersuchunng*, Leipzig: Barth [3]1922.

Sulzer, J. G., "Anmerkungen über den gegenseitigen Einfluß der Vernunft in die Sprache, und der Sprache in die Vernunft", in: J. G. Sulzer: *Vermischte Schriften*, Leipzig: ³1800, S. 168–200.

Talayesva, D. C., *Sonnenhäuptling Sitzende Rispe. Ein Indianer erzählt sein Leben*, Kassel: Röth 1964.

Tax, S., Eiseley, L., Rouse, I., und Voegelin, Ch. F., *An appraisal of anthropology today*, Chicago (Ill.): The Univ. of Chicago Press 1953.

Thompson, L., *Culture in crisis. A study of the Hopi Indians*, with a foreword by John Collier and a chapter from the writings of Benjamin Lee Whorf, NewYork: Harper & Brothers 1950.

Thompson, L., und Joseph, A., *The Hopi way*, Chicago: Univ. Press 1944.

Titiev, M., *Old Oraibi. A study of the Hopi Indians of Third Mesa*, Cambridge (Mass.): The Museum 1944.

Ders., "Suggestions for the further study of Hopi", in: *International Journal of American Linguistics* 12, 1946, S. 89–91.

Ders., "The Hopi use of kindship terms for expressing sociocultural values", in *Anthropological Linguistics* 9, 1967, S. 44–49.

Trager, G. L., "The systematization of the Whorf hypothesis", in: *Anthropological Linguistics* 1, 1959, S. 31–35.

Trier, J., "Das sprachliche Feld", in: *Neue Jahrbücher für Wissenschaft und Jugendbildung* 10, 1934, S. 428–449.

Ders., "Die Arbeit als Raum der Wortschöpfung", in: *Universitas* 11, 1956, S. 1023–1031.

Trubetzkoy, N. S., *Grundzüge der Phonologie*, Göttingen: Vandenhoeck & Ruprecht ⁴1967.

Tschirch, F., *Geschichte der deutschen Sprache*, 1. Teil: "Die Entfaltung der deutschen Sprachgestalt in der Vor-und Frühzeit", Berlin: E. Schmidt 1966.

Ullmann, St., *Language and style*. Collected papers, Oxford: Blackwell/New York: Barnes & Noble 1964.

Verloren van Themaat, W. A., "Is science bound to the Western languages?", in:

La monda linguo-problemo (Den Haag: Mouton) 1, 1969, S. 168-181.

Voegelin, Ch. F., "Phonemicizing for dialect study with reference to Hopi", in: *Language* 32, 1956, S, 116-135.

Ders., "An expanding language: Hopi", in: *Plateau* 32, 1959, S. 33-39.

Voegelin, Ch. F., und Voegelin, F. M., *Hopi Domains. A lexical approach to the problem of selection, Supplement to International Journal of American Linguistics* 23, 1957.

Ders., "Selection in Hopi ethics, linguistics, and transformations", in: *Anthropological Linguistics* 2, 2, 1960, S. 48-70.

Ders., *Folk taxonomy of Hopi sentences*, American Association Abstracts 1966.

Ders., "Passive transformations from non-transitive bases in Hopi", in: *International Journal of American Linguistics* 33, 1967, S. 276-281.

Vorländer, K., *Philosophie des Altertums.* Hamburg: Rowohlt 1963.

Voth, H. R., *The traditions of the Hopi.* The Stanley Mc. Cormick Hopi *expedition*, Chicago 1905. (Field Columbian Museum, Publ. 96).

Wald, L., "Aspecte dialectice in teorie limbii a lui W. v. Humboldt", in: *Probleme de Lingvistica Generala* 4, 1962, S. 193-202.

Wartburg, W. v., *Französisches etymologisches Wörterbuch, Eine Darstellung des galloromanischen Wortschatzes*, Basel: R. J. Zbinden, 14. Bd. (U-Z), 1961.

Waterman, J. T., "Benjamin Lee Whorf and linguistic field-theory", in: *Southwestern Journal of Anthropology* 13, 1957, S. 201-211.

Waters, F., *Book of the Hopi. Drawings and source material recorded by Oswald White Bear Fredericks*, New York: The Viking Press [6]1964.

Wein, H., "Les catégories et le langage. La coopération Internationale au sujet d'une métalinguistique", in: *Revue de Métaphysique et de Morale* 3, 1960, S. 253-266.

Ders., "Sprache und Weltbild", in: *Westermanns Pädagogische Beiträge* 1, 1965, S. 1-12.

Weinrich, H., *Tempus. Besprochene und erzählte Welt*, Stuttgart: W. Kohlhammer 1964.

Weisgerber, L., *Muttersprache und Geistesbildung*, Göttingen: Vandenhoeck & Ruprecht 1929.

Ders., "Adjektivische und verbale Auffassung der Gesichtsempfindungen", in: *Wörter und Sachen* 12, 1929, S. 197‒226.

Ders., "Relativismus in Humboldts Sprachbetrachtung?", in: *Das Gespräch, Blätter der Freunde des Pädagogischen Verlags Schwann*, Düsseldorf, Ausg. A, Folge 2, 1953, S. 3‒4.

Ders., *Die Muttersprache im Aufbau unserer Kultur*, Düsseldorf: Schwann ²1957.

Ders., *Grundzüge der inhaltbezogenen Grammatik*, Düsseldorf: Schwann ³1962 a.

Ders., *Die sprachliche Gestaltung der Welt*, Düsseldorf: Schwann ³1962 b.

Ders., *Zur Grundlegung der ganzheitlichen Sprachauffassung. Aufsätze 1925‒1933*, Hrsg. H. Gipper, Düsseldorf: Schwann 1964.

Weizsäcker, C. F. von, "Die Sprache der Physik", in: *Sprache und Wissenschaft. Vorträge, gehalten auf der Tagung der Joachim-Jungius-Gesellschaft der Wissenschaften Hamburg 1959*, Göttingen: Vandenhoeck & Ruprecht 1960, S. 121‒136.

Whorf, B. L., "The Hopi language, Toreva dialect", in: *Linguistic structures of native America*, Hrsg. H. Hoijer, New York: Viking Fund Publications in Anthropology 1946, S. 158‒183.

Ders., *Language, thought, and reality. Selected writings*, Hrsg. J. B. Carroll, MIT, New York: J. Wilky/London: Chapman & Hall 1956.

Ders., *Sprache, Denken, Wirklichkeit, Beiträge zur Metalinguistik und Sprachphilosophie*, Hrsg. P. Krausser, Hamburg: Rowohlt 1963.

Winch, P., *Die Idee der Sozialwissenschaft. und ihr Verhältnis zur Philosophie*, Frankfurt a. M.: Suhrkamp 1966.

Wittenberg, A. I., *Vom Denken in Begriffen. Mathematik als Experiment des reinen Denkens*, Basel/Stuttgart: Birkhäuser 1957.

Wittgenstein, L., *Tractatus logico-philosophicus*, London: Routledge and Kegan Paul 1922. [6]1955.

Wygotski, L. S., *Denken und Sprechen*, Hrsg. J. Helm, Frankfurt a. M.: S. Fischer Verlag 1969.

Zinsli, P., *Grund und Grat. Die Bergwelt im Spiegel der schweizerdeutschen Alpenmundarten*, Bern: A. Francke 1943.

역자 후기

역자를 통하여 헬무트 기퍼 교수의 명저 『언어 상대성 원리는 있는가?』
라는 책이 한국어로 번역될 수 있게 된 것은 개인적인 영광임과 동시에 행
운이다. 사실 이 역서는 늦어도 약 15년 전에 출간되어야 했을지도 모른
다. 명저의 번역을 허락해 달라는 역자의 요청에 기퍼 교수님은 역자에게
보낸 1998년 1월 23일자의 친필 편지에서 다음과 같이 답하였다.

"당신이 언어 상대성 원리의 문제에 관심을 가지고, 더욱이 내 책을 번역
하려고 한다니 매우 기쁩니다. 나는 그것을 기꺼이 환영합니다. 그 사이에
출판사와의 계약 관계가 소멸되었기 때문에 나는 당신에게 또한 그것을 허
락해 드릴 수가 있습니다. 그러나 번역이라는 것이 쉽지 않을 것이며, 많이
애를 써야 할 것입니다. 그 때문에 당신에게 특히 어려운 곳에 대해서 의논
하기 위하여 당신은 독일어를 잘하는 한국인 동료의 도움을 받아야 할 것입

니다. 내가 번역을 잘하는 것을 중시해야 하는 것을 당신은 이해하실 것입니다. (…) 나의 제자이자 동료인 페터 슈미터가 당신을 도와 드릴 수도 있을 것입니다. 그는 현재 객원 교수로 서울에 있습니다. 당신은 그와도 연락을 해 볼 수 있을지도 모릅니다."

"Ich freue mich, dass Sie am dem Problem des sprachlichen Relativitätsprinzips interessant sind und mein Buch sogar übersetzen wollen. Das würde ich sehr begrüßen.

Die Erlaubnis kann ich Ihnen auch erteilen, zumal das Vertragsverhältnis zum Verlag inzwischen aufgel scht ist. Allerdings wird die Übersetzung nicht leicht sein und viel Mühe verursachen. Deshalb sollen Sie einen gut Deutschen sprechenden koreanischen Kollegen zur Mithlife heranziehen, damit Sie mit ihm besonders schwierige Stellen besprechen können. Sie werden verstehen, dass ich Wert auf eine gute Übertragung legen muss. (…) Mein Schüler und Kollege Peter Schmitter, der als weitere Helfer in Frage käme, ist jetzt Gastprofessor in Seoul. Auch mit ihm könnten Sie Verbindung aufnehmen."

이와 같은 편지를 받은 이후에 역자는 1999년 연구년으로 하이델베르크 대학에 객원 교수로 갔다. 귀국하기 전 그해 12월 13일 나는 뮌스터로 가서 기퍼 교수님을 뵈었다. 기퍼 교수님은 당신의 저서가 당시 벌써 초벌 상태였지만 완역된 한글 원고를 들여다보곤 여간 기뻐하지 않았다. 그러고는 역자를 데리고 당신의 연구실과 뮌스터 시내를 구경시켜 주었다.

귀국하여 역자는 번역을 더 이상 진척시킬 수가 없었다. 한국의 연구 풍토에서 도대체 독일어와 한국어를 잘할 줄 아는 그 누가 역자를 도와줄 수가 있겠는가? 두어 차례 동역자를 찾아보았으나 저작권 문제 등이 모호한 상태였기 때문에 거절당했다. 왜냐하면 역자에게 번역을 승낙해 준 기퍼 교수님이 그 사이 2006년에 세상을 떠나셨기 때문이다. 유일한 길이 있다면 이제는 한국연구재단으로부터 명저 번역에 대한 연구비를 받아서 수행하는 수밖에 없었다. 왜냐하면 그렇게 되면 심사 과정을 통하여 나의 부족한 번역이 수정 보완을 거칠 수 있을 것이었기 때문이다.

그로부터 10년의 세월이 흘러 2009년 10월 명저 번역 사업에 응모하여 최종 선정되었다. 그러나 번역 지원 사업에 선정되었다고 해서 번역을 할수 있었던 것은 아니었다. 출판사 내지는 원저자와의 저작권 협약이 이루어져야 가능한 일이었다. 선정된 지 1년이나 지난 2010년 10월 19일, 한국연구재단의 저작권 협약과 관련하여 대행을 맡은 에이전트 사로부터 전화를 받았다. 그동안 노력을 했지만 저작권 협약을 맺을 수 없어서 죄송하게 생각하는데, 혹시 그 유족의 소재를 알고나 있느냐고 물었다. 역자가 생각하기에는 에이전트 사가 1년 동안 저작권 계약을 거의 방치한 상태로 두었다가 명저 번역 최종 선정자에게 뒤늦게 의뢰를 하는 모양새였다. 전화를 받자마자 인터넷 검색을 통하여 두 곳에 메일을 보냈다. 한 분은 뮌스터 시장이었고, 다른 한 분은 은퇴했지만 연구소와 관계하시는 에델트라우트 빌로 교수님이었다. 헬무트 기퍼 교수님은 에델트라우트 빌로 교수님의 교수 자격 논문(Habilitation)의 지도 교수였다. 감사하게도 바로 이튿날 빌로 교수님으로부터 답장이 왔다. 빌로 교수님은 두 아드님의 주소를 메일로 보내 주었다. 나는 마인츠 대학교에 교수로 계시는 안드레아스 기퍼 교수님의 주소를 에이전트 사에 보냈다. 그로부터 몇 개월이 흘러 저작권 계약이 이뤄지고, 드디어 번역에 착수할 수 있었다. 공식적으로는 2011년 4월 1일부터 시작되었다.

그러니까 본 번역이 가능하게 된 것은 한국연구재단의 도움이 컸다. 하지만 에델트라우트 빌로 교수님의 도움이 없었더라면 번역은 가능할 수가 없었다. 최종 심사 과정을 앞두고 빌로 교수님께 염치 불구하고 한국어 역서에 대한 서문을 부탁드렸다. 거기에는 두 가지 이유가 있었다. 하나는 본 명저를 누구보다 잘 요약하실 수 있을 것이라는 기대가 있었기 때문이며, 다른 하나는 본 명저 번역은 바로 그분 덕분에 가능하게 된 것이나 다름없기 때문에 그것에 감사드리고, 그분께 영광을 돌리기 위해서였다. 바쁜 연구 일정 속에서도 빌로 교수님은 추천 서문까지 기꺼이 보내 주었다. 아마도 역서의 앞쪽에 첨부된 서문이 본 명저에 대한 좋은 안내가 되리라 생각한다. 또한 그럼에도 불구하고 역자는 어눌한 독일어 실력 때문에 빌로 교수님께 제때에 제대로 감사를 드리지도 못하였다. 이 지면을 빌려 진심으로 감사를 드린다.

본서의 내용을 훑어본 독자들은 충분히 짐작하겠지만, 그가 언어학 전공자라 하더라도 언어 상대성 이론이나 낱말 밭 이론, 언어 내용 연구 등에 대한 최소한의 기초 지식이 없이는 본서의 번역은 불가능하다. 무지했던 역자에게 이와 같은 심오한 학문의 세계로 인도해 주신 정시호 은사님은 역자가 이 책을 번역할 용기를 가질 수 있도록 귀한 가르침을 주셨다. 이 책의 번역을 통하여 은사님의 가르침에 대한 감사한 마음을 잊지 않고 항상 상기하고 싶었다. 하지만 곳곳에서 혹 번역의 난해함이 있다면 그것은 은사님의 가르침에 충분히 미치지 못한 역자의 부족함 때문이다.

2016년 4월

저자에 대하여

1919년 8월 9일에 독일 뒤렌(Düren)에서 태어나 2005년 6월 13일 독일 뮌스터에서 사망하였다. 신훔볼트주의자이며 언어 내용 연구(*Sprachinhaltsforschung*; *content-oriented language study*) 혹은 내용 관계 문법(*inhaltbezogene Grammatik*; *content-oriented grammar*)의 주요 대표자 중의 한 분이다. 그는 미국 테네시 주 크로스빌의 포로 수용소 캠프의 대학에서 공부할 수 있는 행운을 누렸다(1944/5). 미국의 포로에서 독일로 돌아온 이후에 기퍼는 마르부르크 대학에 등록하여 로만 어, 영어, 독일 문헌학, 철학, 역사 언어학을 전공하였다. 1950년에 마르부르크 대학에서 번역학 박사 학위 논문으로 학위를 받았다. 그 학위 논문에서 텍스트 비교를 통하여 "독일어-프랑스 어의 정신의 상이성"(1966)을 규명하려고 했다. 계속해서 그는 장학금을 받아 파리 소르본 대학에서 머물렀으며(1950/1), 브장송 대학에서 강의를 했다(1951/2). 1952년에 그는 레오 바이스게르버가 소장으로 있는 본 대학의 언어학연구소에서 연구원이 되었다. 1961년에 언어 내용 연구의 이론적 기초에 관한 논문(1963년 출판)으로 일반 언어학 교수 자격 논문에 통과하였다. 1963~1971년에 그는 교수로서 근무하였으며, 1967년부터는 언어 내용 연구 학과의 학과장을 역임하였다. 이어서 1967년과 1969년에는 뉴햄프셔 대학에서 객원 교수를 역임하였다. 이때에 호피 인디언 보호 구역으로 연구 여행을 하게 되었다. 1972년에 그는 뮌스터 대학에 일반 비교 언어학의 정교수로 임명되었다. 거기서 그는 1984년 은퇴할 때까지 일반 언어학 학과장을 역임하였다. 기퍼의 완전한 연구는 언어학적 역사 편찬(cf. i.e. Glinz 1992; Knobloch et al. 2005:93-5; Kaltz 2006)과 그 대표자들에 의하여 언어 내용 연구(*Sprachinhaltsforschung*) 혹은 내용 관계 문법(*inhaltbezogene Grammatik*)(cf.1963, 1974; with Schwarz 1962-89; Szemerényi 1982: 269-76 also mentions the term Bonner Schule)이라 불리는 언어학적 접근의 발전과 확대에 헌신하였다.

그의 이론의 중요한 핵심은 —적어도 기퍼의 관점에서 볼 때에— 한편으로는 레오 바이스게르버의 언어 이론이고, 다른 한편으로는 빌헬름 폰 훔볼트의 이론적·철학적 개념이다. 따라서 기퍼는 이미 1960년대의 현대 언어학에 훔볼트의 중요성을 강조하려고 했다(1963, 1965, 1968; also cf. 1992-3: Bd. I). 이 견해에 따르면 그는 신훔볼트주의자에 속하는 것만이 아니다(coinage by Basilius 1952; concerning the term's development Gipper & Schmitter 1979, ²1985: 117-29). 또한 그는 이른바 20세기에 제2차 훔볼트 르네상스의 선도자로 간주될 수 있다(cf. Schmitter 1991: 9-15).

언어 내용 연구에 관한 한 네 가지 관점을 언급할 만하다. 첫째는 그의 교수 자격 논문에서 다루듯이 언어의 이론적·인식론적 토대 작업을 향한 노력이다.

둘째는 언어와 사고 사이의 관련성에 대한 그의 관련 연구가 있다(1971, 1987, 1992-3: Bd. II). 특히 기퍼의 사피어-워프 이론을 경험적으로 검증하려는 시도가 있다. 이것은 워프 자신이 그의 연구의 주요 증거로 삼은 호피 어에 의지하고 있다는 것을 의미한다. 이런 절차는 이 가설을 중심적으로 수정하는 결과를 가져왔다(1972, 1976; critical comment e.g. by Werlen 1989 and 2002: 296-8).

셋째는 언어 내용 연구의 주요 의미 사항인 어휘장 이론에서 기퍼의 연구가 강조되어야 한다. 단어 의미와 장 구조의 역사적 발전과 공시적 기술에 관한 개별적 연구가 있다(coll. by G. 1992-3: Bd-III).

방법론적 관점으로부터 특히 기퍼의 독일어에서 의자를 가리키는 말의 분석(1959a)은 혁신적이었다. 덧붙여서 기퍼가 주도하고 감독한 제1언어 습득에 관한 장기간의 연구(1979; with Boving 1986)를 언급할 수 있다.

이 연구는 어린 시절 첫 3년간의 어휘와 통사 구조에 바치고 있다. 어떻게 차별화된 어휘가 어휘장과 같은 구조에 의하여 결정되는지를 설명하는 것이다.

넷째는 내용에 기반을 둔 접근(1959a, 1978)을 확대하기 위한 기퍼의 노력을 언급할 수 있다. 그중에서 두덴 문법에 대한 기퍼의 기여([1]1959, [4]1984)는 오랫동안 지대한 영향을 가져오는 효과를 가지고 있다. 언어 내용 연구의 전반적 발전, 독일 언어학 내에서 그 지위와 해외에서의 수용에 관한 보다 많은 정보는 Helbig(1974), Szemerényi(1982), Glinz(1992), 그리고 Kaltz(2006)를 참고하라.

주요 논문과 저서

(1959a): "Der Inhalt des Wortes und die Gliederung des Wortschatzes", in: Grebe, P., etal., eds., *Duden-Grammatik der deutschen Gegenwartssprache*, Mannheim, 392–429 (²1966, 419–64; ³1973, 415–73; 4th ed. by G.Drosdowski, 1984, 502–58 under the revised title Der Inhalt des Wortes und die Gliederung der Sprache).

(1959b): "Sessel oder Stuhl? Ein Beitrag zur Bestimmung von Wortinhalten im Bereich der Sachkultur", in: Id., ed., *Sprache-Schlüssel zur Welt. FS für L.Weisgerber*, Düsseldorf, 271–92. With H. Schwarz, eds.

(1962–89): *Bibliographisches Handbuch zur Sprachinhaltsforschung*, Opladen.

(1963): *Bausteine zur Sprachinhaltsforschung. Neuere Sprachbetrachtung im Austausch mit Geistes-und Naturwissenschaft*, Düsseldorf (²1969; Habil. Bonn 1961).

(1964): "Purpur. Weg und Leistung eines umstrittenen Farbworts", *Glotta* 42, 39–69.

(1965): "Wilhelm von Humboldtals Begründer moderner Sprachforschung", *WW* 15, 1–20.

(1966): *Sprachliche und geistige Metamorphosen bei Gedichtübersetzungen. Eine sprachvergleichende Untersuchung zur Erhellung deutsch-französischer Geistesverschiedenheit*, Düsseldorf (Diss. Marburg 1950).

(1968): "Wilhelm von Humboldts Bedeutung für die moderne Sprachwissenschaft", in: Kessler. H. & Thoms, W., eds., *Die Brüder Humboldt heute*, Mannheim, 41–62.

(1971): *Denken ohne Sprache?*, Düsseldorf(²1978).

(1972)∶ *Gibt es ein sprachliches Relativitätsprinzip? Untersuchungen zur Sapir-Whorf-Hypothese*, Frankfurt/Main.

(1974)∶ "Inhaltbezogene Grammatik", in∶ Arnold, H. L. & Sinemus, V., eds., *Grundzüge der Literatur und Sprachwissenschaft* II, München, 133-50.

(1976)∶ "Is there a linguistic relativity principle?", in∶ Pinxten, R., ed., *Universalism versus relativism in language and thought*, The Hague & Paris, 217-28(repr.*I ndiana* 5, 1979, 1-14).

(1978)∶ *Sprachwissenschaftliche Grundbegriffe und Forschungsrichtungen*, München.

(1979)∶ "Vom Aufbau des sprachlichen Weltbildes im Prozeß der Spracherlernung in den ersten drei Lebensjahren", *WW* 29, 165-80.

With P. Schmitter(1979)∶ *Sprachwissenschaft und Sprachphilosophie im Zeitalter der Romantik*, Tübingen (^{2}1985∶ earlier version in∶ Sebeok, T. A., *Current trends in linguistics*, XIII, 1975, 481-606).

With C. Boving, eds. (1986)∶ *Kinder unterwegs zur Sprache. Zum Prozeß der Spracherlernung ind en ersten 3 Lebensjahren*, Düsseldorf.

(1987)∶ *Das Sprachapriori. Sprache als Voraussetzung menschlichen Denkens und Erkennens*, Stuttgart & Bad Cannstatt.

(1992-3)∶ *Theorie und Praxis inhaltbezogener Sprachforschung*, 5 vols., Münster.

찾아보기

지은이

:: 헬무트 기퍼 Helmut Gipper, 1919~2005

노르트라인 베스트팔렌 주의 뒤렌에서 태어나 마르부르크 대학에서 로만 어, 영어, 독일 문헌학, 철학, 역사 언어학을 전공하였다. 1950년에 박사학위를 받고, 1952년 레오 바이스게르버가 소장으로 있는 본 대학 언어학연구소의 연구원이 되었다. 1963년에 교수자격논문이 통과되었다. 1963~1971년에 본 대학 교수로 재직하였으며, 1972년에는 뮌스터 대학에서 일반 비교 언어학과의 정교수로 임명되었다. 레오 바이스게르버의 제자로서 그의 언어 이론과 빌헬름 폰 훔볼트의 사상과 철학이 기퍼의 연구의 바탕이었다. 1959년 레오 바이스게르버 회갑 기념논문집의 헌사에서 밝히고 있듯이 "언어는 단순히 이해의 수단이 아니라 세계를 파악하는 열쇠이며, 따라서 모국어는 호소 기능, 표현 기능, 서술 기능을 가진 말의 수단만이 아니라 언어공동체가 세계를 어화(語化)해 가는 과정"이므로 언어의 상이성이 사고에 미치는 영향에 대한 탐색이 그의 연구의 테마였다. 1967년과 1969년 뉴햄프셔 대학의 객원교수로서 호피 인디언 보호구역으로 연구 여행을 함으로써 사라져가는 호피 인디언 어를 현장에서 연구한 것은 그의 큰 업적 중 하나이다.

옮긴이

:: 곽병휴 郭柄休

경북대학교 독어교육과를 졸업하고, 동 대학교 대학원에서 「Wilhelm von Humboldt 와 Noam Chomsky의 言語思想 比較研究」로 석사학위를, 「獨逸語 再歸代名詞의 統辭的 研究」로 박사학위를 받았다. 이후 문화학에 관심을 갖고 『하이델베르크에서 쓴 독일, 독일인』(2000), 『독일문화 틈새 읽기』(역편저, 2002), 『도시 속의 독일문화』(2003), 『하이델베르크-낭만적 고성의 도시』(2004), 『글로벌 매너 완전정복』(공저, 2005), 『베를린에서 쓴 독일, 독일인』(2007), 『유머전략』(역서, 2007), 『글로컬 시민 되기-글로컬 시민 예절』(2015) 등의 저·역서를 펴냈다. 현재 경성대학교 글로컬문화학부의 교수로 재직 중이다.

한국연구재단총서 학술명저번역 서양편 **586**

언어 상대성 원리는 있는가?

사피어-워프 가설 연구

1판 1쇄 찍음 | 2016년 4월 10일
1판 1쇄 펴냄 | 2016년 4월 20일

지은이 | 헬무트 기퍼
옮긴이 | 곽병휴
펴낸이 | 김정호
펴낸곳 | 아카넷

출판등록 2000년 1월 24일(제406-2000-000012호)
10881 경기도 파주시 회동길 445-3
전화 | 031-955-9510(편집) · 031-955-9514(주문) · 031-955-9506(마케팅)
팩시밀리 | 031-955-9519
책임편집 | 이하심
www.acanet.co.kr

ⓒ 한국연구재단, 2016

Printed in Seoul, Korea.

ISBN 978-89-5733-490-4　94700
ISBN 978-89-5733-214-6 (세트)

이 도서의 국립중앙도서관 출판시도서목록(CIP)은
서지정보유통지원시스템 홈페이지(http://seoji.nl.go.kr)와
국가자료공공목록시스템(http://www.nl.go.kr/kolisnet)에서 이용하실 수 있습니다.
(CIP 제어번호: CIP2016007850)